"十二五"国家重点图书出版规划项目

中国社会科学院创新工程学术出版资助项目

总主编：金 碚

U0593528

经济管理学科前沿研究报告系列丛书

THE FRONTIER
RESEARCH REPORT ON
DISCIPLINE OF
ORGANIZATIONAL BEHAVIOR

肖 霞 主编

组织行为学学科前沿研究报告

经济管理出版社
ECONOMY & MANAGEMENT PUBLISHING HOUSE

图书在版编目（CIP）数据

组织行为学学科前沿研究报告 2011/肖霞主编. —北京：经济管理出版社，2015.8
ISBN 978-7-5096-3607-7

Ⅰ. ①组…　Ⅱ. ①肖…　Ⅲ. ①组织行为学—研究报告—中国—2011　Ⅳ. ①C936

中国版本图书馆 CIP 数据核字（2015）第 015320 号

组稿编辑：张　艳
责任编辑：张　艳　陈小宁　魏亚萍
责任印制：黄章平
责任校对：王　淼

出版发行：经济管理出版社
　　　　　（北京市海淀区北蜂窝 8 号中雅大厦 A 座 11 层　100038）
网　　址：www. E-mp. com. cn
电　　话：（010）51915602
印　　刷：北京广益印刷厂
经　　销：新华书店
开　　本：787mm×1092mm/16
印　　张：22.25
字　　数：488 千字
版　　次：2015 年 8 月第 1 版　2015 年 8 月第 1 次印刷
书　　号：ISBN 978-7-5096-3607-7
定　　价：69.00 元

《经济管理学科前沿研究报告》
专家委员会

序 言

为了落实中国社会科学院哲学社会科学创新工程的实施，加快建设哲学社会科学创新体系，实现中国社会科学院成为马克思主义的坚强阵地、党中央国务院的思想库和智囊团、哲学社会科学的最高殿堂的定位要求，提升中国社会科学院在国际、国内哲学社会科学领域的话语权和影响力，加快中国社会科学院哲学社会科学学科建设，推进哲学社会科学的繁荣发展具有重大意义。

旨在准确把握经济和管理学科前沿发展状况，评估各学科发展近况，及时跟踪国内外学科发展的最新动态，准确把握学科前沿，引领学科发展方向，积极推进学科建设，特组织中国社会科学院和全国重点大学的专家学者研究撰写《经济管理学科前沿研究报告》。本系列报告的研究和出版得到了国家新闻出版广电总局的支持和肯定，特将本系列报告丛书列为"十二五"国家重点图书出版项目。

《经济管理学科前沿研究报告》包括经济学和管理学两大学科。经济学包括能源经济学、旅游经济学、服务经济学、农业经济学、国际经济合作、世界经济、资源与环境经济学、区域经济学、财政学、金融学、产业经济学、国际贸易学、劳动经济学、数量经济学、统计学。管理学包括工商管理学科、公共管理学科、管理科学与工程三个学科。工商管理学科包括管理学、创新管理、战略管理、技术管理与技术创新、公司治理、会计与审计、财务管理、市场营销、人力资源管理、组织行为学、企业信息管理、物流供应链管理、创业与中小企业管理等学科及研究方向；公共管理学科包括公共行政学、公共政策学、政府绩效管理学、公共部门战略管理学、城市管理学、危机管理学、公共部门经济学、电子政务学、社会保障学、政治学、公共政策与政府管理等学科及研究方向；管理科学与工程包括工程管理、电子商务、管理心理与行为、管理系统工程、信息系统与管理、数据科学、智能制造与运营等学科及研究方向。

《经济管理学科前沿研究报告》依托中国社会科学院独特的学术地位和超前的研究优势，撰写出具有一流水准的哲学社会科学前沿报告，致力于体现以下特点：

（1）前沿性。本系列报告能体现国内外学科发展的最新前沿动态，包括各学术领域内的最新理论观点和方法、热点问题及重大理论创新。

（2）系统性。本系列报告囊括学科发展的所有范畴和领域。一方面，学科覆盖具有全面性，包括本年度不同学科的科研成果、理论发展、科研队伍的建设，以及某学科发展过程中具有的优势和存在的问题；另一方面，就各学科而言，还将涉及该学科下的各个二级学科，既包括学科的传统范畴，也包括新兴领域。

（3）权威性。本系列报告由各个学科内长期从事理论研究的专家、学者主编和组织本领域内一流的专家、学者进行撰写，无疑将是各学科内的权威学术研究。

（4）文献性。本系列报告不仅系统总结和评价了每年各个学科的发展历程，还提炼了各学科学术发展进程中的重大问题、重大事件及重要学术成果，因此具有工具书式的资料性，为哲学社会科学研究的进一步发展奠定了新的基础。

《经济管理学科前沿研究报告》全面体现了经济、管理学科及研究方向本年度国内外的发展状况、最新动态、重要理论观点、前沿问题、热点问题等。该系列报告包括经济学、管理学一级学科和二级学科以及一些重要的研究方向，其中经济学科及研究方向15个，管理学科及研究方向45个。该系列丛书按年度撰写出版60部学科前沿报告，成为系统研究的年度连续出版物。这项工作虽然是学术研究的一项基础工作，但意义十分重大。要想做好这项工作，需要大量的组织、协调、研究工作，更需要专家学者付出大量的时间和艰苦的努力，在此，特向参与本研究的院内外专家、学者和参与出版工作的同仁表示由衷的敬意和感谢。相信在大家的齐心努力下，会进一步推动中国对经济学和管理学学科建设的研究，同时，也希望本系列报告的连续出版能提升我国经济和管理学科的研究水平。

金碚

2014 年 5 月

前　言

在竞争日益激烈的今天，组织环境发生了巨大的变化，组织管理面临着前所未有的压力。全球化、网络化、信息化、扁平化等特点，表现在组织管理的各个层面，为组织行为管理带来了重大变革。管理劳动力多元化、应对员工高流动率与低忠诚度、调动员工工作积极性、管理跨文化沟通与冲突、平衡工作—家庭关系、激发组织变革等都成为组织管理者在新形势下所面临的新课题。一个管理者如果不具有管理的基础知识和管理技能，就不能融合团队的力量有效地发挥组织的效能，就无法在竞争中取得成功。组织行为学是管理发展过程中形成的以心理学、社会学、人类学、政治学等多学科为基础的独立的应用科学。它以各类组织中人的心理与行为特点和规律为研究对象，探讨个体、群体和组织三个层面的因素如何影响个人及其所在组织的行为，目的是使管理者能够根据人的行为规律，创造健康的工作氛围，发挥人的积极性和创造性，以实现组织的目标和提高人的满意度。通过系统学习，可以培养管理者科学的思维方式和掌握客观的研究行为的方法，避免直觉经验式或主观片面式的行为分析。

针对组织行为管理领域的新问题，在研究过程中不断总结组织行为学研究的最新动态，本书汇聚了 2011 年度国内外学者大量研究成果。对学术前沿的追踪，尤其是对国内外组织行为研究最具有代表性和影响力的理论进行分析，能够更好地帮助使用者开拓视野，准确把握组织行为学学科发展状况。全书共分为五个部分，即国内外研究综述、期刊论文精选、出版图书精选、大事记和文献索引。第一部分研究综述所选资料为本年度中外有影响力的期刊杂志刊发的本学科的学术论文。中文精选论文是从北京大学图书馆等编写的《中文核心期刊要目总览》全部核心期刊及以上的期刊中选出，与本学科相关的论文共240篇，再加上 2011 年第六届中国管理学年会相关论文 35 篇，共 275 篇。外文文章查阅了代表学科研究最高水平的 14 种，共 178 篇。在此基础上进行内容划分和系统梳理，并进行文献评述和比较分析，为学科未来可能的研究趋势提出建议。第二部分是期刊论文精选。在 2011 年度的学科论文中，根据其研究内容、研究方法和研究视角的规范性、前瞻性与实用性特点，精选出 15 篇有代表性的中文期刊论文和 15 篇有代表性的英文期刊论文。第三部分是出版图书精选，从 2011 年度出版的图书中，挑选在理论上有重大影响、在实践上具有重要指导意义的图书进行评述、推荐，力求所选图书既保持学术的前沿性和综合性，又体现实际的社会效益。在此基础上评选出 15 本有代表性的中文图书和 15 本有代表性的英文图书。在第四部分的年度大事记中，对与组织行为学学科密切相关的 2011年度会议进行评述，共总结出比较重要的相关会议 6 次，总结、反映了学科的交流动态。

第五部分是文献索引，包括中文文章275篇，英文文章178篇。

本书的创新之处在于：以国内外最高水平专业期刊所发表的成果为研究对象，按年度对组织行为学科的研究内容和研究趋势进行比较分析，掌握学科研究动态；综合体现学科体系内容，按个体、群体、组织三个组成部分进行分析评述，把握学科研究的重点；全年相关文章索引为相关专业学者和实践者提供了全面、系统的资料来源。

书中难免存在不妥与疏漏之处，恳请同行和广大读者予以批评指正。

肖 霞

2014 年 8 月

目 录

第一章 组织行为学科2011年国内外研究综述

组织行为学是研究组织中人的行为与心理规律的一门科学。它是行为科学的一个分支，组织行为学综合运用了心理学、社会学、文化人类学、生理学、生物学，还有经济学、政治学等学科有关人的行为的知识与理论，来研究一定组织中的人的行为规律。组织行为学是一门新兴学科，诞生于20世纪20年代，直至五六十年代才逐步形成了较为完整的学科体系。组织行为学从三个层面来研究组织中人的行为：个体水平，主要研究个体特征、知觉、价值观和态度以及动机对个体行为的影响；群体水平，主要研究沟通模式、领导方式、权力和政治、群体间关系和冲突水平如何影响个体和群体行为；组织水平，主要从组织的设计、技术和工作过程、组织文化、工作压力水平、组织变革与发展等方面分析如何对个体、群体和组织产生影响。组织行为学的研究就是试图揭示个体、群体、组织的心理或行为与特定的外部有效性之间的关系，从学科角度讲，表现行为有效性的指标就是绩效。经过多年发展，组织行为学科的结构、思想和研究方法已趋于成熟规范，其研究方法总体来说，可以分为三类：第一，个案分析。它是指系统分析有某种代表性的对象，以此认识结果来推论其他对象或总体的方法。第二，调查。是指通过对较大数量有代表性的样本的分析来推论总体特征的方法，比第一种方法更具普遍意义。第三，实验。是指人为操纵某个或某些因素的变化，并观察行为反应，从中分析该因素与行为之间因果关系的方法。组织行为学作为一门重要的学科，其研究与发展一直备受重视，在学科领域积累了丰富的经验，取得了许多理论上的突破。本章通过对国内外知名专业期刊2011年度本学科研究性文章进行分析，总结本年度学科发展状况、最新动态、重要理论观点、前沿问题和热点问题。分析主要分为两大部分：一是国内研究综述；二是国外研究综述。

一、组织行为学科国内研究综述

本报告参照的国内论文是从北京大学图书馆等编写的《中文核心期刊要目总览》中核心及以上的期刊中选出的，2011年度与本学科相关的论文共240篇，2011年举行了第六届中国管理学年会，从组织行为与人力资源分会场所提交的论文中精选相关论文35篇，共整理出275篇。经统计，其中，个体层次的研究文章有106篇，占全部文章的38.5%；群体层次的研究有130篇，占全部文章的比重为47.3%，而群体之中对领导和团队研究的文章分别有41篇和74篇，在群体研究的文章中所占比重分别为31.5%和56.9%；组织层次研究的文章有 39 篇，占全部文章的 14.2%。

（一）个体层次研究综述

在个体研究的文章中，主要涉及以下研究方面：动机管理、个体特质、公正、价值观与态度、认知、心理契约、心理资本、组织公民行为等。其中，对个体价值观与态度研究的文章有 25 篇，占整个个体研究方向的 23.6%，心理契约方向的文章有 13 篇，占个体研究方向文章的 12.3%；研究个体特质的文章有 12 篇，占个体研究方向文章的 11.3%；研究公平感、组织公正的文章有 12 篇，也占个体研究方向文章的 11.3%；还有关于个体心理认知的文章 6 篇，组织公民行为的文章 6 篇，以及个体动机管理的文章 4 篇；另外的 16 篇文章研究所涉及的主题较为分散，包括个体绩效、离职、自我效能、情绪和知识型员工等方向，我们也将其列入个体研究方向。下面我们对个体层次研究中集中涉及的主题进行逐一分析。

价值观与态度　　对价值观与态度的研究一向是组织行为学个体层面研究的重点，研究集中在员工组织承诺与员工工作满意度等方面，通过研究来揭示价值观、态度与绩效之间的关系。

有代表性的观点有：翁清雄等（2011）研究了动态职业环境下职业成长对组织承诺的影响机理，该论文的研究突破了原有研究的工作特性、组织气候、工作角色以及人与组织匹配局限，关注到了员工职业成长在组织承诺形成中的作用；得出结论：员工职业成长对情感承诺具有显著的正向影响，职业目标进展、晋升速度和报酬增长对持续承诺和规范承诺有显著的正向影响。陈蓉泉（2011）研究了工作中心度与组织承诺的关系，研究表明工作中心度与组织承诺呈正相关关系，并提出对不同工作中心度员工采用不同领导方式，本研究的实践意义在于企业领导者可以通过了解员工的工作中心度来预测其组织承诺，降低离职率。舒小兵等（2011）研究家族企业工作满意度对离职意愿和工作绩效的影响，以往研究结果表明在家族企业员工关系身份的调节作用下会产生不同影响，雇员有高的工作满意度将会带来高的工作绩效，以及提高员工工作满意度会有效地降低员工的离职意愿，这个效应在家族内部员工身上体现得并不明显，而在家族以外员工中却表现得非常明显。刘小平等（2011）认为风险认知与组织信任、情感承诺以及规范承诺之间显著负相关；组织信任与情感承诺、持续承诺、规范承诺之间显著正相关；组织信任在风险认知和情感承诺、规范承诺之间起中介作用。未来研究还可以从两个方面来丰富员工组织承诺形成的内部机制和外部影响。

在研究中，对知识型员工的关注越来越多，周沈刚等（2011）通过对研究所知识型员工满意度指标得分与绩效考评结果的对比分析得出各项满意度指标与工作绩效结果均具有正向相关性，而员工满意度水平随工作年限呈现"V"形变化趋势。李从容等（2011）对知识型员工组织社会化对组织承诺的影响进行了研究，认为人际融洽、文化融合有利于知识型新员工情感承诺的形成和提高以及持续承诺的提高。本研究是对以往研究的一种深化和拓展，同时，实证研究弥补了以往对员工组织社会化与组织承诺关系研究的不足，为未来研究组织社会化的其他内容打下了基础。

心理契约 心理契约一般指未书面化的契约，是组织与雇员之间相互期望的总和。对于心理契约的概念、测量，心理契约破坏对组织绩效的不良影响等，已有大量研究成果。2011年度仍然延续了这一主题。国内的研究大多是在国外原有理论构架下，对某个组织或某类人员进行验证。

樊耘等（2011）进行了雇佣契约对心理契约破坏影响的实证研究，研究结果表明，心理契约破坏与工作满意度负相关，与离职倾向显著正相关，面对心理契约破坏，短期雇员的工作满意度水平会更大程度降低。鞠冬等（2011）认为承诺破坏对于员工心理契约满足感和对高管的信任产生负向影响，绩效较差的公司的员工，相比于绩效较好的公司的员工，在经历了破坏承诺后，会有更高水平的心理契约满足感和对高管的信任，未来的研究可以探讨员工的个人特质、员工的归因辅导等因素的调节作用。吕部（2011）认为心理契约可分为交易型和关系型两个维度，两者相互独立，交易型和关系型心理契约分别对团队绩效和组织绩效有正向作用；团队绩效和组织绩效正相关，且心理契约与组织绩效的相关性部分是通过团队绩效起中介作用的。未来研究可加入权变变量，如员工满意度，并对因子进行验证性因素分析。刘继红等（2011）对心理契约履行与情绪耗竭的关系进行研究，认为分配公平感在心理契约履行和薪酬满意度之间起到完全中介的作用；薪酬满意度对情绪耗竭有显著负向影响；心理契约履行对薪酬满意度有显著正向影响。赵磊（2011）认为同事支持感会削弱心理契约破坏和组织公民行为的关系的强度，即当个体感知到较高程度的同事支持，即使个体感受到心理契约被破坏，也会维持较高程度的组织公民行为。张生太等（2011）研究心理契约破裂、组织承诺与员工绩效之间的关系，认为心理契约破裂三个维度均对员工绩效产生负向显著影响，规范维度破裂对员工绩效的负向影响最大，组织承诺在心理契约破裂和员工绩效的关系中起中介效应作用。

个体特质 对个体特质的研究主要集中在人格特质、能力与其他个体特征方面，情绪智力也作为个体特征中研究的重点。在此基础上，胜任力的研究为不同岗位的人—岗适配提供依据。

侯莉颖（2011）认为员工个体差异中的性别、年龄、文化程度和婚姻状况特征与组织支持感之间存在显著相关性，并对组织支持感存在显著影响；组织支持感与工作绩效之间存在明显相关性。程红玲（2011）满意度、薪酬期望、关系紧密程度、规范正式化和情绪调节技能均对员工的情绪调节行为有显著的正向影响。张秋惠（2011）研究了人格特质对心理契约的影响，提出大五人格中的情绪稳定性、开放性和外倾性三个维度对心理契约具有显著影响，而责任感只对心理契约中员工责任有显著影响。

杜鹃（2011）对 HR 经理胜任特征和个人绩效关系进行研究，认为四项胜任特征维度与 HR 经理的个人绩效显著相关，其中学习能力、合作能力和沟通能力与个人绩效呈显著正相关。瞿群臻等（2011）采用层次分析法与模糊数学相结合的 Fuzzy AHP 综合评价方法，对知识型员工的胜任力水平进行评价研究，为企业更好地管理知识型员工提供新的思路。

公正 组织公正或员工公平感与绩效的关系研究，是较成熟的主题，具体研究表现在公平感对态度、离职、反生产行为的影响上，其中薪酬管理环节的公平感对行为的影响研究尤为突出。

熊昱（2011）认为现今的国有企业绩效管理中，员工仍然具有较强的分配公平、程序公平和互动公平三个层面的感知，国有企业可以通过提升员工感知度来增强个体和组织绩效。王炳成（2011）认为薪酬的外部公平性与内部公平性均对员工的工作满意度有非常显著的影响。任润等（2011）认为企业的薪酬越公平，员工的工作满意度就会越高，而离职倾向就会随之下降；工作满意度是薪酬公平感和离职倾向之间关系的中介，薪酬公平感通过影响员工的工作满意度进而影响其离职倾向。王拓等（2011）对组织公平与离职倾向进行研究，发现信息公平和离职倾向有着显著的负相关关系；积极情绪对于信息公平和互动公平与离职倾向之间的负相关关系有着显著的调节作用。刘力等（2011）认为分配公正和程序公正都对工作满意和组织承诺有显著的正向影响；程序公正对分配公正有显著的正向影响；工作满意和组织承诺正向相关；工作满意和组织承诺负向影响员工的离职意向，正向影响员工的顾客导向。

认知　认知方面的研究一般包括员工不同认知特点、对交换关系的理解、组织支持感水平、职业认同、组织认同等。刘颖等（2011）对科研人员组织支持感和工作行为的关系进行研究，明确了科研工作者与组织、与领导之间的两种交换关系以及彼此之间具有密切的关联和显著的影响。同时，证实了组织支持感对组织公民行为与工作绩效的正向影响作用，以及组织支持感对领导—成员交换与组织公民行为和工作绩效之间关系的调节作用。李云等（2011）研究发现职业经理人可信行为与员工的组织认同显著正相关；经理人信任在职业经理人可信行为与员工的组织认同间起部分中介作用；心理安全感在职业经理人可信行为与员工组织认同的关系中起调节作用。王璐等（2011）认为团队认同和职业认同都对员工建言行为有显著影响。团队认同和职业认同双高时，员工建言水平较高。胡冬梅等（2011）对组织社会化策略与自我效能感匹配的实证研究发现，组织社会化内容显著正向影响工作满意度；人际关系社会化维度显著负向影响离职意向；组织政治社会化维度显著正向影响离职意向。

组织公民行为　对组织公民行为的研究内容主要集中在组织公民行为的界定，不同组织、不同职业组织公民行为所包含的内容，组织公民行为对绩效的影响以及组织公民行为的形成机制。

刘德鹏等（2011）研究工作自主权对组织公民行为影响，认为工作自主权与组织公民行为显著正相关；个体当责感和与组织联系在两者之间起完全中介作用。中国企业要想激发员工的组织公民行为，首先应该提升员工个体的当责感和其与组织的联系，单独提高工作自主权难以真正激发组织公民行为。闵锐等（2011）对组织公民行为的知识共享进行分析得到结论，能够正向影响组织公民行为产生的因素中，信任与组织承诺对知识共享有正向影响，心理资本对工作满意和组织承诺有正向影响，工作满意对组织承诺和信任有正向影响。张睿等（2011）对组织公民行为对技术联盟知识转移效果的影响进行研究，提出了群体单元层次组织公民行为对技术联盟知识转移效果影响因素理论模型，并提出今后研究可以以问卷调查的方法取得相关数据以对本研究结论加以验证。

动机管理 运用相关动机管理理论，考虑工作特点，设计合理的激励体系，从而调动员工的工作积极性。其中分析不同类型员工的心理动机是研究的重点。冉宁等（2011）认为运用罗宾斯动机理论模型来解决雇员主动离职问题时，首先应运用工作特征模型进行人与工作的匹配，然后通过目标设置理论与高成就动机需要理论帮助组织中的普通员工和核心员工完成工作目标的设定，减少离职意向产生，让公平理论在组织体制与奖赏体系中得到体现，最大限度地去降低离职动机的产生，减少离职行为的产生。

除上述比较集中的研究热点外，还有其他一些主题也在个体研究中出现，比如心理资本与心理所有权的研究，陈浩（2011）对心理所有权与组织公民行为进行研究，研究结果表明心理所有权与组织公民行为显著正相关；组织承诺在心理所有权与组织公民行为之间起部分中介作用，组织认同在心理所有权与组织公民行为之间起完全中介作用。陈海卿等（2011）认为心理资本领域今后可以继续研究心理资本投资回报，尤其在量化心理资本的投资回报上，还需要做出进一步的研究。

除此之外，自我效能感、组织社会化等方面的研究也越来越受到重视，周浩等（2011）认为中等工作不安全感水平下员工的创造力最高；创造力自我效能对员工创造力有显著的积极影响；工作不安全感与创造力自我效能的交互效应显著，工作不安全感、创造力自我效能及其交互效应通过内在动机的完全中介效应影响员工创造力。李从容等（2011）认为组织社会化是新员工进入企业后一个学习和调试的过程；公开询问信息的行为有利于知识型新员工胜任组织工作、适应组织人际关系和融入组织文化，但是知识型新员工利用观察寻找的信息方式对其适应组织的人际关系的正向影响并不显著。

（二）群体层次研究综述

在群体层次研究的文献中，主要涉及几个研究领域：群体领导、团队、信任以及冲突等，其中领导方面的文章有41篇，占群体研究文章的31.5%，团队方面的文章有74篇，占群体研究文章的56.9%，信任方面的文章有9篇，占群体研究文章的6.9%，其他文章包括冲突、群体事件等方面有6篇。由此可见，在群体层次的研究中，领导和团队方面的研究占全部研究的88.4%，占有绝对的比重。

（1）领导。对群体领导的研究又可细分为变革领导、领导成员交换、领导行为方式、领导特质和中国情境下领导行为等几个方面，其中，对领导行为方式研究的文章有9篇，占整个领导研究方向的22%；研究领导变革和领导特质的文章分别有6篇，占群体领导研究方向文章的14.6%；领导理论探讨方向的文章有5篇，占群体领导研究方向文章的12.2%；还有探讨中国情境下领导的文章4篇，领导成员交换的文章3篇，另外，有8篇文章研究了包括忠诚、下属关系和复杂性领导等方向，我们也将其列入群体领导研究方向。

领导行为与方式 这方面的研究主要关注变革型领导方式、交易型领导方式、家长式领导方式等其他领导方式与领导行为对员工和绩效的影响，除此之外，探讨中国情境下有效领导行为的维度也是该领域的重点研究内容。

在这一领域的研究中，成瑾等（2011）认为工作态度（组织承诺、工作满意度）是领导方式与离职倾向的中介变量，高层变革型领导直接影响员工的组织承诺，又通过影响直接领导的变革型领导方式来影响员工的工作满意度，交易型领导方式对员工工作满意度和组织承诺的影响由直接领导的变革型领导方式体现。陈浩（2011）认为领导方式与员工心理所有权显著正相关，变革型领导对员工心理所有权的影响最大。郭忠金等（2011）认为高管团队层面的人口特征与高管团队的行为整合之间有显著相关性，高管团队规模、部分异质性特征与行为整合显著负相关；团队领导者分享式领导和高管团队行为整合显著正相关，而控制式领导与高管团队行为整合显著负相关。王辉等（2011）认为战略型领导行为对员工态度和企业绩效具有正向作用，与组织文化内外部整合价值观正相关。

变革型领导　变革型领导理论是近 20 年来世界领导学研究的热门理论，被视为是一种建立在早期的各种领导理论基础上，以一种组织和整合的方式来更完整地解释领导行为的理论，该理论把领导行为视为将企业组织理念转变为员工理念的过程，认为有效的领导将运用多种行为来影响组织的变革。这一理论的产生也意味着领导学从静态的研究发展成为动态的过程研究。这一领域对变革型领导行为的特征，以及对员工、组织创造力的影响，变革型领导的形成机制是研究重点。王端旭等（2011）认为变革性领导对团队交互记忆系统具有显著的正向影响；团队信任和团队反思对变革型领导与团队交互记忆系统各维度的关系具有完全中介作用。王凤彬等（2011）认为高层的变革型领导行为对组织绩效具有正向的影响，探索式技术创新在其中部分中介的作用，环境动态性对变革型领导行为与组织绩效之间的关系具有调节作用，探索式技术创新承担了完全中介的作用。

领导特质　这方面研究主要集中在领导素质、人格特点、情绪智力、动机等对领导力的影响。建立在个人特质基础上的魅力型领导对工作绩效的影响也有涉及。

薛贤等（2011）认为管理者行为动机上的"言语理解"和职业能力上的"风险决策"能力与领导者绩效之间有显著的相关性。吴维库等（2011）认为领导情绪智力水平对员工组织承诺和员工份外工作绩效有显著正向影响，通过提升领导情绪智力水平，能够帮助企业有效提高员工的组织承诺和工作绩效。张伟明等（2011）研究发现魅力型领导与团队创新绩效、下属的信任之间有显著正相关性，与下属的情感信任相关度更高，下属的信任对团队创新绩效显著正相关，下属的信任在魅力型领导与团队创新绩效之间起着完全中介的作用。

领导—成员交换理论　领导—成员交换理论是近三十年领导领域研究的热点，该理论认为受限于资源和精力，领导会与不同的下属建立不同的交换关系，并采取差异化的管理方式和策略。员工感知到的他人与领导的交换关系以及领导与不同成员的交换关系的差异化程度等情境和认知因素会影响到他们的态度和行为。在这一领域的研究主要集中于差异化的交换关系对员工影响方面，尤其是在本土化的情境下这种差异化行为的特征更明显。

王震等（2011）对领导—成员交换关系差异化进行了全面评述和展望，从概念、研究起源、测量、影响因素、影响效果及作用机制方面国内外相关研究进行评述，并在此基础上指出了未来的研究方向。周路路等（2011）认为领导—成员交换对员工沉默行为具有显著影响，组织信任在其中起完全中介作用，风险规避正向调节着组织信任和员工沉默行为之间的负相关关系，对中国本土情境的员工沉默行为进行了有益探索。吴继红（2011）研究发现男性下属的 LMX 与任务绩效关系更强，而女性主管的下属与女性下属的 LMX 与情感承诺更强；女主管男下属组合中下属的 LMX 与任务绩效关系最强，同为女性组合中下属的 LMX 与情感承诺的关系最强。

除上研究热点外，谢俊等（2011）认为主管忠诚对员工工作满意度有显著的正向影响，对离职倾向有显著的负向影响；员工传统性在主管忠诚与任务冲突关系中起负向调节作用。韩翼等（2011）认为真实型领导与员工创新行为显著正相关，心理资本在两者间起完全中介作用，而领导成员交换在两者间起调节作用。未来研究可以考虑中国文化的情境性特征，将权力距离、传统性、集体主义等作为调节变量进行研究。在基本理论探讨方面，文茂伟（2011）认为组织领导力发展是指发展作为一种集体能力的领导力，组织领导力的发展通过在实体、关系和集体情境三个层次上增进组织的人力资本、社会资本和组织资本而得以实现；组织领导力的形成与发展是组织内的实体（个人和团队）在组织情境因素的影响下，在多个系统层次、多种方向上相互作用的过程和结果。

（2）团队。对团队的研究可细分为团队建设、高管团队、团队学习分享、研发团队、团队创造力、创业团队、团队冲突、知识团队和团队领导，其中，团队建设方面的文章有15篇，占团队文章的20.3%；高管团队方面的文章有13篇，占团队文章的17.6%；团队学习分享和研发团队的文章分别各有12篇，各占团队文章的16.2%，团队创造力方面的文章有7篇，占团队文章的9.5%；另外，还包括创业团队的文章有5篇，知识团队方面的文章有4篇，团队冲突方面的文章3篇，以及团队领导方面的文章2篇。

团队建设　在团队建设方面的研究包括团队特征、团队结构、团队运行模式及团队生命周期等，具体表现在团队成员多元化、信任、协作与互动关系和协作氛围等领域的研究。

盛振江（2011）研究发现团队成员的协同效应使团队作用的发挥远大于个人绩效之和，不同的组织在不同时期和发展阶段可以有不同团队模式，发挥不同的协同效应。刘冰等（2011）认为团队氛围对冲突和团队绩效的影响显著；开放性高的团队氛围与关系冲突显著负相关。赵修文等（2011）认为团队信任、团队任务绩效、团队周边绩效之间具有显著的正相关关系，团队周边绩效与团队任务绩效间存在显著的正相关关系。肖余春等（2011）认为在虚拟团队中，个人利益和兴趣是团队发展早期的影响因子，实用价值是后期影响因素，积极团队更专注于团队任务，乐于参加团队协作提高影响力。于兆良（2011）对团队心理资本进行研究，认为心理资本是对人力资本和社会资本的超越，是发挥高人力资本成员的潜能、打造竞争优势的关键所在，心理资本的开发与管理是发挥团队成员高人力资本作用的关键。陈国权等（2011）研究团队互动双 F 导向理论，认为事实导向与情感导向是团队互动过程中两个彼此独立的重要维度。今后的研究可以从分析总结实际企业环境下团队在交流互动两维度方面的实践现状入手，探讨在企业管理实践中应如何提高团队交流互动水平。

高管团队 对不同类别的团队研究方面，由于高层团队在组织中占有重要地位，因此备受关注。其中高管团队的构成特点、认知特点对绩效的影响是研究的热点。除此之外高管团队的薪酬构成也受到了学者的重视。

鲁海帆（2011）从薪酬差距的设定角度来研究，认为风险对公司高管团队的未来薪酬差距有正向影响，但从薪酬差距对业绩的激励作用角度看，高管团队的薪酬差距扩大对公司未来业绩会产生先抑制后促进的作用。石盛林等（2011）研究发现高管团队分析型认知风格通过工艺创新影响企业绩效，高管团队创造型认知风格通过产品创新影响企业绩效，提升中国制造企业产品创新水平，关键在于技术创新的高管团队认知风格的转变。马富萍等（2011）认为高管团队特征与高管团队持股显著影响技术创新，并且高管团队持股在高管团队特征与技术创新之间起到调节作用。张进华等（2011）认为团队特征对外部社会资本形成有显著促进作用；生产型部门职业背景与团队任期则对团队内部社会资本形成有显著促进作用；团队成员年龄异质性、受教育水平异质性和团队任期异质性对团队内部社会资本形成有显著负向影响。姚振华等（2011）认为高管团队的男性比例、平均受教育程度、平均组织任期以及平均团队任期与团队沟通频率正相关，团队的平均年龄与沟通频率负相关，高管团队沟通频率与组织绩效显著正相关。刘子君等（2011）认为企业绩效、企业规模对高管薪酬绝对差距产生显著正向影响；高管团队薪酬差距对公司绩效的正向影响作用显著，团队薪酬水平对公司绩效的影响大于团队薪酬差距的影响。

团队学习与分享 高绩效团队之所以能够取得协同效应，就在于能整合不同智慧和能力，通过成员之间的知识共享，才能使得个体层面的知识升华为团队层面的知识，实现知识价值与团队绩效的最大化。团队的学习力成为团队工作方式的关键能力。

曲刚等（2011）认为交互记忆系统在社会资本与团队知识转移的关系中发挥显著的完全中介作用，团队通过社会资本促进交互记忆系统的形成，团队学习是提高知识转移绩效的有效途径。常涛（2011）任务互依性和成果互依性与团队效能感均对知识共享起到积极影响作用；成员能力梯度对知识共享有负向影响作用；任务互依性与成果互依性的交互作用对知识共享的影响也是显著的。彭灿（2011）认为团队外部社会资本与团队外部学习能力之间存在正向影响关系；团队外部学习能力与团队内部学习能力之间存在正向影响关系；团队外部学习能力在团队外部社会资本对团队内部学习的影响关系中起到中介变量作用。王文祥（2011）认为团队学习目标特征影响团队成员对团队学习目标的认知结果；团队学习目标特征影响团队成员对团队学习目标的承诺；团队学习目标影响团队成员在学习中的角色认知；团队学习目标影响团队成员在学习中的互动方式；团队学习目标取向能够影响团队学习的策略。

研发团队 研发团队作为另一个备受关注的团队研究类型，在技术创新要求越来越迫切的今天显得十分必要。研发团队作为知识型团队其异质性、结构、成员信任度、领导及协作方式成为研究重点。

宝贡敏等（2011）认为研发团队员工对团队和职业的情感性与规范性忠诚对两类帮助行为都有正向作用，持续性忠诚对其都有负向作用。员工对组织的情感性忠诚对知识分享式帮助行为有积极影响，对主管的规范性忠诚对问题解决式帮助行为有消极影响。黄海燕（2011）认为研发团队的人格异质性与交互记忆系统强度、创新绩效呈正相关关系，交互记忆系统在研发团队的人格异质性与创新绩效之间起到部分中介作用。张文勤等（2011）研究发现团队反思的三因素（任务反省、过程反省与行动调整）对任务绩效与合作满意均能产生显著正向影响，行动调整对团队效率也能产生显著正向影响。彭正龙等（2011）认为，研发团队 LMX 与创新行为之间存在显著的正相关关系，员工的心理感知在二者之间起着重要的调节作用，在 LMX 对员工创新行为表现的作用中，公平感知起到关键的调节作用。

创业团队　团队创业渐渐成为企业合理利用和配置各种资源进行创业的一种重要方式。创业团队不仅仅是一个群体，它要求每个成员必须有一定的可以共同分享的投入或承诺，是一群才能互补、责任共担，愿为共同的创业目标而奋斗的人。创业团队作为重要的团队研究类型，受到学者关注。创业团队中成员构成、异质化特点、职权结构、行为模式都会对绩效产生影响。

薛红志（2011）采用层次回归模型，探讨创业者在初创期是否应将宝贵的资源投入组织结构建设。检验正式组织结构的两个关键属性（角色规范性和职能专业化）对新企业绩效的影响。考察创业团队特征能否解释新企业之间在初始组织结构形态上的差异。实证结果表明，角色规范性显著负向影响新企业绩效，职能专业化对新企业绩效有积极促进作用。同时，创业团队组成特征中只有产业经验异质性显著影响新企业的角色规范性和职能专业化，性别和年龄异质性只是有助于角色规范性。职能经验异质性则与两个组织结构特征均无显著相关关系。牛芳等（2011）在研究创业团队的异质性时，将异质性分为两类：任务相关异质性和身份相关异质性，并分别讨论了两类异质性对新企业绩效的不同影响以及团队领导者乐观心理的调节作用。在任务相关异质性中，行业经验异质性正向影响新企业绩效；在身份相关异质性中，年龄相关异质性负向影响新企业绩效。石书德等（2011）在对已有结果结论进行全面梳理总结的基础上，综合团队构成、团队合作过程和团队治理三个维度，建立了影响新创企业绩效的创业团队因素模型。

团队创造力　组织的创新能力，已成为政府、组织与学术界高度关注的焦点问题。自熊彼特提出创新理论以来众多学者不断地研究驱动创新的因素，试图探索出提升组织创新能力的有效路径。有关创新团队建设的整体框架已比较成熟，创新团队的研究呈现出新的发展趋势：一是将关注团队生命周期理论的深度研究；二是有关团队运行过程的实证分析研究；三是对团队运行的结果进行评估。

汤颖超等（2011）认为在团队层次，控制了内在动机均值的情况下，积极情绪均值还能显著影响团队创造力，而隐性知识共享完全中介了积极情绪均值与团队创造力之间的关系。王端旭等（2011）认为交互记忆系统的专门化和协调性维度对团队创造力存在积极影响；知识共享对交互记忆系统的协调性维度与团队创造力的关系起中介作用。彭正龙等（2011）认为团队差序氛围与知识共享及团队创新绩效显著负相关，知识共享与团队创新绩效显著正相关，知识转移渠道对团队差序氛围与团队创新绩效之间关系起负向调节作用。

除上述团队领域比较集中的研究热点外，还有其他的一些研究方向，如知识团队、团队冲突和团队领导的研究：赵卓嘉等（2011）认为感知面子威胁在知识团队内部的任务冲突处理过程中起到了联结刺激和行为的部分中介传导作用；感知能力面子威胁的提升会导致更多的竞争行为，感知关系面子威胁的提升将导致更多的协作、回避和折中行为，感知品德面子威胁的提升还可能导致更多的顺从行为。马硕（2011）认为团队氛围能对任务冲突与关系冲突的正相关关系产生负向调节作用，削弱任务冲突对关系冲突的负向影响。通过促进和谐的团队氛围，能够使团队在任务冲突存在的前提下形成有效的团队合作。刘超（2011）关系导向型团队主管对团队创新能力及团队创新绩效有正向的显著的影响，而任务导向型主管对创新能力及创新绩效无显著影响。

（3）信任。相互信任是良好人际关系的重要因素，也是人际交往的基础。早期有关信任问题的研究，主要集中在社会学领域，近年来，人际信任问题正日益成为工业与组织心理学研究的热点。总体而言，有关组织信任的理论和实证研究，涉及系统信任和公司间信任的相对较少，而大多将组织信任界定为人际信任。提高人际信任可以促进人际沟通，加强协作互动，增强组织凝聚力，提高工作效率，合理配置资源，从而降低组织运行和管理的成本。

刘双双等（2011）认为组织中人际信任主要包括员工与同事、直接主管和高管的信任以及主管对员工的信任；在人际信任的前因变量中，完备的契约与高品质的 LMX 会降低不确定性，促进员工与管理者之间信任的达成，组织政治行为则会降低组织中的人际信任，良好的组织公民行为则会促进人际信任的发展，而已形成的人际信任会影响组织的工作绩效、工作满意度等。曾贱吉等（2011）对影响企业员工组织信任的因素进行了实证研究。相关分析表明：组织公平、组织气候、组织政治知觉、变革型领导与企业员工组织信任均存在显著的相关。而进一步的多元回归分析结果证实：组织公平、变革型领导对企业员工组织信任具有显著的正面影响；组织政治知觉对企业员工组织信任具有显著的负面影响。段锦云等（2011）认为对直接上级信任和组织信任均能促进员工谏言，且直接上级信任部分也通过组织信任影响员工谏言，员工谏言行为与其自评的任务绩效正相关。周生春（2011）分析了信任方式的起源和中国人信任的特征，通过历史分析和博弈推演提出：中国人建立了基于同情心原则的人格化信任方式——直接信任，这一信任方式虽然在真实性、范围和强度上都优于其他信任方式，但由于辅助的非人格化信任的周期性解体与重建，以及近代社会的转型和外部威胁，中国人的直接信任方式具有不稳定的特点。所以说，中国人对不同对象给予信任的不同，顺序与强度的不同是因安全原因才逐渐表现出来的。中国社会的差序格局特征更多的是时间顺序上的，并从时间顺序反映到空间范围上。

在群体研究中还有少数文章涉及沟通、职场友谊等内容，在此不一一评述。

（三）组织层次研究综述

在组织层次研究的文章中，主要涉及以下几方面：变革与发展、文化、学习、工作设计与工作压力等。其中，对组织学习与知识共享方面研究的文章有 12 篇，占整个组织层次研究方向的 30.8%；变革与发展方向的文章有 10 篇，占组织层次研究的 25.6%；研究组织文化管理的文章有 9 篇，占组织研究的 23.1%；还有关于组织的文章 8 篇，占组织研究方向文章的 20.5%。下面我们对个体研究方向的话题进行逐一分析。

组织学习与知识管理　在竞争环境变幻莫测的知识经济时代，组织学习与知识管理对于企业的生存和发展至关重要，被众多学者认为是未来组织成功的关键，是一种战略性资源和能力。学习型组织的提出更将这一领域的研究推向高潮。赵文红等（2011）从创新导向的角度，构建了组织学习、创新导向和企业绩效的理论模型，研究组织的探索性学习和应用性学习对绩效的影响作用，以及创新导向所起到的调节作用，并以陕西省 178 家高新技术企业的调研数据为依托对模型进行了验证。研究发现探索性学习和应用性学习与组织绩效之间均存在倒"U"形的关系，创新导向对探索性学习和绩效之间关系具有正向调节作用，对应用性学习和绩效之间关系则具有负向调节作用。陈江等（2011）通过文献研究和企业访谈调研，从组织行为的视角构建组织学习 5 维度测量模型，并提出量表的初始条目。然后通过预测试和正式测试两个阶段的修改和检验，得出了 5 个测量维度 26 个条目的量表，5 个测量维度分别为学习承诺、开放心智、共享愿景、系统思考，以及分享知识与记忆。实证检验的结果表明，其所构建的 5 维度量表具有较好的信度和效度。

在知识管理方面，路琳等（2011）认为价值观型和谐取向对知识共享具有正向作用，这一作用通过组织公民行为和人际沟通发挥影响，否定型和谐取向对知识共享有负面作用，人际沟通在其中发挥了中介作用。何会涛（2011）认为两种导向的知识共享行为对共享有效性均具有显著的正向影响，组织导向知识共享对共享有效性的影响显著强于个人导向知识共享对共享有效性的影响，员工的知识共享是选择性很强的行为过程，共享的行为导向对共享有效性产生重要影响。谢礼珊等（2011）以旅游电子商务企业为研究对象，探讨团队层次变量对个体层次变量的跨层级影响。认为团队层次组织学习氛围、市场导向对个体层次员工创新行为具有显著的正向影响，员工的自我效能感对员工创新能力也有显著的正向影响，组织学习氛围与市场导向存在显著的正向关系。张光磊等（2011）认为集权程度、反馈速度、部门整合能力对知识吸收能力具有正向影响，知识吸收能力对研发团队创新绩效具有正向影响，知识吸收能力在部门整合能力与团队创新绩效之间具有完全的中介效用。

变革与发展　为了取得和维持自身的竞争优势以适应不断变化的市场环境，实施深刻的组织变革势在必行。自 20 世纪 70 年代以来，业界逐渐意识到了变革的迫切性和重要性，并发起了旨在提升组织绩效的变革实践，其行动策略覆盖了重新制定组织的发展战略、结构和过程，让员工参与重要决策、用业绩取代时间作为衡量报酬的尺度等诸多方面的内容。组织变革过程中不可避免地遇到困难和阻力，分析变革阻力形成的原因、选择适当的变革方式、把握组织变革成功的关键因素等成为研究的重点。

张亚强（2011）在总结企业组织变革趋势特点的基础上，进行组织结构发展趋势理论方面的分析，认为企业组织创新的进化方向是基于供应链合作价值创造的混合治理结构，它是对层级制的治理手段（看得见的手）和市场制的治理手段（看不见的手）的混合和灵活使用。认为企业组织的调整主要是围绕特定供应链的定位展开，包括在特定产业供应链的定位，以及在特定供应链环节上的定位。白艳（2011）回顾了西方企业组织变革理论，发现变革维度的演进与企业发展模式密切关联。在评述已有变革模型的基础上，文章提出了基于系统观的企业组织变革分析框架，即指组织的结构、任务、人员和技术这四个相互作用的子系统，会促进或阻碍组织绩效或变革实施能力。

陈景秋等（2011）认为变革应对模型包括积极的自我概念和风险耐受型两类人格，而积极的自我概念人格又与变革开放性模型中的韧性人格的内涵更接近，风险耐受型则与变革抵制模型中的抵制型人格的内涵更接近，对于变革实施者，应对不同类型的员工实施不同的干预政策。陈建勋等（2011）认为机械式组织结构与渐进性技术创新正相关，有机式组织结构与突破性技术创新正相关，利用式组织学习和探索式组织学习分别在其中起到了完全和部分的中介作用，环境动态性也在有机式组织结构与突破性技术创新之间起着正向调节作用。王重鸣等（2011）基于多案例的实验学习技术，研究与检验了公司组织变革的关键特征和人力资源策略与变革策略，特别关注了组织学习的关键作用。研究验证了变革的四项主要特征：风险创新性、动态整合性、网络互动性和文化多样性。组织变革过程的有效人力资源策略包括培训发展、招聘配置和绩效薪酬。统计分析表明，组织绩效受到多重因素影响和组织学习的中介效应，而组织学习各个维度中，实验尝试学习的效应最显著。组织学习促进了两种变革策略的效能期望，即文化学习策略和团队协同策略。

文化管理 组织文化作为组织战略性竞争优势，其内涵、结构、作用等方面的研究已较为完善，组织文化对绩效的影响长期以来是组织层面研究的重点。近年来，文化变革机制、文化智力兴起，成为新热点。

纪晓鹏等（2011）认为组织文化的变革可以分为无意识、被动的演变和有意识、主动的改革两类，提出驱动组织文化演变的三种驱动力：组织任务环境变化、组织内部环境变化和员工参与程度。通过结构方程模型就三种驱动力对组织文化演变的作用及三种驱动力之间的关系进行实证研究，研究结论表明，组织内部环境变化对组织文化演变起正向作用；组织任务环境变化对组织文化演变起负向作用；组织员工参与程度通过组织内部环境变化这一中介变量，对组织文化演变起正向作用。文化智力是近年来组织行为学领域一个新兴的概念，其内涵是指在跨文化环境中个体适应新的文化和有效与其他跨文化人员交往的能力。王明辉等（2011）分析了文化与文化差异的相关内容，以及文化智力的内涵与效能。在此基础上，提出了文化智力对当今组织管理的启示，主要包括文化智力对组织成员沟通的启示、文化智力对组织冲突问题解决的启示和文化智力对组织中有效团队管理的启示。

黄丽（2011）在组织氛围对工作疏离感和组织认同感影响研究中，通过对样本的分析，结果表明积极组织氛围与工作疏离感之间存在显著的负向相关关系；积极组织氛围与组织认同感之间存在显著的正向相关关系；积极组织氛围对员工的组织认同感有正向影响作用；组织认同感与工作疏离感之间存在显著的负向相关关系。朱颖俊等（2011）在组织伦理气氛与成员信息伦理行为关系的实证研究中认为信息伦理行为涉及一切信息使用的对与错。目前关于信息伦理行为的研究多为理论探讨。其在已有研究基础之上提出了组织伦理气氛与信息伦理行为的假设关系。以中国企业为背景进行问卷调查，运用相关分析和回归分析对调查问卷进行分析，证明企业独立判断导向伦理气氛与信息伦理行为呈正相关性；功利导向伦理气氛与信息伦理行为呈负相关关系。

田晓明等（2011）对组织建言氛围的概念、形成机理及未来展望进行了研究。认为组织建言氛围是成员对组织中是否存在着一种接纳或鼓励建言的共享信念或文化感知。根据组织建构理论，个体通过释意过程将从外界环境/氛围领会的信息进行判断处理，从而产生相应的心理氛围，并将其作为自己行动的出发点。研究指出，工作特征、团队氛围、组织环境特征和管理者特征均是个体释意的来源，并经过设定、选择和保留的循环加工。其中，后两者并非直接作为释意的来源，而是体现于组织管理理念中，进而指导着组织结构和政策的形成，并在组织管理实践中得以体现和运用，从而作用于个体的释意过程。除此之外，建言氛围的产生和释意过程还受到人际交往的影响，并通过某些心理过程（如心理安全感等）而转化为个体具体的建言活动。樊耕等（2011）研究了组织文化激励性与公平性对组织承诺的影响。认为组织文化的公平性对员工的情感承诺和持续承诺产生积极的作用，同时组织文化的激励性也对员工的情感承诺产生积极的影响，组织文化激励性对情感承诺的影响要强于组织文化的公平性。

工作压力　随着社会竞争日益剧烈，员工面临的工作压力越来越大，组织如何通过合理的工作设计，寻找最佳压力点，成为组织行为学研究重要议题。在这一领域，压力源分析、压力与绩效的影响、压力管理策略、工作—生活平衡都属于研究的热点。

刘得格（2011）对中国企业员工样本运用层级回归分析方法分析，认为压力源的二维结构同样适合于中国企业员工样本，挑战性压力源与员工的工作投入和整体工作满意度显著正相关，而阻碍性压力源与员工工作投入和整体满意度显著负相关。程德俊等（2011）在高绩效工作系统对企业绩效作用机制研究中，认为高绩效工作系统对企业绩效具有正向影响，利用式学习战略也对高绩效工作系统与组织信任之间的关系具有正向调节作用。官菊梅等（2011）基于压力分类视角探讨社会支持调节作用，采用问卷调查方式，运用层级回归的数据分析方法进行研究，结果表明组织支持显著地调节了挑战性压力与工作满意度、离职倾向之间的关系，表现为增强效应，上司支持显著地调节了阻断性压力与工作满意度、离职倾向之间的关系，表现为缓解效应。但在面临挑战性压力时，上司支持的调节作用不显著。

在工作—生活平衡方面，王永丽等（2011）研究了中国大陆已婚员工工作—家庭平衡四因素的前因和结果变量。验证性因子分析的结果支持了 Frone 有关工作—家庭平衡的四因素模型，表明工作—家庭平衡是一个双重指向的（工作—家庭、家庭—工作）包括冲突和促进的四重构面概念。多元逐步回归分析结果揭示了工作—家庭冲突与促进的不同形成机制，角色过载是工作—家庭冲突的首要前因变量，角色投入是工作—家庭促进的首要前因变量。此外，工作—家庭冲突与工作满意度和生活满意度显著负相关，家庭—工作促进与生活满意度显著正相关。卢军静（2011）研究了工作与家庭的相互促进作用，通过文献归纳和访谈制订个人工作家庭角色资源量表，对被试施测后证实了量表的信度与效度。工作角色资源包括发展、社会资本、弹性、情感和物质资源，家庭角色资源包括发展、社会、弹性、情感和效率资源。除家庭角色发展资源和情感资源外，各种角色资源对另一角色的满意度均有显著影响。性别在其中三种关系（角色资源对另一角色满意度的影响）中具有调节作用。王婷等（2011）以科研人员为研究对象，探索了家庭—工作平衡对组织绩效的影响，验证了工作—家庭平衡与组织周边绩效关系显著。

（四）研究现状与发展趋势

从 2011 年度组织行为学科研究的分析中可以看出，在研究中主要关注西方情境的研究课题，验证西方发展出来的理论，并借用西方的研究方法论。这种从主流管理文献（基本上是基于北美，特别是美国的文献中）套用已有的理论、概念和方法来研究本土的现象，导致了组织研究的"趋同化"。这类研究成果验证了已有理论或者对其情境性边界进行了延伸研究，说明了如何使用现有研究成果来解释一些新情境下出现的独特现象和问题。但这样的研究倾向对现有的理论发展只能提供有限的贡献，因为它的目的并非寻找对地方性问题新的解释。这种方法也限制了对中国特有的重要现象以及对中国有重要影响的事件的理解。

未来的学科研究要获得创造性发展，就需要注重以下三个方面的内容：①

首先，要在研究中认真对待情境因素。情境可以改变概念的含义及概念之间的关系。情境对于比较性分析（comparative analysis）来说非常必要，对于普遍性理论（universal theories）也很有用。因此，发展有关中国的、包含"组织与其情境的'共同进化'"的动态理论是很有必要的。作为一个转型经济体，变化是中国经济的关键特征之一。使企业行为发生重要变化的原因主要是法律与经济制度，也包括因为中国企业吸收西方企业实践经验所带来的组织文化的显著变化。中国正在进行的巨大社会实验为管理与组织动态理论的发展提供了理想情境。Leung（梁觉）认为，那些发展于中国、最初只在中国独特情境内的中国理论没有理由不能成为普遍性理论，继而被应用于非中国的情境并被完善。

其次，需要学习先进的研究方法，并且理解这些研究方法背后的哲学含义。在精通自己领域的理论并且了解这些理论发展的历史背景的基础上，了解中国的情境，发现最重要、最切题的问题，并且深刻洞察这些问题的本质，发展出最有影响的管理和组织理论。

最后，对常规科学范式的批判性接受。我国学者更关注如何使用现有理论，而没有关注这个理论的适用程度，或者相关理论的发展。即现在的中国管理研究学界是不加批判性地接受着常规科学范式。这种科学范式只是引导学者去研究已经成功运用该范式的现象和理论，因此，在这个范式内的科学家并不以创造新的理论为目的，甚至不能容忍其他人创造的新理论。这样，就变成了范式的奴隶，而不是主导者。并不是说中国管理研究应当彻底摒弃常规科学范式，而只是在中国或其他情境下研究一些重要现象时，应能批判性地运

---

① 徐淑英、光明日报，2011 年 7 月 29 日，第 11 版。

用西方范式中主要的问题、理论和方法。

二、组织行为学科国外研究综述

为了了解 2011 年度国外组织行为学研究的最新成果，本书查阅了最有影响力的、代表学科学术研究最高水平的 10 种期刊，分别为：《管理学会期刊》（Academy of Management Journal）、《管理学会评论》（Academy of Management Review）、《行政管理科学季刊》（Administrative Science Quarterly）、《人际关系》（Human Relations）、《应用心理学杂志》（Journal of Applied Psychology）、《管理学杂志》（Journal of Management）、《组织行为学杂志》（Journal of Organizational Behavior）、《领导季刊》（Leadership Quarterly）、《管理学会展望》（Academy of Management Perspective）、《组织行为与人员决策过程》（Organizational Behavior and Human Decision Processes）。通过查询 2011 年这 10 种专业期刊所发表的所有文章，找出代表组织行为学学科研究前沿的文章共有 178 篇，分别涉及领导、团队、组织公正与认同、信任、性别、组织公民行为、认知、工作家庭平衡等方面。本文就主要方面的研究将分别予以评述。

（一）个体层次研究综述

组织中个体的特征对绩效的影响一直受到关注。由于不同的个性特征对组织的成果与绩效影响不同，因此，组织在设计一项工作和选择组织成员时就必须要考虑到员工的个性特征是否适合此项工作。在此次分析总结的文献中，在个体层面的研究文章共有 52 篇，占全部文章的 29.2%；主要涉及以下研究方面：个体特质、个体绩效、态度与认知、组织公民行为等方面。

个体特质 由于女性在职业领域的作用越来越重要，在个体特质的研究中性别研究内容是最为丰富并最具争议的。虽然以往已有大量的研究证明了男女在问题解决能力、分析技能、竞争驱力、动机、社会交往能力、学习能力等方面的异同，但随着环境的变化，这些研究都在不断改进和完善中，呈现出进一步细化和深入的态势。Brent a. Scott（2011）在进行性别差异研究时，认为个体间工作情绪策略呈现不同，分为表面伪装和深度伪装。在个体内的关系，相比男性，女性在采取表面伪装时，更倾向于感受负面情绪，并报告工作中的失误，而采取深度伪装时则相反。Taylor Scott（2011）认为与男性相比，女性在预测上级和同级对他们的评价时准确性较差，而女性在对她们的情绪和社交能力进行评价时水平与男性接近。Kacmar K. Michele（2011）认为男性和女性员工的组织公民行为与道德领导，与他们对政治格局的认知水平显著正相关。在组织中男性与女性的角色构成和角色关系会不断发生变化，这一研究主题也会随之不断发生变化。

在个体特质研究中另一个较为关注的热点是年龄问题。由于劳动力市场的老龄化，未来的年龄与工作绩效的关系会日益受到重视。有很多研究表明，组织对老员工的情感较为复杂，如何更好地运用老员工工作中的积极品质，如经验、判断力、技能、忠诚度为组织服务一直是研究的重点。另外，年龄有时也被认为是缺乏灵活性和抵制创新的象征。但无论如何，一个组织中必须形成较为合理的年龄结构，在创新与稳定中取得平衡。在前人研究的基础上，近期许多学者的研究为组织中更好发挥老员工的作用提供了支持，Kooij Dorien（2011）的研究认为，元分析结果显示年龄和内在动机均呈显著的正相关关系，年龄和力量的增长和外在动机呈现一个显著的负相关关系。Kunze Florian 等（2011）认为年龄多样性与公司年龄歧视具有相关性，年龄歧视与公司整体绩效负相关，情感承诺对年龄歧视和公司绩效关系起中介作用。这将为管理老龄化劳动力提供依据。

人格与情绪　人格是人们如何影响他人、如何理解和看待自己，包括他们内在和外在的可测量特质的模式和人—环境交互作用的总和。人格具有复杂的结构，包含需要、动机、兴趣、价值观以及心理能力等方面，是个体重要的差异表现。组织行为学学科在研究人格时，倾向于将人格和社会性成功（优秀的、受欢迎的、有效的）联系起来，成为个人发展和职业评估的有力工具。在近期的研究中，大五人格研究一直作为重点，有证据表明，不管是个体还是团队情境中，成员的责任心、宜人性、外向性和情绪稳定性都与绩效密切相关。本年度中，根据相对成熟的人格结构来建立与绩效之间的关系仍是研究的重点。

Ilies Remus（2011）认为宜人性人格和社会支持对工作中人际冲突的情感影响有显著调节作用。Kotsou Ilios（2011）认为个性和人际交往能力的有效性维持至少一年，在此期间，情感能力可以得到提高。Huy Le1（2011）认为工作复杂性对个性—绩效关系曲线有缓和作用，对于具有两种人格特质的成员，定期进行高水平的检查，其结果会由于工作性质不同而效果不同，对于高复杂度工作所带来的效益要多于为低复杂度工作所带来的效益。Renn Robert（2011）认为高神经质与个人目标的制定、检查和操作不适当相关，情绪上的固执己见与拖沓直接影响高神经质与无效自我管理的关系。Nirig Li 等（2011）认为主动性人格越低，SDF 与助人行为的关联越强；反之，同事发展反馈为主动性人格越高时助人行为越强。

人格的研究还用于员工辅助计划的实施，Sidle Stuart（2011）认为提供员工援助计划时，需要对有性格缺陷的员工进行识别与互动，这样才能有效地校正员工的不良行为，在组织中形成积极的人际互动。除此之外，情绪劳动与情绪智力的研究对于需要更多与人交流和接触的工作更为重要，Bechtoldt Myriam（2011）在研究中发现，情感识别可以调节情绪劳动与工作投入之间的关系，情绪劳动不一定对工作投入有负面影响，情绪劳动对投入的影响，与员工对合作伙伴情绪的正确识别能力正相关。Lapointe Émilie 等（2011）认为情感疲惫与资源流失显著正相关，同时可以控制承诺维度。在组织中情绪管理越来越受到重视，普遍认为对个人绩效起着重要作用，但目前对情绪智力的测定和验证仍存在种种分歧与争议，其结构及测量的可信度一直难以确定，在今后一段时间仍是研究的热点。

态度与知觉　态度和人格类似，是一个复杂的认知过程，态度既具有稳定性，又在一个连续体的范围内变化。情境和人格特质，如正性情感和负性情感都是形成工作态度的重要前提。工作态度的影响因素、与绩效的关系及改进的方法，一直是学科研究的重点，本年度的研究继续延续了这一研究趋势。Gllad Chen 等（2011）证明了工作满意程度的差异影响员工"离职意向"，并且员工在组织的任期减缓了其工作满意度变化程度和以未来为导向的工作预期之间的关系。Wittmer Jenell（2011）通过分析发现，有较低心理带入感的兼职工作与员工工作参与感负相关，与离职倾向显著正相关，与工作态度负相关。Dimotakis Nikolaos 等（2011）认为人际交往的特点与员工情感状态和工作满意度具有相关性，情感状态在职场人际互动和工作满意度的关系中起中介作用。工作态度研究和调查能为管理者提供有价值的信息，为制定客观公正并能被大多数员工理解接受的政策提供参照。

在所有和工作相关的态度中，工作满意度受到的关注最多，但组织承诺在组织行为学研究中也受到越来越多的认可。虽然满意度主要关注员工对于工作的态度，而承诺是处于组织导面的，但多年来研究发现工作满意度与组织承诺之间具有很强的关联性，因此，在学科研究中常常把满意度和承诺看作不同的态度，在报告的综述中也将组织承诺作为个体层面研究的一个热点。从已有的研究结果看，组织承诺的结构和维度的研究较为成熟，近期的研究则主要集中在承诺和绩效之间的关系。Vandenberghe Christian 等（2011）认为初始情感承诺及初始工作满意度与员工角色超载正相关，与员工离职倾向负相关，离职倾向与员工角色超载负相关，而角色冲突与角色超载的增加会导致情感承诺和工作满意度的下降。Heslin Peter（2011）认为经理人的内隐人格理论通过管理员工最后的绩效考核评估来预测员工对程序公平知觉，而程序公平知觉反作用于预测员工组织公民行为，组织承诺在其中起部分中介作用。虽然有一些研究并没有证明承诺和结果变量之间具有较强的相关，但大多数研究认为，组织承诺比起工作满意度能更好地预测与结果之间的关系，因此更值得管理者们注意。

组织公民行为 作为组织行为学中非常流行的概念，组织公民行为是基于人格和工作满意度理论提出来的，一般认为组织公民行为是指个体自主的、非直接或外显地由正式奖惩体系引发并能不断积累增加组织有效性的行为。有大量的研究表明，人格因素是使员工变得合作、助人、关心人和有责任心的诱因特质，此外，工作满意度和组织承诺两者都与组织公民行为有明显的相关。有许多学者围绕组织公民行为的表现形式，对组织的价值及如何促进员工组织公民行为进行了大量的探讨，同时也有证据表明出现组织公民行为的个体能更好地完成组织任务，获得较高的绩效评价。在前人研究的基础上，2011 年度众多学者对引发组织公民行为的原因进一步探究，比如，Eatough Erin（2011）认为角色模糊和角色冲突与组织公民行为呈负相关关系，相比于任务绩效，角色冲突与组织公民行为有更强的负相关关系，工作满意度在组织公民行为与角色压力之间起中介作用，并对角色过载和组织公民行为产生积极作用。Ozer Muammer（2011）认为同事关系在工作绩效与组织公民行为之间起中介作用，工作自主性正向调节工作绩效与组织公民行为的关系。Walumbwa Fred 等（2011）认为集体的信任和心理资本及其团队绩效、组织公民行为具有显著相关关系。此外，Mackenzie、Podsakoff 和 Podsakoff（2011）首次分析了挑战导向的组织公民行为和归属导向的组织公民行为的交互作用对任务绩效的影响。

个体层次的研究中除了以上研究热点，还有一些领域一直以来也受到关注。其中之一是工作动机的研究。大量研究表明工作动机极具文化特点，甚至会受到不同行业特点及组织文化的影响。工作动机的权变性使得动机理论和技术的运用差异远远大于相同点，长期以来，在这一领域的研究主要集中在动机分析、动机影响及激发动机保持绩效等方面。Siegwart Lindenberg 等（2011）通过分析，认为组织的微观绩效通过员工形成联合工作动机来实现。在这样的激励条件下，个体将自己视为一个联合合作的一部分，每个个体都有自己的角色和职责，并且在行为和任务上产生共享的表征，认知协调合作，依据共同目标选择自己的行为。在过程性动机管理研究方面，Susan J. Ashford（2011）认为员工自我管理行为对创造性工作具有重要促进作用，反馈不仅可以促进个体适应，同时可以实现创新成果。

个体层面研究中，反映个体和组织分别对相互责任的期望的心理契约概念的研究也同样受到关注。以往的研究表明，心理契约的形成、调整和违背都会对组织的有效性造成影响，尤其是对工作满意度、离职意向和组织政策有显著影响。雇佣双方的心理契约一致性越高，员工组织承诺度越高。本年度的研究延续了这一研究主题，Lambert Lisa Schurer（2011）通过调查发现，承诺及兑现、工资和工作的关系有助于心理契约评估，但他们对评估的影响却有差别，该发现与需求模型一致：兑现比承诺更重要，工资比工作更重要。

（二）群体层次研究综述

本年度精选的群体层次研究的论文共 88 篇，占全部文章的 49.4%，其中团队方向的研究有 28 篇，占群体层次研究文章的比重为 31.8%；对领导研究的文章有 47 篇，在群体研究的文章中占比为 53.4%；其余涉及人际关系、沟通、冲突等领域。群体层次的分析重点关注领导和团队两方面。

领导　在领导研究中，主要涉及以下研究主题：领导特质、领导行为方式、领导成员交换、变革领导等。

对领导者们本身的关注一直是领导研究的重要主题，学者们试图研究发现领导者的品质、人格、认知方式，甚至是多元智力尤其是情绪智力、自我效能等方面的与众不同之处。早期人们更关注人格特质，近期则转移到与工作相关的领导技能研究上，包括诸如创造力、组织能力、说服力、人际交往策略、任务相关知识水平及表达能力，这一转变使研究的应用价值大大提高。虽然众多的研究结论在某些方面并没有达成一致，但并没有削减学者们对此的研究兴趣。Jamie D. Barrett 等（2011）认为领导对于危机的注意力提高，可以弥补其对危机培训的不足，认知和社会知识能帮助领导更好地收集视觉信息，做出计划，并提出问题的创新性解决方法。Santora Joseph（2011）认为领导者的积极情绪既有利于改善团队绩效，也可以提高自己的领导能力。Rebecca J. Reichard 等（2011）认为领导人的自我发展具有成本效益特点，领导人的发展可以使组织拥有更多竞争优势。

随着研究的深入，人们越来越认识到领导情境的重要性，开始探寻领导角色、技能、行为和追随者们绩效和满意度的情境变量，并在识别情境变量的基础上探讨领导行为的有效性。领导行为的情境性表现在不同社会文化背景下，具有行业、组织的特点。此外管理者的个人价值观、教育背景、社会地位甚至家庭模式都能从领导行为中反映出来，这些因素都决定了领导研究的复杂性特点。Sauer Stephen（2011）研究发现，地位低的领导者使用指令风格更为有效，而地位高的领导人使用参与方式更为有效，这种关系被看作是一种自信。地位低的个人可以通过利用在任何位置上有能力的人来提高他们的个人能力水平，而地位高的人士，仅仅依靠个人的力量去影响别人。Hui Wang 等（2011）通过大量的数据分析，认为在中国社会背景和经济体制下，CEO 任务导向的行为结果直接影响公司绩效，CEO 的态度更多集中于工作行为，这种行为与员工态度密切相关，又通过员工态度来影响公司绩效。这一研究表明，在中国很多情况下，西方所提倡的参与型领导方式并不十分有效。Golden Timothy 等（2011）通过将经理和下属的工作经验和成果进行比较，发现传统的工作模式不如远程办公下属与其经理的绩效，同时也不如虚拟管理人员与一直远程工作的下属的绩效。由此得出在信息高度发达的互联网时代，对员工工作自主性的要求提高，同时高效的技术手段大大提高了工作效率，这使得传统的监控手段失去意义。另外，也有学者认为不管科技的手段多么发达，领导的作用在组织中仍不可替代，比如 Stewart,Greg 等（2011）通过分析认为自我领导不能完全替代外部领导，外部领导通过授权领导和共享领导的形式来促进个人和团队的自我领导。

领导—成员交换理论一经提出就获得了相对支持，很多研究的证据表明领导者们常常差异化地对待下属，多年来，对这种领导—下属之间的交换关系是如何形成的，以及什么样的领导更受下属的喜爱，或下属的哪些特质更容易与领导形成圈内关系都是这一领域研究的重点。此外，识别在特定的可能性中最适合的领导—成员交换关系也是研究的热点。Fred O.Walumbwa 等（2011）认为道德领导与直接主管评价员工绩效有效性之间显著相关，并且该变量在领导—成员交换、自我效能和组织认同以及控制程序公平期待起中介作用。在以往的研究中，许多学者认为领导—成员交换是一个互惠的过程，领导者为了达成绩效目标和促进更持久的变化，倾向于在互动中不断改变下属的自我概念，而下属通过他们的反映互惠地改变领导者的自我图式。Kenneth J.Harrisa 等（2011）通过研究认为 LMX（Leader–member Exchange）是一种嵌入式的工作预期，高质量的 LMX 关系为下属提供资源。这种交换关系与心理契约的形成类似，在相互交涉中稳定下来，并对组织绩效产生影响。

在交易型领导的基础上，变革型领导更多关注对追随者价值、信念和需要的提升。在面临巨大变革的今天，越来越多的学者认为通过不断补充、选拔、提升、培训等政策形成的变革型领导，对组织持续发展更为有效。在这一领域，对变革型领导的特点、领导促进变革的方法及变革型领导方式的有效性研究一直是研究重点。JochenI.Menges 等（2011）认为组织的变革型领导氛围在积极情感的作用下正向促进组织公民行为。Menges、Walter、Vogel 和 Bruch（2011）从整个组织的层面研究变革型领导氛围，并发现其通过正面情感氛围中介影响整个公司员工的组织公民行为。Ronaldf.Piccolo 等（2011）从管理团队的角度来研究变革型领导，发现变革型领导行为在管理团队中取得一致时才能真正发挥作用，并对追随者的个人—组织价值观产生影响。

团队　越来越多的团队被组织用来解决各种复杂性任务，如何建立高效团队，一直是学科研究的重点。在团队研究中，主要涉及团队领导、高管团队、团队冲突、团队创造力、学习分享等方面。

在要求高度协作配合的团队中，团队领导采取哪些策略或表现出什么样的行为有助于创建更具合作导向的氛围，是团队领导研究的重点。以往的研究取得了大量有价值的成果，比如减少团队领导特殊待遇和头衔，选拔那些与不同人、不同环境下工作都能保持清醒和果断的领导者等。此外，研究还涉及保持公正及团队内分享的技巧，这都对提高团队效力具有积极意义。John Schaubroeck 等（2011）认为领导的认知与情感信任对领导行为和团队心理状态的关系起中介作用，变革型领导通过认知信任间接影响团队绩效，基于认知的信任直接影响团队绩效，间接影响团队心理安全。团队领导的文化特点也一直受到重视，国家文化一直是解释团队关系模式的关键因素。Hu Jia 等（2011）分析在中国情境下，服务型领导对于目标过程清晰化和团队效力的关系起正向促进作用。Zhen Zhang 等（2011）认为团队成员异质化程度对变革型领导和团队效能起中介作用，团队成员自我评价和变革型领导正向影响团队社会网络关系和团队效能。

在高层管理团队的研究中最重要的理论是高阶理论，该理论以人的有限理性为前提，把高管的特征、战略选择、组织绩效纳入高阶理论研究的模型中，突出了人口统计特征对管理者认知模式的作用以及对组织绩效的影响。以往的研究大多探讨高管团队的人口统计学变量，最近的趋势开始研究高管团队的其他比较深层的特点，如价值观、行为等。由于采集高管团队数据存在相当难度，因此这方面的研究还需要进一步深入。Elaine M. Wong 等（2011）通过分析高管团队的构成，认为在众多影响因素中，高管团队的综合多元化特点以及分权决策模式十分重要，这两个因素提高了高管团队获取信息的能力，从而产生更高的企业社会绩效。

由于资源竞争、任务的相互依赖性、权限模糊和地位争斗等原因，团队冲突会时有发生。团队中形成冲突的原因、冲突的类型、冲突的表现及解决方法是这一领域研究的重点。有研究表明，在团队内部，信任、凝聚力等因素能调节任务冲突和关系冲突之间的关系。这些研究有助于描述和理解团队内部冲突行为。Shaw Jason 等（2011）通过分析证实了关系冲突与任务冲突和团队成员满意度之间显著负相关。但冲突研究的趋势是越来越多学者假高冲突是变革本身的产物，最低限度的冲突是理想的，更强调对各个水平的冲突进行成本—收益分析。

在团队有效性与创造力方面，众多学者从团队成员构成、工作动机、任务特点、管理过程等方面进行了研究，Tasa Kevin 等（2011）认为人际行为在集体整合能力和团队绩效之间起中介作用，团队信心影响成员个体特质和个体行为。Mitchell Rebecca 等（2011）认为团队认同调节团队多样性和团队效益之间的关系，这表明团队间承诺和吸引加强团队成员的协作，提高工作能力。Cruz Kevin 等（2011）的研究结果表明，一个团队的优化设计十分重要，具有低程度的自主性和高度的团队内相互依存状态的团队更优。Chen Gilad 等（2011）认为员工动机状态和心理授权与情感承诺正相关，员工动机状态对团队刺激、团队成员创新和离职倾向具有调节作用。Mueller Jennifer 等（2011）发现在团队中主动寻求帮助对于创造力具有预测作用，对内在动机和创造力有中介作用，给予更高程度的帮助可以削弱帮助与创造力之间的正相关性。

有效的团队强调协作，团队成员常常被视为一个整体，在工作设置上也具有整体性特点。当团队成员能分享集体智慧、体验到授权时，团队更易成功。因此团队设计应促进团队成员思想自由产生并流动，在良好的团队文化支持下，围绕目标分享交流是团队成员更好协作并形成共同感的关键。如何形成团队学习分享氛围及组织合作性努力成为研究热点。Mia Reinholt 等（2011）经过分析，在团队中鲁棒效应、自主性动机和员工个人能力与员工知识的获取程度正相关。Michael Boyer O'Leay 等（2011）通过分析由大量多元化异质构成的团队样本发现，不同的异质化团队组合形成不同的人际互动过程，从而对团队绩效产生不同的影响。并提出通过平衡团队成员的多样性来提高生产力和学习分享的建议。

（三）组织层次研究综述

本年度精选的组织层次研究的论文共 38 篇，占全部文章的 21.4%，主要涉及以下研究领域：组织变革与发展、组织公平、工作生活平衡等。

组织变革与发展 今天，越来越多的组织面对动态的、变化不定的环境，要想适应这种环境，组织变革就成为常态。这一领域重点研究组织变革中的阻力、克服阻力的策略及优化变革过程等方面。在变革基础上，致力于增进组织有效性和员工幸福感的所有干预的总和，称之为组织发展。因此组织与发展是密不可分的两个方面。Claus Rerup 等（2011）通过建立工作纲要和日常事务分析记录的方法，研究了试错和学习过程之间的复杂关系，有效利用这种关系为组织变革管理提供了一个更强大更详细的角色转变的组织框架。Ianj. Walsh 等（2011）发现，在组织变革中，常常需要打破原有的结构，重新构建组织。通过对已解散的部门前任成员，在构建新组织时保留其原有价值的过程模型研究中发现，这个重建的过程要经过四个阶段：解体、死亡、孕育和重生，同时提出，通过这一过程的有效管理才能确定员工情感、行为和认知的变化。

组织公平 公平问题的研究一直受到学界的关注，公平作为前因变量，预测的结果变量一般包括绩效、组织承诺和组织公民行为等。也有一些学者探讨公平的前因，即什么能够决定公平。比如以往的研究发现领导与下属在交流时的同情性关注与下属感知到的交互公平有正向关系。现有研究一般认为决定公平感的两大因素是结果和过程，但是有学者根据调节焦点理论，发现提升焦点和预防焦点会与结果和过程交互，并影响感知到的公平。Marym.Crossan 等（2011）认为组织和领导作为人际交往和信息公平的独立来源，在组织中产生重要作用，信任和社会交换关系在其中起中介作用，人际交往和信息公平通过不同机制影响员工创造力，但两者的作用存在差别。Khazanchi Shalini 等（2011）通过对不同组织类型员工的研究结果表明，人际交往和信息公平影响员工创造力，但这两种因素对员工创造力的重要程度不同。组织公平与否在很多情况下取决于员工的主观判断。Lang Jessica 等（2011）通过分析员工情绪及心理特点，进而来评价员工组织公平感的认知。认为员工抑郁情绪影响随后的组织公平感知，而组织公平感知与员工的抑郁症状没有相关性。

工作生活平衡 这一领域的研究常常与工作压力的研究密切相关，主要探讨影响工作生活平衡的因素、对其他结果变量的影响及如何改善工作生活质量等方面。以往的研究表明预测工作生活平衡的变量有工作特征、工作需求、工作资源、工作满意度和家庭工作的边界等；工作生活平衡可以预测一些普遍的结果变量，包括实际的健康、心理契约公平感、职业发展和整个组织的绩效等。在 2011 年度中，这一领域的研究仍关注这几方面。Green Stephen 等（2011）通过分析发现工作影响家庭行为，工作压力与员工工作家庭冲突正相关，员工职业情绪与工作韧劲和离职倾向具有相关性。Shockley Kristen（2011）的研究比较了相互竞争的假设检验理论在工作家庭互动方面，各自正面和负面的作用。

此外，在组织层面的研究中，还涉及组织文化与氛围，在组织中，员工习惯性保持沉默，不发表自己的看法和见解，即使这些想法是正确的、对领导决策和组织发展是有益的。原因可能来自自我保护、上级的权威或其他组织因素。组织文化建设应有利于员工提出真实有效的想法。James R. Detert（2011）通过调查发现内隐性建言理论广泛存在于工作场所中，并且与工作场所沉默解释显著正相关，其在此基础上提出了打破沉默的方法，为组织实践提供了有价值的支持。

（四）国外研究现状与发展趋势

代表世界管理学学术最高水平的期刊《管理学会学报》（Academy of Management Journal，AMJ）以专题文章的形式陆续推出了从研究选题到最后论文讨论的一系列主编建议，这些文章均为《管理学会学报》的主编依据当前管理研究普遍存在的一些问题做的系统总结，而这些代表最高水平的学术期刊主编们所做的经验总结能够代表当今管理学界研究的现状及发展趋势。Colquitt 和 George（2011）撰写的《关于研究主题的选择》以及 Bono 和 McNamara（2011）撰写的《关于研究设计》两篇文章最具代表性，前者聚焦了关于管理研究选题的一些重要特点，后者则重点总结了研究者在进行研究设计时规范的研究方法 ①。Colquitt 和 George（2011）经过分析总结道，一项研究之所以能引起关注，需具有以下五个标准，即一个好的研究选题需要满足：主题要有重大意义；主题需要新颖；主题要有趣，能够激发读者的好奇心；主题和内容要容量丰富；主题要有行动力，可以对管理实践有所启示。西方主流的期刊以此来决定文章的去留，这些标准能够反映研究的热点，并引领研究的方向。

（1）关注研究的重大意义：承接"重大挑战"。Colquitt 和 George（2011）从何为重大挑战、管理研究所处理的问题以及外延视角三个方面对"重大意义"做了阐述。Colquitt 和 George（2011）首先指出，研究是否直面或者贡献某个重大的挑战是选题的起点。重大挑战的基本原则是敢于设想并用非常规的方法来解决问题。管理学研究围绕已有研究中未曾解决的重大问题进行，并且用大胆的、非常规的方式来解决问题，这种方式超越了现有的解释，并且往往会为学术研究探索出新的道路。Colquitt 和 George（2011）进而指出，这些重大挑战使得理论意义和另外一个更为广阔的视角融合，这个视角即经济和企业活动带给人们和社会的利益。选题上所主张的"重大意义"、"重大挑战"似乎与管理研究传统意义上所讲的"小题大做"相悖，"小题大做"是指研究要选择一个小的研究主题，但在

---

① 刘祯. 主题选择与研究设计——AMJ 主编建议综述. 管理学家，2012，4.

内容上却能够把这一"小题"做得非常大，即令研究变得非常深入，这看似有些矛盾，但如果是站在意义的角度，大题和小题可能都有大意义，而大题也可能意义不大，从这个角度，小题的理解就应当是具有重大意义的细致题目。

（2）保持研究主题的新颖。Colquitt 和 George（2011）从什么是管理研究主题的新颖以及如何实现新颖两个方面做了阐述，他们指出，看一个主题是否新颖，要看研究是否将话题带入了一个崭新的方向，是否加入了新的词汇，体现在新的想法和概念中，是否对前人没有说清楚的问题提出新见解。关于如何实现主题的新颖，Colquitt 和 George（2011）指出，需要克服三种心理：选题太熟悉使得研究最多被认为是现有话题的一个边际拓展；选题太成熟使得研究的贡献被视作徒劳；选题与现有文献太相近则被视为重叠并且脱离了对核心现象的观察。新颖的主题通常来源于知识的重组，是在充分了解已有的相关研究基础之上做出的创新。

（3）选题能赢得关注。尽管一个新颖的主题可能会吸引读者，但是还不足以真正赢得他们的关注。因此，Colquitt 和 George（2011）指出，最好的选题能够激发并保持读者的兴趣，有趣应当成为驱动读者的重要因素。聚焦于揭示看似好的坏现象的研究，能改变读者初始的期望。是否能够超出读者的预期非常重要，一看题目就知道结果，这种题目就太直观了。读者猜不到结果的选题更能赢得关注。

（4）内容丰富，论证充分。Colquitt 和 George（2011）指出，即便是最好的主题也可能被不充分的研究破坏。由此，主题与内容在容量上要匹配，容量是指主题涵盖的相关概念、原理以及观点是否被充分地表达。容量不够，就会对读者的揭秘效果产生影响，研究也无法解决具有重大挑战性的问题。研究者们尽量设计全面的"大题"，最好的主题可以从多个角度找全领域所需的概念和机理。丰富的容量包括必要的概念、原理与实证内容。

（5）对实践具指导意义。作为任何一项管理研究而言，无论是侧重基础还是侧重应用，最终还是要应用到实践中来并且要获得最终的实践检验。因此 Colquitt 和 George（2011）指出，关于研究主题的选择要有行动力，即可以为组织管理实践提供启示。研究要注重那些现有概念无法解释的实践变化，提供非常规的见解，表明现行的一些广泛使用且并不符合一些重要原则的管理实践，用具体的理论来解释当前有趣的情况，发现一些可以打开学术研究和管理实践新领域的现象。不能指导组织管理实践的研究是没用的，研究的启示需要让实践者觉得对他们的组织现实有用，研究的变量需要让管理者可以控制。

除了在选题方面的五个标准外，Bono 和 McNamara（2011）指出，恰当的设计至关重要，研究设计的合理与否最终会影响结论对读者的可信程度，结果对于作者观点的检验程度，以及替代解释的力度。研究问题和研究设计要相匹配，包括选择适当的数据、样本和程序；使用合适的量表，解决同源误差问题；模型设定中合理的设计控制变量以及正确使用中介变量。研究设计的规范性直接影响结论的科学性，管理学术研究中最为常用的实证研究方法在使用时越来越严谨、规范是研究的必然趋势。

第二章　组织行为学科 2011 年期刊论文精选

第一节

中文期刊精选

挑战—阻碍性压力源与工作投入和满意度的关系*

刘得格　时勘　王永丽　龚会

【摘　要】 工作压力一直受到实践者和研究者关注，是组织行为和人力资源管理等学科研究的重要问题。以中国企业员工为样本，采用探索性和验证性因子分析法对挑战性压力源和阻碍性压力源的二维结构观点进行检验，运用层级回归分析方法分析这两类压力源与员工工作投入和整体工作满意度的关系。研究结果表明，压力源的二维结构同样适合于中国企业员工样本，并不是所有的压力源都会带来消极影响，挑战性压力源与员工的工作投入和整体工作满意度显著正相关，而阻碍性压力源与员工工作投入和整体满意度显著负相关。最后对研究结果和未来研究方向进行讨论和说明，该结果不仅在一定程度上丰富了压力管理研究内容，也为企业的管理实践提供指导思想。

【关键词】 挑战性压力源　阻碍性压力源　工作投入　工作满意度

一、引言

工作压力几乎存在于所有工作组织和工作个体中，是实践者和研究者关注的重点问题，但以往研究却得出不一致的结果。有些研究表明工作压力源对与工作有关的一些变量（如工作满意度和组织承诺等）有消极影响，对离职倾向有积极影响，对工作绩效有消极影响；Bretz 等的研究表明，经理人的工作压力与工作搜寻行为之间不存在显著关系；Leong 等的研究也没有证实中层管理者的工作压力与工作满意度之间存在显著关系；甚至还有研究表明对图书销售员较多的角色期望会对其单位销售额有积极影响。

* 本文选自《管理科学》2011 年第 2 期。

基金项目：国家自然科学基金（90924007）；973 重大项目（2010CB731406）。

作者简介：刘得格（1981—），男，山东郓城人，中山大学管理学院博士研究生，研究方向：人力资源管理等。E-mail：liudege@ 163.com。

对此，Cavanaugh 等和 LiPine 等认为其中的原因是，个体会根据压力对自己是否有利来区分压力，所以压力源与一些变量之间的关系取决于压力源的不同类型。有些压力源能激发挑战和成就感，并能带来积极的情绪和结果，这些压力源被称为挑战性压力源；有些压力源会带来消极的结果，阻碍个人能力的有效发挥和顺利完成工作目标，这些压力源被称为阻碍性压力源。

由于压力源的二维结构还没有被充分认识和研究，且目前关于压力源二维结构的结论大都是采用西方国家样本得出的，因此采用中国样本研究压力源的二维结构有重要的意义。根据以往研究，工作投入作为一种积极工作状态，有利于工作绩效的提高，但目前很少有研究探讨这两类压力源与工作投入的关系；另外，虽然以往西方学者的研究结果显示这两类压力源与工作满意度有不同的关系，但仍需要进一步对结果的可推广性进行验证。所以，验证压力源的二维结构及其与员工整体满意度和工作投入的关系是本研究的主要目的，这不仅可以进一步明确挑战性和阻碍性压力源的不同作用，而且也为中国的管理实践提供有益的依据。

二、相关研究评述和假设

与以往研究结果不同，一些研究表明压力源并不是总会产生负面影响。在回顾以往文献和调查分析的基础上，Cavanaugh 等、LePine 等、Podsakoff 等和时雨等将压力源分为挑战性压力源和阻碍性压力源，前者是能给员工带来积极影响的一类压力源，包括高工作负荷、时间压力、工作范围和高工作责任，这种压力源虽然会带来压力，但同时也会带来未来的成长、回报和收益，能激发成就感，因此会带来积极的影响；阻碍性压力源是给员工带来消极影响的压力源，包括组织的政策、烦琐和拖拉的公事程序、角色模糊以及顾虑工作安全，它会阻碍个人的成长和目标的达成，限制个体能力的发挥，所以这种压力源会带来消极的影响。

这种分类也得到其他学者的支持，Selye 认为不同类型的压力应根据要求的不同类型来划分，而不是根据要求的水平；Folkman 等认为应根据压力源是否被评价为阻碍和促进获得知识、个人增长或者是未来的收益来划分；Bhagat 等的研究发现，被研究参与者评为有积极作用的工作要求会对一些与组织相关的结果变量有积极的影响，被被试评为有消极作用的工作要求会对一些与组织相关的结果变量有消极的影响。与此相似，McCauley 等认为，虽然有些工作要求会带来压力，这些工作要求却被认为是有回报的工作经历，这些工作要求带来的回报足以抵消它所带来的不适，他们将这些工作要求视为挑战性要求，包括工作负荷、时间压力和高水平的责任。

Cavanaugh 等提出压力源二维结构的同时，也开发了压力源二维结构量表。虽然 LePine 等在压力源二维结构框架内根据自己的研究目的开发了新量表，不过后来的研究大都使用 Cavanaugh 等开发的量表。目前，关于挑战性和阻碍性压力源的研究并不是太多，主要有 Cavanaugh、Wallace、Podsakoff、Boswell 和 Haar 等。总结已有研究，虽然挑战性压力源和阻碍性压力源会带来焦虑和情绪枯竭，但是挑战性压力源却与学习绩效、忠诚度、工作动机、工作绩效、组织支持感、组织承诺正相关，与工作搜寻行为、工作退缩行为、离职意向负相关；而阻碍性压力源却与工作搜寻行为、自愿离职率、离职意向、工作退缩行为正相关，与学习绩效、忠诚度、工作动机、工作绩效、组织支持感、组织承诺负相关。此外，以往研究也表明挑战感在挑战性压力源与忠诚度、工作退缩行为、工作搜寻行为和离职意向之间起中介作用，工作动机在两类压力源与工作绩效之间起不同的中介作用，工作自主性和挑战性压力源的交互作用与情绪枯竭和工作不投入负相关，低神经质和阻碍性压力源的交互作用与情绪枯竭正相关，组织支持能够强化挑战性压力源与工作绩效的正向关系，一般自我效能感能够缓解阻碍性压力源带来的心理紧张、加强挑战性压力源与离职意向的负相关关系。

虽然挑战性压力源和阻碍性压力源的观点已被学者接受，关于这两类压力源的研究也取得一定成果，但是这种分类是否同样适用其他国家和地区有待进一步验证。研究表明，东、西方社会之间存在文化差异，如中国的文化类型属于高权力距离、集体主义倾向的国家，而美国则属于低权力距离、个人主义倾向的国家。在不同文化背景下，人适应物理环境、社会环境和处事方式会有所不同。然而，有些研究已经证实，压力源的二维结构在其他地方有其适用性，如 Haar 运用新西兰样本同样验证压力源的二维结构，表明压力源的二维结构在其他地方有其适用性。此外，虽然张韫黎等的研究采用飞行签派员样本验证了压力源的二维结构，但其样本有一定的特殊性，压力源二维结构的分法是否具有普适性仍需要进一步检验。因此，本研究提出假设：

H_1：压力源可以分为挑战性压力源和阻碍性压力源。

工作投入是一种与工作有关的积极、完满的情感和认知状态，这种状态具有持久性和弥散性的特点，而不是针对某一特定的目标、事件、个体或行为，表现为活力、奉献和专注三方面的特征。活力指高水平的能量、工作时有韧性、愿意为工作付出努力、不容易疲劳、面对困难仍然能够坚持；奉献涉及高强度的工作投入、特定的认知和信念状态、情感因素，伴随有热情、灵感和重要感、自豪和挑战；专注指完全沉入到工作中的愉悦状态，工作时感觉时间过得很快，不愿从自己的工作中脱离开来。

根据工作要求—资源模型理论，工作环境特征包含工作要求和工作资源两个方面。工作要求是指工作的物理、社会和组织方面的要求，需要个体持续不断地付出身体和心理方面的努力，因此会使个体付出生理和心理代价（如枯竭）。员工在工作中为了应付工作要求，需要付出多方面的努力，同时也会消耗个体所拥有的一些资源，包括心理资源，付出的努力越多，个体付出的心理或生理成本越大，进而会使个体产生疲劳、情绪枯竭状态。挑战性压力源和阻碍性压力源作为工作要求，在员工完成工作的过程中同样需要员工付出多方面的努力来面对挑战，因此会使员工产生情绪枯竭等方面的问题。基于此本研究提出假设：

H₂：挑战性压力源与工作投入负相关。

H₃：阻碍性压力源与工作投入负相关。

根据 Folkman 等的压力应对理论，员工在与周围环境互动的过程中会启动认知评价过程，在初级评价过程中，员工会评价其所遇到的事件、情景或问题是否与自己有关，是否是良性的、积极的，或者是不是有压力的。如果与自己无关，那么对员工来说就无关紧要；如果遇到的事件、情景或问题是有益的、积极的，员工会做出好的评价，如得到晋升机会；如果遇到的事件、情景或问题具有威胁性或伤害性，员工会做出不好的评价，如与主管发生冲突，或者被炒鱿鱼。员工根据初级评价会采取进一步的措施应对所遇到的事件、情景或者问题，所采取的措施包括情绪应对策略和问题应对策略，进而会影响员工的情绪或行为。

挑战性压力源虽然会给员工带来压力，但也会带来潜在的成长和收获；阻碍性压力源不仅会带来压力，而且阻碍个体能力发挥、绩效的提高。如果员工在初级评价过程中能够认识到这一点，他在面对挑战时就会投入更多的精力和资源去应对这些挑战；在面对阻碍时，他就会倾向于选择消极的应对方式。再者，根据自我决定理论，个体面对挑战时，自我决定的潜能可以引导个体从事感兴趣的、有益于能力发展的活动或者任务，从而使个体更投入于所从事的活动中，并从中获得满足感；而面对阻碍时个体则不会体验上述状态。另外，以往西方学者的研究也表明，挑战性压力源对满意度等态度变量有积极影响，阻碍性压力源对工作满意度等变量有消极影响，但这些结果大都是基于西方学者的样本得出的。而张韫黎等的研究却没有证实挑战性压力源与工作满意度之间的正相关关系。因此，以往西方学者的研究结果是否可以推广到文化背景不同的其他行业和企业，仍是值得进一步探讨的重要问题。由此本研究提出假设：

H₄：挑战性压力源与工作投入正相关。

H₅：挑战性压力源与工作满意度正相关。

H₆：阻碍性压力源与工作满意度负相关。

三、研究方法

（一）数据来源

调查期为 2010 年 1 月至 2 月。根据本研究目的，且在选择样本时为了与张韫黎等的样本有所区别，本研究样本来自广东地区的非国有企业和非国有控股企业的员工。在征得员工同意的情况下，将自填式问卷发放给员工匿名填写。共发放问卷 308 份，回收 245 份，由于压力源部分的问卷个别题目有缺失值，所以在对压力源二维结构进行检验时，本研究首先剔除有缺失值的 9 份样本，然后用剩下的 236 份样本对压力源的二维结构进行检验。用于层级回归分析的样本是从 245 份样本中剔除有缺失值样本之后的样本，有效样本为 178 份，剔除标准是人口统计学变量有缺失值、工作满意度变量缺失题目数大于 1、工作投入变量缺失题目数大于 3，共剔除样本 67 份。为了检验被剔除样本与用于回归分析样本在学历、在目前工作单位的年限、性别、年龄和婚姻状况等方面的差别，本研究对它们进行 T 检验，检验结果显示，被剔除样本与用于回归分析的样本在以上 5 个方面没有差别，其 p 值范围为 0.143~0.786，均在 0.050 水平下不显著。用于回归分析样本的平均年龄为 28.530 岁（标准差为 5.626），平均工作年限为 5.958 年（标准差为 5.525），男性占 56.7%，已婚占 48.3%，大专以上学历的人占 94.4%。

（二）研究工具

挑战性—阻碍性压力源量表。目前，有关挑战性—阻碍性工作压力源的测量问题，多数研究都使用由 Cavanaugh 等开发的量表。本研究也使用 Cavanaugh 等开发的量表，在确定中文版问卷的过程中，根据 Brislin 和 Cha 等的翻译和回译思路，先由两名博士生单独将问卷翻译成汉语，与一位相关专业的教授一起讨论翻译的问卷，然后请一位从事英语教学工作的老师回译，最终形成挑战性压力源和阻碍性压力源问卷定稿。挑战性压力源包括 6 个题目，如我体验到的时间紧迫性；阻碍性压力源有 5 个题目，如在工作上我不能清楚地理解领导对我的期望。采用 Likert 4 点量表评分，让被调查者评价题目中描述的情景给自己带来的压力程度，不会带来压力为 1，会带来很大压力为 4，得分越高说明感受到的压力水平越高。

工作投入量表。采用 Schaufeli 等开发的工作投入量表，量表分为 UWES-17 和 UWES-9，UWES 量表是目前在相关实证研究中被广泛用于测量工作投入的工具，包括活力（如工作时即使感到疲劳，我也能很快恢复）、奉献（如我对工作充满热情）和专注（如当我工作时，总是感觉时间过得很快）3 个维度。采用 7 点频率量表评分，从 0（从不）到 6（每天），得分越高说明越频繁。本研究使用 UWES-9，因为简版量表已被 Seppälä 等证实有较好的稳定性。

由于活力、奉献和专注之间有较高的相关性，Schaufeli 等认为按照分析目的的不同，研究者可以将量表看作单一维度来分析，也可以按多维度来分析，如果是从整体上研究工作投入，就适合按单维度来分析。本研究从整体上研究工作投入，因此在分析时将 UWES-9 视为单一维度处理。

工作满意度。采用 Cammann 等开发的整体工作满意度量表中的 3 个题目，如"总的来说，我对自己的工作感到满意"，采用 5 点 Likert 量表评分，1 为非常不同意，5 为非常同意，得分越高说明工作满意度越高。该量表已被王永丽等研究者使用，表现出较好的有效性。

控制变量。选择工作年限、年龄、婚姻状况和性别为控制变量。

（三）数据处理

运用 SPSS 13.0 进行探索性因子分析，用 AMOS 17.0 进行验证性因子分析，验证挑战性—阻碍性压力源的二维结构。运用 SPSS 13.0 进行层级回归分析，在进行回归分析时，根据龙立荣的建议，首先把控制变量放进方程，再将挑战性压力源和阻碍性压力源放进方程。

四、研究结果

（一）压力源二维结构验证

为了验证压力源的二维结构，先从回收的样本中随机选取 110 份进行探索性因子分析，分析时根据结果删除一个题目（即 str_9：为了完成工作，我需要处理的签字、盖章手续的数量），最终的分析结果如表 1 所示，KMO 值为 0.772，两个因子共解释 53.631% 的方差变异。分析结果显示压力源可以分为挑战性压力源和阻碍性压力源两个维度。

表 1　探索性因子分析结果

题目	因子	
	挑战性压力源	阻碍性压力源
str_4	0.828	−0.019
str_3	0.799	−0.090
str_2	0.764	0.274
str_1	0.744	0.304
str_5	0.719	0.152
str_6	0.697	0.273
str_{11}	0.124	0.746
str_8	0.197	0.696
str_7	0.093	0.684
str_{10}	−0.013	0.593
str_9	0.309	0.377

注：抽取方法为主成分分析，旋转方法为方差最大化正交旋转。

为了进一步验证压力源的二维结构，用其余有效样本对探索性因子分析结果进行验证性因子分析，模型拟合结果比较理想，$\dfrac{\chi^2}{df} = 1.252$，RMSEA = 0.045，GFI = 0.942，CFI = 0.980，N = 126。此外，本研究还对压力源的单维结构进行验证分析，其结果并不理想，

$\dfrac{\chi^2}{df} = 3.277$，RMSEA $= 0.135$，GFI $= 0.842$，CFI $= 0.811$，N $= 126$。因此，H_1 得到验证。

（二）问卷的信度和变量间的相关分析

在分析两类压力源对工作投入和工作满意度的影响之前，首先对相关变量进行描述性统计分析。分析结果如表2所示，挑战性压力源与工作投入和整体工作满意度有正相关关系，而阻碍性压力源与工作投入和整体工作满意度有负相关关系，工作满意度与工作投入存在正相关关系。

表 2　相关变量的平均数、标准差、相关系数和信度系数 （N = 178）

变量	均值	标准差	挑战性压力源	阴碍性压力源	工作投入	工作满意度	性别	年龄	婚姻状况	教育程度
挑战性压力源	2.579	0.617	0.857							
阻碍性压力源	2.201	0.614	0.248***	0.632						
工作投入	3.187	0.668	0.145*	−0.187**	0.874					
工作满意度	4.037	1.069	0.189**	−0.264***	0.415***	0.812				
性别 a	0.570	0.497	0.142*	−0.015	0.256***	0.041	—			
年龄	28.530	5.626	0.063	−0.089	0.206***	0.191**	0.237***	—		
婚姻状况 b	0.480	0.501	0.029	−0.060	0.108	0.145*	0.073	0.547***	—	
教育程度 c	1.800	0.641	−0.117	−0.086	−0.027	−0.052	0.043	−0.018	−0.081	—
工作年限	5.958	5.525	0.092	−0.073	0.156**	0.193***	0.149**	0.923***	0.564***	−0.105

注：* 为 $p<0.100$，** 为 $p<0.050$，*** 为 $p<0.010$，下同；对角线上的数据为量表的信度 Cronbach's α 系数；a：1 为男性，0 为女性；b：1 为已婚，0 为未婚；c：1 为大专，2 为本科，3 为硕士，4 为博士，0 为其他。

（三）自变量对因变量的回归分析

表3给出两类压力源对整体工作满意度和工作投入影响作用的层级回归分析结果，挑战性压力源对工作满意度 （β = 0.258，$p < 0.010$）和工作投入 （β = 0.164，$p < 0.050$）有积极影响，阻碍性压力源对工作满意度 （β = −0.318，$p < 0.010$）和工作投入 （β = −0.215，$p < 0.010$）有消极影响。因此，H_3、H_4、H_5 和 H_6 得到验证，H_2 没有得到验证。

表 3　层级回归分析结果

变量	满意度			工作投入		
	β	容忍度	膨胀因子	β	容忍度	膨胀因子
第一步：控制变量						
性别	0.007			0.211***		
年龄	0.089			0.299		
婚姻状况	0.048			0.020		
教育程度	−0.038			−0.047		

续表

变量	满意度			工作投入		
	β	容忍度	膨胀因子	β	容忍度	膨胀因子
工作年限	0.079			−0.167		
R^2	0.042			0.093		
F	1.491			3.516***		
第二步：主效应						
挑战性压力源	0.258***	0.897	1.115	0.164**	0.897	1.115
阻碍性压力源	−0.318***	0.923	1.083	−0.215***	0.923	1.083
R^2	0.165			0.147		
ΔR^2	0.123***			0.054***		
F	4.797***			4.191***		

注：回归系数为标准化系数。

另外，如表 3 所示，性别对工作投入也有显著影响。为了确定工作投入在性别之间的差异，本研究针对男女两组做 T 检验分析，结果发现男性的工作投入程度要显著高于女性（平均值$_{女性}$ = 2.991，平均值$_{男性}$ = 3.335，p < 0.010）。

五、分析和讨论

（1）通过以上分析，本研究结果证实了挑战性压力源和阻碍性压力源的二维结构，表明这种分类在其他国家同样有其适用性，与 Haar、Tai 等和张韫黎等的研究结果类似，都支持 Cavanaugh 等提出的压力源二维结构的观点，这说明压力源的二维结构有一定的普遍适用性。

这种分类不同于压力源与绩效呈倒"U"形关系的观点，该观点关注压力的水平，并认为当压力水平较低时，增加压力会提高绩效，随着压力水平的增加，绩效会达到一个最大值，这时如果再增加压力水平就会产生负面影响，即绩效会下降，而压力源的二维结构关注良性压力源和非良性压力源的分类。

（2）本研究结果表明，挑战性压力源与工作满意度之间存在显著正相关关系，这与 H_5 的叙述一致；阻碍性压力源与工作满意度之间存在显著负相关关系，这与 H_6 的叙述一致。根据自我决定理论，自我决定不仅是个体的一种能力，也是个体的一种需要，个体具有一种内在的自我决定倾向，这种倾向能够引导个体从事有益于能力发展的、感兴趣的活动。挑战性压力源为员工的能力提升提供了空间，因此员工在迎接并克服挑战的努力中可以体会到一种满意感。而在面临阻碍性压力源时，员工感知到这种压力源与自己的心理需求不一致，因而会产生消极的体验，并减少自身内在动机，进而降低工作满意度。本研究结果与国外其他学者的研究结果相符合，如借鉴 Dohrenwend 等编制的总体生活压力问卷，

Bhagat 等的研究表明，被被试评为有积极作用的工作要求对工作满意度有正向显著影响，而被被试评为有消极作用的工作要求对工作满意度有负向显著影响，对工作厌倦有正向显著预测作用；Cavanaugh 等研究发现，挑战性压力与高层管理者的工作满意度显著正相关，阻碍性压力与高层管理者的工作满意度显著负相关。这些研究结果在一定程度上说明本研究结果的可靠性。

然而，与张韫黎等的研究稍有不同，他们的研究并没有证实挑战性压力源与工作满意度之间的正相关关系，对此他们认为其中原因包括样本之间的差异问题以及挑战性压力源与工作满意度之间存在曲线关系。本研究认为还可能存在其他原因，如个体的人格特质可能会调节它们之间的关系，但具体是哪种原因需要以后研究进一步探索。

（3）工作要求—资源模型认为，工作要求会带来消极影响，如工作倦怠；工作资源会带来积极影响，如高绩效、工作投入。而本研究依据不同的理论，提出相反的假设（H_2 和 H_4），研究结果与 H_2 的叙述相反，表明工作要求不一定会产生消极影响。这一结论与 Tai 等的研究结论一致，他们的研究表明，阻碍性压力源对员工的工作不投入有积极影响，挑战性压力源对员工的情绪枯竭有积极影响。

对于阻碍性压力源与工作投入之间存在显著负相关关系的结论，工作要求—资源模型可以提供有力的解释依据，因为阻碍性压力源作为一种工作要求会带来消极结果。而挑战性压力源与工作投入之间存在显著正相关关系的结论则与工作要求—资源模型的理论思想稍有不同，本研究结论表明，挑战性压力源作为一种工作要求也会使员工体验到工作投入状态。根据期望理论，员工认为挑战性压力源会给自己带来回报，从事挑战性任务会锻炼自身的能力，因而他会更倾向于积极投入工作。这一结论也为以后研究提供了新研究方向，挑战性压力源与工作投入之间还可能存在其他变量，挑战性压力源和阻碍性压力源对工作投入的影响机制可能有所不同。另外，对于挑战性压力源与工作投入之间呈显著正相关关系的结论与积极组织行为学的研究观点不谋而合，积极组织行为学研究认为，关于消极面的研究与积极面的研究同样重要，同时关注这两方面的研究对我们探寻变量间的不同机制和理论有重要的价值。因此，工作投入作为一种积极组织行为学变量，同样作为工作要求，这两类压力源与工作投入之间的作用机制可能会有所不同，这一问题值得以后进一步深入研究。此外，未来研究还可以考虑以下问题，比如，如果员工认识不到工作要求和工作资源的存在，工作要求和工作资源对他不会产生什么影响；另外，不同的员工对工作要求和工作资源认识不同，有些员工认为有些工作要求虽然会带来较大压力，但如果能够克服挑战可以获得能力的提升和成长，那么即使在缺少工作资源的情况下，员工也可能会积极地寻找各种资源来应对遇到的工作要求，从而带来较好的业绩。

（4）本研究与其他研究一样也有一定的局限。①本研究使用横截面数据进行分析，研究结果无法说明这两类压力源与工作投入和工作满意之间的因果关系，其结果只能说明它们之间的相关关系。未来的研究可以采用纵向数据，进一步验证本研究的结果，以分析变量间的因果关系。②在本研究中，阻碍性压力源的内部一致性系数（$\alpha = 0.632$）比较低，虽然没有挑战性压力源内部一致性系数高，但与 Boswell 等的研究中阻碍性压力源内部一

致性系数（α = 0.680）相近，为此有研究者认为大于 0.600 的内部一致性系数是可以接受
的。考虑到阻碍性压力源只有 4 个题目，较低的内部一致性系数也是可以理解的。从验证
性因子分析的结果看，这两类压力源的模型拟合度比较好，这两类压力源与其他变量的不
同关系也表明它们之间有较好的区别效度，因此说明压力源的二维结构是合理的。未来研
究可进一步探讨这两类压力源的内容。③由于每份问卷是由一位员工填写，这可能会导致
共方法偏差。从同一来源收集数据，其中一个原因是由本研究的目的决定的，本研究探讨
两类压力源对工作满意度和工作投入的影响，研究中关于工作态度和投入状态的数据只能
通过自评方式获得。更重要的是，本研究在调研过程中采用匿名调查的方式，在程序上尽
量减小共方法偏差的影响。为了检验共方法偏差对研究结论的影响，本研究采用两种方法
对共方法偏差进行分析，共方法偏差检验结果如表 4 所示。首先使用验证性因子分析对两
类压力源、工作投入和工作满意度进行 Harman 单因子检验，该方法的基本假设是当方法
变异大量存在时，进行因素分析可能会析出一个单独因子或者变量的大部分变异被一个公
共因子代表。Harman 单因子模型拟合结果并没有达到可接受的标准（如表 4 所示）；然
而，鉴于 Harman 单因子检验也存在一定的问题，即除非存在非常严重的共方法偏差，一
般不会出现测量不同概念的所有项目被一个公因子代表的情况，本研究采用不可测量潜在
方法因子检验。该方法既允许各测项负荷在各自的理论维度，也允许所有测项负荷在一个
潜在的共同方法变异因子上。如果有共同方法变异因子模型的拟合指数明显优于无共同方
法变异因子的模型，则认为各变量间存在严重的同源方差（如表 4 所示）。

表 4 共方法偏差检验

模型	$\dfrac{\chi^2}{df}$	RMSEA	GFI	CFI
M_1	4.781	0.146	0.584	0.468
M_2	1.694	0.063	0.861	0.915
M_3	1.839	0.069	0.838	0.885

注：M_1 为 Harman 单因子模型，即工作投入、工作满意度和两类压力源的所有项目负荷在一个因子上；M_2 为不可
测潜在因子模型，即工作投入、工作满意度和两类压力源的项目除负荷在各自的理论维度，还负荷在一个潜在的共同
方法变异因子上；M_3 为所有项目负荷在各自的理论维度上；N = 178。

表 4 结果显示，M_2 的拟合指数并不明显优于 M_3，$\dfrac{\Delta\chi^2}{df}$ 也比较小，M_1 的拟合结果也不
理想；另外，表 3 中回归分析过程中的膨胀因子和容忍度数值也显示，变量间不存在严重
的多重共线性问题。综上所述，本研究中各变量间不存在严重的共方法偏差，可以认为共
方法偏差对研究结果影响不大。

六、结 论

压力究竟是动力还是阻力，本研究在已有研究的基础上对此进行深入探讨。以中国企业员工为样本，采用探索性因子分析和验证性因子分析方法对压力源的二维结构进行验证，并对压力源与工作投入和工作满意度之间的关系进行实证分析。研究结果表明，压力源可以分为挑战性压力源和阻碍性压力源，这表明压力源二维结构的观点有其普适性。层级回归分析结果显示，挑战性压力源与员工的整体工作满意度和工作投入显著正相关，而阻碍性压力源与它们显著负相关，这意味着区分不同类型的压力源及其与结果变量的关系有助于促进我们对工作压力的进一步了解。

本研究结论对企业的管理实践有一定的启示作用。①在工作过程中，应尽量减少阻碍员工顺利完成工作的因素，如尽量清楚地表述对员工的期望、为员工提供发展机会、为员工提供必要的支持和帮助以清除完成工作过程中的阻碍等，因为这些阻碍因素会给员工的工作投入和满意度带来消极影响，而工作投入和工作满意度是员工绩效等结果变量的有力预测因素；②随着市场竞争程度日趋激烈，吸引并保留充满活力和具有奉献精神的员工对企业来说显得尤为重要，因此鉴别能够使员工更加投入的工作环境同样显得很重要，本研究结果为企业进行工作设计提供了基础，企业在进行工作设计时可以适当增加有挑战性的因素，如扩大员工的责任范围等；③虽然本研究结果表明挑战性压力源与工作投入和满意度之间存在显著正相关关系，但这并不表明管理者改变员工对压力源的认知评价、提高员工对工作的挑战感认知是一种有效领导方式，因此想通过改变员工对工作的挑战感认知来改变员工工作态度和绩效的管理者在实践中应谨慎地运用本研究结果。同时，管理者改变员工的工作挑战感认知是不是一种有效的领导方式及其与相关变量的作用机制值得进一步深入研究。

参考文献：

[1] Griffeth R. W., Hom P. W., Gaertner S. A meta-analysis of antecedents and correlates of employee turnover: Update, moderator tests, and research implications for the next millennium [J]. Journal of Management, 2000, 26 (3): 463-488.

[2] Fox S., Spector P. E., Miles D. Counterproductive work behavior (CWB) in response to job stressors and organizational justice: Some mediator and moderatortests for autonomy and emotions [J]. Journal of Vocational Behavior, 2001, 59 (3): 291-309.

[3] Bretz R. D. Jr., Boudreau J. W., Judge T. A. Job searchbehavior of employed managers [J]. Personnel Psychology, 1994, 47 (2): 275-301.

[4] Leong C. S., Furnham A., Cooper C. L. The moderatingeffect of organizational commitment on the occupational stress outcome relationship [J]. Human Relations, 1996, 49 (10): 1345-1363.

［5］Beehr T. A., Jex S. M., Stacy B. A., Murray M. A. Work stressors and coworker support as predictors of individual strain and job performance ［J］. Journal of Organizational Behavior, 2000, 21 (4): 391-405.

［6］Cavanaugh M. A., Boswell W. R., Roehling M. V., Boudreau J. W. An empirical examination of self-reported work stress among U.S. managers ［J］. Journal of Applied Psychology, 2000, 85 (1): 65-74.

［7］LePine J. A., LePine M. A., Jackson C. L. Challengeand hindrance stress: Relationships with exhaustion, motivation to learn, and learning performance ［J］. Journal of Applied Psychology, 2004, 89 (5): 883-891.

［8］Wallace J. C., Edwards B. D., Arnold T., Frazier M. L., Finch D. M. Work stressors, role-based performance, and the moderating influence of organizational support ［J］. Journal of Applied Psychology, 2009, 94 (1): 254-262.

［9］LePine J. A., Podsakoff N. P., LePine M. A. A metaanalytic test of the challenge stressor-hindrance stressor framework: An explanation for inconsistent relationships among stressors and performance ［J］. The Academy of Management Journal, 2005, 48 (5): 764-775.

［10］Podsakoff N. P., LePine J. A., LePine M. A. Differential challenge stressor-hindrance stressor relationships with job attitudes, turnover intentions, turnover, and withdrawal behavior: A meta-analysis ［J］. Journal of Applied Psychology, 2007, 92 (2): 438-454.

［11］Shi Yu, Liu Cong, Liu Xiaoqian, Shi Kan. Litterature review of work stressor ［J］. Research on Economics and Management, 2009 (4): 101-107. (in Chinese)

［12］Selye H. History and present status of the stress concept ［M］. New York: Free Press, 1982: 7-17.

［13］Folkman S., Lazarus R. S. If it changes it must be a process: Study of emotion and coping during three stages of a college examination ［J］. Journal of Personality and Social Psychology, 1985, 48 (1): 150-170.

［14］Bhagat R. S., Mcquaid S. J., Lindholm H., Segovis J. Total life stress: A multimethod validation of the construct and its effects on organizationally valued outcomes and withdrawal behaviors ［J］. Journal of Applied Psychology, 1985, 70 (1): 202-214.

［15］McCauley C. D., Ruderman M. N., Ohlott P. J., Morrow J. E. Assessing the developmental components of managerial jobs ［J］. Journal of Applied Psychology, 1994, 79 (4): 544-560.

［16］Boswell W. R., Olson-Buchanan J. B., LePine M. A. Relations between stress and work outcomes: The role of felt challenge, job control, and psychological strain ［J］. Journal of Vocational Behavior, 2004, 64 (1): 165-181.

［17］Haar J. M. Challenge and hindrance stressors in New Zealand: Exploring social exchange theory outcomes ［J］. International Journal of Human Resource Management, 2006, 17 (11): 1942-1950.

［18］Tai W. T., Liu S. C. An investigation of the influences of job autonomy and neuroticism on job stressorstrain relations ［J］. Social Behavior & Personality: An International Journal, 2007, 35 (8): 1007-1019.

［19］Zhang Yunli, Lu Changqin. Challenge stressor-hin-drance stressor and employees work-related attitudes, and behaviors: The moderating effects of general selfefficacy ［J］. Acta Psychologica Sinica, 2009, 41 (6): 501-509. (in Chinese)

［20］Hofstede G. National cultures in four dimensions ［J］. International Studies of Management & Organization, 1983, 13 (1/2): 46-74.

［21］Hofstede G., Bond M. H. The confucius connection: From cultural roots to economic growth ［J］. Organizational Dynamics, 1988, 16 (4): 5-21.

［22］Schaufeli W. B., Salanova M., González-Romá V., Bakker A. B. The measurement of engagement and burnout: A two sample confirmatory factor analytic approach ［J］. Journal of Happiness Studies, 2002, 3 (1): 71-92.

［23］Demerouti E., Bakker A. B., Nachreiner F., Schaufeli W. B. The job demands-resources model of burnout ［J］. Journal of Applied Psychology, 2001, 86 (3): 499-512.

［24］Schaufeli W. B., Bakker A. B. Job demands, job resources, and their relationship with burnout and engagement: A multi-sample study ［J］. Journal of Organizational Behavior, 2004, 25 (3): 293-315.

［25］Ryan R. M., Deci E. L. Self-determination theory and the facilitation of intrinsic motivation, social development, and well-being ［J］. American Psychologist, 2000, 55 (1): 68-78.

［26］Brislin R. W. Back-translation for cross-cultural research ［J］. Journal of Cross-cultural Psychology, 1970, 1 (3): 185-216.

［27］Cha E. S., Kim K. H., Erlen J. A. Translation of scales in cross-cultural research: Issues and techniques ［J］. Journal of Advanced Nursing, 2007, 58 (4): 386-395.

［28］Seppälä P., Mauno S., Feldt T, Hakanen J, Kinnunen U, Schaufeli W. The construct validity of the Utrecht work engagement scale: Multisample and longitudinal evidence ［J］. Journal of Happiness Studies, 2009, 10 (4): 459-481.

［29］Schaufeli W. B., Bakker A. B., Salanova M. The measurement of work engagement with a short questionnaire: A cross-national study ［J］. Educational & Psychological Measurement, 2006, 66 (4): 701-716.

［30］Cammann C., Fichman M., Jenkins G. D., Klesh J. R. Assessing the attitudes and perceptions of organizational members ［M］//Seashore S E, Lawler E E, Mirvis P H, Cammann C. Assessing Organizational Change: A Guide to Methods, Measures, and Practices. New York: Jone Wiley, 1983: 464.

［31］Yerkes R. M., Dodson J. D., Smith D., Bar-Eli M. The relation of strength of stimulus to rapidity of habit-formation ［M］//Smith D, Bar-Eli M. Essential Readings in Sport and Exercise Psychology. Champaign, IL US: Human Kinetics, 2007: 13-22.

［32］Yerkes R. M., Dodson J. D. The relation of strength of stimulus to rapidity of habit formation ［J］. Journal of Comparative Neurology & Psychology, 1908, 18 (5): 459-482.

［33］Dohrenwend B. S., Askenasy A. R., Krasnoff L, Dohrenwend B P. Exemplification of a method for scaling life events: The PERI life events scale ［J］. Journal of Health and Social Behavior, 1978, 19 (2): 205-229.

［34］Bakker A. B., Demerouti E., Verbeke W. Using the job demands-resources model to predict burnout and performance ［J］. Human Resource Management, 2004, 43 (1): 83-104.

［35］Vroom V. H. Ego-involvement, job satisfaction, and job performance ［J］. Personnel Psychology, 1962, 15 (2): 159-177.

［36］Roberts L. M. Shifting the lens on organizational life: The added value of positive scholarship ［J］. Academy of Management Review, 2006, 31 (2): 292-305.

［37］Bakker A. B., Schaufeli W. B. Positive organizational behavior: Engaged employees in flourishing organizations ［J］. Journal of Organizational Behavior, 2008, 29 (2): 147-154.

［38］Luthans F., Avolio B. J., Walumbwa F. O., Li W. The psychological capital of Chinese workers: Exploring the relationship with performance ［J］. Management and Organization Review, 2005, 1 (2): 249-271.

［39］Podsakoff P. M., Mackenzie S. B., Lee J., Podsakoff N. P. Common method biases in behavioral research: A critical review of the literature and recommended remedies [J]. Journal of Applied Psychology, 2003, 88 (5): 879-903.

[40] Zhou Hao, Long Lirong. Statistical remedies for common method biases [J]. Advances in Psychological Science, 2004, 12 (6): 942-950. (in Chinese)

Relationships between Challenge-hindrance Stressor, Employees' Work Engagement and Job Satisfaction

Liu Dege, Shi Kan, Wang YongLi, Gong Hui

Abstract: Work stress has always been concerned by the practitioners and researchers, and is an important issue in organizational behavior and human resource management research. Firstly, this paper confirmed the validity of two-dimensional model of challenge-hindrance stressor based on the data from Chinese samples using EFA and CFA analyses. Then, this paper analyzed the relationship between challenge-hindrance stressor, employees' work engagement and general job satisfaction using hierarchical regression analyses. The results indicate that not all stressors will bring about negative impact, challenge stressor is positively related to work engagement and job satisfaction, however, hindrance stressor is negatively related to work engagement and job satisfaction. Discussion and future research direction are provided in the end. The results of this study not only enrich the content of stress management, but also provide guiding ideas for companies' management practice.

Key words: challenge stressor; hindrance stressor; work engagement; job satisfaction

组织中主管—下属关系的运作机制与效果 *

王忠军　　龙立荣　　刘丽丹

【摘　要】 基于社会交换的理论视角，以下属关系投入—主管资源回报的概念架构来展现组织中主管与下属关系互动的实质，对主管—下属关系的运作效果与机制进行跨层次的实证研究。通过问卷法获得 54 个工作群体的 426 名下属与主管的对偶数据，基于 HLM 分析的结果表明：下属在工作之余对主管的私人关系投入不仅能直接获得主管的工具性资源回报与情感性资源回报，还能通过领导—成员交换（LMX）间接地获得主管的工具性与情感性资源回报，而在工作群体内基于私人关系进行人力资源管理决策的特征对主管与下属之间的关系互动与关系质量也存在一定程度的影响。

【关键词】 主管—下属关系　关系投入　资源回报　领导—成员交换　关系导向人力资源管理

一、问题的提出

在中国社会，关系现象充斥于人们的日常生活、经济活动以及组织行为之中。关系管理作为中国式管理的核心，备受企业实践者与组织研究者的关注。随着现代化的发展，许多组织在管理中力图淡化关系的影响，却无法动摇传统儒家文化和价值观的社会基础，正是这种文化与价值塑造了中国的组织管理行为。许多研究者认为关系的作用在未来中国以及东亚国家及其组织中将一直持续下去（Lovett、Simmons 和 Kali，1999；Millington、Eberhardt 和 Wilkinson，2005；Yang，2002）。在组织的各类关系中，最重要和吸引人的是上下级之间的关系，如主管—下属关系。与西方不同，中国员工普遍重视与领导、同事建立并维持良好的私人关系，而处理并维护好与下属的关系也是管理者有效管理下属的关键

* 本文选自《心理学报》2011 年第 7 期。

基金项目：国家自然科学基金资助（70671046），教育部人文社科青年基金资助（10YJC630267），华中师范大学人文社科丹桂计划资助（09DG003）。

因素（Law、Wong、Wang 和 Wang，2000）。因此，基于中国社会文化情境，探究组织中主管—下属关系运作的机制与效能，对于理解组织中的关系现象，丰富关系管理有重要的理论与实践意义。

（一）文献回顾

由中国传统社会文化所孕育的关系（guanxi）概念一直是华人学者进行本土心理学建构，并循此了解中国人心理与行为的核心概念，学界从概念层面对关系的文化意涵、定义、类型特征、互动法则等进行了广泛探讨（周丽芳，2002）。在管理学领域，研究者发现中国人的关系展现方式及其结果与西方的人际关系（interpersonal relationship）有很大差异，关系在中国人的商业活动、企业管理与组织行为中扮演不可言喻的重要角色（Xin 和 Pearce，1996）。因此，由关系概念来透视组织管理成为中国式管理研究的最佳进路。

不过，对组织内部的关系研究存在多元层次与视角，如对偶层次（dyad）、三方关系（triads）、关系网络（networks）。就对偶关系而言，大体有两类：一是上下级之间，如下属与主管、员工与领导，属于垂直型对偶关系；二是同级之间，如同事关系，高管团队中两两关系，属于水平型对偶关系。目前组织行为学的研究大多集中于前者。

对于主管—下属关系，早期研究集中于关系基础（guanxi basis）及其效能。即探讨主管与下属之间既定的特殊性关系连带（如血缘关系、九同关系等）对主管与下属的关系品质（如亲信、友谊、认知性信任与情感性信任）以及主管对下属的绩效评估的影响（Farh、Tsui、Xin 和 Cheng，1998；Tsui 和 Farh，1997；Xin、Farh、Cheng 和 Tsui，1998）。在上述研究基础上，Tsui、Farh 和 Xin（2000）根据关系分类与互动原则的架构，提出了一个华人组织中关系与效能的概念模型，即"关系基础（家人、熟人、生人）→关系形式（义务、友谊、认同）→直接效果（人际信任、人际喜好、忠诚、偏私）→间接效果（职业生涯与事业成功）"。显然，关系基础的研究视角承袭的是费孝通"差序格局"的思想，关系大多被定义为一种"特殊性社会连带"（King，1985；Yang，1986）。在此定义下，关系经常被操作为一种二分变量，即要么存在某种类型的关系基础，要么不存在，并且不同的关系基础具有不同义务规范，会受到不同对待。但总体来看，关系基础与相关效果变量间的关系不是很稳定，其原因有二：其一，由关系基础到关系成分（情感、义务、工具等）的推论不够清晰，例如，即使过去有同宗或同学的关系基础，并不必然会出现某种形式的关系成分（周丽芳，2002）。其二，更重要的是，在现代组织中具有关系基础的对偶双方或网络成员的比例相当低，即组织成员之间"沾亲带故"的现象并不普遍，一定程度上影响了研究结果的可靠性。例如在 Farh 等（1998）的研究中，在全部 560 组主管与下属配对样本中没有发现师生关系，过去曾是上下级关系的仅占 0.04%，而同学、亲戚、同姓、同乡、同事、邻里关系出现的频次均在 2.10% 和 3.40% 之间。

因此，近期对于主管—下属关系的研究逐渐转向下属与主管的私人关系质量（guanxi quality）及其对个体的积极影响。在该类研究中，主管—下属关系被定义为"主管与下属在工作时间之外通过非工作相关的行为活动而建立的私人关系质量"（Law 等，2000），

"关系"是在互相满足关系双方个人目标的过程中所建立起来的，并为工具性目的服务。此类研究结果表明，主管与下属的私人关系质量能影响主管的管理决策，如对下属的晋升、奖酬分配、工作安排等（Law 等，2000）；能预测下属对主管的满意度以及对组织的情感承诺（Wong、Tinsley、Law 和 Mobley，2003）；能让下属从主管处获得更多的关系性报酬（guanxi payoff），如奖酬分配、晋升机会和任务安排等，并且提升下属知觉的程序公平感（Chen、Friedman、Yu 和 Sun，2008）；对员工的职业生涯发展也有着积极的影响（刘军、宋继文、吴隆增，2008）。

从关系质量视角的研究引出的思考是：下属要想与主管拥有良好的私人关系质量，就必然要有建立、维持和运作关系的行为活动。换言之，有了建立私人关系行为的投入，才可能具备良好的关系质量。而在以往研究中，对主管与下属关系质量的操作与测量也大多是基于双方的关系互动行为。事实上，关系概念的复杂性和丰富性也正是体现在关系的互动方面，即不具备特殊性关系连带的个体之间如何建立和发展关系，并会因此带来什么样的后果。因此，从关系行为（guanxi behavior）的视角来探讨主管—下属关系的运作机制及其效果是一个新的、重要的研究视角，而社会交换理论能为该视角提供理论解释。

（二）社会交换视角的主管—下属关系

中国人的关系行为本质上是一种社会交换行为的观点早已得到学界的认同（King，1985；Hwang，1987），对于组织中主管—下属关系也不例外。根据社会交换理论（Blau，1964；Foa 和 Foa，1980），本研究将组织中主管—下属关系（supervisor-subordinate guanxi，SSG）定义为："组织中下属通过工作范围之外的互动行为与其主管建立的非正式、特殊性社会交换关系。"由此定义引出的问题是：下属与主管关系交换的内容是什么？换言之，下属投入什么，主管相应地回报什么？

从下属方面来看，要建立、维持或经营与主管的特殊性私人关系，必然要付出一些成本，比如时间、金钱、情绪乃至机会成本，即关系投入的行为。比如 Law 等（2000）通过问卷调查，搜集下属与其主管建立良好私人关系的各种行为活动，最后确立了六种最具代表性和有效性的行为。Wong 等（2003）研究发现主管与下属关系互动行为主要表现在如下五个方面：社会活动、经济支持、优先照顾、节日庆祝和情绪支持。本研究提出"关系投入"（guanxi input，GI）的概念，并将其界定为"为与主管建立良好的私人关系，下属在工作范围之外对其主管进行的各种时间、经济与情感的投入行为"。

而从主管方面来看，也会相应地给予下属各种资源回报。在权力距离较大的中国组织中，不同组织层级的资源是不平衡的。研究发现，中国企业的决策权力一般更多地集中于中高层，管理人员在员工选拔、薪酬和雇用等人事决策上有着更大的影响力（Wang 和 Heller，1993）。下属与主管所拥有的资源差距在组织的中高层与基层之间表现得尤为明显（王忠军，龙立荣，2009）。从社会资本（social capital）的观点来看，对于主管所拥有的资源，下属只有通过与主管建立较强的社会连带才能得以借用。因此，下属对主管的关系投入行为也才有了一个最基本的动因和条件。

根据社会资源理论（Lin，2001），社会行动者主要有两类行动：①工具性行动（寻找和获得额外有价值资源），以及②情感性行动（寻找情感和支持的行动），并且情感性行动往往比工具性行动更重要。而社会交换理论也认为，人类的社会交换行为不仅仅是工具性资源交换，还有情感性资源交换。因此，本研究认为，主管给予下属的回报主要有两种：一是工具性资源回报，也称工具性回报（instrumental output，IO），本研究将其界定为"主管基于私人关系给予下属直接的、客观性物质利益或好处，如晋升机会、任务安排、奖金分配、绩效考评、工作支持等"。这一概念类似于其他研究者所谓的"关系性报酬"（Friedman、Chi 和 Liu，2006；Chen 等，2008）。二是情感性资源回报，也称情感性回报（affective output，AO），本研究将其界定为"主管基于私人关系给予下属以间接的、主观性精神利益或好处，如接纳、友善、信任、认可、鼓励、关怀、宽容等"。显然，以往中国人关系研究常将焦点置于工具性利益与义务性情感，而较少关注自我表露、内心交流、情感性支持等真实情感或情绪层面（周丽芳，2002）。从下属方面来看，下属与主管建立和维持关系，不仅仅是想获取主管的工具性资源，更想博取情感性回报。而从主管方面来看，工具性资源具有客观性和有限性，并且需要在不同下属之间来平衡，而情感性资源具有主观性和丰富性，在组织环境中，管理者对下属往往一手运用工具性资源，一手运用情感性资源，交互运作，以更好地管理和驾驭下属。因此，探究情感性回报是极为重要的，但以往的研究很少涉及。

根据以上分析，在差序格局、关系取向以及特殊主义的中国社会文化背景下，组织中主管—下属关系的实质表现为下属在工作之余对其主管进行关系投入，主管相应给予下属不同程度的工具性、情感性资源回报的互动过程。

（三）研究假设

1. 下属关系投入与主管资源回报

中国人常言，"投之以桃，报之以李"，"来而不往非礼也"。根据社会交换理论，若主管能感知到下属对其关系行为的投入，基于以下三个原因：①回报的要求；②信任；③互惠原则，下属的投入终会有回报。譬如 Zhang 和 Yang（1998）研究发现中国企业管理者对于奖金分配的决策不仅受公平原则的影响，还受到关系的影响。Law 等（2000）在对中国大陆的 189 对主管—下属的对偶关系研究发现，关系会影响主管的管理决策，与主管拥有良好的私人关系的下属能获得更多的晋升机会、更多的奖金分配和更好的工作安排。Zhou 和 Martocchio（2001）的研究报告中国管理者会给予那些与其拥有良好关系的下属更多的非货币性报酬。Chen 和 Tjosvold（2007）的研究也发现中国企业员工与管理者的个人关系能带来更好的工作安排以及晋升机会。Chen 等（2008）的研究也发现，良好的主管—下属关系能换来更好的关系性报酬。不过正如前文的分析，以往研究大多关注关系所带来的工具性资源回报，而很少关注情感性资源回报。而由社会交换理论不难推出，下属对主管的私人关系投入行为也能获得主管的情感性资源回报，因为下属与其主管建立良好私人关系的各种行为中存在许多情感性投入的成分，这在 Law 等（2000）的研究中已有所展现。对于中国人而言，直接的、赤裸裸的物质利益交换往往让人难以接受，而最有效的方式则是在利益交换的过程中渗透情感的投入与交换。比如在 Wong 等（2003）研究中所发现的主管与下属关系互动中也无一不展现了情感互动的成分（如社会活动、优先照顾、节日庆祝和情绪支持）。因此，本研究提出如下假设：

假设 1-1：下属的关系投入正向影响主管的工具性回报。

假设 1-2：下属的关系投入正向影响主管的情感性回报。

2. 领导—成员交换的中介作用

现有文献大多认为主管—下属关系与领导—成员交换关系（Leadermember exchange，LMX）是彼此独立的概念（Law 等，2000）。其主要的区别是：LMX 是建立在工作职责上的正式的工作关系，被定义为领导与成员彼此之间在工作上展现出信任、忠诚、情感、贡献与责任的行为（Graen 和 Uhl-Bien，1995）；而主管—下属关系反映的是工作范围之外的、非正式的私人关系（Wong 等，2003）。Hui 和 Graen（1997）曾深入比较过关系概念与 LMX 概念的区别。基于此，以往的研究大多单独或并行地考察主管—下属关系和 LMX 各自的作用机制，并加以比较（比如 Law 等，2000；Chen 和 Tjosvold，2007），却很少有研究探讨二者之间的关系。那么，LMX 在主管与下属的私人关系交换过程中起着什么样的作用呢？以往的研究发现，下属影响主管的行为，如与主管结盟、相互交换、逢迎主管等会影响 LMX 的质量（Deluga，1994）。而 LMX 也会进一步影响员工的晋升、工作安排和薪酬（Wakabayashi，1988；Chen 和 Tjosvold，2007）。根据中国社会背景来看，关系在一定程度上体现了中国人所谓"做人"的一面。与西方不同，中国人是极其重视"做人"的，这直接来源于"会做人"的好处以及"不会做人"的坏处。因此，下属与主管在工作范畴之外发展出的具有强烈的"组织规定外"、"私人情感"色彩的关系会渗透到正常工作中，从而在组织制度内发挥作用（刘军等，2008）。由此推论，下属在工作之余对主管的私人关系投入行为，可能会对彼此在工作场所中的 LMX 关系质量产生一定程度的积极影响，而良好的 LMX 关系质量也会进一步为下属带来各种情感性和工具性资源回报。基于以上分析，本研究提出如下假设：

假设 2-1：下属的关系投入通过 LMX 间接地影响主管的工具性回报。

假设 2-2：下属的关系投入通过 LMX 间接地影响主管的情感性回报。

3. 关系导向人力资源管理的调节作用

主管与下属的关系交换与运作虽然是个体间的互动行为，但却是嵌入在群体或组织的背景中，受到群体或组织特征的约束，而这种嵌入性在个体层面的研究中往往被忽视。在中国组织中，关系的作用会渗透进组织的各项管理决策之中，成为"正式法制支持的替代品"（Xin 和 Pearce，1996）。Chen、Chen 和 Xin（2004）因此提出"关系导向人力资源管理"（Guanxi-based human resources management practice，GHRM）概念，指的是人力资源管理决策中以私人关系为基础的总体状况。需要说明的是，该概念既适用于组织层面，也适用于群体层面，本研究中采取的是群体层面的概念。在注重制度规范和公平正义的组织环境下，关系导向人力资源管理被认为具有众多负面性，比如破坏程序公平（Chen 等，

2008)，降低员工对组织管理的信任（Chen、Chen 和 Xin，2004），损害员工的角色内和角色外绩效（Hsu 和 Wang，2007）。总之，人力资源管理决策的关系导向越强，说明"人治"气氛越浓厚，基于私人关系的弹性操作空间越大，同时也意味着制度规范性越差，在这样的环境下，主管根据私人关系而给予下属差别化的特殊对待的现象会拥有"制度合法性"的背景，并得以强化。因此，本研究提出如下假设：

假设 3-1：工作群体的关系导向人力资源管理对下属关系投入与主管工具性回报的关系具有正向调节作用。

假设 3-2：工作群体的关系导向人力资源管理对下属关系投入与主管情感性回报的关系具有正向调节作用。

二、研究方法

（一）被试与调查程序

由于本研究属于跨层次的研究，涉及个体与群体两个层面的数据搜集，因此，问卷调查均以工作群体（work group）为抽样单位，并在每个工作群体（部门）内，采取了主管与下属的二元对偶研究设计。调查包含两份问卷，分别由部门内的员工及其直接主管填写。在内容上，下属问卷包括自评的任务绩效、主管资源回报、LMX、关系导向人力资源管理；部门主管则仅需填答不同下属的关系投入。为了保证问卷的隐匿性以及数据的主管—下属配对，采用了一个编码系统，以匹配主管评定与下属回答。之所以采用上述研究设计，主要出于以下考虑：

第一，主管对于下属的关系投入行为一般会有感知，并会据此相应地给予下属各种资源回报；同样，下属对于主管给予的资源回报也会有直接的感知，其感知的结果会进一步影响双方的后续互动。第二，一名主管需要评价多名下属，主管的负担会较重，因此仅要求主管填答项目数量相对较少的下属关系投入问卷。出于同样的考虑，任务绩效也由下属自评。第三，主管与下属"错位式"的互评可在一定程度上降低问卷项目敏感性带来的心理压力。总之，上述研究设计既考虑了研究需要，又兼顾了可行性，从不同来源获取数据。

被试来自湖北、江西、北京、上海、广东地区 8 家企业中的不同工作群体（工作部门）。在调查程序上，首先，研究人员与企业人力资源部门一起确定了调查的部门，主要是企业中层部门。判定群体的依据有：①不同员工属于同一工作部门；②不同员工拥有一个共同的直接主管；③他们长时期在一起工作。其次，研究人员在企业助手的带领和协助下，进行现场调查。最后，由研究人员当场收回问卷，回收问卷后进行主管与下属问卷的配对组合。以现场调查方式所获得的样本占全部有效样本的 81.50%，这在一定程度上能保证数据的质量，而少量委托调查则给受托者及其单位的人力资源部门提供了指导语。

研究者对有效数据进行了筛选：①首先剔除了空白过多、反应倾向过于明显的问卷；②然后剔除了下属人数过少的群体样本（少于 5 人）。最终回收了 54 个有效群体样本，总共包含 426 份有效个体问卷，平均每个群体包含 8 人，人数最少的群体有 6 人，人数最多的群体有 13 人。主管—下属匹配后的有效填答率为 82%，其中有 83.10% 的被试与其直接主管保持的上下级关系年限在 1 年以上。在有效样本中，国有企业 40.80%，民营企业 55.50%，外资企业 3.70%；男性占 55.70%，女性占 44.30%；25 岁及以下占 20.50%，26~30 岁占 13.90%，31~35 岁占 14.90%，36~40 岁占 20.80%，40 岁以上占 30%；管理岗位占 34.70%，生产岗位占 16.70%，技术岗位占 22.90%，销售岗位占 8.50%，行政后勤占 17.20%。

（二）研究工具

1. 下属关系投入

下属关系投入采用经本研究修订过的单维度问卷。修订过程如下：采用与 Law 等（2000）编制关系问卷相同的方法，首先通过对来自不同企业的 27 名员工进行开放式问卷调查，搜集员工在工作之余与其直接主管建立并保持良好私人关系的行为，结果发现大部分行为与 Law 等（2000）的研究相似，但也有少部分行为包含在 Chen 等（2008）和 Wong 等（2003）的问卷项目之中。因此，本研究在综合以上相关问卷项目的基础上，初步编制了包含 9 个项目的下属关系投入问卷，为避免被试填答问卷时的"趋中性"，采取 Likert 6 点计分，1 表示"非常不符合"，6 表示"非常符合"。接下来，对来自江西 5 家企业的共 260 名员工进行初试，获得 211 名员工的有效数据，其中 99.50% 的员工与其主管保持了 1 年以上的上下级关系。进行探索性因素分析（EFA）后发现下属关系投入问卷为单维度，解释的变异量为 65.15%。

由于正式施测中的关系投入问卷是由主管来填答，所以我们从主管的角度对问卷项目的人称进行了相应修改，比如："该职工在平时会打电话或上门拜访我"、"该职工总是主动地与我交流他（她）的想法、问题、需要和感受"。对正式施测的样本（n = 426）数据进行验证性因素分析（CFA），下属关系投入问卷的单维度模型的各项拟合指数均达到或接近临界值，具体如下：$\chi^2 = 109.89$，df = 27，RMSEA = 0.07，SRMR = 0.05，IFI = 0.91，CFI = 0.91，NFI = 0.90，NNFI = 0.90，这表明问卷具有较好的结构效度。下属关系投入问卷的 Cronbach α 信度系数为 0.93，符合测量学的标准。此外，本研究还表明该问卷具有较好的效标效度。

2. 主管资源回报

主管资源回报问卷采用本研究自编的问卷。编制过程如下：首先对来自不同企业的 27 名员工进行开放式问卷调查，请被试列举"下属与直接主管建立良好私人关系后，主管会给下属带来哪些利益或好处"。对开放式问卷调查的资料进行内容分析后，初步编制了包含 15 个项目的主管资源回报问卷，为避免被试填答问卷时的"趋中性"，采取 Likert

6 点计分，1 表示"完全不同意"，6 表示"完全同意"。

其次，通过对初试样本（n = 211）的有效数据进行探索性因素分析（EFA），结果表明主管资源回报问卷具有十分清晰的两维度结构：一是工具性回报，包含 6 个项目，比如："他（她）会尽量给我安排我期望的工作岗位"、"他（她）会想方设法提拔我"；二是情感性回报，包含 7 个项目，比如："在生活中，他（她）很关心照顾我"、"他（她）会与我分享他（她）的经验、想法和感受"。两维度解释的变异量为 68.09%。

最后，利用正式施测的样本（n = 426）数据进行验证性因素分析（CFA），主管资源回报的两维度模型的各项拟合指数均达到临界值，具体如下：$\chi^2 = 231.68$，$df = 64$，RMSEA = 0.06，SRMR = 0.43，IFI = 0.92，CFI = 0.92，NFI = 0.91，NNFI = 0.90，这表明问卷具有较好的结构效度。信度分析表明，工具性回报和情感性回报的 Cronbach α 系数分别为 0.90 和 0.92，总问卷的 α 系数为 0.94，说明问卷的信度质量较好。此外，本研究还表明问卷具有较好的效标效度。

3. 领导—成员交换

对于如何测量 LMX，学界还存在争议，主要源于其结构是单维的还是多维的差异。但 Liden 和 Maslyn（1998）提出 LMX 的维度不一定需要得到一个确定的模式，而是需要与不同的考察目的和结果变量挂钩。Schriesheim，Castro 和 Coglister（1998）运用元分析（meta-analysis）技术，检验了各种量表的内部一致性，结果表明 Graen 和 Uhl-bien（1995）研制的 7 个项目量表具有最高的信度和效度，简称 LMX-7。由于本研究主要关心组织中领导—成员交换关系的质量，而非不同方面的交换内容。因此，本研究采用被广泛应用的 LMX-7 量表，并采用 Likert 6 级计分，1 表示"完全不同意"，6 表示"完全同意"。在本研究中，该问卷的 α 系数为 0.92。

4. 关系导向人力资源管理

本研究中关系导向人力资源管理是一个群体层次的变量，而对其测量是通过对群体中的个体的测量来完成的，这里面就有一个指称迁移问题。根据 Chan（1998）所提出的"指称迁移共识模型"（referent-shift consensusmodel），在测量时，所用的项目不是群体中单个成员的行为描述，而必须把所有成员作为一个整体来看待，以整体为出发点来描述群体成员的行为。在本研究中，关系导向人力资源管理采用 Chen，Chen 和 Xin（2004）开发的量表，原量表共 5 个项目，α 系数为 0.93。所有项目均以"在我所工作的部门内"为指称。此量表在 Chen 等（2008）的一项研究中被修订为 4 个项目，α 系数为 0.88。上述两个版本的量表均为英文，本研究对其进行翻译和回译后，综合了两个版本的项目，获得了 7 个项目，其中的一个项目"在我所工作的部门内，培训发展机会的获得依靠与主管的关系"为本研究新加入的一个项目。采用 Likert 6 点计分，1 表示"非常不符合"，6 表示"非常符合"。

对关系导向人力资源管理问卷 7 个项目进行了探索性因素分析，结果得到单一因素，解释的变异量为 70.90%，问卷的 Cronbach α 信度系数为 0.93，这一结果同样表明关系导向人力资源管理问卷具有较好的信度和结构效度。此外，我们运用方差分析检验了关系导向人力资源管理在企业性质上的差异，结果发现不同性质的企业之间存在显著的差异，其中关系导向人力资源管理在国有企业的表现程度最高，民营企业次之，外资企业的关系导向最低（$M_{国有企业} = 3.53$，$M_{民营企业} = 3.03$，$M_{外资企业} = 2.54$，$F = 11.18$，$p < 0.001$），该结果与实际情况基本相符，也说明关系导向人力资源管理问卷具有较好的同时效度。

本研究中，关系导向人力资源管理用于在群体层次上代表群体的人力资源管理决策特征与氛围。对应于每一个工作群体，其关系导向应当是唯一的，所以有必要将群体中个体提供的评估数据汇聚到群体层次。$ICC(1)$、$ICC(2)$ 和 R_{wg} 是三个最常用的用于判断个体数据汇聚是否可靠的指标，本研究同时考察三者。为了判断的一致性，我们先通过方差分析（ANOVA）进行了组间差异性检验，结果组内相似性高于组间相似性，即不同工作群体之间存在显著的差异，$F(53, 372) = 4.81$，$p < 0.001$。计算得到 54 个工作群体的 R_{wg} 值在 0.27~0.96，尽管少数群体的 R_{wg} 值较低，但均值为 0.75，高于 0.70 的标准（Dixon & Cunningham，2006）。同时，本研究计算所得 $ICC(1)$ 为 0.32，在 James（1982）推荐的 0 到 0.5 的临界值范围之内，这表明变量在各群体中有充足的内部同质性；$ICC(2)$ 为 0.79，大于 Klein 等（2000）推荐的临界值 0.70，这表明采用个体的平均数作为群体变量的指标的可信度较高。总之，以上结果均一致表明，可以用群体中个体知觉到的关系导向人力资源管理数据的平均数作为群体层面变量的观察值。

除了以上关键变量外，本研究还控制了可能会影响主管给予下属资源回报的一个重要变量，即员工的任务绩效。任务绩效采用员工自评式问卷，包含 4 个项目，来源于 Williams 和 Anderson（1991）编制的任务绩效量表，这 4 个项目分别是："和同事相比，我的工作成绩比较优秀"、"我的领导对我的工作成绩比较满意"、"同事对我的工作成绩评价比较高"、"我的工作成绩经常受到单位的表扬"。本研究对以上 4 个项目进行探索性因素分析，结果得到单一因素，解释的变异量为 67.98%，问卷的 α 系数为 0.84。

（三）统计方法

采用 SPSS 11.5 进行描述统计、相关分析、探索性因素分析和信度分析，采用 LISREL 8.30 进行验证性因素分析，采用多层线性模型 HLM 6.02 对研究假设进行检验。

三、研究结果

（一）描述性统计及相关分析结果

表 1 呈现的是本研究中涉及的关键变量的描述性统计和相关分析结果。

（二）下属关系投入对主管资源回报的影响

在运用多层线性模型（HLM）对假设进行验证时，本研究将下属的任务绩效作为一个关键的控制变量纳入 HLM 分析之中，结果如表 2 所示。由表 2 可知，任务绩效对工具性回报具有显著的正向预测作用（模型 M2，$\gamma_{10} = 0.47$，$p < 0.001$），控制变量解释的方差为 0.22。在模型 M3 中，当同时纳入关系投入和任务绩效时，任务绩效对工具性回报仍具有显著的正向预测作用（$\gamma_{20} = 0.27$，$p < 0.01$），而关系投入对工具性回报同样具有更为显著的正向影响（$\gamma_{10} = 0.43$，$p < 0.001$），关系投入解释的方差为 0.30，这表明控制了任务绩效后，关系投入对工具性回报具有显著的正向作用，假设 1–1 得到验证。另外，由表 2 可知，任务绩效对情感性回报具有显著的正向预测作用（模型 M2，$\gamma_{10} = 0.34$，$p < 0.001$），控制变量解释的方差为 0.26。在模型 M3 中，当纳入关系投入和任务绩效一起分析时，任务绩效对情感性回报仍具有显著的正向预测作用（$\gamma_{20} = 0.18$，$p < 0.05$），而关系投入对情感性回报同样具有更为显著的正向影响（$\gamma_{10} = 0.37$，$p < 0.001$），关系投入解释的方差为 0.24，这表明控制了任务绩效后，关系投入对情感性回报具有显著的正向作用，假设 1–2 得到验证。

表 1　各研究变量的平均数、标准差与相关矩阵

变量（n=426）	M	SD	1	2	3	4	5
1. 任务绩效	4.15	0.82					
2. 关系投入	3.09	1.10	0.36**				
3. 工具性回报	3.47	1.05	0.40**	0.59**			
4. 情感性回报	3.96	0.99	0.36**	0.50**	0.69**		
5. LMX	3.75	0.98	0.43**	0.58**	0.74**	0.80**	
6. 关系导向人力资源管理	3.34	1.19	0.07	−0.06	−0.04	−0.24**	−0.18**

注：关系导向人力资源管理为个体层面的数据；**p<0.01，*p<0.05。

表 2　下属关系投入对主管资源回报的影响

因变量	模型	参数估计							
		γ_{00}	γ_{10}	γ_{20}	σ^2	τ_{00}	τ_{11}	τ_{22}	作用
工具性回报	M1：零模型 L1：$IO_{ij} = B_{0j} + r_{ij}$　L2：$B_{0j} = \gamma_{00} + \mu_{0j}$	3.47***			0.88	0.24***			
	M2：任务绩效→工具性回报 L1：$IO_{ij} = B_{0j} + B_{1j}(TP_{1ij}) + r_{ij}$ L2：$B_{0j} = \gamma_{00} + \mu_{0j}$　$B_{1j} = \gamma_{10} + \mu_{1j}$	3.47***	0.47***		0.69	0.26***	0.14**		0.22
	M3：关系投入、任务绩效→工具性回报 L1：$IO_{ij} = B_{0j} + B_{1j}(GI_{1ij}) + B_{2j}(TP_{2ij}) + r_{ij}$ L2：$B_{0j} = \gamma_{00} + \mu_{0j}$ 　　$B_{1j} = \gamma_{10} + \mu_{1j}$ 　　$B_{2j} = \gamma_{20} + \mu_{2j}$	3.47***	0.43***	0.27**	0.48	0.29***	0.06**	0.10**	0.30

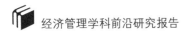

续表

因变量	模型	参数估计							
		γ_{00}	γ_{10}	γ_{20}	σ^2	τ_{00}	τ_{11}	τ_{22}	作用
情感性回报	M1：零模型 L1：$AO_{ij} = B_{0j} + r_{ij}$ L2：$B_{0j} = \gamma_{00} + \mu_{0j}$	3.95***			0.69	0.30***			
	M2：任务绩效→情感性回报 L1：$AO_{ij} = B_{0j} + B_{1j}(TP_{1ij}) + r_{ij}$ L2：$B_{0j} = \gamma_{00} + \mu_{0j}$ $B_{1j} = \gamma_{10} + \mu_{1j}$	3.95***	0.34***		0.51	0.32***	0.22**		0.26
	M3：关系投入、任务绩效→情感性回报 L1：$AO_{ij} = B_{0j} + B_{1j}(GI_{1ij}) + B_{2j}(TP_{2ij}) + r_{ij}$ L2：$B_{0j} = \gamma_{00} + \mu_{0j}$ $B_{1j} = \gamma_{10} + \mu_{1j}$ $B_{2j} = \gamma_{20} + \mu_{2j}$	3.95***	0.37***	0.18*	0.39	0.34***	0.02*	0.17***	0.24

注：①***p<0.001，**p<0.01，*p<0.05。②σ^2 为水平 1 的残差；τ_{00} 为截矩残差，即 μ_{0j}；τ_{11} 和 τ_{22} 为斜率残差，即 μ_{1j} 和 μ_{2j}。③作用 =（原始残差 – 条件残差)/原始残差。④IO 为工具性回报，AO 为情感性回报，TP 为任务绩效，GI 为关系投入。

（三）LMX 的中介作用

在表 3 的模型 M1 中，关系投入对领导—成员交换（LMX）具有显著的正向作用，$\gamma_{10} =$ 0.46，p < 0.001。在模型 M3 中，LMX 对工具性回报具有显著的正向作用，$\gamma_{10} = 0.83$，p < 0.001。而在模型 M4 中，当将关系投入和 LMX 作为预测变量一起纳入模型中时，LMX 对工具性回报具有显著的正向作用（$\gamma_{10} = 0.69$，p < 0.001），而关系投入虽然对工具性回报也具有显著的正向预测作用（$\gamma_{20} = 0.21$，p < 0.01），但是其影响系数要比模型 M2 中的系数（$\gamma_{10} = 0.50$，p < 0.001）明显降低。综合以上结果，据此可以推论，LMX 在关系投入与工具性回报之间起着部分中介的作用，假设 2-1 得到验证。

另外在模型 M6 中，LMX 对情感性回报具有显著的正向作用（$\gamma_{10} = 0.73$，p < 0.001）。而在模型 M7 中，将关系投入和 LMX 作为预测变量一起纳入模型中时，LMX 对情感性回报具有显著的正向作用（$\gamma_{10} = 0.69$，p < 0.001），而关系投入虽然对情感性回报也具有显著的正向预测作用（$\gamma_{20} = 0.10$，p < 0.01），但是其影响系数要比模型 M5 中的系数（$\gamma_{10} = 0.42$，p < 0.001）明显降低。综合以上结果，据此可以推论，LMX 在关系投入与情感性回报之间仍起着部分中介的作用。因此，本研究的假设 2-2 也得到验证。图 1 为基于上述研究结果而呈现的综合模型图。

表 3 LMX 在下属关系投入对主管资源回报影响中的中介作用

模型	参数估计						
	γ_{00}	γ_{10}	γ_{20}	τ_{00}	τ_{11}	τ_{22}	σ^2
M1：关系投入→LMX	3.74[a]	0.46[a]		0.34[a]	0.04[b]		0.40
M2：关系投入→工具性回报	3.47[a]	0.50[a]		0.28[a]	0.06[b]		0.54
M3：LMX→工具性回报	3.47[a]	0.83[a]		0.30[a]	0.06[b]		0.40

续表

模型	参数估计						
	γ_{00}	γ_{10}	γ_{20}	τ_{00}	τ_{11}	τ_{22}	σ^2
M4：LMX、关系投入→工具性回报	3.47[a]	0.69[a]	0.21[a]	0.31[a]	0.14[a]	0.06[a]	0.33
M5：关系投入→情感性回报	3.95[a]	0.42[a]		0.33[a]	0.04[b]		0.45
M6：LMX→情感性回报	3.95[a]	0.73[a]		0.36[a]	0.09[a]		0.25
M7：LMX、关系投入→情感性回报	3.95[a]	0.69[a]	0.10[c]	0.36[a]	0.15[a]	0.06[a]	0.22

注：①a 为 $p<0.001$，b 为 $p<0.01$，c 为 $p<0.05$。②σ^2 为水平 1 的残差；τ_{00} 为截矩残差，即 μ_{0j}；τ_{11} 和 τ_{22} 为斜率残差，即 μ_{1j} 和 μ_{2j}。③IO 为工具性回报，AO 为情感性回报，GI 为关系投入，LMX 为领导—成员交换。

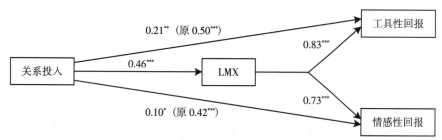

图 1　主管—下属关系的社会交换模型的实证研究结果（基于 HLM 分析的路径图）

注：$***p<0.001$，$**p<0.01$，$*p<0.05$；原：代表未加入中介变量时的影响系数。

表 4　关系导向人力资源管理的调节作用模型

模型	参数估计									
	γ_{00}	γ_{01}	γ_{10}	γ_{11}	γ_{20}	γ_{21}	σ^2	τ_{00}	τ_{11}	τ_{22}
M1：对工具性回报的调节作用模型 L1：$IO_{ij} = B_{0j} + B_{1j}(LMX_{1ij}) + B_{2j}(GI_{2ij}) + r_{ij}$ L2：$B_{0j} = \gamma_{00} + \gamma_{01}(GXHRM_{ij}) + \mu_{0j}$ 　　$B_{1j} = \gamma_{10} + \gamma_{11}(GXHRM_{ij}) + \mu_{1j}$ 　　$B_{2j} = \gamma_{20} + \gamma_{21}(GXHRM_{ij}) + \mu_{2j}$	0.32[a]	0.05	0.26	0.13	0.22	−0.00	0.33	0.32[a]	0.13[a]	0.06[a]
M2：对情感性回报的调节作用模型 L1：$AO_{ij} = B_{0j} + B_{1j}(LMX_{1ij}) + B_{2j}(GI_{2ij}) + r_{ij}$ L2：$B_{0j} = \gamma_{00} + \gamma_{01}(GXHRM_{ij}) + \mu_{0j}$ 　　$B_{1j} = \gamma_{10} + \gamma_{11}(GXHRM_{ij}) + \mu_{1j}$ 　　$B_{2j} = \gamma_{20} + \gamma_{21}(GXHRM_{ij}) + \mu_{2j}$	4.77[a]	−0.25	0.51[c]	0.05	0.13	−0.01	0.22	0.33[a]	0.15[a]	0.06[a]

注：①零模型见表 2，直接作用模型见表 3，IO 为工具性回报，GI 为关系投入，LMX 为领导—成员交换，GXHRM 为关系导向人力资源管理。②σ^2 为水平 1 的残差；τ_{00} 为截矩残差，即 μ_{0j}；τ_{11} 和 τ_{22} 为斜率残差，即 μ_{1j} 和 μ_{2j}。③a 为 $p<0.001$，b 为 $p<0.01$，c 为 $p<0.05$。

（四）关系导向人力资源管理的调节作用

由表 3 的结果可知，关系投入和 LMX 对工具性回报均具有显著的正向预测作用，但从表 4 的结果表明，关系导向人力资源管理对关系投入与工具性回报之间的关系系数（即斜率）不具有显著的调节作用（$\gamma_{21} = -0.00$，$p > 0.05$），同样地，关系导向人力资源管理对

LMX 与工具性回报之间的关系系数的调节作用也不显著（$\gamma_{11} = 0.13$，$p > 0.05$）。本研究的假设 3–1 没有得到验证。此外，在表 3 的结果中，关系投入和 LMX 对情感性回报均具有显著的正向预测作用。但在表 4 的结果中，关系导向人力资源管理对关系投入与情感性回报之间的关系系数（即斜率）不具有显著的调节作用（$\gamma_{21} = -0.01$，$p > 0.05$），同样，关系导向人力资源管理对 LMX 与情感性回报之间的关系系数的调节作用也不显著（$\gamma_{11} = 0.05$，$p > 0.05$）。本研究的假设 3–2 也没有得到验证。

四、讨论

（一）关系运作的个体效能

在现代企业组织中，工作绩效往往是极其重要的资源分配标准，比如很多企业实行绩效薪酬制度。本研究的结果也证明，下属的任务绩效对主管的工具性资源回报和情感性资源回报均有显著的正向影响。但是当我们将下属对其主管的私人关系投入与任务绩效一起去预测主管的资源回报时，让人意外的是，关系投入的解释力明显大于任务绩效，说明下属在工作之余的关系投入行为对主管资源回报有着重要的影响力。这一研究结果与 Law 等（2000）、Chen 等（2008）以及刘军等（2008）的研究结论一致。正如 Warner（1993）所指，尽管技术和规范在中国组织中已经变得更为必要，但关系的重要性在中国社会仍然占据主导地位。该研究结果也凸显了关系在当代中国组织资源分配中仍占据重要地位，也给本研究从关系行为和社会交换的理论视角来审视组织中主管—下属关系提供了实证支持。

从社会交换的观点来看，组织中的主管与下属之间的关系投入与资源回报应是一种基于人情的社会交换行为，并具有长期互动的性质，而非一次性的交换。由于主管与下属之间身份、位阶、职权以及占有资源上的差异，主管与下属之间发展的私人关系很难像生活中单纯的朋友关系（以情感支持与寄托为主）那样简单。在组织中，下属对主管的关系投入既需要满足情感性支持的需要，更隐含着工具性回报的期待，这一点在本研究中也能得到反映，比如工具性回报与情感性回报的相关为 0.69（$p < 0.01$），下属关系投入对主管工具性资源回报的影响系数为 0.50（$p < 0.01$），对主管情感性资源回报的影响系数为 0.42（$p < 0.01$）。总之，从本研究中可得到的启示与刘军等（2008）的研究相同，即在中国组织中，除了工作上的努力与付出以外，发展与上级在生活上更为密切的私人关系更是下属不可忽视的。

（二）关系运作的内在机制

主管—下属之间关系投入与资源回报的交换行为有着怎样的内在机制？本研究的结果表明：下属的关系投入除了对主管的工具性回报与情感性回报有着直接的影响外，还可以通过提升领导—成员交换（LMX）关系质量间接地影响主管的资源回报，即 LMX 起着部分中介的作用。在以往的研究中，往往将 LMX 看作是与关系（Guanxi）相平行的概念，前者代表正式的工作关系，后者代表着非正式的私人关系，并分别对主管的工具性回报有着积极影响（Law 等，2000；Chen 和 Tjosvold，2007），而很少有研究考察非正式的私人关系对正式的工作关系质量的影响。在国外的文献中，这一问题也许不太重要，因为在西方的组织中，二者之间往往是"泾渭分明"的。但在中国文化背景下，二者之间却可能有着剪不断的"千丝万缕"的关系。本研究发现，下属对主管的私人关系投入对 LMX 具有显著的正向作用，并且关系投入经由 LMX 的中介而获取主管的工具性回报、情感性回报的假设也得到证实。这一结果说明，主管与下属之间在私底下建立与发展起来的、具有强烈"组织规定外"及"私人情感"色彩的关系会影响和渗透到正式的工作场所中，从而在组织制度的范畴内发挥作用（刘军等，2008）。正所谓"功夫尽在诗外"。根据社会资本（social capital）理论，下属在工作之余，对其主管的关系投入行为具有社会资本投资的性质，等同于个人社会资本的积累与运作。在本研究的结果也表明，在中国文化背景下，主管—下属之间的私人关系对工作范围内的领导—成员交换关系有着重要的影响，那些与领导搞好私人关系的下属更可能被领导视为工作领域中的"圈内人"，反之则有可能成为"圈外人"。这一研究结果对于 LMX 的研究也具有启示意义。

（三）关系运作的制度强化

最后，本研究通过跨层次的研究设计，搜集不同层面（个体与群体）的变量数据，运用多层线性模型（HLM）的统计方法，检验了群体的关系导向人力资源管理对下属与主管的关系交换行为的调节作用。但结果发现关系导向人力资源管理的调节效应并不显著，本研究的假设没有得到验证。究其原因，可能有以下方面：其一，关系导向人力资源管理构念反映的是群体或组织中的人力资源管理决策依"私人关系"而论的程度，但由其测量项目可知，其中的各项人力资源管理决策更多地反映工具性资源分配，比如工作任务安排、奖金分配、薪水、晋升、考核、培训机会等，没有涉及情感性资源分配。换言之，关系导向人力资源管理的概念内涵存在局限性。其二，本研究定位于群体层次，但所属的组织样本仅 8 家企业，由于群体内又进行主管—下属的二元对偶设计，难度较大，最后仅筛选出 54 个有效群体，即群体与组织样本偏少，变异不大，今后的研究可适当增加组织或群体样本量。其三，由于中国企业组织中的各项决策权力更多地集中于中高层（Wang 和Heller，1993），而研究设计的难度，本研究的群体样本大部分为中层，也包含部分基层，部门主管能对其拥有的组织资源（主要是工具性资源）进行有效分配的职权有限，导致关系导向人力资源管理的调节效应在中层与基层工作群体中难以展现，因此本研究的启示，今后有必要对更多国有企业和民营企业的高层群体进行探究。不过，本研究通过相关分析发现，关系导向人力资源管理与主管情感性资源回报（r = –0.24，p < 0.01）、LMX（r = –0.18，p < 0.01）均显著地负相关，这说明注重私人关系的人力资源决策可能会抑制上下级之间的情感性交换，并削弱上下级之间正式的工作关系质量，不过其原因和机制也

还需进一步地探究。

(四) 贡献与局限

从理论贡献上来看，本研究基于社会交换的理论视角，以"下属关系投入——主管资源回报"的概念架构来展现组织中主管与下属的关系互动实质，将组织中关系的研究引向关系运作的层面，并在模型之中同时纳入工具性资源回报与情感性资源回报，拓展了主管——下属关系的研究空间，探究了主管——下属关系的运作效能与机制，验证了 LMX 的中介作用，对组织管理实践具有深刻的启示意义。

由于本研究属于横向研究设计，因此难以确证下属关系投入与主管资源回报之间的因果关系，并且在跨层次的研究中，也难于搜集到较大的群体样本。此外，本研究虽然采取主管——下属的对偶设计，试图克服共同方法变异的影响，但可能仍然无法有效解决测量的敏感性和社会称许性问题。未来还需要进一步探究主管与下属的不同方面的关系互动与交换及其效果差异，并考量对其他员工以及群体或组织可能产生的影响，包括积极的、消极的影响。

五、结 论

本研究表明，尽管下属对主管的私人关系投入行为发生在组织规定的主管与下属工作交往范畴之外，但却能发展出一种带有特殊性、私人情谊的关系连带，不仅为下属获取主管的各种正式的和非正式的资源回报 (工具性资源回报、情感性资源回报) 带来积极影响，还能在组织制度的范畴之内发挥作用，即通过促进和提升作为正式的工作关系的领导——成员交换关系质量 (LMX)，来间接地获取主管的各类工具性与情感性的资源回报。最后，本研究也发现工作群体的人力资源管理决策特征 (如关系导向人力资源管理) 在一定程度也能制约主管与下属之间的关系互动与关系质量，但其影响机制与效果还需进一步地研究。

参考文献：

［1］Blau，P. M. Exchange and power in social life ［M］. New York：Wiley，1964.

［2］Chan，D. Functional relations among constructs in the same content domain at different levels of analysis：a typology of composition models ［J］. Journal of Applied Psychology，1998 (83)：234–246.

［3］Chen，C.，Chen，Y.，& Xin，K. Guanxi practices and trust in management：a procedural justice perspective. Organization Science，2004 (15)：200–209.

［4］Chen，N. Y.–f.，& Tjosvold，D. Guanxi and leader member relationships between American managers and Chinese employees：open–minded dialogue as mediator ［J］. Asia Pacific Journal of Management，2007 (24)：171–189.

［5］Chen, Y., Friedman, R., Yu, E., & Sun, F. Examining the positive and negative effects of Guanxi: a multi-level analysis of Guanxi and procedural justice ［J］. Paper presented at Meeting of 3th International Association for Chinese Management Research, Guangzhou, 2008.

［6］Chou, L. F. Guanxi and social network in Chinese organization ［J］. Indigenous Psychological Research in Chinese Societies, 2002 (18): 175-228.

［7］周丽芳. 华人组织中的关系与社会网络 ［J］. 本土心理学研究, 2002 (18): 175-228.

［8］Deluga, R. J. Supervisor trust building, leader-member exchange and organizational citizenship behavior ［J］. Journal of occupational and Organizational Psychology, 1994 (67): 315-327.

［9］Dixon, M. A., & Cunningham, G. B. Data aggregation in multilevel analysis: a review of conceptual and statistical issues ［J］. Measurement in Physical Education and Exercise Science, 2006 (10): 85-107.

［10］Farh, J. L., Tsui, A. S., Xin, K., & Cheng, B. S. The influence of relational demography and guanxi: the Chinese case ［J］. Organization Science, 1998 (9): 471-487.

［11］Foa, E. B., & Foa, U. G. Resource theory of social exchange In K. J. Gergen, M. S. R. Greenberg, & H. Willis (Eds.) ［M］. Social exchange: advances in theory and research New York, Plenum, 1980.

［12］Friedman, R., Chi, S., & Liu, L. A. An expectancy model of Chinese-american differences in conflict avoiding ［J］. Journal of International Business Studies, 2006 (37): 76-91.

［13］Graen, G. B., & Uhl-Bien, M. Relationship-based approach to leadership: Development of leader-member exchange (LMX) theory of leadership over 25 years: applying a multi-level multi-domain perspective ［J］. Leadership Quarterly, 1995 (6): 219-247.

［14］Hsu, W., & Wang, An. Downsides of guanxi practices in Chinese organizations ［M］. Paper presented at 68th Academy of Management meeting, Philadelphia, 2007.

［15］Hui, C., & Graen, G. Guanxi and professional leadership in contemporary Sino-american joint ventures in mainland China ［J］. Leadership Quarterly, 1997 (8): 451-465.

［16］Hwang, K. K. Face and favor: the Chinese power game ［J］. American Journal of Sociology, 1987 (92): 944-974.

［17］James, L. R. Aggregation bias in estimates of perceptual agreement ［J］. Journal of Applied Psychology, 1982 (67): 219-229.

［18］King, Y. C. The individual and group in Confucianism: a relational perspective. In D. J. Munro (Ed.), Individualism and holism: studies in Confucian and Taoist values ［M］. Ann Arbor, MI: Center for Chinese Studies, University of Michigan, 1985.

［19］Klein, K. J., Bliese, P. D., Kozlowski, S. W. J., Dansereau, F., Gavin, M. B., Griffin, M. A., et al. Multilevel analytical techniques. In K. J. Klein, & W. J. Kozlowski (Eds.), Multilevel theory, research, and methods in organizations: foundations, extensions, and new directions ［M］. San Francisco: Jossey-Bass, 2000.

［20］Law, K. S., Wong, C. S., Wang, D. X., & Wang, L. H. Effect of supervisor-subordinate Guanxi on supervisory decisions in China: An empirical investigation ［J］. International Journal of Human Resource Management, 2000 (11): 751-765.

［21］Liden, R. C., & Maslyn, J. M. Multidimensionality of leader-member exchange: an empirical assessment through scale development ［J］. Journal of Management, 1998 (24): 43-72.

［22］Lin, N. Social capital: a theory of social structure and action ［M］. Cambridge: Cambridge University Press, 2001.

[23] Liu, J., Song, J. W., & Wu, L. Z. Antecedents of employee career development: an examination of politics and Guanxi [J]. Acta Psychologica Sinica, 2008 (40): 201-209.

[24] 刘军，宋继文，吴隆增. 政治与关系视角的员工职业发展影响因素探讨 [J]. 心理学报，2008 (40)：201-209.

[25] Lovett, S., Simmons, L. C., & Kali, R. Guanxi versus the market: ethics and efficiency [J]. Journal of International Business Studies, 1999 (30): 231-248.

[26] Millington, A., Eberhardt, M., & Wilkinson, B. Gift giving, Guanxi and illicit payments in buyer-supplier relationships in China: analyzing the experience of UK companies [J]. Journal of Business Ethics, 2005 (57): 255-268.

[27] Schriesheim, C., Castro, S., & Coglister, C. Leader-member exchange (LMX) research: a comprehensive review of theory, measurement, and data-analytic praticices [J]. Leadership Quartly, 1998 (10): 63-113.

[28] Tsui, A. S., & Farh, J. L. Where Guanxi matters: relational demography and Guanxi in the Chinese context [J]. Work and Occupations, 1997 (24): 56-79.

[29] Tsui, A. S., Farh, J. L., & Xin, K. Guanxi in the Chinese context. In J. T. Li, A. S. Tsui, & E. Weldon (Eds.), Management and organizations in the Chinese context [J]. London: MacMillan, 2000.

[30] Wang, Z. M., & Heller, F. A. Patterns of power distribution in managerial decision making in Chinese and British industrial organizations [J]. International Journal of Human Resource Management, 1993 (4): 113-128.

[31] Wang, Z. J., & Long, L. R. Mechanism of social capital on Chinese employees' career success [J]. Management Review, 2009 (21): 30-39.

[32] 王忠军，龙立荣. 员工的职业成功：社会资本的影响机制与解释效力 [J]. 管理评论，2009 (21)：30-39.

[33] Wakabayashi, M. Japanese management progress: mobility into middle management [J]. Journal of Applied Psychology, 1988 (73): 217-227.

[34] Warner, M. Human resource management "with Chinese characteristics" [J]. International Journal of Human Resource Management, 1993 (4): 45-65.

[35] Williams, L. J., & Anderson, S. E. Job satisfaction and organizational commitment as predictors of organizational citizenship and in-role behaviors [J]. Journal of Management, 1991 (17): 601-618.

[36] Wong, C., Tinsley, C., Law, K., & Mobley, W. H. Development and validation of a multidimensional measure of Guanxi [J]. Journal of Psychology Chinese Societies, 2003 (4): 43-69.

[37] Xin, K. R., & Pearce, J. L. Guanxi: connections as substitutes for structural support [J]. Academy of Management Journal, 1996 (36): 1641-1658.

[38] Xin, K. R., Farh, J. L., Cheng, B. S., & Tsui, A. S. Guanxi in vertical dyads: evidence from Taiwan and the PRC [J]. Paper presented at the research conference Management and Organization in the Chinese Context. Hong Kong University of Science and Technology, Hong Kong, 1998.

[39] Yang, M. M. The resilience of Guanxi and its new deployments: a critique of some new Guanxi scholarship [J]. The China Quarterly, 2002 (170): 459-476.

[40] Yang, K. S. Chinese personality and its changes. In M. H. Bond (Ed.), The Psychology of the Chi-

nese People [M]. Hong Kong: Oxford University Press, 1986.

[41] Zhang, Z. X., & Yang, C. F. Beyond distributive justice: the reasonableness norm in Chinese reward allocation [J]. Asian Journal of Social Psychology, 1998 (1): 253–269.

[42] Zhou, J., & Martocchio, J. J. Chinese and American managers' compensation award decisions: a comparative policy–capturing study [J]. Personnel Psychology, 2001 (54): 115–145.

Operation Mechanism and Effects of Supervisor– Subordinate Guanxi in Chinese Organizations

Wang ZhongJun, Long LiRong, Liu LiDan

Abstract: Different from western society, Chinese employees attached much importance to developing good personal relationship with their leaders. So, the concept of "guanxi" and "guanxi management" were the most important aspects in Chinese management. In perspective of social exchange theory, this study enriched the concept of supervisor–subordinate guanxi, developed a social exchange model of supervisor–subordinate guanxi, and then investigated the mechanism of supervisor–subordinate guanxi operation and its effects on subordinate in Chinese organizations.

By using questionnaire survey, the exploratory factor analysis (EFA) for data of 211 employees and confirmatory factor analysis (CFA) for data of 426 employees were implemented. The results showed that subordinate's guanxi input had only one dimension, and supervisor's resources output had two dimensions, including instrumental resources output and affective resources output. The study also showed that the subordinate guanxi input and supervisor resources output questionnaires had good reliability and high validity.

By using questionnaire, Data was from a total of 426 matched supervisor–subordinate dyads in 54 work groups from different organizations. Hierarchical liner modeling (HLM) analysis was implemented. the results showed that after controlling task performance, subordinate's guanxi input had a positive effect on supervisor's instrumental resources output and affective resources output. Subordinate's guanxi input had a positive effect on leader–member exchange (LMX). The results also indicated that LMX partially mediated the relationship between subordinate's guanxi input and supervisor's resources output. Although our hypothesis that guanxi-based human resources management practice in work group had a positive moderating effect on the relationship between subordinate's guanxi input and supervisor's resources output was not tested, the results indicated that guanxi–based human resources management practices of work group were significantly relative to supervisor's affective resources output and LMX.

The present study contributes to our understanding of the private guanxi operation behavior happened outside of work and its mechanism involved between supervisor and subordinate, as well as LMX in Chinese organizations. The results of this study will be of benefit to the guanxi management practices in organizations. Finally, the limitations in this study were discussed, and the future directions were also presented.

Key words: supervisor–subordinate guanxi; guanxi input; resources output; leader–member exchange (LMX); guanxi–based human resources management practice

工作场所偏离行为的研究发展回顾及展望 *

张燕　陈维政

【摘　要】工作场所偏离行为是企业普遍存在的亟待解决的问题，但国内的学术界对此议题的研究相对匮乏。该文献整理了工作场所偏离行为研究的发展的三个阶段：早期零散研究阶段、起步阶段和发展阶段，借以加深学术界对这一组织行为学新兴的研究议题的理解和重视。

【关键词】工作场所偏离行为　反生产性工作行为　工作场所侵犯行为

一、引言

工作场所偏离行为（Workplace Deviance Behavior，WDB)[①]指组织成员自发性的行为，而此行为违反了组织的规范、政策或制度，并且威胁到组织或组织内部成员的福利，具体表现为：怠工、偷窃、贪污、迟到、对同事的辱骂、诽谤、散布谣言、性骚扰、盗窃公司资产等。近年来，许多学者开始意识到工作场所偏离行为的普遍性和严重危害。根据研究调查发现，有超过三分之二的员工曾经牵涉到企业内的偷窃行为；33%~75%的员工曾经有过偷窃、欺骗、破坏公物、盗用公款或故意旷工等行为；每年有150万的美国工人会成为工作场所暴力行为的牺牲品。美国的统计资料显示，每年在工作场所中，由于员工偏离行为所带来的损失达6亿~200亿美元，其中欺诈行为导致企业的成本损失平均占美国商业企业年收益的6%。尽管工作场所偏离行为在企业中普遍存在，企业管理领域对这一议题的系统研究却十分缺乏。鉴于此，本研究希望通过对工作场所偏离行为研究的发展过程探讨，来加深学术界对这一组织行为学新兴的研究议题的理解和重视。

* 本文选自《管理评论》2011年第6期。

基金项目：国家自然科学基金项目（70972107）。

作者简介：张燕，四川师范大学旅游学院副教授，博士研究生；陈维政，四川大学工商管理学院教授，博士生导师，加拿大多伦多大学MBA。

① 国内学者刘善仕（2002；2004）、凌文辁（2004；2006）等将其译为"工作场所越轨行为"。

事实上，工作场所偏离行为并不是一个最近才提及的话题，早在 19 世纪末和 20 世纪初，泰勒就探讨了工作实践中的怠工行为。[①] 经过一个多世纪的发展，工作场所偏离行为的研究在组织行为学领域取得了一定成效，并展示出巨大的研究潜力。本文通过大量的文献整理和回顾将工作场所偏离行为研究的发展过程归纳为三个阶段。

二、早期零散研究阶段（20 世纪 50 年代~70 年代）

这一时期工作场所偏离行为的研究主要分散在其他的学科领域（社会学、心理学等），并没得到组织行为学领域的学者的重视，研究主要探讨的是工作场所偏离行为的一些具体形式，缺乏系统性的研究。

Rousseau 采用了内容分析方法，对 1979~1995 年的 Annual Review of Psychology 的文献进行了分析。研究结果表明，在组织行为学的研究中，主要探讨的问题是绩效（主要是绩效评估）、激励（目标和报酬）和员工对工作的反应（满意感、忠诚感和工作压力等），而对组织生活中的"黑暗面"——工作场所偏离行为的研究却非常匮乏。虽然在组织行为学中较不被重视，工作场所偏离行为在其他学科中却得到了广泛的关注。早期的工作场所偏离行为研究主要集中在工业社会学、职业心理学、犯罪学和组织人类学等学科中，比较受关注的议题有：挪用公款、虚报账目、员工偷窃（主要指员工轻微的偷窃行为）、蓄意破坏（故意损坏机器、原材料）等。由于这些工作场所偏离行为给企业带来的破坏性极大、成本高昂，同时在管理追踪方面较为容易，因而这些行为得到了较多的重视。另外，在 20 世纪五六十年代，受实践领域中管理者对生产效率关注增强的影响，故意减少产出、偷懒、迟到和早退等这些工作场所偏离行为也受到了学术界的关注。

这一时期产生了大量的工作场所偏离行为的研究文献，但遗憾的是这些研究主要探讨的是工作场所偏离行为的具体形式，缺乏系统性。唯一例外的是由社会学家和犯罪学家 Sutherland 所提出的"白领犯罪"的研究。Sutherland 将"白领犯罪"定义为"由在工作中受尊敬的、有较高社会地位的人所犯下的罪行"。后来的学者对"白领犯罪"定义进行了延伸。今天这个术语被普遍用来指代组织中各个层级的员工所做出的与工作相关的非法活动。"白领犯罪"的研究把组织中的各种非法的活动进行了整合，综合分析这些行为产生的共同原因和引发的后果。尽管这一理论不能全面地概括工作场所偏离行为并且存在一些不可避免的研究缺陷，但"白领犯罪"的研究为工作场所偏离行为的研究提供了重要的借鉴。

---

① 泰勒将其称为 "soldiering" 和 "goldbricking" 行为，意指有意放慢工作速度导致无法全额完成工作。泰勒认为，多数情况下员工并没有发挥状态尽可能多地工作，而是有意在雇主所能接受的范围内尽可能少地工作，其所完成的工作比自己能够完成的工作少很多，在多数情况下还不及正常工作量的 1/3 到 1/2。事实上，如果他竭尽全力达到他的最大日生产量，他将遭到其他同伴的指责。

三、起步阶段（20世纪70年代中期~90年代中期）

早期的心理学和社会学学者对工作场所偏离行为的研究主要侧重于某些具体形式的员工负面行为的探讨，如偷窃、挪用公款、迟到和旷工、消极怠工、蓄意破坏、人身攻击、滥用药品和酒精等。在这些研究过程中，许多学者发现员工所表现出来的不同的偏离行为之间存在着密切的关系，将这些行为整合起来研究更有利于研究的拓展。同时，许多研究也表明，将工作场所偏离行为结合成一个整体来进行研究时，变量之间的关系更为显著。例如，在探讨工作场所偏离行为与工作满意感之间的关系时，Hollinger 等发现，在零售业、医院和制造业的样本中，员工偷窃与工作满意感之间没有显著关系（相关系数为 0.06~0.11），然而将员工盗窃、蓄意破坏、旷工等偏离行为作为一个整体的变量来研究时，工作场所偏离行为和工作满意感之间的关系是显著的（相关系数为 0.19~0.23）。受此启发，从 20 世纪 80 年代初期开始，许多学者开始尝试了工作场所偏离行为的整合研究。

许多学者努力地尝试对工作场所偏离行为进行系统研究。例如，Mangione 等对工作场所偏离行为进行了分类，将其区分为：①反生产性工作行为（counterproductive work behavior），指故意破坏雇主财产的行为；②不尽力行为（doing little），指故意降低生产质量和减少产量的行为（类似于泰勒 100 年前怠工行为的定义）。在这些研究中，最具影响的研究当属 Hollinger 等的研究。他们认为工作场所偏离行为是组织行为学中一个非常重要但又极少有人探索的领域。Hollinger 等将工作场所偏离行为定义为，在工作场所中发生的员工（尤其是处于弱势地位的员工）故意的伤害组织的行为。工作场所偏离行为可分为两类：生产性偏离行为和财产性偏离行为。生产性偏离行为指违反可以接受的生产水平准则的行为，包括身体退缩（physical withdrawal）（如离职、缺席和迟到）、心理退缩（如在工作中酗酒和滥用药品、做白日梦）和各种形式的组织破坏活动（如怠工）。财产性偏离行为指未经允许而获取或破坏组织的财产和产品的行为，这种行为包括偷窃、破坏公物、浪费资源等。Hollinger 等关于工作场所偏离行为的分类对后续的研究具有重大指导意义，许多学者对工作场所偏离行为的分类多借鉴于此项研究。除此之外，Hollinger 等还对工作场所偏离行为的影响因素和社会影响进行了实证研究。他们认为：工作场所偏离行为更可能在那些年轻的、新进的、社会地位较低的和兼职的员工中发生；对组织行为与人力资源管理惩罚可能性的感知、工资公平性感知等会影响工作场所偏离行为的发生率；工作场所偏离行为会对组织成员带来社会和心理上的严重影响。

得益于 Hollinger 等的贡献，工作场所偏离行为的研究取得了较大进展，研究方式从原来的分散的、具体形式的探讨过渡到了系统的、整合的研究。工作场所偏离行为的研究在组织行为学领域的重要性日益显现，为后继的研究提供了深厚理论基础。尽管如此，但在这个时期内，工作场所偏离行为的研究在组织行为学中仍处于边缘地带，所受的关注程度仍然有限。

四、发展阶段（20世纪90年代中期至今）

20世纪90年代中期开始，工作场所偏离行为的研究进入了飞速发展时期，产生了大量的研究成果，学者们对工作场所偏离行为的概念、维度和影响因素进行了全面的探讨，尤其是工作场所偏离行为的实证研究更取得了突破性的进展。

（一）工作场所偏离行为的概念日益成熟

由于跨学科特性，工作场所偏离行为的研究出现了"百家争鸣"的局面，不同的研究者从不同的角度对工作场所偏离行为进行了诠释，Robinson 等总结了七类与工作场所偏离行为类似的概念：①反社会行为（antisocial behavior）：组织内成员故意或实质上伤害组织、成员和其他利益相关者的行为；②组织引起的攻击行为（organization-motivated aggression）：由某些组织因素所引发的组织内或组织外成员展现出的意图毁谤或伤害的行为；③员工不道德行为（employee vice）：员工对组织或其成员展现出的背叛其信任的行为；④员工不良行为（employee misbehavior）：组织内成员有意图的去违反组织或社会规范的一种行为；⑤工作场所侵犯行为（workplace aggression）：个人企图去伤害组织或其成员的任何一种行为；⑥报复组织行为（organizational retaliation behavior）：知觉到不公平的员工对组织所反应出的报复行为；⑦不顺从行为（non-compliant behavior）：非工作上的行为却对组织造成伤害。同时，Robinson 等从五个方面对这八个概念进行了对比，见表1。

表1　偏离行为相关概念的区别

	行为的主体	行为的意图性	行为的目标	行为的判定	行为的结果
工作场所偏离行为	组织内的成员	故意的行为	组织和个人	规则的违反	有害层面
反社会行为	组织内的成员	故意的行为	组织和个人	行为的后果	有害层面
组织引起的攻击行为	组织内或组织外的成员	故意的行为	组织和个人	行为的后果	有害层面
员工不道德行为	组织内的成员	故意的或无意识的行为	组织和个人	规则的违反	有害层面和有益层面
组织的不良行为	组织内的成员	故意的行为	组织	规则的违反	有害层面和有益层面
工作场所侵犯行为	组织内或组织外的成员	故意的行为	组织和个人（包括目前和先前的同事）	行为的后果	有害层面
组织报复行为	组织内的成员	故意的行为	组织和个人	行为的后果	有害层面
不顺从行为	组织内的成员	故意的行为	组织	行为的后果	有害层面

资料来源：根据 Robinson 和 Greenberg 的研究整理而来。

通过对比分析，Robinson 等对工作场所偏离行为给出了一个全面的定义，即组织成员自发性的行为，而此行为违反了组织的规范、政策或制度，并且威胁到组织或组织内部成员的福利。工作场所偏离行为具有四个特点：①工作场所偏离行为主要探讨的是企业内部成员的行为，不包括已离职的员工和其他利益相关者；②工作场所偏离行为是员工有意识采取的，即故意的、自主决定的行为；偶发的事故或不可抗力所导致的行为应排除在外；③工作场所偏离行为的判定标准是以规则的违反为依据，这个规则主要指组织正式的规范、制度、政策或程序；④工作场所偏离行为主要指员工对组织及其成员有害的行为，既包括小到从雇主、顾客手中获取私利的撒谎、请病假、早退、揩油等轻微行为，也包括大到偷税避税、破坏、偷窃、欺诈等严重行为。

值得注意的是，除了上述提及的七种行为外，还有一些与工作场所偏离行为相关概念存在，如反生产性工作行为（counterproductive work behavior）、退缩行为（withdrawl behavior）、反功能行为（disfunctional behavior）。从研究文献来看，反生产性工作行为这一术语在管理学领域使用频率较高。狭义的反生产性工作行为指的是员工蓄意或企图对组织造成伤害的行为，很明显它是针对组织的。经过 Spector 等多年的努力，反生产性工作行为的含义得到了扩展，广义的反生产性工作行为指员工故意或实质伤害组织或其成员的行为。从这个定义可以看出，包括 Spector 本人也承认，反生产性工作行为与工作场所偏离行为是指同一个概念。Spector 等认为，使用"反生产性工作行为"这一术语比工作场所偏离行为更具有管理学"色彩"，因而更值得推广。但本研究认为，出于对前人研究贡献的尊重和保持学术语言的一致性，继续沿用"工作场所偏离行为"一词比较恰当。

通过以上分析，本研究认为上述的概念在本质上并没有显著的差异，在研究中可以相互借鉴。这些概念表达上的差异一方面反映了工作场所偏离行为研究视角的多样化，有助于我们全方位地去理解工作场所偏离行为；另一方面也反映出工作场所偏离行为受到学术界的广泛关注程度。

（二）工作场所偏离行为的分类

许多学者对于工作场所偏离行为的分类进行了探讨。Hollinger 等将工作场所偏离行为分为两类：生产性偏离行为和财产性偏离行为。Robinson 等在此基础上扩展了工作场所偏离行为的操作化定义，采用多维尺度分析（multidimensional scaling）方法，依据两个维度：严重/轻微、组织指向/人际指向，将员工工作场所偏离行为分为四种类型，具体见图1。Robinson 等在后来的实证研究中认识到"严重/轻微"的区分维度并不能有效地区分工作场所偏离行为，将工作场所偏离行为分为组织偏离行为和人际偏离行为两个因子更为恰当。后来学者的研究进一步支持了这一观点。近期的研究，如 Cullen 等将工作场所偏离行为分为自发型（initiated）和反应型（reactive）的偏离行为，他们认为偏离行为的动机可能来自于个人自发地"满足某些需要或动机（如娱乐、贪婪、寻求刺激或引起关注）"，也可能是"作为某些实际的或感知到的组织事件的反应（如报复、发泄或逃避）"。Spector 等根据工作场所偏离行为的形式将其划分为五个维度：蓄意破坏、生产性偏离、偷窃、退缩

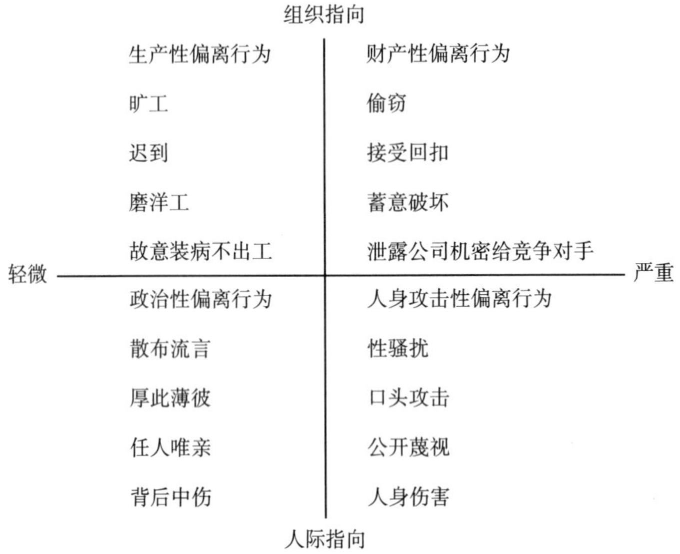

图 1　Robinson 和 Bennett 关于员工工作场所偏离行为的分类

行为和攻击他人。

以上分类都从不同的视角加深了对工作场所偏离行为的理解，目前在研究中应用得最为广泛的是 Robinson 等的分类标准。

（三）大规模实证研究涌现

随着工作场所偏离行为概念的明晰，实证研究在管理领域开始涌现。从研究方法来看，大多数工作场所偏离行为的实证研究以问卷调查法的方式进行，研究所使用的量表主要采用 Bennett 等开发的量表。他们根据工作场所偏离行为的指向不同，将其分为组织指向偏离行为和人际指向偏离行为两个维度，其中组织指向的偏离行为包括 12 个题项，人际指向的偏离行为包括 7 个题项，如表 2 所示。

表 2　工作场所偏离行为测量量表

人际指向的偏离行为	组织指向的偏离行为
在工作时取笑公司内其他人	上班时间做自己的私事
在工作时背后中伤公司内其他人	未经许可就拿走公司财产
在工作时带有宗教或种族歧视	传播公司和主管的流言
在工作时辱骂公司内其他人	在上班时未经允许地迟到、早退
在工作时对公司内的其他人做出粗鲁的行为	把工作环境弄得脏乱
在工作时公然使他人难堪	更改收据、虚假报账
在工作时说下流的话语	故意装作没听见或公然不听从主管的指示
	工作不尽力
	在工作时心不在焉

续表

人际指向的偏离行为	组织指向的偏离行为
	泄露公司机密
	拖延工作时间以获得加班费
	在工作时喝酒或使用非法药物

资料来源：Robinson & Bennett。

关于工作场所偏离行为的预测因子，许多学者进行了深入的探讨，主要包括个人变量、组织变量、工作变量和社会环境变量四个方面，本研究将已进行的工作场所偏离行为预测因子的研究归纳如表 3 所示。

表 3　工作场所偏离行为的预测因子

个人因素：

　个性特征（如责任意识、冲动性、消极情绪、诚信）（Skarlicki 和 Folger，1999；Douglas 和 Martinko，2001；Henle，2005；Ronald 和 Michael，2006）

　人口统计特征（如年龄、性别、婚姻状况、受教育水平）（Appelbaum，2005）

　个人内在认知评估因素（如工作满意感、工作压力、感情衰竭、组织公平感）（Aquino 等，1999；Bennett 和 Robinson，2000；Henle，2005；Mount 等，2006；Ones 等，2007；张燕，2008）

组织因素：

　组织物质条件（如温度、光线、空气品质、噪声、拥挤度）（Anderson，1996）

　企业文化（如惩罚的严厉性、组织道德气候）（Peterson，2002；Henle，Giacalone 和 Jurkiewicz，2005；Appelbaum 和 Shapiro，2006）

　组织结构（Nelson-Horchler，1991）

　组织变革（如裁员、缩减预算）（Appelbaum 和 Shapiro，2006）

工作因素：

　工作特征（如工作自主性、人职匹配）（Mulki 等，2005；Diefendorff 等，2007）

　主管（如领导风格、领导权力滥用）（Neuman 和 Baron，1998）

社会环境因素：

　技术进步（Dryer 和 Horowitz，1997）

　劳动力队伍的多元化（Dryer 和 Horowitz，1997）

　惯常行为（NYCOSH，1995）

尽管学术界对工作场所偏离行为的预测因子进行了广泛的探讨，但从现有的研究来看，工作场所偏离行为的理论还不够成熟，研究比较侧重于对个性特征和组织公平感的影响，对企业内部管理的因素相对考虑较少。因此，本研究认为对工作场所偏离行为组织层面和工作层面的预测因子的探讨应该是企业管理和组织行为学的研究者未来努力的方向之一。

（四）研究展望

20 世纪 90 年代中期至今，工作场所偏离行为的研究得到了快速的增长，也逐渐成为组织行为学的研究主流之一。整体而言，西方学者对工作场所偏离行为的研究所取得的丰硕成果是值得国内学者借鉴和利用的，然而就研究本身而言，仍然有很多亟待完善和深入探讨的地方。

1. 工作场所偏离行为的动态研究

现有的研究将工作场所偏离行为视为一个静止不变的概念，忽视了工作场所偏离行为在形式上的转变或整体的演化过程。已有研究表明工作场所偏离行为并不是一成不变的，在很多情形下，极小或极轻微的工作场所偏离行为会逐步演化成严重的工作场所偏离行为。同时，工作场所中偏离行为常常具有"传染性"，一个员工的偏离行为可能引致其他员工甚至整个企业所有员工的偏离行为。因此，为了有效地控制工作场所偏离行为，对工作场所偏离行为的演化形式和规律进行研究是十分必要的。

2. 工作场所偏离行为的控制机制研究

尽管有许多学者提出了工作场所偏离行为的控制手段和方法，如企业文化建设、建立组织内部信任机制，但遗憾的是没有学者对这些手段和方法的作用效果和过程进行实证检验和深入的分析。以组织奖惩制度为例，这是实践中管理人员控制工作场所偏离行为的惯常方式，这种方式是否真正有效？这种方式是否对工作场所偏离行为只具有短期的抑制作用？这种方式对被惩罚者和其他的旁观者的社会心理会有什么样的影响？这些问题都很少有学者进行过深入探讨，澄清这些问题，将有助于企业在实践管理中找到更合适的控制方法。

3. 中国背景下的工作场所偏离行为研究

人类的行为既有共性，也有文化差异性。在西方文化背景下得出工作场所偏离行为的研究结论不一定完全适用于中国文化。中国的传统文化中"讲人情、重关系"、"以和为贵"、"遇事忍耐、消极避世"这些思想对工作场所偏离行为是否有缓解作用？这些思想是否会影响管理层对工作场所偏离行为采取消极回避态度？这也是非常值得探讨的问题。

4. 研究方法的完善

工作场所偏离行为的研究所面临的最大挑战在于研究方法上，早期的研究大多采用质化研究方法，后来的研究很大一部分沿用了组织行为学的基本研究方式——问卷调查法。作为敏感性问题的调查，采用自我报告工作场所偏离行为的做法受到社会称许性（social desirability）影响很大，人们一般不愿意报告自己从事过较多的工作场所偏离行为。避免社会称许性的方法总体来说可以分为调查前预防和调查后控制两大类：社会称许性的调查前预防主要包括恳请回答者诚实应答、承诺保密、保全面子法、内隐测量（投射法、间接问卷法）、匿名法、计算机化施测、推理法、降低回答情境的压力（包括减少外界干扰、营造安详气氛的环境）等方法。社会称许性的调查后控制可以使用社会称许性量表来筛选出不合格的作答或以测谎量表的分数来回归问卷答案，也可应用统计的方法，如因素分析法（分析转轴后的因素）、共变法（以共变数分析剔除社会称许反应）等。同其他组织行为研究一样，工作场所偏离行为的问卷调查法也会存在共同方法偏差（common method variance）问题。如何避免共同方法偏差问题？这是研究者在未来需要克服的困难。本研究认为可以采用的策略有：从不同来源测量工作场所偏离行为的变量；对测量进行时间上、空间上、心理上、方法上的分离；保护回答者的匿名性；减小对测量目的的猜度；改进量表项目等。同时，在工作场所偏离行为研究中结合多种研究方法，如案例研究、情境模拟实验法、个别访谈法等。

参考文献：

［1］Robinson, S. L., Bennett, R. J. A Typology of Deviant Workplace Behaviors: A Multdimensiona ［J］. Academy of Management Journal, 1995, 38（2）: 555-573.

［2］Robinson, S. L., Greenberg, J. Employees Behaving Badly: Dimensions, Determinants, and Dilemmas in the Study of Workplace Deviance ［M］. //C. L. Cooper, D. M. Rousseau. Trends in Organizational Behavior. New York: Wiley, 1998.

［3］Murphy, K. R. Honesty in the Workplace ［M］. Belmont: Brooks & Cole, 1993.

［4］Rousseau, D. M. Organizational Behavior in the New Organizational Era ［M］. //J. T. Spence, J. M. Darley, D. J. Foss. Annual Review of Psychology. Palo Alto, CA: Annual Reviews, 1997.

［5］Hollinger, R., Clark, J. Employee Deviance: A Response to the Perceived Quality of the Work Experience ［J］. Work and Occupations, 1982, 9（1）: 97-114.

［6］Shapiro, S. Collaring the Crime, Not the Criminal: Reconsidering the Concept of White-collar Crime' American ［J］. Sociological Review, 1990, 55（6）: 346-365.

［7］Greenberg, J., Scott, K. S. Why do Workers Bite the Hands That Feed Them? Employee Theft as a Social Exchange Process ［M］. //B. M. Staw, L. L. Cummings. Research in Organizational Behavior. Greenwich, CT: JAI Press, 1996.

［8］Rusbult, C. E., Zembrotd, I. M., Gunn, L. K. Exit, Voice, Loyalty and Neglect: Responses to Dissatisfaction in Romantic Involvements ［J］. Journal of Personality and Social Psychology, 1982, 43（6）: 1230-1242.

［9］Hollinger, R. C., Clark, J. P. Theft by Employees ［M］. Lexington, MA: Lexington Books, 1983.

［10］凌文辁, 方俐洛. 心理与行为测量 ［M］. 北京: 机械工业出版社, 2003.

［11］Fox, S., Spector, P. E., Miles, D. Counterproductive Work Behavior（CWB）in Response to Job Stressors and Organizational Justice: Some Mediator and Moderator Tests for Autonomy and Emotions ［J］. Journal of Vocational Behavior, 2001, 59（3）: 291-309.

［12］Spector, P. E., Fox, S., Penney, L. M., et al. The Dimensionality of Counterproductivity: Are All Counterproductive Behaviors Created Equal? ［J］. Journal of Vocational Behavior, 2006, 68（3）: 446-458.

［13］Robinson, S. L., Bennett, R. J. Development of a Measure of Workplace Deviance ［J］. Journal of Applied Psychology, 2000, 85（2）: 349-360.

［14］Dunlop, P. D., Lee, K. Workplace Deviance, Organizational Citizenship Behavior, and Business Unit Performance: The Bad Apples Do Spoil the Whole Barrel ［J］. Journal of Organizational Behavior, 2004, 25（2）: 67-80.

［15］Judge, T. A., Scott, B. A., Ilies, R. Hostility, Job Attitudes, and Workplace Deviance: Test of a Multilevel Model ［J］. Journal of Applied Psychology, 2006, 91（5）: 126-138.

［16］Cullen, M. J., Sackett, P. R. Personality and Counterproductive Work Behavior ［M］. //M. Barrick, A. M. Ryan. Personality and Work. San Francisco: Jossey-Bass, 2003.

[17] Neuman, J. H., Baron, R. A. Workplace Violence and Workplace Aggression: Evidence Concerning Specific Forms, Potential Cause, and Preferred Targets [J]. Journal of Management, 1998, 24 (3): 391–419.

[18] Pearson, C., Andersson, L., Wegner, J. When Workers Flout Convention: A Study of Workplace Incivility [J]. Human Relations, 2001, 54 (11): 1387–1419.

[19] 刘善仕. 企业员工越轨行为的组织控制策略研究 [J]. 华南师范大学学报 (社会科学版), 2004, 30 (6): 135–138.

[20] 张燕, 陈维政. 员工工作场所偏离行为的形成原因和控制策略 [J]. 经济管理, 2008 (11): 71–73.

A Review of Workplace Deviance Researches

Zhang Yan, Chen Weizheng

Abstract: Employee workplace deviance is a general problem in organizations. Over the past decades, there has been an increase of attention to workplace deviance. This paper analyses three stages of workplace deviance research, provides an overview of the relevant theoretical and empirical literature, and points out directions for future researches.

Key words: workplace deviance; counterproductive work behavior; workplace aggression

领导—成员交换、中介作用与员工沉默行为*
——组织信任风险回避的调节效应

周路路　张戌凡　赵曙明

【摘　要】本文基于社会交换理论，深入到员工与领导的"关系"情境中，开展对领导—成员交换关系质量对组织中员工沉默行为的作用机制研究。本文使用多层回归分析的方法对在青岛市收集的491份员工数据进行了实证分析。研究发现，领导—成员交换对员工沉默行为具有显著影响，组织信任在其中起完全中介作用，即高质量的领导—成员交换为组织创造了一种高度信任的组织氛围，从而打破了员工沉默。同时，本文还发现，"风险回避"正向调节着组织信任和员工沉默行为之间的负相关关系，对中国本土情境下的员工沉默行为进行了有益探索。

【关键词】员工沉默行为　领导—成员交换　组织信任　风险回避

一、引言

作为组织中大量信息的直接掌握者和传递者，员工不仅是组织管理潜在缺陷的发现者，对于产品创新和管理改进也具有重要的发言权。由于害怕负面反馈等原因，员工在面对组织中的潜在问题和危机时，往往选择更为安全和传统的反应方式——沉默。Milliken等（2003）的实证研究发现，超过85%的管理者和专业人士会对工作中的某些现象保持沉默。与组织中存在沉默行为的普遍性相比，学界尤其是管理学界对员工沉默行为的研究仍然相对滞后和匮乏（何轩，2010）。目前，对员工沉默行为的研究主要集中于员工沉默行

* 本文选自《经济管理》2011年第11期。

基金项目：国家自然科学基金重点项目"转型经济下我国人力资源管理若干问题研究"（70732002）。

作者简介：周路路（1983—），女，江苏盐城人，讲师，管理学博士，研究领域是人力资源管理，E-mail：lulu_513@163.com；张戌凡（1981—），女，江苏常州人，博士，研究领域是人力资源管理，E-mail：xufanzhang@163.Com；赵曙明（1952—），男，江苏海安人，教授，研究领域是人力资源管理，E-mail：zhaosm@nju.edu.cn。

为的维度划分（Pinder 和 Harlos，2001；Dyne、Ang 和 Botero，2003；郑晓涛等，2008），以及员工沉默行为的成因方面。以往学者将影响沉默行为的因素大致归结为三个层面：组织、领导和个体（何轩，2010），而实证研究主要集中于探讨组织层面因素（如组织公平等）或个体层面变量（如心理安全感、专业承诺等）与员工沉默的关系（Morrison 和 Mil-likien，2000；Edumondson，2003；Huang，2003；Premeaux 和 Bedeian，2003；Vakola & Bouradas，2005；Tangirala 和 Ramahujam，2008；何轩，2009）。但上述研究存在三个问题：首先，员工之所以沉默，是其屈服于组织现有系统和习惯势力的结果。而由于中西方的文化差异，华人组织的领导与管理有别于西方（Hofstede，1980；Redding，1990），因此，研究中国情境下的员工沉默，需将沉默行为放在"关系"中来理解（曾垂凯，2011），即探讨员工与领导的"关系"情境对员工沉默行为的影响；其次，上述研究常常停留在组织/个体层面的有关变量与员工沉默行为关系的探讨上，而缺乏对作用机制的验证，导致"对领导与成员之间的交换过程缺乏一个清晰的描述"（Schriesheim、Castro 和 Cogliser，1999）；最后，中国人传统行为模式往往具有"不确定性回避"倾向和处事原则，因此，需要加入中国人传统行为模式的调节变量。本文以青岛市 491 名员工为被试者，探讨领导—成员交换对员工沉默行为的作用机制，进而揭示其中的影响过程，并考虑中国本土文化维度——"风险回避"在其中的调节效应。这有助于理解中国情境下沉默行为更容易被员工普遍采纳的现实原因，有针对性创造条件干预员工沉默行为，这对提升企业绩效和创新能力、创造宽松和谐的组织氛围具有重要现实意义。

二、理论评述与研究假设

（一）员工沉默行为

员工往往会对工作中的某些重要事件保持沉默，比如同事之间的冲突，反对组织决策，对工作过程中潜在缺陷保留自己的想法，个人的委屈情绪等。Johannesen（1974）将员工沉默行为归结为员工故意隐瞒信息的行为，而 Morrison 和 Milliken（2000）将员工对组织潜在问题保留个人观点的行为定义为沉默行为。随即，Milliken 等（2003）对美国员工保持沉默的现象进行了实证调查，发现怕被贴上负面标签、担心破坏人际关系、个人资历浅，组织层级森严或组织支持不足等都是员工保持沉默行为的主要原因。对组织而言，员工的沉默行为既阻碍知识共享，又严重影响组织的决策质量和纠错能力，导致组织不能及时发现潜在的管理缺陷，同时也丧失了组织自我优化和成长发展的机会；而对员工个体而言，员工沉默会降低员工的工作投入和工作主动性（Morrison 和 Millikien，2000；郑晓涛，2008；何轩，2009）。关于员工沉默行为的研究大多数针对西方尤其是美国企业情境，国内对这一领域研究的学者很少，仅有心理学和管理学领域中的少数学者。

（二）领导—成员交换与员工沉默行为的关系

领导—成员交换（LMX）理论起源于 Dansereau（1975）、Graen（1976）、Graen 和 Cashman（1975）关于新员工社会化的研究。社会交换理论认为，个体与组织之间的交换不但有物质的交换（如工资报酬等），而且也有心理的（或称社会性的）交换，如支持、信任、自尊和威望等（Blau，1964）。社会交换理论的观点常被应用于对 LMX 与员工组织公民行为之间正向关系的解释（Liden Sparrowe 和 Wayne，1997）。在高质量 LMX 中，领导者与下属之间不仅信任度较高，而且领导者对下属往往也存在高层次的要求，他们期望部属能将集体利益置于个人短期利益之上。同时，部属为了在交换中回报领导者，尽到互惠义务，往往也会付出超出自己职责范围的努力（Liden 和 Graen，1980）。组织公民行为是促进组织有效运行和提高组织竞争力的重要保证（Farh 等，1997），而员工沉默行为恰恰是组织公民行为的反面（何轩，2010）。因此，在高质量的 LMX 中，员工为了当一个好的"组织公民"，会尽量减少沉默行为，将组织的潜在问题及时汇报给直属领导。Festinger（1954）发现，当低层级员工不愿意冒风险或者不信任上级时，出于自我保护的考虑，他们会过滤信息，隐瞒事实以避免上层的批评。Morrison 和 Milliken（2000）认为，两大与领导有关的因素会间接导致沉默行为：一是高层管理者害怕来自员工的负面反馈；二是管理者的个人偏见，如相信 X 理论，不相信信息的真实性，相信自己比下属懂得更多，认为争论和意见不一致是不健康的（Bowen，2003）。沉默一定程度上取决于组织成员之间的互动关系和组织氛围，如果领导能在组织中形成心理上产生安全的组织氛围，则有利于消除组织沉默（Edumondson，2003）。基于以上分析，本文提出如下假设：

假设 1：领导—成员交换与员工沉默行为之间呈显著的负相关关系。

（三）组织信任在 LMX 和员工沉默行为关系中的中介作用

组织信任是指个人或群体成员遵守并忠诚于共同商定的承诺、不谋取任何额外利益的一种共同信念（Cummings 和 Bromiley，1996）。Liden（1993）的研究发现，高质量的领导—成员交换关系中的下属，会得到领导更多的支持、更多的工作自由度和信任，而这些员工也会对领导更加信任，从而表现出更高水平的工作绩效和组织公民行为；Dirks 和 Ferrin（2002）的研究也发现，若领导与下属关系质量良好，下属则会对领导者产生信任（Whitener 等，1998），并以此信任为基础与领导者建立和维持彼此关怀的关系，进而表现出正向的工作反应（如工作态度、行为意向、绩效、职业生涯发展），反之，若关系不佳，则下属难以对领导产生信任。在缺乏信任基础的情况下，部属不会与领导者产生彼此关怀的互惠关系，亦难以形成上述正向的工作反应。由于上级领导一般都是组织政策和措施的制定者和实施者，因此，员工一般都将上级领导或直属领导看作是组织的代理人。领导与部属之间良好信任关系的形成，能让员工从心理上形成一种对组织整体信任的知觉，而组织中的员工往往会在对自身所处环境的信任氛围做出综合判断的基础上，决定是否隐瞒重要信息。如果员工和领导之间能够保持一种建立在信任和忠诚基础上的高质量 LMX 关系，有助于个人绩效的提高（Chen 等，2002）和激发组织公民行为（Hui 等，2004），从而降低员工沉默行为的发生率。可见，信任的确可能影响着员工的沉默行为。郑晓涛等（2008）的实证研究表明，员工对上级越信任，就越可能减少自己的沉默行为。根据 Dirks 等（2002）提出的"领导行为—信任—员工反应"理论框架，高质量的领导—成员交换关系，会使得领导者与部属之间能够彼此信任和关心，激励部属表现出正向的工作反应，减少负面的行为。基于以上分析，本文提出如下假设：

假设 2：领导—成员交换与组织信任之间呈显著的正相关关系。

假设 3：组织信任在领导—成员交换和员工沉默行为之间具有中介作用。

（四）中国人传统行为模式——风险回避的调节作用

风险回避是员工的内生性特征变量，一般由员工的经历、性格等决定。员工沉默行为的相关研究发现，员工的个体特征是影响员工保持沉默行为的关键因素。Premeaux & Bedeian（2003）的实证研究也验证了个体的自尊、自我监控以及内外源控制影响员工在组织中的表达行为。从感知风险的角度出发，部分学者（Piderit 等，2003）提出回避形象风险和预期的支持不足是导致沉默的主要原因。可见，在研究组织和领导层面的变量与员工沉默行为之间的关系时，不能忽视员工个体层面的性格特征。在当代中国，员工个体在处于转型经济变迁的组织中，所承担的角色任务与面临的工作情境非常复杂。而中国传统文化价值观——以中庸之道为核心的儒家思想，仍对中国人的思维和行为模式起着根深蒂固、潜移默化的作用。小农经济土壤中孕育出的中国人的传统行为模式往往带有"回避风险"的倾向，他们不喜欢追求冒险或者刺激，在观念中重视整体、崇尚集体主义，并不注重个性化需要的追求。国内社会保障机制不完善以及制度缺失加剧了员工的不安全感和风险感知压力，除非迫不得已，员工会选择沉默以保全工作来为自己维持长久的生存保障。这些因素导致员工风险回避特征的形成，他们"注重自我约束，不随一己情绪而采取实时行为"，并"选择根据具体情境'自我反省'、'观察形势'等反馈机制，来修正自己的行为，确定'恰如其分'的方案"（何轩，2009）。因此，转型经济下，中国企业员工个体往往选择"谨小慎微"、"风险回避"的行为方式，以"保守"、"慎言"来安排自己的行为，员工沉默行为的发生频率可能要高于西方企业情境。基于以上分析，本文提出如下假设：

假设 4：风险回避会正向调节组织信任和员工沉默行为之间的负相关关系。具有低风险回避的员工，组织信任与员工沉默行为之间的负相关关系要比高风险回避的员工更强。

三、研究设计

（一）研究样本

本文的研究样本主要由山东省青岛市经济技术开发区管委会提供的企业名单，选择青岛市的企业进行调研。通过与官方合作的方式发放问卷。问卷回收主要是请经济开发区管委会负责人或联系人代为收集后，通过邮寄等方式寄回给笔者。笔者在青岛市选择80家企业，每家企业选择8名员工，共发放问卷640份，问卷收回后剔除了一些漏填较多、不符合测谎条目设置的无效问卷，得到有效问卷491份，有效回收率为76.7%。表1列出了有效样本的员工特征。

表1　研究样本的构成和特征

员工特征	类别	数量（人）	比例（%）
性别	男性	248	50.5
	女性	243	49.5
年龄	20岁及以下	17	2.1
	21~30岁	468	57.5
	31~40岁	219	26.9
	41~50岁	68	8.4
	51岁及以上	16	2
教育程度	初中毕业及以下	106	13
	高中毕业	123	25.1
	大专毕业	167	34.0
	本科毕业及以上	133	27.1
	未填写	9	1.8
工作年限	在本公司的平均工作年限为46个月		

（二）变量测量

在控制变量方面，根据以往的研究，本文选取了性别、年龄、教育程度、现岗位工作年限作为控制变量。控制变量中的类别变量如性别均以哑变量的形式编码。本文中涉及的构念领导—成员交换、组织信任和员工沉默、风险回避都是借用西方成熟的量表进行测量。所有量表采用了翻译—回译程序，以避免语义表达的差异。为了避免居中趋势，本量表采用了Likert 6点量表测量（1表示非常不同意，6表示非常同意）。关于员工沉默，主要采用Van Dyne等（2003）编制的五个条目，示例条目有：当我在工作上有疑虑时，我会选择保持沉默，尽管我对改善工作有意见，我也不会发表；关于领导—成员交换，采用

Scandura 和 Graen（1984）编制的七个条目的单维度经典量表，示例条目有：我的直属上司很了解我在工作上的问题及需要，我和我直属上司的工作关系很有成效；关于组织信任，采用 Robinson（1996）七个条目的量表，示例条目有：一般而言，我相信我的雇主有良好的动机和意愿，我的雇主能够对我坦诚相见；关于风险回避，采用 Cable 和 Judge（1994）量表，共六个条目，示例条目有：我认为无论付出任何代价，也应避免工作上的风险，我为人谨慎，不愿意冒风险。

（三）研究方法

本研究采用层级回归方法来验证组织信任在领导—成员交换和员工沉默间的中介作用以及风险回避的调节作用（Baron 和 Kenny，1986）。首先验证领导—成员交换和组织信任之间的关系，接着同时验证领导—成员交换对组织信任和员工沉默的作用，最后验证风险回避的调节作用。

四、数据分析结果

（一）问卷的信度、效度检验

我们首先使用 Cronbach's α 值对量表进行信度检验。结果显示，领导—成员交换、组织信任、员工沉默和风险回避的 Cronbach's α 值分别为 0.912、0.899、0.904、0.842。因此，本研究中的量表具有较好的内部一致性。

本文还检验变量的聚合效度和判别效度。对所有变量进行验证性因子分析，结果表明，所有标准化的因素负载超过了 0.50 的临界值，量表具有较好的聚合效度。检验判别效度的方法是考察是否所有因素的 AVE 平均抽取方差值均大于因素间相关系数的平方值（Fornell 和 Larcker，1981）。经检验，本研究中的各因素均符合要求。因素间相关系数如表 2 所示。根据验证性因子分析结果，测量模型的 $\chi^2(203) = 728.51$，且其他拟合优度指标也均优于建议值，具体为 RMSEA = 0.073，NNFI = 0.95，CFI = 0.96，RFI = 0.94，测量模型是具有较好的效度水平的。

表 2　研究变量的均值、标准差及相关系数（n=491）

变量	1	2	3	4	5	6	7	8
1. 性别	1							
2. 年龄	0.141***	1						
3. 教育程度	0.058	−0.236**	1					
4. 工作年限	−0.036	0.551**	−0.161**	1				
5. 领导—成员交换	0.022	0.001	0.026	−0.047	1			

续表

变量	1	2	3	4	5	6	7	8
6. 组织信任	0.06	0.035	0.012	−0.01	0.548**	1		
7. 员工沉默行为	0.06	0.047	−0.219**	0.003	−0.091*	−0.167**	1	
8. 风险回避	0	0.095*	0.111*	0.102*	0.307**	0.214**	0.273**	1
平均值	0.53	2.48	3.78	46.47	4.52	4.60	3.09	4.00
标准差	0.50	0.77	1.02	59.98	1.01	1.12	1.28	1.07

注：**p<0.01，*p<0.05。

（二）变量基本情况

各变量的均值、标准差和相关系数如表 2 所示。

（三）同源偏差检验

为消除问卷调查时产生的同源偏差，本文使用了答卷者信息隐匿法和选项重测法。在本文中，将问卷所有条目一起做因子分析，在未旋转时得到的第一个主成分载荷量是 30.47%，在可接受的范围内，同源偏差问题并不严重（Podsakoff & Organ，1986）。

（四）多层回归分析

对于研究假设，我们采用层级回归方法进行检验，分析结果如表 3 所示。从模型 4 以员工沉默行为作为因变量的检验结果可以看出，关于"领导—成员交换与员工沉默负相关"的假设 1 得到了支持（β = −0.087，p < 0.05）。通过模型 2 可以看出，对于假设 2 提出的"领导—成员交换与组织信任的正相关关系"得到了支持（β = 0.557，p < 0.01）。本文根据 Baron 和 Kenny（1986）推荐的三步中介回归分析方法对假设 3 进行检验，首先，考察自变量（领导—成员交换）对因变量（员工沉默行为）是否存在显著影响；其次，自变量对中介变量（如组织信任）是否存在显著影响；最后，当同时考虑自变量与中介变量时，自变量对因变量的影响作用消失（完全中介）或减小（部分中介）。通过对如表 3 所示的模型 5 与模型 4 回归结果比较发现，当同时将自变量和中介变量放入回归方程中时，自变量领导—成员交换对因变量员工沉默的影响作用消失（β = 0.011，n.s.），因此，组织信任在领导—成员交换和员工沉默之间存在着完全中介作用。假设 3 成立。在上述分析中，都控制了控制变量的影响。

表 3　层级回归分析结果（n=491）

	组织信任		员工沉默				
	模型 1	模型 2	模型 3	模型 4	模型 5	模型 6	模型 7
控制变量							
性别	0.049	0.044	0.06	0.061	0.068	0.074	0.064
年龄	0.042	0.018	−0.052	−0.049	−0.045	−0.048	−0.046

	组织信任		员工沉默				
	模型 1	模型 2	模型 3	模型 4	模型 5	模型 6	模型 7
教育程度	0.014	0.005	−0.220**	−0.218**	−0.218	−0.183	−0.178
工作年限	−0.033	0.005	−0.002	−0.008	−0.007	−0.031	−0.035
解释变量							
领导—成员交换		0.557**		−0.087*	0.011		
组织信任（中介变量）					−0.176**	−0.239**	−0.230**
风险回避（调节变量）						0.297**	0.284**
组织信任×风险回避							0.085*
F 值	0.498	40.49	5.471	5.111	6.039	13.75	12.37
R² 值	0.04	0.313**	0.047	0.054**	0.076**	0.157**	0.164*
ΔR²		0.309**		0.008*	0.021**		0.007*

对于假设 4 提出的风险回避在组织信任和员工沉默之间的调节作用，本文通过对模型 6 和模型 7 的检验发现，风险回避的调节效应显著（$\beta = -0.164$，$p < 0.05$）。依照 Cohen & Cohen（2003）推荐的方法，绘制了交互效应图，如图 1 所示。

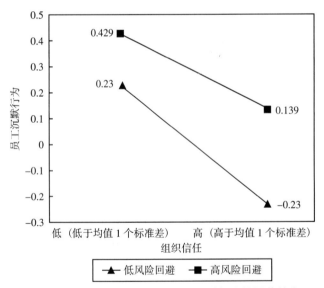

图 1 风险回避对组织信任和员工沉默行为的调节效应

对于组织信任与员工沉默行为之间的显著负相关关系，风险回避起到了显著的正向调节作用。也就是说，风险回避程度越低，组织信任对员工沉默行为的负向影响程度会越高，风险回避程度越高，组织信任对员工沉默行为的负向关系越弱。结合图 1，可以更为清晰地体现调节效果。具有低风险回避的员工，更愿意表达自己的观点，沉默水平越低。因此，信任与员工沉默行为之间的负向关系加强。而对于高风险回避的员工，他们谨言慎行，对组织存在的问题或危机情况，更倾向于持沉默态度，因此，组织信任与员工沉默行为的负向关系减弱。

五、结论与讨论

（一）本文的贡献

目前，有关员工沉默行为的研究主要强调的是领导特征对沉默行为的影响。本文引入了领导—成员交换概念，证实了领导—成员交换与员工沉默行为之间呈显著负相关关系，弥补了以往沉默研究中"关系"视角缺失，而只关注领导特征对员工沉默行为的影响的不足；本文证实了组织信任在领导—成员交换和员工沉默行为之间具有完全中介效应，高质量的 LMX 创造出对组织信任氛围的感知与理解，从而减少员工沉默行为的发生；本文证实了"风险回避"的调节作用。本文引入"风险回避"这一反映员工个体性格特征的本土化操作变量，证实了风险回避会正向调节组织信任和员工沉默行为之间负相关关系的存在。

（二）减少组织中员工沉默行为的策略

（1）员工选择沉默的主要原因是考虑自己能否进入领导"圈子"，这在中国特定情境下尤为明显。当领导者与下属之间的关系比较亲近时，领导与这些下属互相认为对方为"圈内人"，其他下属则是领导的"圈外人"。因此，在高质量领导—成员交换中，领导与成员间、成员与成员间的交流、互动、沟通、信任、承诺将会增强，相互之间的信赖关系会使员工消除提不同意见而与他人产生隔阂的担心，使其能畅所欲言，交换真实观点和想法，实现信息、知识和经验的分享。领导者，特别是高层管理者应充分认识到员工沉默行为，利用一切机会与员工交谈，听取他们的意见、建议、想法和喜怒哀乐，用诚恳的态度肯定员工对公司的忠诚和贡献，最终形成一种广开言路、人人参与的组织文化氛围，减少员工沉默存在的外部环境。

（2）要在中国本土情境的组织中减少员工沉默行为，还需要考量中国员工传统行为模式。比如，对高风险回避的员工而言，他们对认知的模糊性容忍度低，更愿意谨小慎微地工作。因此，对于这类人员的管理，组织和直接上级应给予他们更多支持，有时甚至需要通过正式化的规则、制度来管理和控制其行为方式。比如，对员工提出建议进行制度化的奖励。这会使员工感觉到自己的意见或者建议受到重视和嘉奖，从而降低风险感知度。因此，组织在管理实践中应区别对待，进行分类管理，才能有效减少员工沉默行为的产生与扩散。

六、不足与展望

本文存在以下的不足之处：首先，对员工沉默行为的测量仅停留在单维度，没有对员工沉默行为进行种类区分以及多维度的校验，今后的扩展研究应该将员工沉默行为的多维度纳入模型中，探讨主客观变量相互之间的交互影响，将有助于开展关于员工沉默行为在中国情境下的本土性研究；其次，对员工沉默行为的研究仍然停留在个体层面，并没有向组织层面跃升，尤其对于员工沉默行为对组织的影响，如企业发展和竞争能力的影响，没有展开深入研究；最后，在中国情境下，权力距离的感知与西方情境完全不同，在控制变量的选择上，缺失了职务级别这些有可能影响沉默行为的重要变量，无法对沉默行为产生影响的本土化因素做更深入的探讨。

现有的员工沉默研究多聚焦于将其视为因变量，即主要研究"员工为什么会沉默"的问题。未来的研究可以拓展到"员工沉默会导致什么后果"的问题，还可以在未来的研究中加入跨层分析，识别员工沉默对于企业发展和竞争能力的影响，并加入可能的其他情境因素变量，包括员工本身特征、个人特征、组织特征以及体现中国文化的"中庸"、"关系"、"权力距离"等变量后，研究员工沉默行为的前因和结果因素是否会变化。只有这样，才能系统地解释员工沉默行为主客观变量相互之间的复杂关系。

参考文献：

[1] Blau, P. M. Exchange and Power in Social Life [M]. New York：Wiley, 1964.

[2] Bowen F., Blackmon K. Spirals of Silence：The Dynamic Effects of Diversity on Organizational Voice [J]. Journal of Management Studies, 2003, 40 (6).

[3] Dirks K. T., Ferrin D. L., Trust in Leadership：Meta-analytic Findings and Implications for Research and Practice [J]. Journal of Applied Psychology, 2002, 87 (4).

[4] Dyne L. V., Ang S., Botero I. C. Conceptualizing Employee Silence and Employee Voice As Multidimensional Constructs [J]. Journal of Management Studies, 2003, 40 (6).

[5] Edmondson A. C. Speaking Up in the Operating Room：How Team Leaders Promote Learning in Interdisciplinary Action Teams [J]. Journal of Management Studies, 2003, 40 (6).

[6] Festinger, L. A. Theory of Social Comparison Processes [J]. Human Relations, 1954 (40).

[7] Fornell C., Larcker D. Evaluating Structural Equation Models with Unobservable Variables and Measurement Error [J]. Journal of Marketing Research, 1981 (18).

[8] Hofstede G. H. Culture's Consequences：International Differences in Work-related Values [M]. Beverly Hills, CA：Sage, 1980.

[9] Hui, C., Lee, C., Rousseau, D. M. Employment Relationships in China：Do Workers Relate to the Organization or to People [J]. Organization Science, 2004 (15).

[10] Liden E. C., Graen G. B. Generalizability of the Vertical Dyad Linkage Model of Leadership [J].

Academy of Management Journal，1980（23）.

［11］Liden R. C.，Sparrowe R. T.，Wayne S. J. Leader-member Exchange Theory：The Past and Potential For the Future. In：KM Rowland，G. R Ferris Eds. Research in Personnel and Human Resource Management ［M］. Greenwich，CT：JAI Press，1997.

［12］Milliken F. J.，Morrison E. W.，Hewlin P. F. An Exploratory Study of Employee Silence：Issues that Employees don't Communicate Upward and Why［J］. Journal of Management Studies，2003（40）.

［13］Morrison E. W.，Miliken F. J. Organizational Silence：A Barrier to Change and Development in a Pluralistic World［J］. Academy of Management Review，2000，25（4）：706-731.

［14］Piderit，Sandy Kristin，Ashford，Susan. Breaking Silence：Tactical Choices Women Managers Make in Speaking Up About Gender-equity Issues［J］. Journal of Management Studies，2003，40（6）.

［15］Pinder G. G.，Harlos H. P. Employee Silence：Quiescence and Acquiescence as Responses to Perceived Injustice［J］. Research in Personnel and Human Resource Management，2001（20）.

［16］Rc Liden，Sj Wayne，Stilwell D. A Longitudinal Study on the Early Development of Leader-member Exchanges［J］. Journal of Applied Psychology，1993，78（44）.

［17］Redding S. G. The Spirit of Chinese Capitalism［M］. New York：Walter de Gruyter，1990.

［18］Scandura T. A.，Graen G. B. Moderating Effects of Initial Leader-member Exchange Status on the Effects of a Leadership Intervention［J］. Journal of Applied Psychology，1984，69（3）.

［19］Wang H.，Law K. S.，Hackett R. D.，Wang D. & Chen Z. Leader-member Exchange as a Mediator of the Relationship between Transformational Leadership and Followers Performance and Organizational Citizenship Behavior［J］. Academy of Management Journal，2005，48（3）.

［20］Whitener E. M.，Brodt S. E.，Korsgard M. A. Werner J. M.，Managers as Initiators of Trust：an Exchange Relationship Framework for Understanding Managerial Trust Worthy Behavior［J］. Academy of Management Review，1998，23（3）.

［21］曾垂凯. 家长式领导与部属职涯高原：领导—成员交换的中介作用［J］. 管理世界，2011（5）.

［22］何轩. 互动公平真的就能治疗"沉默病"吗？——以中庸思维作为调节变量的本土实证研究［J］. 管理世界，2009（4）.

［23］何轩. 为何员工知而不言——员工沉默行为的本土化实证研究［J］. 南开管理评论，2010（3）.

［24］郑晓涛，柯江林，石金涛，郑兴山. 中国背景下员工沉默的测量以及信任对其的影响［J］. 心理学报，2008（2）

［25］周明建，宝贡敏. 组织中的社会交换：由直接到间接［J］. 心理学报，2005（4）.

Research on the Mechanism of Leader–member Exchange and Employee Silence Behavior
——The Moderating Effect of Risk Aversion

Zhou Lulu, Zhang Xufan, Zhao Shuming

Abstract: This paper researchs the mechanism of Leader–member Exchange (LMX) and the employee silence behaviors in the context of relationship between the superior and subordinate based on social exchange theory. With hierarchical regression method, we do the empirical analysis by the data of 491 employees collected from Qingdao city. This study finds that LMX has a significant impact on employee silence behavior and the organization trust is a mediator between them. It means that the high quality LMX would create a highly worth trusted organization atmosphere, then to break the silence. Meanwhile, the paper also finds that the "risk aversion" has a positive moderating effect on the negative relationship between organizational trust and employee silence behavior, which is a useful exploration of employees silence behavior in China's domestic context.

Key words: employee silence; leader–member exchange; organizational trust; risk aversion

高绩效团队领导者的行为结构与测量：
中国本土文化背景下的研究 *

曹仰锋　吴春波　宋继文

【摘　要】以 10 个高绩效团队为研究对象，对团队的上级领导、领导者本人、团队成员等共计 75 人进行深度访谈，并对 168 位来自其他高绩效团队的成员进行了开放式问卷调查。遵循文本资料的分析和编码程序，结合有关文献形成高绩效团队领导的行为项目。然后，利用探索性因素分析、验证性因素分析、内部一致性分析等方法对行为的结构效度和信度进行了检验。研究发现，高绩效团队领导行为包括品德魅力、目标管理、员工激励、鼓励创新和获取支持 5 个维度。五因子结构是一个紧密联系的有机整体，体现了团队领导者承担团队内外部领导角色的关键行为。与变革型、交易型、家长式等领导行为理论相比，团队领导者的行为内容更加丰富，这些行为更好地解释了团队领导者创建高绩效团队的过程和机制。与国外团队领导理论相比较，发现中国文化背景下高绩效团队领导行为所特有的维度。

【关键词】高绩效团队　领导行为　团队绩效　中国本土化

一、引　言

当前，团队日益盛行起来，越来越多的组织尝试通过团队化运作来增加组织的灵活性。许多组织通过将更多的责任授予团队并对其进行有效设计和管理来提升组织的绩效。团队是一种非常有效的运作模式，它有助于组织内部更有效地分享知识、传递信息、适应环境并进行创新，然而，在团队层面上如何有效激励团队成员，如何增加团队内部的合作

* 本文选自《中国软科学》2011 年第 7 期。

作者简介：曹仰锋（1973—），男，河南濮阳人，博士，北京大学光华管理学院工商管理博士后，哥本哈根商学院访问学者，研究方向：战略性人力资源管理、领导力与组织发展等。

并减少冲突也是团队管理者面临的重要问题。许多团队由于管理不善而绩效较差，甚至导致了失败。在诸多影响团队绩效的因素中，团队领导者无疑是最重要的因素之一。对于任何组织而言，领导者是成功组织的关键能力之一，而团队领导则是一个十分复杂的过程。

国内关于领导行为的研究大多集中在领导行为的二元理论方面。一些学者开展了对变革型领导和家长式领导行为的研究。然而关于团队领导行为的实证研究较少。由于二元领导行为主要研究领导者对追随者的影响，这种二元关系中所表现出来的领导行为只是团队领导者行为的一部分。团队领导者不仅需要对团队成员进行激励，而且还需要为团队营造良好的外部环境。团队领导者所表现出来的领导行为更为复杂。然而，目前在国内关于团队领导行为的实证研究很少，特别是高绩效团队领导行为所包含的内容尚不清楚。

由于在文化环境、政治制度、法律环境以及经济制度等方面与西方有较大的差异，独特的文化传统使中国领导者的行为对员工的影响机制与西方国家会有所不同。领导是领导者、追随者和情境作用的结果。领导作为一种社会影响过程，它的概念和构成却有可能因国家文化的不同而不同。许多团队领导理论产生于西方文化背景，而在中国本土文化背景下的团队领导过程与西方的团队领导过程既有相似的方面，也有独特的一面。因此，在中国文化背景下研究高绩效团队领导者所表现出来的领导行为特征在理论和实践层面都是非常有意义的。

本研究的目的是探讨中国文化背景下高绩效团队领导者的行为特征。首先利用归纳法提炼出高绩效团队领导者的行为和维度，形成了初步量表。然后利用探索性因素分析、验证性因素分析等方法对量表的结构进行验证，同时检验了问卷的效度和信度。研究发现，与变革型领导、交易型领导、家长式领导等行为理论相比，高绩效团队领导者的领导行为内容更加丰富，这些行为更好地解释了团队领导者创建高绩效团队的过程和机制。本研究发现了中国文化背景下高绩效团队领导行为所特有的变量。研究结果对我国领导学研究的本土化具有一定的理论价值，丰富了有关团队领导行为研究的理论。同时，对于创建高绩效团队也具有一定的实践意义。

二、文献回顾

对领导行为的分析有 3 个层次：个人层次、团队层次和组织层次。其中，个人层次的领导行为主要讨论领导者个人以及他们与下属个人之间的关系。个人层次还被称为领导行为的二元理论，二元理论认为领导是领导者与下属之间的相互影响的过程；团队层次的领导行为主要讨论领导者和下属集体之间的关系。这个层次也被称为团队过程。团队理论的重点是讨论如何提高整个团队的效率；组织层次的领导行为则重点讨论领导者对整个组织的影响，重点研究高层领导如何影响组织的绩效。

周莹和王二平（2005）指出，在描述领导者影响团队的生命周期和团队绩效采取的行动时，很多研究者都采用职能团队领导观。该观点将领导看作是实现团队目标过程中所需要的问题解决活动。职能领导观认为团队领导是情境性的，团队领导者应该根据情境的要求做出有利于团队效能的活动。无论这些活动以何种行为模式表现出来，只要能有效实现团队目标就构成了领导。Fleishman 等（1991）认为，团队领导是一种建立在团队基础上的问题解决过程，在这个过程中领导者努力实现团队的目标，领导者依靠从认知上分析团队所处的复杂社会环境，进而选择和实施适当的行为以确保团队效能的实现。在 Fleishman 的基础上，Zaccaro（2001）认为，团队领导有 3 种重要职能，即团队联络、团队目标建立和团队运作协调，并指出团队领导会通过影响团队的认知、动机形成、情感体验以及协调等基本过程来影响团队的绩效。

Hackman 等（2002）采用了与"职能团队领导观"不同的方法来研究团队领导行为。该方法没有将团队领导聚焦于领导的职能上，而是将团队领导行为的重点聚焦于能够促进提高团队有效性的条件因素方面，进而指出了 5 种影响团队有效性的条件因素：①必须是真正的团队；②有吸引人的愿景和方向；③有效的结构；④支持的组织环境；⑤专业指导。Burke 等（2006）将 Hackman（2002）和 Fleishman 等（1991）关于团队领导行为的描述整合成一个团队领导行为模型，该模型解释了团队领导行为与团队有效性的之间的关系。团队领导首先搜集有关信息，弄清任务的需要和要求，并利用团队内部的结构将信息和团队的行动结合，从而帮助团队有效解决问题。为了开发和团队任务相一致的知识结构，团队领导者需要管理人力资源。管理人力资源的基础是团队领导者要制定有吸引力的愿景或目标，同时创建团队内部有效的结构，并且对团队成员进行专业训练，包括变革式的领导、关怀、授权以及激励等。最后，团队领导者要管理物质资源，同时为团队营造利于团队目标达成的组织支持环境。

总之，以往关于团队领导的研究主要是基于团队领导的 3 个重要功能：①帮助群体完成任务（任务功能）；②维持群体并发挥群体作用（维持功能）；③处理和平衡群体的内在和外在需要。团队领导的任务功能涉及团队绩效；团队领导的维持功能涉及团队发展；团队领导的外在功能是帮助团队适应外在环境。关于领导行为的研究成果对领导力的开发具有重要意义，因为和领导者的个性相比，领导者的行为相对容易识别，如果能够识别出领导者成功影响某一群体完成其目标的特定行为，则可以通过培训提升领导能力。实践也证明了这一点，一项研究指出在全球最大的 1000 家公司中领导行为的研究结果得到了广泛的应用，其中最为重要的应用是领导者的胜任能力模型。当然，随着时代的变迁，领导者面临的环境不断发生变化，关于领导行为依然有许多问题需要进行研究。比如，在当前我国企业和政府组织面临着经济和政治制度转型的时刻，在这种新的环境下，团队的作用越来越受到各类组织的重视，高绩效团队中的领导行为到底是什么？团队领导者的行为如何影响团队绩效等都需要进一步探讨和研究。

三、研究方法与数据分析

由于对高绩效团队领导行为所包含的内容了解较少，因此采用归纳法来研究高绩效团队领导者行为的内容和结构。

（一）研究方法与程序

1. 样本的筛选

团队是"由两个或以上的相互协作的个体组成的，拥有共同目标或使命的正式群体，团队成员之间存在动态的、互依的交互作用，并且每个成员都需要履行各自特定的任务或功能"。基于本研究的目的，我们依据以下两个标准对所研究的团队范围进行了界定：团队有一位正式的、经组织任命的领导；领导者在本团队任期任为一年或以上时间。以往的文献对团队绩效的衡量主要包括团队绩效、成员合作满意度等标准。我们认为，团队管理的核心是提升团队的绩效，团队成员的合作满意度是影响团队绩效的重要变量。因此，我们以团队绩效作为衡量高绩效团队的标准。高绩效团队是指能够高效率、高质量地完成本团队的任务和目标，并且其整体绩效水平高于组织内的其他团队。

在选取符合条件的高绩效团队时，我们首先联系了单位中主管绩效考核的工作人员，并向他们详细解释了高绩效团队的定义和标准，请他们根据高绩效团队的标准推荐符合条件的团队。经过第一轮的推荐共获得了 28 个高绩效团队。其次，再对第一轮推荐的团队进行筛选，筛选的标准是该团队的年度绩效考核结果。我们查阅了每个团队 2006 年、2007 年两个年度的绩效考核结果。经过第二轮筛选，共选取了符合高绩效团队标准的 10 个团队作为研究样本，每个团队在 2006 年、2007 年连续两个年度的年度综合绩效考核结果至少获得一次"优秀"评价等级。在 10 个团队中，有 3 个团队在 2006 年和 2007 年连续两个年度的年终综合考核中均被评为"优秀"等级，有 7 个团队在 2006 年和 2007 年连续两年的年终综合考核中分别被评为"良好"和"优秀"。10 个团队包含 6 个公共部门的团队和 4 个企业的团队。10 个团队的团队领导平均在任时间 3.3 年、团队平均成员数量为 10 人、成员在团队中的平均工作时间为 3.1 年、团队成员在本单位的工作年限为 6.3 年。

2. 开放式访谈

选取了团队的主管领导、团队领导者本人以及团队成员进行访谈。共访谈了 75 人，其中团队主管领导 12 人、团队领导 10 人、团队成员 53 人。在进行正式访谈之前，首先制订了访谈提纲。针对不同的访谈对象设计了 3 个访谈提纲：①团队主管领导访谈提纲；②团队领导本人的访谈提纲；③团队成员的访谈提纲。3 个访谈问卷的核心问题是：请您描述团队领导者经常采用的行为有哪些？参照 Farh（2004）归纳组织公民行为的做法，为了避免先前在西方发展的领导行为维度会引导受访者的回答，研究人员没有向受访者提供任何领导行为的维度和事例。

访谈由研究者本人主持，并由其他一名人员作为记录者。访谈开始时，首先介绍了访谈的目的、保密承诺以及大约所需要的时间。由于访谈的内容主要涉及领导者的行为，属于比较敏感的话题，为了减少受访者的心理压力，以使受访者能够提供更加真实的信息，因此，在访谈中没有进行录音，而是尽可能比较详细地记录受访者的谈话内容。

所有的访谈均采用了一对一单独访谈方式进行。访谈时间平均为46分钟。每次访谈结束后，两名访谈人员利用10分钟的时间进行了讨论，对访谈的重点内容进行了回顾和标注。

3. 开放式问卷调查

为了弥补开放式访谈中样本量较小的不足，又进行了开放式问卷调查。共有219人参加了开放式问卷调查，实际有效问卷为168份。其中有清华大学继续教育学院某管理人员培训班学员34人，河南省某党校政府机关工作人员培训班学员63人，湖南省某国有企业中层培训班学员26人，河北省某政府机关工作人员45人。

在进行开放式问卷调查时，首先给出了高绩效团队的定义以及高绩效团队领导者的衡量标准，高绩效团队领导者是指"能够高效率、高质量地带领团队成员完成本团队任务和绩效目标的团队'一把手'"。我们要求被调查人员回答自己所在的团队是否为高绩效团队，或者是否曾经具有观察到高绩效团队领导者的经验。如果被调查者回答"否"，则不需要填写问卷。如果被调查者回答"是"，则要求被调查者根据他们的观察列出5~10条高绩效团队领导者的行为。为了保证问卷调查的效果，在问卷调查开始之前，研究者向被调查者解释了问卷调查的目的，填写问卷的注意事项，并在现场对问卷填写进行了指导。问卷被当场收回。问卷填写时间为20~40分钟。

4. 编码

遵循内容分析法的原则和步骤，对访谈资料进行了编码。首先，对其中的一个团队领导行为的访谈资料进行初步编码。初步编码由两人进行。编码过程中，将已有文献中关于团队领导行为的内容作为参照点来分析一个人的谈话内容，把一个受访者提到的领导行为列举下来，然后转到下一个受访者的谈话内容。如果遇到一个现有文献中所没有的领导行为时，两名编码人员互相讨论，并将该项行为进行特殊标注，以供分析。

在对一个团队的访谈资料初步编码后，形成了一个初步的编码手册。然后，又邀请了两位管理学研究生参与编码工作。首先，结合第一个团队的编码手册对3名研究生进行了培训，培训时间为2.5小时。然后，4人分成两个小组，分别对10个团队领导行为的访谈资料进行编码。最后，将两个小组的编码结果进行比较。平均编码者间的一致性为82.5%。表1为数据编码的例句。75名受访者共提供了592个关于团队领导行为的条目。

5. 开放式问卷数据分析

168名参与开放式问卷调查的被试共提供了852条描述，所有描述被输入计算机，并在数据输入之后由一名博士生和一名研究生对所有描述根据以下两个标准进行了筛选：第一，项目必须有明确的含义；第二，项目必须是指领导者的行为。由于部分受访者提供的

表 1 数据编码例句

团队	行为编码分类	团队主管领导的例句	团队领导者的例句	团队成员的例句
T_1	以身作则	他是这个部门的"领头雁"，通过自己的以身作则促使大家努力工作，心往一处想，劲往一处使	我觉得要想让大家没有怨言地工作，领导就应该身体力行，不能高高在上	我们领导能够在工作中做到以身则，比如，前段时间单位工作非常忙，他一直咳嗽，我们都劝他好好休息，彻底到医院检查一下，他总是没有时间去，和我们一起干
T_2	善于鼓励员工	提高部门工作绩效是有难度的，他能够鼓励部门的同志积极向上，营造了很好的氛围	工作中难免有些困难，领导要能够给下属"打气"，让他们能够振作起来，工作才能完成好	他经常对我说"你肯定能做好，我相信你有这个能力"。这让我感觉非常有信心
T_3	关心团队成员的生活	这个人很有爱心，对职工的生活非常关心	咱们中国人都讲究情义，多关心员工的个人生活，能够让他们感到领导有情有义，工作也好开展	领导是一个非常有信心的人，有一次我家里有些困难，他就给我提供了很大的帮助
T_4	鼓励团队成员相互合作	这个部门内部合作得非常好	我们的工作特点要求必须多合作，如果不合作，什么事情也做不成，我经常告诉他们要多合作	他经常告诉我们要与别人多合作，合作好才能干出好绩效
T_6	能够获得支持	他非常善于影响别人，来支持他部门的工作	再好的目标如果没有领导和其他人的支持也不能完成，我经常会把我们的目标与领导和其他部门的人沟通	我们部门和其他部门的关系都很好，很多工作别的部门也支持
T_8	描绘美好的愿景	他善于通过远大的目标来鼓舞别人	我认为目标对人是非常具有激励作用的，我也经常给团队的人勾勒我们未来的发展愿景	他经常给我们描绘未来的发展前景，让我们对未来充满信心
T_9	监控目标达成	他对本部门目标把控很严	如果不能对目标进行实施监控和督导，执行力就会很弱，目标也很难达成，我特别强调一定要加大对目标的监控力度	我们部门每周都要进行工作总结，回顾本周目标完成情况，制定下周工作目标
T_{10}	善于沟通	他非常善于沟通和交流	我始终认为人与人之间的冲突往往都是缺乏沟通造成的，所以，要多沟通	他沟通的能力非常强，好像没有他办不成的事情

描述的含义并非具备单一性，同一描述可能包括两个不同的含义。两名研究者将包括不同含义的描述进行了拆分，即把原来的描述拆分为含义单一的描述。根据以上标准，在征得两人一致同意后，共有 142 个项目因无效而从项目库中被剔除。剔除后共剩余 710 个项目，平均每人提供 4.2 个有效项目。

（二）数据分析

数据分析的目的在于从大量的定性数据中提炼主题。这一过程类似定量数据研究中的因素分析。在进行领导行为的因素分析之前，将经过开放式访谈、开放式问卷调查所获得的领导行为条目进行了合并，形成了一个领导行为项目库。243 位参与访谈或调查的受访者共提供了关于团队领导行为的 1302 个项目，平均每人提供 5.4 个项目。

1. 第一轮编码

研究者和另外一名研究助理采用讨论的方式，根据 1302 项描述内容的类似性，对所有的描述进行了初步归纳。经过多次反复推敲，将所有 1302 个可用的项目分别归入相互独立的 13 个类别中。

2. 第二轮编码

第二轮编码的主要目的是验证和比较公共行政部门和工商企业中团队领导行为的异同。在编码形成的领导行为项目库中共有 1302 条领导行为项目，其中，来自公共行政部门的 165 位受访者共提供了 840 条领导行为项目；来自工商企业的 78 位受访者共提供了 462 条领导行为的项目。研究者和另外一名研究助理同样采用讨论的方式分别对公共行政部门的领导行为、工商企业的领导行为进行了编码和归类，结果显示，公共行政部门的团队领导行为被归纳为 12 个维度，工商企业的团队领导行为被归纳为 11 个维度。二者之间有 10 个行为维度是一致的。保留了一致的 10 个类别的团队领导行为项目，剔除了不一致的 3 个类别的团队领导行为项目。在被剔除的 3 个类别中，所包含的领导行为条目较少（数目小于 5），之所以将条目较少的类别删掉，是因为条目较少的类别所展示的领导行为不具备代表性，仅是较少的个人观察的结果。经过第二轮编码后共保留了 10 个团队领导行为类别，共有 1290 个领导行为项目。

3. 第三轮编码

为了验证研究者归纳类别的效度，又请了两名管理学博士生和一名管理学硕士研究生根据新的分类系统对领导行为条目进行重新归纳分类。在他们进行归纳之前，首先对这三名研究生进行了培训，让三名研究生认真阅读了 10 大类行为的名称以及典型描述，并对每类行为的内容进行了充分的交流与沟通。经过三个小时的培训和交流，让三名研究生熟悉了每个类别的定义。

培训结束之后，三名研究生独立对 1290 个领导行为条目项目进行归纳，并计算了三个分类者的一致程度。74% 的项目得到了一致同意的结果；13% 的项目得到了两人同意的结果；13% 的项目得到了一人同意或无人同意的结果。将得到一致同意或两人同意的结果保留下来。最后，总共保留了 1120 个明确的项目，占总项目的 86.8%，这说明研究者的归纳是合理有效的。

表 2 列举了经过归纳后得到的团队领导行为维度及其典型描述。研究发现团队领导行为共包括：品德魅力、鼓励创新、协调沟通、鼓励合作、关心指导、提供奖励、精神鼓舞、目标监控、获取支持和技能提升 10 个维度。

以上关于高绩效团队领导行为的发现，与团队领导者对团队绩效的影响过程是基本相吻合的。为了建立高绩效团队，团队领导首先搜集有关信息，弄清团队任务的需要和要求，并利用团队内部的结构将信息和团队的行动结合，进行目标监控，营造创新的工作氛围，从而帮助团队有效解决问题。为了开发和团队任务相一致的知识结构，团队领导者需要管理人员资源。管理人力资源的基础是团队领导者要制定有吸引力的愿景或目标，同时创建团队内部有效的结构，提升团队成员的技能，同时通过品德魅力、精神鼓舞、关心指导、提供奖励等行为提升团队成员达成任务目标的动力。最后，团队领导者要管理好各类资源，同时通过获取支持、协调沟通等行为为团队营造利于团队目标达成的组织支持环境。

（三）量表的初步形成

为了评价问卷测量指标的内容效度，我们采用定性评价的方法对形成的团队领导行为测验指标进行了评价。在进行定性评价时，邀请了一名管理学教授、一名管理学副教授进行讨论，最后综合考虑领导行为测量指标的内容效度、文字描述是否易于理解等情况，最后保留了 10 个领导行为维度，其中每个领导行为维度保留了 5 个测量题目，形成了团队领导行为问卷的初稿。

为了进一步验证问卷各题目的用词是否适当，又选择了北京一家企业的 11 名员工填写了初试问卷，并在问卷填写之后征求他们对问卷的看法和建议，结合问卷填写人的相关建议，对问卷初稿进行了微调，主要是在一些用词上使其更加适当。最后，形成了团队领导行为的预试问卷。问卷共有 50 个题目。

表 2　高绩效团队领导行为 10 个维度的典型描述

序号	类别名称	典型描述
1	品德魅力	勇于承担责任
		以身作则，为团队成员树立榜样
		言行一致
2	鼓励创新	经常鼓励团队成员尝试新的工作方法
		鼓励团队成员创新
		营造有利于创新的氛围
3	协调沟通	善于建立畅通的沟通渠道
		善于与人进行沟通和交流
		善于理解其他人的意图和想法
4	鼓励合作	鼓励团队成员之间相互合作
		能够塑造团队成员之间相互信任的氛围
		鼓励团队成员为共同的目标而团结合作
5	关心指导	能够帮助团队成员解决生活中的问题
		能够对团队成员的工作进行指导
		愿意为团队成员未来的职业发展提供建议
6	提供奖励	能够对团队成员的绩效进行客观公正的评价
		能够及时肯定并认可团队成员的绩效和贡献
		善于使用奖励手段激励团队成员努力工作

续表

序号	类别名称	典型描述
7	精神鼓舞	能够激发团队成员的工作活力和信心
		能够给团队成员描绘美好的发展前景
		能够增强团队成员的成就感
8	目标监控	能够给团队制定明确的工作目标
		能够为团队制定严格的目标考核制度
		能够对团队目标的达成过程进行监控
9	获取支持	善于运用和调动社会资源
		能够为团队的发展创造良好的外部环境
		善于影响上级领导，以获得资源和支持
10	技能提升	注重提高团队成员的工作技能
		能够为团队成员提供学习和培训的机会
		经常给团队成员分享知识

四、测量和检验

通过探索性因素分析和验证性因素分析等方法开发团队领导行为测量量表，并检验量表的构建效度。

（一）探索性因素分析

1. 研究样本与工具

探索性分析的研究样本主要来自中国人民大学工商管理在职研究生班学员、某政府机关工作人员、深圳某企业内部员工以及清华大学继续教育学员在职培训班学员。共发放问卷 560 份，实际回收 510 份。在所有问卷回收之后，我们对问卷进行了检查，将空白过多、反应倾向过于明显的问卷剔除，最后得到有效问卷 415 份。在调查对象中，男性比例为 74%、女性比例为 26%，年龄 20~30 岁为 22%、31~40 岁为 50%、41~50 岁为 20%、50 岁以上为 6%、未填年龄为 2%。采用初步编制的团队领导行为问卷。采用 Likert 6 分等级量表进行评价，使用 SPSS16.0 软件进行探索性因素分析。

2. 数据分析与研究结果

利用 SPSS16.0 软件进行探索型因素分析。KMO 值为 0.975，Bartlett 球形检验值的显著水平 0.000，表明适合进行因素分析。采用主成分分析法和斜交旋转法抽取因素。以特征根大于或等于 1 为因子抽取的原则并参照碎石图来确定项目抽取因子的有效数目。判断是否保留一个项目的标准定为：①该项目是否在某一因素的负荷超过 0.40；②该项目是否不存在交叉负荷，即是否不在两个因素上都有超过 0.35 的负荷。

经过多次探索，最终得到团队领导行为问卷的 5 因素结构，5 个因素的特征根值都大于 1，累计方差解释率达到了 65.353%。各个项目在相应的因子上具有较大的负荷，处于 0.417~0.974。根据第一次探索性因素分析的结果，对高绩效团队领导行为问卷中的题目进行了删减。删除了在各因子载荷低于 0.40 以下的条目，删除跨载荷的条目，删除了条目与该维度内容明显不符合的条目。将以上条目删除后，问卷剩余 32 个条目。然后对剩余的条目进行了第二次探索性因素分析。数据分析显示 KMO=0.972，Bartlett 球形检验值的水平为 0.000，表明适合进行因子分析。经过第二次探索性因素分析，得到团队领导行为问卷的五因素结构，五个维度非常清晰，条目分布合理，累计方差解释率达到了 66.992%。各个项目在相应的因子上具有较大的负荷，处于 0.408~0.985。具体结果见表 3。

表 3　高绩效团队领导行为问卷的探索性因素分析结果

题目	因子				
	1	2	3	4	5
V_{21} 能够帮助团队成员解决生活中的问题	0.856	−0.325	−0.040	0.229	−0.033
V_4 对待团队成员一视同仁	0.829	0.116	−0.237	0.006	0.128
V_5 不谋私利，团队利益第一	0.717	0.132	0.060	−0.180	0.032
V_3 言行一致	0.691	0.160	0.055	−0.128	0.040
V_{26} 能够对团队成员的绩效进行客观公正的评价	0.554	0.128	0.272	0.135	−0.043
V_2 以身作则，为团队成员树立榜样	0.469	0.261	0.352	−0.122	−0.091
V_{38} 能够对团队目标的达成过程进行监控	−0.192	0.985	−0.046	0.032	−0.004
V_{37} 能够为团队制定严格的目标考核制度	0.103	0.867	−0.331	0.257	−0.073
V_{40} 能够发现并矫正团队成员与目标无关的行为	0.082	0.841	−0.208	0.139	0.037
V_{39} 能够给团队成员提出明确可行的工作标准	0.020	0.737	0.127	0.046	−0.057
V_{36} 能够给团队制定明确的工作目标	0.004	0.652	0.228	0.062	−0.100
V_{50} 能够提高团队的整体工作能力	0.222	0.447	0.220	−0.004	0.075
V_{23} 愿意为团队成员未来的职业发展提供建议	0.239	−0.157	0.909	−0.015	−0.220
V_{32} 能够给团队成员描绘美好的发展前景	−0.158	−0.204	0.889	0.270	0.028
V_{35} 能够满怀激情地谈论团队需要完成的目标	−0.303	0.167	0.777	0.135	0.076
V_{33} 能够增强团队成员的成就感	0.207	−0.108	0.705	0.093	0.035
V_{34} 能够增强团队成员对工作的使命感	−0.179	0.327	0.570	0.110	0.093
V_{46} 注重提高团队成员的工作技能	0.175	0.321	0.478	−0.055	−0.036
V_{47} 能够为团队成员提供学习和培训的机会	0.299	0.035	0.446	0.028	−0.057
V_{28} 善于使用奖励手段激励团队成员努力工作	0.313	−0.148	0.427	0.281	−0.011
V_{24} 鼓励团队成员发挥自己的特长	0.182	−0.051	0.421	0.033	0.309
V_{30} 对团队成员所取得的成绩及时给予表扬	0.200	−0.090	0.408	0.134	0.215
V_{43} 善于影响上级领导，以获得资源和支持	−0.297	0.224	0.070	0.726	0.095
V_{44} 善于和其他部门沟通，以获得合作和支持	0.249	0.118	0.003	0.675	−0.091
V_{41} 善于运用和调动社会资源	−0.198	0.042	0.280	0.671	−0.004

续表

题目	因子				
	1	2	3	4	5
V$_{12}$ 善于与人进行沟通和交流	0.271	0.003	0.019	0.508	0.137
V$_{45}$ 善于塑造团队在外部单位中的良好形象	0.175	0.249	0.180	0.491	−0.196
V$_6$ 经常鼓励团队成员尝试新的工作方法	0.063	−0.157	−0.084	0.000	0.975
V$_7$ 鼓励团队成员创新	−0.008	0.000	−0.081	−0.034	0.966
V$_8$ 营造有利于创新的氛围	0.073	0.125	0.154	0.074	0.542
V$_{16}$ 鼓励团队成员之间相互合作	0.163	0.168	−0.015	0.082	0.456
V$_{10}$ 能够启发团队成员从不同的角度分析问题	0.019	0.269	0.245	−0.058	0.416

第二次探索性因素分析后，问卷共保留了 32 个题目，包含 5 个维度。其中，维度 1 包含 6 个条目，维度 2 包含 6 个条目，维度 3 包含 10 个条目，维度 4 包含 5 个条目，维度 5 包含 5 个条目。

从表 3 可以看出，维度 1 主要包含以身作则、不谋私利、勇于承担责任、公正评价、言行一致以及关心员工等领导行为，这些领导行为主要和团队领导者的品德有关，因此，将因素 1 命名为"品德魅力"（CC，Charm of Moral Character）；维度 2 主要包含制定目标考核制度，对目标进行监控，提供工作标准等行为，这些领导行为都和团队的目标有关，因此，将维度 2 命名为"目标管理"（OM，Objective Management）；维度 3 主要包括给员工描绘美好愿景，提供奖励，提供指导，提供支持和关心等行为，这些领导行为和团队成员的激励有关，因此，将维度 3 命名为"员工激励"（ME，Motivation of Employees）；维度 4 主要包含影响上级领导，获取资源和支持，与外部建立良好的关系等行为，这些领导行为都与获取支持有关，因此，将维度 4 命名为"获取支持"（AS，Acquisition of Support）；维度 5 主要包括鼓励团队成员尝试新的工作方法，鼓励创新，鼓励合作，营造创新氛围等行为，这些领导行为都和鼓励创新有关，因此，将维度 5 命名为"鼓励创新"（EI，Encouragement of Innovation）。

通过归纳法得到的 10 个维度的领导行为在经过探索性因素分析后，被重新归类为 5 个维度：品德魅力、目标管理、员工激励、获取支持和鼓励创新。归纳研究得出的关系指导、提供奖励、精神鼓舞、技能提升等维度的行为都和员工管理有关，这部分的题目大多负荷在"员工激励"这一维度上，也有小部分题目要么是交叉负荷过高，要么是负荷没有达到 0.40。归纳研究中得到的鼓励合作维度中的部分题目负荷到"鼓励创新"这一维度上，这也说明合作和创新是紧密相联系的。归纳研究中得到的协调沟通维度中的部分题目负荷到"获取支持"这一维度上，这也说明协调与沟通是获取支持的重要手段。

通过以上研究，基本上可以认为团队领导者的行为结构是由品德魅力、目标管理、员工激励、获取支持、鼓励创新 5 个维度构成。这 5 个维度体现了团队领导者承担团队内部领导角色和外部领导角色的行为。从探索性因素分析的结果来看，5 个因素的项目分布比较合理，而且每个项目在相应的因素上的负荷较高，5 个因素的累积解释方差变异量达到

66.99%，这个解释率也是比较高的。因此，可以认为团队领导行为的问卷结构是基本可以接受的。

（二）验证性因素分析

1. 研究样本

验证性分析的研究被试主要来自河北和河南的 5 家企业的员工以及河南某政府部门工作人员。共发放问卷 650 份，实际回收 510 份。在所有问卷回收之后，我们对问卷进行了检查，将空白过多且反应倾向过于明显的问卷剔除，最后得到有效问卷 437 份。在调查对象中，男性比例为 82%、女性比例为 18%，年龄 20~30 岁为 20%、31~40 岁为 45%、41~50 岁为 21%、50 岁以上为 7%、未填年龄为 7%。采用经过探索性因素分析后得到的高绩效团队领导行为问卷。采用 Likert 6 分等级量表进行评价。

2. 数据分析与研究结果

验证性因素分析采用软件 LISERL8.50 进行，表 4 所显示的分析结果表明所有的指标均达到了要求。CFA 模型的总体卡方值是 1812.58，自由度是 454，RMSEA 是 0.08，CFI 是 0.98，TLI 是 0.98，NFI 是 0.97，IFI 是 0.98，表 5 因素模型拟合地很好。因此，对团队领导行为问卷的五维度结构模型可以接受。总之，高绩效团队领导行为问卷的内容结构清晰，理论意义非常明确，基本符合研究设想。验证性因素分析的各项指标均符合要求，因此，可以认为高绩效团队领导的行为五维度结构模型是一种比较理想的拟合模型，具有较好的结构效度。

表 4　验证性因素分析结果（N=437）

拟合指数	χ^2	df	χ^2/df	CFI	TLI	RMSEA	NFI	IFI
五因子模型	1812.58	454	3.99	0.98	0.98	0.08	0.97	0.98

另外，还可以将每个观测变量在潜变量上的负荷以及误差变量上的负荷作为评价测量模型好坏的指标。一般来说，如果观测变量在潜变量上的负荷较高，而在误差变量的负荷较低，则表明模型质量好，观测变量与潜变量关系可靠。从 CFA 的数据来看，五因素模型每一个项目在相应潜变量上的负荷都比较高，负荷在 0.59~0.89，这充分说明了观测变量对相应潜变量的解释率较大，这也是高绩效团队领导行为问卷五维度结构模型质量好的另一个证明。图 1 是高绩效团队领导行为问卷的结构模型图，图中也显示了每个观测变量在误差变量上的负荷，数据显示每个观测变量在误差变量的负荷较低。

（三）行为量表的稳定性和内部一致性

探索性因素分析和验证性因素分析的结果表明，高绩效团队领导行为问卷由五个维度组成。采用 Cronbach'α 系数对问卷的信度进行检验，若 Cronbach'α 系数值大于 0.70 才可保留；同时，若发现将某一题目删除反而会增加其内部一致性，则该题需要删除不用。

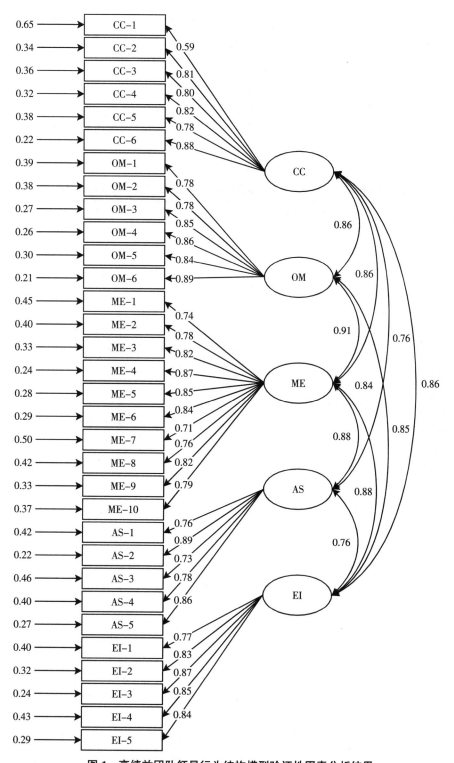

图 1　高绩效团队领导行为结构模型验证性因素分析结果

　　表 5 的数据显示，总问卷的 Cronbach'α 系数为 0.97，问卷各个维度的 Cronbach'α 系数在 0.86~0.93，5 个维度（品德魅力、目标管理、员工激励、获取支持和鼓励创新）的内部一致性系数分别是 0.89、0.86、0.93、0.86 和 0.89，超过了一般信度系数应达到 0.70 的要求。从题目与总分的相关来看，所有题目与总分相关均比较高，而删除任何一个项目也不会引起问卷内部一致性系数的提高，这说明高绩效团队领导行为问卷项目的设计合理，问卷的稳定性高。由于 Cronbach'α 系数既是一个信度指标，同时也是研究问卷结构效度的一个指标，这也说明问卷的结构效度比较合理。

表 5　高绩效团队领导行为问卷的项目和信度分析（N=437，Items=32）

题目	Cronbach'a 系数	该题与总分相关	删除该题后的内部一致性系数
品德魅力（6 个题目）	0.89		
CC-1		0.76	0.86
CC-2		0.75	0.87
CC-3		0.72	0.87
CC-4		0.74	0.87
CC-5		0.64	0.88
CC-6		0.66	0.88
目标管理（6 个项目）	0.86		
OM-1		0.70	0.82
OM-2		0.70	0.82
OM-3		0.64	0.83
OM-4		0.67	0.83
OM-5		0.52	0.85
OM-6		0.63	0.83
员工激励（10 个项目）	0.93		
ME-1		0.72	0.92
ME-2		0.65	0.92
ME-3		0.71	0.92
ME-4		0.73	0.92
ME-5		0.71	0.92
ME-6		0.80	0.92
ME-7		0.78	0.92
ME-8		0.76	0.92
ME-9		0.72	0.92
ME-10		0.63	0.93
获取支持（5 个项目）	0.86		
AS-1		0.68	0.82
AS-2		0.71	0.81
AS-3		0.72	0.81
AS-4		0.60	0.84

续表

题目	Cronbach'a 系数	该题与总分相关	删除该题后的内部一致性系数
AS–5		0.62	0.84
鼓励创新（5 个项目）	0.89		
EI–1		0.73	0.86
EI–2		0.72	0.86
EI–3		0.77	0.85
EI–4		0.64	0.88
EI–5		0.78	0.85
总问卷的信度系数为 0.97			

五、结论与讨论

在本研究中，我们选取了来自公共部门、工商企业的 10 个高绩效团队进行了深入的研究，并通过开放式问卷调查了 168 位来自公共部门和企业的管理人员，在此基础上通过严格的编码程序，归纳出了高绩效团队领导行为所包含的内容，开发出高绩效团队领导行为的初试问卷。在此基础上，经过探索性因素分析、验证性因素分析以及内部一致性分析等方法检验了问卷的效度和信度，研究发现高绩效团队领导的行为包含品德魅力、目标管理、员工激励、获取支持和鼓励创新 5 个维度。

本研究回应了 Yukl（1989）所提出的问题，在团队领导过程中，领导者所表现出来的领导行为超出了二元领导行为研究的内容，二元领导理论对于解释领导者如何建立高绩效团队尚有不足。表 6 将高绩效团队领导行为维度与其他类型的领导行为维度进行了比较。二元领导理论中的家长式领导、变革型领导和交易型领导的行为均在团队领导行为中得以发现。比如，团队领导行为中的"品德魅力"所包含的领导行为内容与家长式领导行为的"品德领导"相似；"员工激励"则包含了变革型领导与交易型领导的行为。

目前，团队层面的领导研究多是组织层面的领导理论在团队层面的应用。例如 Schaubroeck 等（2007）和 Kearney 等（2009）的研究集中在变革型领导在团队层面的运用；Srivastava 等（2006）研究了授权型领导对团队绩效的影响。但是，团队是组织的组成部分之一，有其独特的情境因素，因此高绩效的团队领导也有许多独特于组织领导的行为特征。我们的研究发现，团队领导行为所包含的内容的确非常丰富，这些行为更好地解释了团队领导者如何提升成员之间的相互影响和合作，如何增强成员对团队的认同以及如何促进团队的创新，获取团队的外部支持等。本研究所发现的高绩效团队领导行为的五因子结构是一个紧密联系的有机整体，体现了团队领导者承担团队内部领导角色和外部领导角色的行为。高绩效团队的领导者具有非凡的品格，品德魅力维度则涵盖了团队领导者的以身作则、公正公平、言行一致等系列行为；高绩效的团队需要有明确的目标，目标管理维度涵盖了团队领导者在目标制定、目标考核、目标奖励和目标反馈中的一系列行为；高绩效的团队需要给予团队成员充分的激励，员工激励维度涵盖了精神鼓舞、物质激励、关心指导等系列行为；高绩效团队指的是一个具有创新精神的团队，团队领导者的鼓励创新维度则涵盖了鼓励成员从不同角度思考问题、鼓励合作等系列行为；高绩效的团队具有支持型的外部环境，团队领导者的获取支持维度则涵盖了团队领导者获取资源和支持，与外部建立合作等系列行为。

本研究也表明，团队领导的确是一个十分复杂的过程。影响团队绩效的因素不仅仅来自团队内部，而且团队的环境也会对团队绩效产生重要影响，成为高绩效团队的一个重要条件是它的支持环境。Druskat 和 Wheeler（2003）通过调研发现，一个能够在组织与团队之间构建起良好的边界关系（boundary-spanning）的团队领导，对于团队有效性的提升是有很大帮助的。因此，高绩效团队领导者不仅仅需要"向内领导"，而且需要"向外领导"，即不仅仅要关注团队内部，而且要关注团队外部环境的塑造，以使团队获得更多的资源支持。比如，我们发现，鼓励创新、目标管理、员工激励是典型的对内领导行为，而获取支持则是典型的外部领导行为。因此，本研究没有局限于传统领导者与追随者的二元过程来研究领导行为，而是结合团队运作的特点，以更为广阔的视野来研究领导行为是本研究的一个重要创新。

表 6　高绩效团队领导行为与其他领导行为的比较

类型	领导行为维度
高绩效团队领导	①品德魅力：主要包含以身作则，不谋私利，勇于承担责任，公正评价，言行一致以及关心员工等领导行为。②目标管理：包含制定目标考核制度，对目标进行监控，提供工作标准等行为。③员工激励：包括给员工描绘美好愿景，提供奖励，提供指导，提供支持和关心等行为。④获取支持：包含影响上级领导，获取资源和支持，与外部建立良好的关系等行为。⑤鼓励创新：主要包括鼓励团队成员尝试新的工作方法，鼓励创新，鼓励合作，营造创新氛围等行为
变革型领导（Bass 和 Avolio，1990）	①精神激励：以愿景与目标使成员达成承诺。②智能启发：激发创意与创造力。③领导魅力或理想化的影响：角色塑造。④个别化的关怀：接受差异化、教练与个别支持
交易型领导 Bass（1985）	①权变报酬：以"奖励与避免处罚"作为激励诱因。②积极的例外管理：主动修正下属的错误并指导其加以改进。③消极的例外管理：被动关注下属的偏差行为，错误行为发生才给予纠正
家长式领导（郑伯勋等 2000）	①权威领导：主要包括专权作风、贬抑下属能力、形象修饰、教诲行为等。②仁慈领导：主要包括个别照顾、维护面子等。③德行领导：主要包括公私分明、以身作则等行为

本研究关于团队领导行为的研究不仅支持了前人关于团队领导行为的研究结果，而且发现了西方团队领导模型所没有的特殊变量：品德魅力。本研究的结果表明，领导者的品德行为是中国文化背景下领导者特有的领导行为，团队领导者对团队绩效的影响不仅受到团队机能的影响，而且也会受到领导者个人品格的影响。好的团队领导应具备诚信正直、

不图名利、用人唯才，以及"先人之苦、后人之乐"等品德，这和凌文辁等（1991）所提出的 CPM 理论是一致的。

另外，高绩效人力资源系统的相关研究是探讨一系列人力资源的最佳实践以达成企业的高绩效发展目标。本研究借鉴了高绩效人力资源系统的思路，从绩效目标出发，讨论领导学领域中的高绩效团队领导。这一研究思路，有利于我们集中讨论领导者的工作实质与行为，继而分析高绩效团队领导与低绩效的领导的差异，对于倡导最佳领导实践有积极作用。

总之，本研究揭示了中国文化背景下高绩效团队领导者的行为，研究结论不仅部分支持了以往关于团队领导行为的研究结论，也有一些新的发现，这说明团队领导行为在不同的文化背景下既有差异性，又有共同性。本研究填补了国内关于高绩效团队领导行为研究的空白，不仅在领导学理论方面具有一定的理论意义，同时为指导管理者建立高绩效团队提供了实践指导。

本研究的不足之处在于对高绩效团队领导行为的考察，使用了横截面数据对团队领导者的行为进行了研究，未来可以考虑利用纵向数据对领导行为的演变特点进行研究，同时，还可以通过增加情境变量来考察在不同的情境下领导者行为的演变。未来可以通过实证研究进一步检验高绩效团队领导与变革型领导、家长式领导之间的区别效度和结构效度。也可以进一步探索高绩效团队领导对团队氛围、团队绩效的影响机制，以检验高绩效团队领导的预测效度。随着各个组织对创新工作的重视，未来可以深入研究团队领导行为对团队创新氛围的影响机制，从而为领导者在团队内部建立创新氛围提供指导。未来的研究可以进一步探索在中国本土文化背景下领导者发展的影响因素，以及领导者发展的策略，以提出更加符合中国特色的理论。

参考文献：

[1] Katzenbach J. R., Smith D. K.. The Wisdom of Teams: creating the High Performance organization [M]. New York: Happer Collins, 1993.

[2] 王辉. 组织中的领导行为 [M]. 北京：北京大学出版社，2008.

[3] Bennis W., Nanus B.. Leaders: The Strategies of Taking Charge [M]. New York: Harper & Row, 1985.

[4] Wang H., Law K. S., Hackett R. D., Wang D., Chen Z.. Leader-member Exchange as a Mediator of the Relationship between Transformational Leadership and Followers Performance and Organizational Citizenship Behavior [J]. Academy of Management Joural, 2005, 48: 420-432.

[5] 李超平. 变革型领导的结构、测量及其作用机制研究 [D]. 中国科学院心理研究所，2003.

[6] 陈晓萍. 领导者行为与员工离职. 中国企业管理的前沿研究 [M]. 北京：北京大学出版社，2004.

[7] 张丽华. 改造型领导与组织变革过程互动模型的实证与案例研究 [D]. 大连理工大学，2002.

[8] 郑伯埙. 差序格局与华人组织行为 [J]. 本土心理学研究，1995（3）.

[9] 鞠芳辉，谢子远，宝贡敏. 西方与本土：变革型、家长型领导行为对民营企业绩效影响的比较研究 [J]. 管理世界，2008（5）.

［10］周莹，王二平.团队领导的职能、决定因素及有效性［J］.心理科学进展，2005（6）.

［11］罗伯特.N.罗瑟尔，克里斯托夫.F.阿川.领导力教程——理论、应用与技能培养［M］.北京：清华大学出版社，2008.

［12］Fleishman E. A., Mumford M. D., Zaccaro S. J., et al.. Taxonomic Effects in the Description of Leader Behavior: A Synthesis and Functional Interpretation［J］. The Leadership Quarterly, 1991, 2（4）: 245-287.

［13］Zaccaro S. J., Rittman A. L., Mark M. A.. Team Leadership［J］. The Leadership Quarterly, 2001（12）: 451-483.

［14］Hackman J. R.. Leading Teams: Setting the Stage of Great Performance［M］. Boston: HBS Press, 2002.

［15］Burke C. S. What Type of Leadership Behaviors Are Functional in Teams? A Meta-analysis［J］. The Leadership Quarterly, 2006, 17: 288-307.

［16］理查德·哈格斯等.领导学：在经验积累中提升领导力［M］.朱舟译.北京：清华大学出版社，2007.

［17］忻榕，徐淑英，王辉，张志学，陈维正.国有企业的企业文化：对其维度和影响的归纳性分析.中国企业管理的前沿研究［M］.北京：北京大学出版社，2004.

［18］王辉，忻榕，徐淑英.中国企业CEO的领导行为及对企业经营绩效的影响［J］.管理世界，2006（4）: 87-97.

［19］Jiing-Lih Farh, Chen-Bo Zhong, Dennis W. Organ. Organizational Citizenship Behavior in the People's Republic of China［J］. Organization Science, 2004（15）: 241-253.

［20］Yukl G. A.. Leadership in Organizational［M］. 2nd ed. Englewood Cliffs, NJ: Prentice Hall, 1989.

［21］Schaubroeck J., Lam S. S. K., Cha S. E.. Embracing Transformational Leadership: Team Values and the Impact of Leader Behavior on Team Performance［J］. Journal of Applied Psychology, 2007, 92（4）: 1020-1030.

［22］Kearney E., Gebert D.. Managing Diversity and Enhancing Team Outcomes: The Promise of Transformational Leadership［J］. Journal of Applied Psychology, 2009, 94（1）: 77-89.

［23］Srivastava A., Bartol K. M., Locke E. L.. Empowering Leadership in Management Teams: Effects on Knowledge Sharing, Efficacy and Performance［J］. Academy of Management Joural, 2006, 49（6）: 1239-1251.

［24］Druskat V. U., Wheeler J. V.. Managing from the Boundary: The Effective Leadership of Self-managing Work Teams［J］. Academy of Management Journal, 2003, 46（4）: 435-457.

［25］凌文辁，方俐洛，艾卡儿.内隐领导理论的中国研究——与美国的研究进行比较［J］.心理学报，1991（3）: 236-241.

［26］Pfeffer J.. The Human Equation: Building Profits by Putting People First［M］. Boston: Harvard Business School Press, 1998.

［27］Mintzberg H.. Managing［M］. Berrett-Koehler Publishers, 2009.

Research on Behaviors Factor Structure of High—performance Team Leaders and Its Measurement in the Chinese Context

Cao Yangfeng, Wu Chunbo, Song Jiwen

Abstract: Compairing with the transactional, transformational, andpaternalistic leadership behaviors theory, the context of team leadership is numerous, and can explain clearly the process and mechanism of how the team leader build a high performance team. The paper also finds the special dimension of high performance team leadership under the background of China culture other than foreign team leadership theory.

Key words: high performance team; leadership; team performance; context of Chinese organizations

员工组织承诺的形成过程：内部机制和外部影响*

——基于社会交换理论的实证研究

刘小平

【摘 要】虽然研究者都认同员工组织承诺的形成可以用社会交换理论来解释，却很少有研究根据社会交换过程来分析组织承诺的形成过程。本研究选取社会交换过程中的关键因素，以风险认知作为员工建立与组织交换关系的起始点，以组织信任作为激发和维持社会交换关系的关键因素，建立了一个组织承诺形成过程的内部机制模型。同时，由于领导对下属的巨大影响，本研究把领导作为关键外部影响因素，分析了领导的变革型领导行为对下属组织承诺形成过程各要素的影响。研究结果表明，组织信任在风险认知与情感承诺、规范承诺之间起中介作用，领导的变革型领导行为对下属的风险认知、组织信任、情感承诺、规范承诺都会产生显著影响。

【关键词】社会交换理论；风险认知；组织信任；组织承诺；变革型领导

一、问题的提出

在知识经济时代，人才日益成为各类组织的战略性资源。如何在激烈的人才争夺战中保留住核心员工，进而提高组织的核心竞争力，是每一位管理者关心的问题。在这种背景下，人们对离职问题进行了大量的研究。研究结果表明，组织承诺是继工作满意度之后，另一个预测员工离职的重要指标。另外，不论工作层次、年龄、资历，员工的组织承诺与工作绩效之间都存在显著正相关（Mathieu 和 Zajac，1990；Riketta，2002）。

要想提高员工的组织承诺，就有必要了解员工的组织承诺是怎么形成的，其内在的心

---

* 本文选自《管理世界》2011 年第 11 期。

理机制是什么。根据社会交换理论的思想，组织为员工提供理想的工作环境，员工就容易形成对组织的忠诚。组织承诺与理想的工作环境呈正相关，与不理想的工作环境呈负相关（Eisenberger、Huntington、Hutchison 和 Sowa，1986）。在此基础上，研究者们分别提出了员工—组织匹配模型、期望满足模型、因果归因模型、组织公平模型、组织支持模型、回顾性文饰作用模型等（刘小平，2000）。但是，这些模型只是利用社会交换理论的思想，探讨了各种变量与组织承诺之间的关系，并没有解释员工的组织承诺是如何逐步形成、发展的，组织承诺的形成过程仍然是一个"黑箱"。

如果把员工—组织关系看成是员工与组织之间建立的一种社会交换关系，组织承诺就是这种交换关系建立后员工的心理感受。员工—组织关系的建立，就是员工以个体的劳动和对组织的忠诚来换取组织给予的报酬，员工与组织的这种交换关系在不同文化背景下都是存在的，员工—组织交换关系的建立过程就是一种社会交换关系的形成过程（Rhoades 和 Eisenberger，2002）。要了解组织承诺的形成过程，就需要把它建立在社会交换过程的基础上。

根据社会交换理论，在交换关系建立的过程中存在着不确定性和风险，个体会对交换过程中存在的不确定性和风险进行评估（Blau，1964）。风险评估是人们建立各种社会交换关系的起始点，风险评估结果直接影响人们对交换关系的态度和行为（Molm、Takahashi 和 Peterson，2000）。研究者们除了从经济学视角来研究交换过程中的风险外，也从心理学视角来研究交换过程中的风险，并取得了一些有别于经济学的研究成果（Slovic，1987）。在激发和维持社会交换关系的过程中，另一个重要的因素就是信任。在过去 10 多年来，信任被很多经济学、心理学研究者用来探讨社会交换关系中的个体、群体或组织之间的行为（Das 和 Teng，2004；Colquitt、Scott 和 Lepine，2007）。

不同学科在研究社会交换关系时，实际关注的重点放在了社会交换过程的不同环节。经济学研究者比较注重社会交换过程中的不确定性因素和风险评估，以及由此而产生的合作行为；而心理学研究者虽然也研究风险认知，但比较注重社会交换过程中双方的心理感受，例如信任和承诺（Scott，1987；Lopes，1994；Neves 和 Caetano，2006）。如果能把经济学和心理学研究社会交换关系的成果综合起来，把风险认知作为研究员工与组织建立社会交换关系的起始点，把组织信任作为激发和维持社会交换关系的关键因素，通过研究交换过程中的风险认知、组织信任与组织承诺之间的关系，就有可能比较完整地揭示组织承诺发展过程的内在机制。

另外，在工作背景下，领导常常被员工看成是组织或部门的代理人，虽然组织承诺反映的是员工与组织的社会交换关系，但领导在员工—组织关系的形成过程中扮演着重要的角色。领导—成员交换理论的研究结果证明，领导—成员关系直接影响员工组织承诺（Liden、Sparrowe 和 Wayne，1997），领导—成员交换关系的质量与成员的组织承诺呈显著正相关（Major、Kozlowski、Chao 和 Gardner，1995），上述研究都说明了领导在员工—组织关系形成过程中的地位和影响。有研究表明：60%~75%的员工认为在他们的日常工作中，最大的压力来自于直接领导（Kaiser、Hogan 和 Craig，2008）。因此，有必要探讨领导的管理风格和行为对员工组织承诺形成的影响。

本研究就是把经济学和心理学两个不同学科的研究成果结合起来，选取社会交换过程中的风险认知、组织信任等关键因素纳入到员工组织承诺的形成、发展过程中来，建立一个基于社会交换过程的组织承诺形成过程模型。同时，把领导作为外部的关键因素，探讨在工作情景下领导的管理风格和行为对员工组织承诺形成的影响。这样对内部机制和外部影响两个方面的效应同时进行分析，使人们对组织承诺的形成过程有一个更全面的理解。

二、文献回顾及研究假设

(一) 组织承诺与社会交换理论

承诺 (commitment) 是形成稳定社会结构的基础，在不同领域都有研究。承诺通常被定义为在社会交换过程中个体与其他实体之间形成的一种固定联结，其他实体可能是另一个个体、群体、组织或一种交换关系。这种联结形成后，可以抵御个体追逐其他更优实体，以避免使目前的结构联结不稳定。即使目前的关系不是最优的，也不愿意考虑其他的选择 (Blau，1964)。

组织承诺 (organizational commitment) 是员工对组织的一种肯定性的态度或心理倾向 (Mowday、Steers 和 Porter，1979)。组织承诺的形成，意味着员工在心理上与组织形成了一种固定的联结。对于组织承诺的内涵，过去很长一段时间都是把它看成是单一维度的，目前大家比较认同的是 Meyer 和 Allen (1991) 提出的三因素模型，即组织承诺实际上是包含了 3 个维度。这 3 个维度分别是：情感承诺，指员工对组织的心理依附，员工对组织忠诚是因为他们愿意这样做；持续承诺，指由于离职会带来损失，员工对组织忠诚是他们不得不这样做；规范承诺，指员工有一种义务感和责任感，员工对组织忠诚是他们感到应该这样做。

另外，根据组织承诺的强度，有研究者把它划分为 3 个不同的层次：顺从、认同、内化 (Reichers，1985)。国内一项研究发现，组织承诺随着其服务年限的增长表现出周期性变化，可以划分为震荡期、认同期、稳定期、反刍期、固化期 5 个阶段 (韩翼、廖建桥，2005)。上述几个理论主要是从组织承诺的发展阶段角度提出来的，对于理解组织承诺的形成过程有很重要的作用。这些理论说明，组织承诺的形成要经过一个比较长的发展过程，是有规律可循的，这为从社会交换过程探讨组织承诺提供了依据。

社会交换理论 (social exchange theory) 兴起于 20 世纪 50 年代后期，它是用经济学、社会学和心理学的理论从微观角度研究人类行为 (Homans，1958)。社会交换指的是利益互惠行为，指一方向另一方提供帮助、支持等，使得对方有了回报的义务，但不知道对方是否会回报和什么时候回报，因此这种交换关系具有不确定性和风险 (Blau，1956)。交换的隐含条件是双方通过交换各自特有的资源，从而达到互利的目的，其核心是自我利益和互相依赖（Lawler 和 Thye，1999）。员工—组织关系的建立，一方面，员工以个体的劳动来换取组织的报酬，以个体对组织的忠诚来换取组织对个体的关心和支持；另一方面通过员工的努力工作，使组织有更大的发展；员工与组织之间相互依赖关系的形成就是一种社会交换关系的形成（Rhoades 和 Eisenberger，2002）。

从社会交换的角度看组织承诺的形成，学者们认为组织承诺是建立在两种不同的社会交换关系的基础上：一是建立在经济性交换关系基础上的，员工选择与组织建立稳定的交换关系而不是随机性的交换关系，主要是为了减少不确定性，在这种情形下组织承诺从本质上说是一种避免风险的机制，持续承诺就是在经济性交换基础上形成的；二是建立在社会性交换关系的基础上，员工与组织在长期成功交换关系中形成了情感联结，情感承诺和规范承诺就是在社会性交换基础上形成的（刘小平，2000）。就研究内容而言，经济学研究者偏向于经济性交换关系研究，心理学研究者偏向于社会性交换关系研究。但这两类研究融合的趋势很明显，综合性的研究得到社会交换理论研究者越来越多的重视（Lopes，1994）。

Blau（1964）认为在社会交换过程中，双方相互的责任度越高，社会交换关系就越稳定，双方从交换关系中获利的可能性就越大。根据员工与组织责任的平衡度和责任度，可以将员工—组织关系分为四类：共同高责任、共同低责任、员工高责任—组织低责任、员工低责任—组织高责任；并且验证了相互高责任时，员工的情感承诺最高（Shore 和 Barksdale，1998）。有研究在中国情境下证实了员工的社会交换观念和双方责任程度的高低对于员工组织承诺的显著影响（Hom、Tsui、Wu、Lee、Zhang、Fu 和 Li，2009）。

对于把组织承诺放到员工—组织社会交换关系的框架下进行研究，已经有研究者开始把社会交换理论的一些元素纳入到研究中来。例如，回报在心理契约形成过程中的作用及其对员工组织承诺的影响（Dabos 和 Rousseau，2004）；员工—组织关系中双方责任大小及其平衡性对员工组织承诺的影响（Shore 和 Barksdale，1998）；组织支持感、组织公平对员工组织承诺的影响（Eisenberger、Huntington、Hutchison 和 Sowa，1986）；以信任为中介变量，探讨组织层次变量与员工态度与行为的关系（Aryee、Budhwar 和 Chen，2002）；研究组织信任在组织支持感和组织承诺间的中介作用（Chen、Aryee 和 Lee，2005）；这些研究开始重视社会交换理论中的一些元素在组织承诺形成过程中的重要作用。但是，目前还没有研究把风险认知、组织信任等关键变量同时纳入到组织承诺形成过程中。

社会交换理论另一个非常显著的发展是把社会网络的概念引入社会交换关系中来。这种发展把较为微观层面的人类交换行为与更为宏观的社会背景联系起来了，因此制约社会交换规范的文化背景因素、跨文化因素就引起了人们的重视（Cook、Yamagishi、Cheshire、Cooper、Matsuda 和 Mashima，2005）。在工作情景下，领导就代表了组织或部门，由于领导与下属之间密切的互动关系，领导会对员工—组织关系产生重要影响。例如，领导提供给部属较多的信任、支持等资源，就会使下属增强对组织的忠诚感以保证与组织之间平衡互惠的交换关系（Avolio、Weichun、Koh 和 Bhatia，2004）。

中国尽管经历了剧烈的社会变迁，但依然留下很多传统文化的烙印。虽然已不再提"三纲五常"，但现代的"领导等级制"说明中国社会仍然对上下级关系非常敏感。"尊卑上下，忠孝顺从"的思想，使下属对领导无条件和无批判性地尊敬和服从，很少有自己的独立思考和判断，下级的行为受到上级领导的强烈约束，下级的工作态度和行为受到上级的极大影响（杨国枢，2004）。这说明无论是领导和下属之间固有的工作关系，还是中国这种崇尚权威的传统思想，都可能使得领导的行为、态度都会对下属的组织承诺产生重大的影响。在中国文化背景下考察员工组织承诺的形成过程，有必要考虑领导这个关键因素在其中发挥的作用。

（二）社会交换过程中的风险认知与组织承诺的关系

所有社会交换关系的建立都会涉及不确定性和风险，只是性质和大小有区别。根据不确定性和风险的性质，可以把社会交换关系分为互惠型交换关系（reciprocal exchanges）和协商型交换关系（negotiated exchanges）（Molm、Takahashi 和 Peterson，2000）。在互惠型交换关系中，由于事先没有协商好严格约束的协议，人们不知道自己能否得到回报、什么时候得到回报。在协商型交换关系中，刚开始双方讨价还价的过程中也充满了不确定性，即使一旦达成协议，在现实环境中依然面临着风险，例如对方毁约、质量问题等（Coleman，1990）。

一种社会交换关系的建立过程可分为 3 个不同阶段：对交换关系的风险评估阶段、尝试交换的行动阶段以及建立稳定的交换关系阶段（Bauer 和 Green，1996）。行为决策理论认为，风险认知就是决策者对情境所包含的不确定性进行的评估，包括决策者如何解释风险情境、对风险的控制能力和概率估计以及对估计的信心程度（Slovic，1987）。人们会根据收益—损失来评估风险，如果因风险而造成的损失和它带来的收益达到平衡，就会趋向于接受这种交换关系（Scott，1987；Cook、Yamagishi、Cheshire、Cooper、Matsuda 和 Mashima，2005）。因此，风险认知是建立社会交换关系的起始点。

在本研究中，风险认知（risk perception）是指员工对存在于组织环境中的各种各样可能会影响自己职业发展和生活健康风险的认知。也就是说，员工会对自己留在组织中的收益和损失的不确定性进行评估，当留在组织的收益大于损失时，就会接受这种交换关系。

以往直接探讨风险认知与组织承诺关系的研究很少，但间接说明两者关系的研究还是有一些。例如，发现员工对于回报的风险认知会影响行为承诺和情感承诺（Molm、Takahashi 和 Peterson，2000）；分配公平性对情感承诺和规范承诺有显著性影响，而分配公平性是产生风险的一个重要根源（张勉、张德、王颖，2002）；组织氛围、管理行为等对组织承诺都有比较好的预测效果，而组织气氛、管理行为等同样会产生风险（Tao、Takagi、Ishida 和 Masuda，1998）。还有一项研究调查了核电站员工的风险认知、组织承诺和对管理的满意度这三者之间的关系，结果发现核电站员工对留在核电站工作的风险认知显著影响他们的组织承诺（Kivimäki、Kalimo 和 Salminen，1995）。根据以上分析及研究结果，提出以下研究假设。

H1：员工的风险认知与组织承诺的 3 个维度均显著负相关。

（三）社会交换过程中的组织信任与组织承诺的关系

信任是对他人善意的一种信念，是个体有能力对另一方进行监控，却不这样做而将自身置于可能受到对方伤害的处境（Mayer、Davis 和 Schoorman，1995）。也可以理解为，信任是对风险进行了理性分析后，在承担了风险的情形下，对合作伙伴表现出的一种信赖（Das 和 Teng，2004）。许多信任的理论都是以社会交换理论为基础的，信任的产生是通过两个实体之间重复的利益交换而形成；或者是人们的价值观、态度和情感相互作用的结果（Jones 和 George，1998）。

在本研究中，组织信任（organizational trust）是指员工相信组织的行为和周围环境会朝自己所期待的方向发展，它是员工对组织的诚意、善意以及可信性的信念，认为组织领导在交换过程中会既可靠又正直（Robinson，1996）。

信任的产生机制一直以来都是信任理论研究的热点。行为决策理论认为个体的信任选择事实上是一个有限理性的决策过程，个体与信任目标交往过程涉及经济上的利益关系，个体会权衡收益与损失，最后做出是否信任他人的决定，并决定是否合作（Coleman，1990；Jones 和 George，1998；Sheppard 和 Sherman，1998）。根据信任的发展程度不同，可以划分为 3 种不同程度的信任：谋算型信任、了解型信任、认同型信任。最初做出信任的选择是基于成本、收益的权衡，这是谋算型信任；随着相互了解的加深，有些信任关系会发展成为了解型信任；双方之间关系持续加深，个体开始认同他人的偏好和价值观念，从而进入认同型信任阶段（Lewicki 和 Bunker，1996）。这些研究结果说明了信任的形成不仅仅有理性分析的过程，也包含情感因素的作用。这个模型是从信任的发展阶段角度提出来的，对于理解信任的形成过程有很重要的作用。

从上面的分析可以看到，组织信任和组织承诺是员工—组织交换过程中两个密切相关的概念：一是两者都包含了认知因素和情感因素两种成分；二是两者的形成都是伴随着社会交换的过程由浅入深逐步发展的。已有不少研究探讨了组织信任和组织承诺间的关系。研究结果表明，组织信任和组织承诺显著正相关，组织信任是员工组织承诺的一个主要预测变量（Liou，1995；Aryee、Budhwar 和 Chen，2002）。组织信任是决定组织承诺的关键因素之一，高水平的组织信任会导致高水平的组织承诺（Song、Kim 和 Kolb，2009）。

在组织背景下，员工的组织信任和组织承诺都是在员工与组织的社会交换过程中产生，都有由低到高的发展过程。这些特点为本研究把组织信任的发展纳入到组织承诺的形成过程提供了依据。根据以上观点，提出了以下研究假设。

H2：员工对组织的信任与组织承诺的 3 个维度均显著正相关。

（四）社会交换过程中组织信任的中介作用

社会交换理论认为，在没有监控机构来监督行为、对潜在交易伙伴的底细了解很少的情况下，通常人们不会期望一个交易伙伴会做出值得信赖的行为。在这种条件下，理性的人很少会从事交换，或交换的价值较小；随着认知和信任程度的增加，交换的频率和价值都会增大（Sheppard 和 Sherman，1998）。下面再从相关研究和中介效应理论来对三者的关系进行阐述。

首先，风险认知会影响信任，只有在风险的背景下才需要信任。研究者认为信任是在有风险的情况下，对他人动机抱以积极的期待，风险的类型决定了信任形成的机制（Das 和 Teng，2004）。在互惠型交换条件下一方对另一方的信任和承诺要高于协商型交换，这是因为互惠型交换的不确定性和风险要大于协商型交换，只有在高不确定性和高风险的条件下，人们才有机会向对方展示自己的可信性（Molm、Takahashi 和 Peterson，2000）。

从信任决策的角度来看，风险是信任建立的核心，要建立信任必须要经历一系列的风险（Holmes 和 Rempel，1989）。实际上关于风险和信任的许多研究都指出，选择了信任就意味着承担了风险；风险认知会直接影响决策，也会通过信任间接影响（Cook，Yamagishi、Cheshire、Cooper、Matsuda 和 Mashima，2005）。另外，根据个体间或企业间合作的风险认知、信任、承诺关系的研究结果，也表明信任可能在风险认知和承诺或合作间起中介作用（Das 和 Teng，1998；Molm、Takahashi 和 Peterson，2000）。

其次，根据以上文献的分析，如果风险认知显著影响员工的组织信任和组织承诺，而员工对组织的信任也会显著影响组织承诺，根据中介效应原理，可以推论员工对组织的信任可能在风险认知和组织承诺中间起中介作用（Baron 和 Kenny，1986）。根据以上分析，提出了以下研究假设。

H3a：员工的风险认知与组织信任显著负相关。

H3b：员工对组织的信任在风险认知与组织承诺的 3 个维度间均起中介作用。

（五）组织承诺形成过程中领导对下属的影响

由于领导常常被下属看成是组织或部门的代理人，在考察员工—组织关系的形成时就不得不考虑领导对它的影响。领导对下属的组织承诺形成发挥影响有多种途径：其一，领导在组织中的正式地位、领导的网络圈和领导对资源的控制，使得领导具有影响下属职业发展的奖赏权力，下属对领导权力的感知越强烈，影响就越大；其二，领导作为一个个体，其价值观、态度和行为本身就会时时在感染和影响着下属（Avolio 和 Gardner，2005）。

在中国高权力距离的文化下，领导的价值观、心理与行为对下属的心理与行为有更大的影响。研究发现，在中国文化背景下，领导对下属的影响比组织更大，对人的忠诚比对制度的忠诚更重要（Chen、Tsui 和 Farh，2002）。

在众多研究领导对下属影响的理论中，变革型领导（Transformational Leadership）近年来得到研究者的极大关注。变革型领导强调通过理想化影响、感召力、智能激发和个性化关怀，改变组织原有的人际关系、文化氛围与行为模式，影响下属的价值观念、工作态度和行为，从而达到超出预期的工作绩效（Bass，1985）。变革型领导行为概括了领导对下属发挥影响的各个方面，利用这个变量来考察领导对下属的影响是一个比较好的选择。

Bass（1985）明确指出，变革型领导理论是基于社会交换关系的。变革型领导表现出令下属敬重的特质或行为；利用机会与下属交流以传达其理念和想法，向下属展示工作激情和乐观态度、激发下属工作动机；关注下属需要、关心下属发展，是为了获得下属的认同，希望下属有更积极的工作态度和行为，从而提高组织的绩效。下属感知到领导的信任、尊重和关心，就会产生回报的义务，正是这种回报心理深刻地影响着下属对组织的态度，并从工作行为或态度上表现出来（Avolio、Weichun、Koh 和 Bhatia，2004）。研究也表明，员工对组织社会交换关系的感知在 CEO 的变革型领导行为与员工结果变量之间起中介作用（Song、Tsui 和 Law，2009）。变革型领导行为与高质量的领导成员交换关系正相关（Howell 和 Hall-Merenda，1999）。

由于领导往往负责组织或部门的运作，不仅影响组织或部门的规范和信念，领导的认知图式会通过领导行为影响下属的认知图式，从而影响下属认知系统的构建（Wofford 和 Goodwin，1994），包括影响下属在组织中面临各种风险的认知。

变革型领导一方面具有令下属心悦诚服的特质或行为，能成为下属的角色典范，能得到下属的认同、尊重和信任；另一方面通过给下属提供个性化关怀，满足下属自尊和自我实现等高层次需要，以获得下属对组织的信任。大量研究表明，变革型领导与下属的信任具有显著的正相关，信任在变革型领导行为与结果变量之间起中介作用（Podsakoff、MacKenzie 和 Bommer，1996；Jung 和 Avolio，2000；鞠芳辉、谢子远、宝贡敏，2008）。

变革型领导不仅能获得下属的信任，还能够通过提升下属工作的内在价值，影响下属的工作动机，进而影响组织承诺（Bono 和 Judge，2003）。变革型领导行为与下属组织承诺有显著正相关（Walumbwa、Lawler、Avolio，Wang 和 Shi，2005；陈永霞、贾良定、李超平、宋继文、张君君，2006；魏峰、李秀娟，2008）。

尽管已有不少研究探讨了领导的变革型领导行为与员工组织承诺的关系，但把它作为一个外部影响因素，同时探讨它对员工组织承诺形成各个环节影响的研究还没有。另外，正如研究者所指出的，以往研究大部分都是基于单个层次的数据来分析变革型领导行为与结果变量之间的关系，更需要从多层次的角度收集数据来分析变革型领导行为对下属的影响（陈文晶、时勘，2007；Yang、Zhang 和 Tsui，2010）。

根据以上分析，提出以下研究假设。

H4a：领导的变革型领导行为与下属的风险认知显著负相关。

H4b：领导的变革型领导行为与下属的组织信任及组织承诺的 3 个维度均显著正相关。

在本研究中领导是指有直接下属的管理者；当然从组织的角度而言，这些管理者及其下属都是组织的员工。变革型领导既指一种领导的风格，也指具有这种领导风格的领导者。

三、研究方法

（一）研究对象

本研究分别选取了广西、广东等地的 5 家医院作为调研对象。为了能够让被调查者真实地反映他们的想法，除了在问卷中说明调研结果主要用于分析总体情况，不涉及具体个人信息外，每一份问卷都配有一个信封，调研对象填好问卷后自己用信封封好分别投入到研究者事先设立的信箱里。同时，为了获得各个部门领导和下属的配对数据，对每家医院的各个部门进行了仔细的分析确保它们基本上都处于相同的管理层级，并对各个部门都进行了编号。问卷收集上来以后，对各个部门领导及其下属的关系再次进行了核对。

本研究共发放问卷 1250 份，回收问卷 1012 份，回收率为 80.96%，其中有效问卷 984份，有效问卷回收率 78.72%。在收回的有效问卷中，删除了部门领导与下属没法配对的数据，及其下属有效问卷数少于 3 人的数据，得到了 125 名部门领导及其配对下属共 873份问卷。调查对象的人口统计特征分别为：男性 27.3%，女性 72.7%；已婚 69.6%，未婚 30.4%。年龄介于 21~30 岁的占 42.3%，31~40 岁的占 37.3%，41~50 岁的占 16.4%，50岁以上的占 4.0%。在教育程度方面，初中及以下、高中或中专、大专、本科、研究生以上分别为：0.2%、11.5%、30.7%、36.4%、21.2%。在本单位工作年限方面，两年以下的占 20.2%，3~5 年的占 16.3%，6~10 年的占 25%，10 年以上的占 38.5%。

（二）测量工具

本研究中使用的量表除了风险认知量表外，其余均来自于以往经典研究文献。为了保证一些西方量表在中国背景下的测量有效性，由多位管理学专业博士对量表并行地进行了互译（Brislin，1986），对某些条目进行了一定的删减、修订。整份问卷均采用 Likert 7 点量表法。其中风险认知量表中，1 表示发生风险的可能性极小，7 表示发生风险的可能性极大，数字越大，表示发生风险的可能性越大。在其余量表中，1 代表非常不同意，7 代表非常同意，数字越大表示越同意。

风险认知量表是根据本研究的需要专门开发的，共有 8 个项目。为了开发该量表，研究者进行了深度访谈和两次试调查。首先，在相关文献分析的基础上对 48 位 MBA 学生进行了深度访谈，由 6 位管理学专业的教师和研究生分成两组分别对访谈材料按照定性材料分析方法进行讨论（Post 和 Andrews，1982），列出在员工—组织关系中，员工可能面临的各种风险。然后对两组讨论的结果进行比较，选取了两组共同列举的 10 种主要风险作为测评项目制成初步的问卷。第一次试调查发放了 220 份问卷，收回有效问卷 166 份（有效回收率 75.5%），探索性因子分析结果表明，量表 10 个项目可分为职业发展风险和生活健康风险两个维度。职业发展风险如在本医院找不到发展机会、被医院解聘或辞退而导致失业等；生活健康风险如自身健康受到损害、情绪受到各种人为因素的严重影响等。在试调查的基础上，删去两个项目，每个维度各有 4 个项目。第二次试调查发放问卷 300 份，收回有效问卷 245 份（有效回收率 81.7%）。对该量表的验证性因子分析结果表明，$\chi^2(19) = 39.74$，$RMSEA = 0.067$，$GFI = 0.96$，$NFI = 0.97$，$CFI = 0.98$，达到了可接受的水平。

另外，对于风险认知的评估方法，有研究者通过比较不确定性与结果严重性相乘、相加，以及直接测量 3 种风险认知测评方法，发现各种测评的 R^2 值是非常相近，但第三种测评方法更易于使用，而且更能反映测评概念的结构（Johnson 和 Tversky，1984），研究者本人在试调查的过程中，也对不同测量方法进行了比较，结果都比较相似。因此，本研究采用了直接测评法。

组织信任的测量采用 Robinson（1996）在研究中使用的量表。该量表最早由 Gabarro 和 Athos（1976）开发，Robinson 抽取了其中的 7 个项目，用来测量员工的组织信任。该量表已成为测量信任的经典量表，被很多后来的研究者采用。

组织承诺量表是在 OCQ（organizational commitment questionnaire）正向记分项目（主要测量情感承诺）（Mowday、Steers 和 Porter，1979）、Meyer 和 Allen（1991）的持续承诺量表（continuance commitment scale）、规范承诺量表（normative commitment scale）基础上修订而来的。此量表已经被使用于中国情境下的实证研究，表明具有很好的信效度（刘小平、王重鸣、Brigitte，2002）。总量表共有 12 个项目，每个分量表 4 个项目。

变革型领导行为采用的是多因素领导问卷（MLQ Form 5X）（Bass 和 Avolio，1997），该量表共有 20 个项目，包括理想化特质、理想化行为、感召力、智能激发和个性化关怀 5 个维度，通过讨论修订，最后保留了 15 个项目。

在组织承诺的研究文献中，性别、年龄、婚姻状况、教育程度、工作年限等变量通常作为重要的控制变量（Mathieu 和 Zajac，1990）。在本研究中也收集了这些变量的信息，以便检验它们对组织承诺的影响。其中，对性别和婚姻状况进行了虚拟变量处理，男性为"0"，女性为"1"；未婚为"0"，已婚为"1"。年龄分为 4 个等级，学历分为 5 个等级，在本单位工作年限分为 4 个等级。

由于问卷采用自陈量表的形式，各个变量的数据都是由同一调研对象提供，为了避免共同方法偏差（common method variance，CMV），事前采取了以下预防措施：①对部分项目进行反向描述；②不同的量表采用了不同的指导语；③采用匿名方式进行填写。

四、数据分析与结果

（一）量表的信度和效度分析

首先，对各个变量的共同方法偏差和共线性严重程度进行分析。Harman 单因素分析结果表明，未经旋转前第一个因子解释了各个变量所有测量项目 35.6% 的变异，不占大多数。共线性统计分析结果表明，各变量间的容忍度均大于 0.6，VIF 均小于 2。因此，各个变量间不存在严重的共同方法偏差和共线性问题（Podsakoff、MacKenzie、Lee 和 Pod-sakoff，2003）。

然后，根据样本数据对各变量的结构效度和信度进行检验。为了检验各变量的结构效度，分别对各量表测量项目进行了验证性因子分析。在判断模型的拟合程度时，同时考察了 χ^2/df、GFI、NFI、CFI 等指标。如果 χ^2/df 小于 5∶1（Schumacker 和 Lomax，1998），GFI、NFI、CFI 等指标超过 0.90，RMSEA 值小于 0.08，就说明该模型是可以接受的（Browne 和 Cudeck，1989）。

风险认知的二因子结构能够很好地拟合样本数据。验证性因子分析各项拟合度指标分别为：$\chi^2(17) = 41.78$，RMSEA = 0.041，GFI = 0.99，NFI = 0.99，CFI = 0.99。各个测量项目在相应的潜变量上的标准化系数都在 0.55 以上，t 值均达到显著性水平，说明各个项目具有良好的收敛性。量表的内部一致性系数为 0.85。

组织信任的二因子结构能够很好地拟合样本数据。验证性因子分析各项拟合度指标分别为：$\chi^2(12) = 44.09$，RMSEA = 0.055，GFI = 0.99，NFI = 0.98，CFI = 0.99。各个测量项目在相应的潜变量上的标准化系数都在 0.60 以上，t 值均达到显著性水平，说明各个项目具有良好的收敛性。量表的内部一致性系数为 0.76。

组织承诺的三因子结构能够很好地拟合样本数据。验证性因子分析各项拟合度指标分别为：$\chi^2(49) = 193.67$，RMSEA = 0.058，GFI = 0.96，NFI = 0.98，CFI = 0.99。各个测量项目在相应的潜变量上的标准化系数都在 0.60 以上，t 值均达到显著性水平，说明各个项目具有良好的收敛性。总量表的内部一致性系数为 0.91。其中情感承诺、持续承诺、规范承诺 3 个分量表的内部一致性分别为：0.95、0.83、0.87。为了比较各前因变量对组织承诺 3 个维度的影响机制是否相同，在本研究中把它们区分为 3 个变量。

变革型领导行为的五因子结构能够很好地拟合样本数据。验证性因子分析各项拟合度指标分别为：$\chi^2(79) = 280.30$，RMSEA = 0.054，GFI = 0.96，NFI = 0.99，CFI = 1.00。各个测量项目在相应的潜变量上的标准化系数都在 0.75 以上，t 值均达到显著性水平，说明各个项目具有良好的收敛性。量表的内部一致性系数为 0.97。

以往研究表明，变革型领导行为量表的 5 个维度可以汇聚成一个更高阶因子（Avolio，

Weichun、Koh 和 Bhatia，2004），样本数据的二阶因子分析的各项拟合度指标分别为：$\chi^2(84)=322.74$，RMSEA $=0.057$，GFI $=0.95$，NFI $=0.99$，CFI $=0.99$。虽然各拟合指数略差于五因子模型，但二阶因子的标准化系数都很高，分别为：0.91、0.97、0.98、0.96、0.93。在本研究中，由于没有针对变革型领导行为的各个维度与其他变量间的关系作出具体研究假设，因此把该量表所有项目评分的平均数作为该变量的得分。

最后，根据样本数据对各个变量的区分效度进行了验证性因子分析。由于有些变量的测量项目较多，按照验证性因子分析测量指标的设计方法，对于风险认知、情感承诺、持续承诺、规范承诺4个变量，每两个测量项目随机合并为一个测量指标；组织信任变量将其7个项目随机合并成3个测量指标，对于变革型领导行为变量，按维度合并成5个测量指标（Kelloway，1998）。对上述6个研究变量加以组合共建立了12个模型，分别对各个模型进行验证性因子分析。结果显示，六因子模型各项拟合度指标比其他嵌套模型都要好（见表1）。这就表明本研究的各变量具有较好的区分效度。

表1　各变量区分效度的验证性因子分析结果

模型说明	模型所含因子	χ^2	DF	RMSEA	GFI	NFI	CFI
1 基本模型	RISK, TURST, TL, AC, CC, NC	288.00	117	0.041	0.96	0.99	0.99
2 五因子	RISK, TRUST, TL, AC, CC+NC	735.69	122	0.076	0.91	0.96	0.97
3 五因子	RISK, TRUST, TL, NC+AC, CC	788.76	122	0.079	0.91	0.96	0.97
4 五因子	RISK, TURST, TL, AC+CC, NC	809.71	122	0.080	0.91	0.96	0.97
5 四因子	RISK, TRUST+TL, AC, CC+NC	1385.21	126	0.107	0.85	0.94	0.95
6 四因子	RISK, TRUST+TL, NC+AC, CC	1425.98	126	0.109	0.85	0.94	0.95
7 四因子	RISK, TRUST+TL, AC+CC, NC	1464.01	126	0.110	0.84	0.94	0.94
8 三因子	RISK+TRUST, TL, AC+CC+NC	1899.24	129	0.125	0.81	0.92	0.92
9 三因子	RISK, TRUST+TL, AC+CC+NC	1908.18	129	0.126	0.80	0.91	0.92
10 二因子	RISK+TRUST+TL, NC+AC+CC	2980.00	131	0.158	0.72	0.88	0.89
11 二因子	RISK+TRUST, TL+AC+CC+NC	4665.96	131	0.199	0.63	0.83	0.83
12 单因子	RISK+TRUST+TL+NC+AC+CC	5832.00	132	0.223	0.57	0.80	0.81

注：RISK 表示风险认知，TRUST 表示组织信任，AC 表示情感承诺，CC 表示持续承诺，NC 表示规范承诺，TL 表示变革型领导行为；"+"代表前后因子合并为一个因子；n=873。

（二）各变量间的相关分析

本部分对各个变量的均值、标准差和相关系数进行分析。结果表明，在人口统计变量方面，年龄与组织承诺的关系最为密切，分别与情感承诺、持续承诺、规范承诺等3种承诺都有显著正相关；已婚员工的持续承诺、规范承诺都要高于未婚员工；工作年限与持续承诺显著正相关。在研究变量方面，风险认知除了与持续承诺相关不显著以外，与组织信任、情感承诺、规范承诺都有显著负相关。组织信任与情感承诺、持续承诺、规范承诺都有显著正相关。变革型领导行为与风险认知有显著负相关，与组织信任、情感承诺、持续承诺、规范承诺有显著正相关（见表2）。除了风险认知与持续承诺相关不显著以外，H1、H2、H3a 等关于风险认知与其他变量显著相关的研究假设均得到了验证。

表 2　各变量的均值、标准差及相关系数

变量	均值	标准差	1	2	3	4	5	6	7	8	9	10
1 性别	0.73	0.45										
2 年龄	1.82	0.85	−0.196**									
3 婚姻状况	0.70	0.46	−0.052	0.538**								
4 学历	3.67	0.94	−0.450**	0.111**	0.122**							
5 工作年限	2.82	1.15	0.007	0.645**	0.655**	0.045						
6 风险认知	3.35	1.21	0.024	−0.015	0.044	0.009	0.079*					
7 组织信任	4.42	1.12	−0.012	0.084*	0.067*	0.019	0.013	−0.465**				
8 情感承诺	4.34	1.69	−0.053	0.140**	0.064	0.155**	0.027	−0.388**	0.581**			
9 持续承诺	4.04	1.46	−0.078*	0.177**	0.070*	0.101**	0.122**	−0.023	0.162**	0.388**		
10 规范承诺	3.93	1.55	−0.050	0.158**	0.072*	0.065	0.062	−0.299**	0.473**	0.639**	0.426**	
11 变革型领导	4.80	1.38	−0.002	−0.044	−0.007	0.033	−0.077*	−0.361**	0.529**	0.507**	0.206**	0.361**

注：*P<0.05，**P<0.01，n=873。

（三）组织信任中介作用的结构方程分析

为了检验组织信任的中介作用，本研究分别对直接作用模型（风险认知直接影响 3 种承诺）、部分中介模型（风险认知除通过组织信任影响 3 种承诺以外，对 3 种承诺也有直接影响）、完全中介模型（风险认知完全通过组织信任影响 3 种承诺）进行了分析。在直接作用模型中，风险认知对情感承诺（$\gamma_{11} = -0.42$，$P < 0.01$）、规范承诺（$\gamma_{31} = -0.32$，$P < 0.01$）有显著影响。在部分中介模型中，风险认知对组织信任有显著影响（$\gamma_{11} = -0.57$，$P < 0.01$）；组织信任对情感承诺（$\beta_{21} = 0.59$，$P < 0.01$）、持续承诺（$\beta_{31} = 0.26$，$P < 0.01$）、规范承诺（$\beta_{41} = 0.52$，$P < 0.01$）都有显著影响；风险认知除了对情感承诺（$\gamma_{21} = -0.13$，$P < 0.01$）有显著影响外，对持续承诺和规范承诺的影响都不显著。在完全中介模型中，风险认知对组织信任有显著影响（$\gamma_{11} = -0.59$，$P < 0.01$）；组织信任对情感承诺（$\beta_{21} = 0.68$，$P < 0.01$）、持续承诺（$\beta_{31} = 0.26$，$P < 0.01$）、规范承诺（$\beta_{41} = 0.57$，$P < 0.01$）都有显著影响。从 3 个模型每个自由度的卡方值和 RMSEA 值来看，中介模型要优于直接作用模型，其中部分中介模型更好一些（见表3）。研究假设 H3b 得到部分验证。

（四）领导对下属影响的多层线性模型分析

由于多名下属受同一名部门领导的影响，本研究把部门领导的变革型领导行为作为层次 2 的变量，把员工的风险认知、组织信任、组织承诺的 3 个维度作为层次 1 的变量，其中部门领导的变革型领导行为的得分是由下属的评分聚合而成。在本研究中，共收集了 125 名部门领导及其 748 名配对下属的问卷，各个部门员工数为 3~14 人，平均每个部门 6 人。

表 3　不同结构方程模型间的比较

结构方程模型	χ^2	df	χ^2/df	RMSEA	GFI	NFI	CFI
直接作用模型：RISK→AC，RISK→NC	96.55	28	3.44	0.052	0.98	0.99	0.99
部分中介模型：RISK→TRUST，RISK→AC，TRUST→AC，TRUST→CC，TRUST→NC	143.57	52	2.76	0.045	0.98	0.99	0.99
完全中介模型：RISK→TRUST，TRUST→AC，TRUST→CC，TRUST→NC	153.87	54	2.85	0.046	0.97	0.99	0.99

注：RISK 表示风险认知，TRUST 表示组织信任，AC 表示情感承诺，CC 表示持续承诺，NC 表示规范承诺；→表示作用方向，n=873。

要把层次 1 的数据聚合成层次 2 的数据，通常要求 R_{wg} 在 0.7 以上；ICC（1）值大于 0.05，P 值小于 0.05；ICC（2）值大于 0.7（Bryk 和 Raudenbush，1992）。在本研究中，员工对部门领导的变革型领导行为评分的 R_{wg} 的中位数为 0.87；ICC（1）值为 0.17，P < 0.001；ICC（2）的值为 0.96，因此可以把下属的变革型领导行为的评分聚合成部门领导的得分。

领导的变革型领导行为对下属各变量的影响的分析步骤如下：第一步是构建不含任何变量的单向方差分析模型，仅检验因变量的组内方差、组间方差及其成分比例，以作为后续分析的基础。分析结果表明，员工的风险认知、组织信任、情感承诺、持续承诺、规范承诺的组间方差与总方差的比例都在 0.05 以上，P < 0.05，说明各因变量的总变异中有部分变异是由部门间的差异造成的。第二步把层次 1 和层次 2 的控制变量纳入模型后，第三步构建层次 1 各变量间关系的回归分析模型。第四步构建检验层次 2 变量对层次 1 变量影响的跨层次回归模型。

表 4 为多层线性分析的结果。层次 1 各变量间关系的回归分析结果表明，风险认知除了对持续承诺（$\gamma_{60} = 0.049$，p > 0.420）没有显著影响以外，对组织信任、情感承诺、规范承诺均有显著影响；组织信任对情感承诺、持续承诺、规范承诺有显著影响。

表 4　多层线性模型分析结果

	因变量				
	风险认知	组织信任	情感承诺	持续承诺	规范承诺
层次 1					
性别（γ_{10}）	0.036	−0.015	0.405*	0.098	0.143
年龄（γ_{20}）	−0.080	0.075	0.334***	0.244**	0.303**
婚姻状况（γ_{30}）	0.185	0.315**	0.050	−0.216	−0.055
学历（γ_{40}）	0.053	−0.005	0.081	−0.017	−0.011
工作年限（γ_{50}）	0.039	−0.100*	−0.116	0.094	−0.066
风险认知（γ_{60}）		−0.430***	−0.255***	0.049	−0.182***
组织信任（γ_{70}）			0.670***	0.226***	0.518***
R^2（组内）	0.002	0.197	0.314	0.021	0.209
层次 2					
性别（γ_{01}）	0.188	−0.069	−0.179	−0.012	−0.109

续表

	因变量				
	风险认知	组织信任	情感承诺	持续承诺	规范承诺
年龄（γ_{02}）	−0.062	−0.002	−0.090	0.068	−0.123
婚姻状况（γ_{03}）	−0.517	−0.072	0.375	0.314	0.485
学历（γ_{04}）	0.170*	−0.019	0.053	0.105	−0.008
工作年限（γ_{05}）	0.123	0.014	−0.076	−0.068	0.000
变革型领导行为（γ_{06}）	−0.398***	0.436***	0.642***	0.129+	0.375***
R^2（组间）	0.425	0.681	0.410	0.020	0.274

注：+$P<0.10$，*$P<0.05$，**$P<0.01$，***$P<0.001$；$n_1=748$，$n_2=125$。

跨层次的回归分析结果表明，变革型领导行为除对持续承诺的影响比较微弱以外（$\gamma_{06}=0.129$，$P<0.10$），对员工的风险认知、组织信任、情感承诺、规范承诺的影响均在0.001的水平上显著，研究假设H4得到验证。另外，根据对多层线性模型中介效应分析的步骤（Mathieu和Taylor，2007），没有发现层次1的风险认知、组织信任在变革型领导行为对组织承诺的影响中起中介作用；这说明变革型领导行为对层次1各变量的影响均是直接影响。

五、结果讨论与建议

（一）研究结果

研究结果表明，风险认知除了与持续承诺的相关不显著以外，与组织信任、情感承诺以及规范承诺之间显著负相关；组织信任与情感承诺、持续承诺、规范承诺之间显著正相关；组织信任在风险认知和情感承诺、规范承诺之间起中介作用。这样本研究提出的组织承诺的形成是以风险认知作为起始点，组织信任在风险认知和组织承诺间起中介作用的假设大部分得到了验证。

同时，研究结果还表明，领导的变革型领导行为除对下属的持续承诺影响比较微弱以外，对下属的风险认知、组织信任、情感承诺、规范承诺有显著影响。这样领导会对下属组织承诺的形成产生影响的研究假设也得到了验证。

风险认知与持续承诺相关不显著、变革型领导行为对持续承诺的影响也比较微弱，可能与持续承诺测量量表的构成有关。有研究表明，Meyer和Allen（1991）的持续承诺量表可以分成两个维度：缺乏就业机会，离职损失；而这两个维度与很多变量之间的相关性正好相反。这样当把它作为一个变量时，与其他变量间的相关就会变得不显著（Meyer、Stanley、Herscovitch和Topolnytsky，2002）。未来的研究可以把持续承诺再细分成两个维度，可能会得到更明确的结果。

（二）研究意义

本研究的理论意义主要有两个方面：一是把员工组织承诺的形成机制建立在社会交换过程的基础上，在一定程度上解决了不同类型员工承诺的共同机制问题。早在 20 多年前，Reichers（1985）就提出，员工在组织内不仅仅有对组织的承诺，还存在对同事、对领导等不同实体的承诺，也就是在组织背景下员工存在不同类型承诺（multiple commitment）。以往研究大多是单独探讨其中某种承诺，很少探讨不同承诺之间的共同性，研究结果显得庞杂，难以找到各种承诺的共同规律（Cooper-Hakim 和 Viswesvaran，2005）。

自从 Meyer 和 Allen（1991）的组织承诺三因素模型提出以后，逐渐有研究证明，这个结构对职业承诺、对领导承诺、对团队承诺、对顾客承诺，甚至是对组织变革的承诺都是适用的（Meyer 和 Allen，1991；Herscovitch 和 Meyer，2002；Stinglhamber、Bentein 和 Vandenberghe，2002）。这说明各种承诺在结构上是相同的，但并不清楚它们的形成过程是否相同。本研究从不同类型承诺最本质的特性出发（都是在社会交换过程中形成的），研究视角比较新颖，为解决这个问题提供了可能性。

二是探讨了领导对员工组织承诺形成的影响。在我国文化背景下，领导对员工的影响有时甚至大于组织，领导对员工组织承诺的形成会产生重要影响。尽管以往也有研究探讨了变革型领导行为与组织承诺的关系，但把它作为一个关键的外部影响因素，同时探讨它对组织承诺形成过程中各个环节影响的研究还没有，因此这种效应的检验有很高的理论价值。

在实践方面，本研究的成果对管理者也有借鉴意义。组织要想与员工维持长期良好的雇佣合作关系，就必须获得员工对组织的信任。因为组织与员工间良好的信任氛围，能提高员工的组织承诺。在竞争日益激烈的现代社会，组织面临着各种风险及不确定性，更需要提升员工对组织的信任来维持组织的发展。同时，本研究结果表明员工对组织的信任是与他们意识到的各种就业风险相联系的，组织需要重视并控制员工的各种就业风险，才能提高员工对组织的信任和组织承诺，才能应对激烈的人才竞争给企业带来的冲击。目前我国实行的《劳动合同法》，目的就是要控制员工的就业风险。从这个角度来看，《劳动合同法》的有效实施，是有利于培养员工对企业的信任和组织承诺的。

社会学习理论认为，个体的态度和行为是其对周围生活观察和学习的结果。在组织背景下，领导就是下属最主要的观察和学习的对象。本研究结果证明领导的特质、能力和价值观念会影响下属对组织的信任和对组织的承诺。领导要想下属对工作、对组织有积极的态度，必须以身作则，发挥好榜样示范作用。

（三）本研究局限及未来研究方向

首先是研究样本的局限性。本研究选择了广西和广东 5 家医院作为调研对象，为了保证各个部门基本上都处于相同的管理层级，本研究选取的都是规模较大的三甲医院和二甲医院。这些医院科室设置和管理制度都比较规范，在医疗行业有比较好的代表性。但本研究结果对其他行业的普遍适用性还需要进一步探讨。

其次是横截面（cross-section）设计的局限性。在本研究中各个变量的数据是在同一时间点收集的，而风险认知、组织信任、组织承诺的形成、发展需要一个过程，中间可能有时间滞后效应。因此未来的研究通过纵向（longitudinal）研究设计来检验各个变量间的因果关系是有必要的。

最后是数据的共同方法偏差问题。由于研究中的自变量、中介变量和结果变量的数据都出自同一个来源，尽管分析结果表明不存在严重的共同方法偏差的问题，但未来的研究各个层次的数据可以尝试从不同渠道来收集。

未来研究还可以从两个方面来丰富员工组织承诺形成的内部机制和外部影响。首先，未来的研究可以在此框架下把风险认知、组织信任进行细分，进一步分析它们对不同类型承诺的影响。其次，在探讨内部机制的同时，把组织领导者、组织氛围等组织层次的变量作为外部变量进行更高层次的综合分析，可以加深对内外部效应的认识。

参考文献：

［1］Aryee, S., Budhwar, P. S. & Chen, Z. X. Trust as a Mediator of the Relationship between Organizational Justice and Work Outcomes: Test of a Social Exchange Model ［J］. Journal of Organizational Behavior, 2002, 23 (3): 267-285.

［2］Avolio, B. J. & Gardner, W. L. Authentic Leadership Development: Getting to the Root of Positive Forms of Leadership ［J］. Leadership Quarterly, 2005, 16 (3): 315-338.

［3］Avolio, B. J., Weichun, Z., Koh, W. & Bhatia, P. Transformational Leadership and Organizational Commitment: Mediating Role of Psychological Empowerment and Moderating Role of Structural Distance ［J］. Journal of Organizational Behavior, 2004, 25 (8): 951-968.

［4］Baron, R. M. & Kenny, D. A. The Moderator-Mediator Variable Distinction in Social Psychological Research: Conceptual, Strategic and Statistical Considerations ［J］. Journal of Personality and Social Psychology, 1986, 51 (6): 1173-1182.

［5］Bass, B. M. Leadership and Performance Beyond Expectations ［M］. New York: Free Press, 1985.

［6］Bass, B. M. & Avolio, B. J. Full Range of Leadership: Manual for the Multi-factor Leadership Questionnaire ［M］. Palto Alto, CA: Mind Garden, 1997.

［7］Bauer, T. N. & Green, S. G. Development of a Leader-member Exchange: A Longitudinal Test ［J］. Academy of Management Journal, 1996, 39 (6): 1538-1567.

［8］Blau, P. M. Social Mobility and Interpersonal Relations ［J］. American Sociological Review, 1956, 21 (3): 290-295.

［9］Blau, P. M. Exchange and Power in Social Life ［M］. New York: Wiley, 1964.

［10］Bono, J. E. & Judge, T. A. Self-concordanceat Work: Toward Understanding the Motivational Effects of Transformational Leaders ［J］. Academy of Management Journal, 2003, 46 (5): 554-571.

［11］Brislin, R. W. The Wording and Translation of Research Instruments. In Lonner, W. J. & Berry, J. W. (eds.) . Field Methods in Cross-cultural Research, Thousand Oaks ［M］. CA US: Sage Publications, Inc, 1986.

［12］ Browne, M. W. & Cudeck, R. Single Sample Cross–validation Indices for Covariance Structures ［J］. Multivariate Behavioral Research, 1989, 24 (4): 445–455.

［13］ Bryk, A. S. & Raudenbush, S. W. Hierarchical Linear Models: Applications and Data Analysis Methods, Thousand Oaks ［M］. CA US: Sage Publications Inc, 1992.

［14］ Chen, Z. X., Aryee, S. & Lee, C. Test of a Mediation Model of Perceived Organizational Support ［J］. Journal of Vocational Behavior, 2005, 66 (3): 457–470.

［15］ Chen, Z. X., Tsui, A. S. & Farh, J. Loyalty to Supervisor vs. Organizational Commitment: Relationships to Employee Performance in China ［J］. Journal of Occupational & Organizational Psychology, 2002, 75 (3): 339–356.

［16］ Coleman, J. S. Foundations of Social Theory ［M］. Cambridge: Belknap Press of Harvard University Press, 1990.

［17］ Colquitt, J. A., Scott, B. A. & Lepine, J. A. Trust, Trustworthiness and Trust Propensity: A Meta–Analytic Test of their Unique Relationships with Risk Taking and Job Performance ［J］. Journal of Applied Psychology, 2007, 92 (4): 909–927.

［18］ Cook, K. S., Yamagishi, T., Cheshire, C., Cooper, R., Matsuda, M. & Mashima, R. Trust Building via Risk Taking: A Cross–Societal Experiment ［J］. Social Psychology Quarterly, 2005, 68 (2): 121–142.

［19］ Cooper–Hakim, A. & Viswesvaran, C. The Construct of Work Commitment: Testing an Integrative Framework ［J］. Psychological Bulletin, 2005, 131 (2): 241–259.

［20］ Dabos, G. E. & Rousseau, D. M. Mutuality and Reciprocity in the Psychological Contracts of Employees and Employers ［J］. Journal of Applied Psychology, 2004, 89 (1): 52–72.

［21］ Das, T. K. & Teng, B. Between Trust and Control: Developing Confidence in Partner Cooperation in Alliances ［J］. Academy of Management Review, 1998, 23 (3): 491–512.

［22］ Das, T. K. & Teng, B. The Risk–based View of Trust: A Conceptual Framework ［J］. Journal of Business & Psychology, 2004, 19 (1): 85–116.

［23］ Eisenberger, R., Huntington, R., Hutchison, S. & Sowa, D. Perceived Organizational Support ［J］. Journal of Applied Psychology, 1986, 71 (3): 500–507.

［24］ Gabarro J. J. & Athos J. Interpersonal Relations and Communications ［M］. Englewood Cliffs, NJ: Prentice–Hall, 1976.

［25］ Herscovitch, L. & Meyer, J. P. Commitment to Organizational Change: Extension of a Three–component Model ［J］. Journal of Applied Psychology, 2002, 87 (3): 474–487.

［26］ Holmes, J. G. & Rempel, J. K. Trust in Close Relationships ［M］. Thousand Oaks, CA US: Sage Publications, Inc, 1989.

［27］ Hom, P. W., Tsui, A. S., Wu, J. B., Lee, T. W., Zhang, A. Y., Fu, P. P. & Li, L. Explaining Employment Relationships with Social Exchange and Job Embeddedness ［J］. Journal of Applied Psychology, 2009, 94 (2): 277–297.

［28］ Homans, G. C. Social Behavior as Exchange ［J］. American Journal of Sociology, 1958, 63 (3): 597–606.

［29］ Howell, J. M. & Hall–Merenda, K. E. The Ties that Bind: The Impact of Leader–member Exchange, Transformational Leadership and Transactional Leadership and Distance On Predicting Follower Performance [J]. Journal of Applied Psychology, 1999, 84 (5): 680-694.

[30] Johnson, E. J. & Tversky, A. Representations of Perceptions of Risks [J]. Journal of Experimental Psychology: General, 1984, 113 (1): 55-70.

[31] Jones, G. R. & George, J. M. The Experience and Evolution of Trust: Implications for Cooperation and Teamwork [J]. Academy of Management Review, 1998, 23 (3): 531-546.

[32] Jung, D. I. & Avolio, B. J. Opening the Black Box: An Experimental Investigation of the Mediating Effects of Trust and Value Congruence on Transformational and Transactional Leadership[J]. Journal of Organizational Behavior, 2000, 21 (8): 949-964.

[33] Kaiser, R. B., Hogan, R. & Craig, S. B. Leadership and the Fate of Organizations [J]. American Psychologist, 2008, 63 (2): 96-110.

[34] Kelloway, E. K. Using LISREL for Structural Equation Modeling: A Researcher's Guide [M]. Thousand Oaks, CA US: Sage Publications, Inc, 1998.

[35] Kivimäki, M., Kalimo, R. & Salminen, S. Perceived Nuclear Risk, Organizational Commitment and Appraisals of Management: A Study of Nuclear Power Plant Personnel [J]. Risk Analysis, 1995, 15 (3): 391-396.

[36] Lawler, E. J. & Thye, S. R. Bringing Emotions into Social Exchange Theory [J]. Annual Review of Sociology, 1999, 25 (1): 217-244.

[37] Lewicki, R. J. & Bunker, B. B. Developing and Maintaining Trust in Work Relationships. In Kramer, R.M. & Tyler, T. R. (eds.), Trust in Organizations: Frontiers of Theory and Research [M]. Thousand Oaks, CA: Sage, 1996.

[38] Liden, R. C., Sparrowe, R. T. & Wayne, S. J. Leader-member Exchange Theory: The Past and Potential for the Future [J]. Research in Personnel and Human Resources Management, 1997, 15 (1): 47-119.

[39] Liou, K. T. Understanding Employee Commitment in the Public Organization: A Study of the Juvenile Detention Center [J]. International Journal of Public Administration, 1995, 18 (8): 1269-1295.

[40] Lopes, L. L. Psychology and Economics: Perspectives on Risk, Cooperation and the Marketplace [J]. Annual Review of Psychology, 1994 (45): 197-227.

[41] Major, D. A., Kozlowski, S. W. J., Chao, G. T. & Gardner, P. D. A Longitudinal Investigation of Newcomer Expectations, Early Socialization Outcomes and the Moderating Effects of Role Development Factors [J]. Journal of Applied Psychology, 1995, 80 (3): 418-431.

[42] Mathieu, J. E. & Taylor, S. R. A Framework for Testing Meso-mediational Relationships in Organizational Behavior [J]. Journal of Organizational Behavior, 2007, 28 (2): 141-172.

[43] Mathieu, J. E. & Zajac, D. M. A Review and Meta-analysis of the Antecedents, Correlates and Consequences of Organizational Commitment [J]. Psychological Bulletin, 1990, 108 (2): 171-194.

[44] Mayer, R. C., Davis, J. H. & Schoorman, F. D. An Integrative Model of Organizational Trust [J]. Academy of Management Review, 1995, 20 (3): 709-734.

[45] Meyer, J. P. & Allen, N. J. A Three-component Conceptualization of Organizational Commitment [J]. Human Resource Management Review, 1991, 1 (1): 61-89.

[46] Meyer, J. P., Stanley, D. J., Herscovitch, L. & Topolnytsky, L. Affective, Continuance and Normative Commitment to the Organization: A Meta-analysis of Antecedents, Correlates and Consequences [J]. Journal of Vocational Behavior, 2002, 61 (1): 20-52.

[47] Molm, L. D., Takahashi, N. & Peterson, G. Risk and Trust in Social Exchange: An Experimental Test of a Classical Proposition [J]. American Journal of Sociology, 2000, 105 (5): 1396-1427.

[48] Mowday, R. T., Steers, R. M. & Porter, L. W. The Measurement of Organizational Commitment [J]. Journal of Vocational Behavior, 1979, 14 (2): 224-247.

[49] Neves, P. & Caetano, A. Social Exchange Processes in Organizational Change: The Roles of Trust and Control [J]. Journal of Change Management, 2006, 6 (4): 351-364.

[50] Podsakoff, P. M., MacKenzie, S. B. & Bommer, W. H. Transformational Leader Behaviors and Substitutes for Leadership as Determinants of Employee Satisfaction, Commitment, Trust and Organizational Citizenship Behaviors [J]. Journal of Management, 1996, 22 (2): 259-298.

[51] Podsakoff, P. M., MacKenzie, S. B., Lee, J. & Podsakoff, N. P. Common Method Biases in Behavioral Research: A Critical Review of the Literature and Recommended Remedies [J]. Journal of Applied Psychology, 2003, 88 (5): 879-903.

[52] Post, J. E. & Andrews, P. N. Case Research in Corporation and Society Studies. In Preston, L. (eds.), Research in Corporate Social Performance and Policy [M]. Greenwich, Conn: JAI Press, 1982.

[53] Reichers, A. E. A Review and Reconceptualization of Organizational Commitment [J]. Academy of Management Review, 1985, 10 (3): 465-476.

[54] Rhoades, L. & Eisenberger, R. Perceived Organizational Support: A Review of the Literature [J]. Journal of Applied Psychology, 2002, 87 (4): 698-714.

[55] Riketta, M. Attitudinal Organizational Commitment and Job Performance: A Meta-analysis [J]. Journal of Organizational Behavior, 2002, 23 (3): 257-266.

[56] Robinson, S. L. Trust and Breach of the Psychological Contract [J]. Administrative Science Quarterly, 1996, 41 (4): 574-599.

[57] Schumacker, R. E. & Lomax, R. G. A Beginner's Guide to Structural Equation Modeling [M]. NJ: Erlbaum: Hillsdale, 1998.

[58] Scott, R. E. Conflict and Cooperation in Long-term Contracts [J]. California Law Review, 1987, 75 (6): 2005-2054.

[59] Sheppard, B. H. & Sherman, D. M. The Grammars of Trust: A Model and General Implications [J]. Academy of Management Review, 1998, 23 (3): 422-437.

[60] Shore, L. M. & Barksdale, K. Examining Degree of Balance and Level of Obligation in the Employment Relationship: A Social Exchange Approach [J]. Journal of Organizational Behavior, 1998, 19 (7): 731-744.

[61] Slovic, P. Perception of Risk [J]. Science, 1987, 236 (4799): 280-285.

[62] Song, J. H., Kim, H. M. & Kolb, J. A. The Effect of Learning Organization Culture on the Relationship between Interpersonal Trust and Organizational Commitment [J]. Human Resource Development Quarterly, 2009, 20 (2): 147-167.

[63] Song, L. J., Tsui, A. S. & Law, K. S. Unpacking Employee Responses to Organizational Exchange Mechanisms: The Role of Social and Economic Exchange Perceptions [J]. Journal of Management, 2009, 35 (1): 56-93.

[64] Stinglhamber, F., Bentein, K. & Vandenberghe, C. Extension of the Three-component Model of Commitment to Five Foci-development of Measures and Substantive Test [J]. European Journal of Psychological

Assessment, 2002, 18 (2): 123–138.

[65] Tao, M., Takagi, H., Ishida, M. & Masuda, K. A Study of Antecedents of Organizational Commitment [J]. Japanese Psychological Research, 1998, 40 (4): 198.

[66] Walumbwa, F. O., Lawler, J. J., Avolio, B. J., Wang, P. & Shi, K. Transformational Leadership and Work-Related Attitudes: The Moderating Effects of Collective and Self-efficacy Across Cultures [J]. Journal of Leadership & Organizational Studies, 2005, 11 (3): 2–16.

[67] Wofford, J. C. & Goodwin, V. L. A Cognitive Interpretation of Transactional and Transformational Leadership Theories [J]. Leadership Quarterly, 1994, 5 (2): 161–186.

[68] Yang, J., Zhang, Z. & Tsui, A. S. Middle Manager Leadership and Frontline Employee Performance: Bypass, Cascading and Moderating Effects [J]. Journal of Management Studies, 2010, 47 (4): 654–678.

[69] 陈文晶, 时勘. 变革型领导和交易型领导的回顾与展望 [J]. 管理评论, 2007 (9).

[70] 陈永霞, 贾良定, 李超平, 宋继文, 张君君. 变革型领导、心理授权与员工的组织承诺: 中国情境下的实证研究 [J]. 管理世界, 2006 (1).

[71] 韩翼, 廖建桥. 企业雇员组织承诺周期模型研究 [J]. 南开管理评论, 2005 (5).

[72] 鞠芳辉, 谢子远, 宝贡敏. 西方与本土: 变革型、家长型领导行为对民营企业绩效影响的比较研究 [J]. 管理世界, 2008 (5).

[73] 刘小平. 组织承诺及其形成机制研究 [D]. 浙江大学博士学位论文, 2000.

[74] 刘小平, 王重鸣, Brigitte Charle-Pauvers. 组织承诺影响因素的模拟实验研究 [J]. 中国管理科学, 2002 (6).

[75] 魏峰, 李秀娟. 双因素领导结构的验证及其对组织承诺的影响机制研究 [J]. 管理世界, 2008 (5).

[76] 杨国枢. 中国人的心理与行为: 本土化研究 [M]. 北京: 中国人民大学出版社, 2004.

[77] 张勉, 张德, 王颖. 企业雇员组织承诺三因素模型实证研究 [J]. 南开管理评论, 2002 (5).

The Formation Process of Organizational Commitment: Internal Mechanism and External Influential Factors
——empirical Study based on Social Exchange Theory

Liu Xiaoping

Abstract: Although researchers all approve that social exchange theory can explain the formation of organizational commitment, few analyses the formation process of organizational commitment based on the social exchange process. The study choose the key factors in social exchange process, start from the risk perception which establishes the exchange relationship with the organization. Internal mechanism model of the formation process of organizational commi - tment is built based on organizational trust which works as key factor to stimulate and maintain the social exchange relationship. Because of the great influence on subordinates, leadership is designed as key external influential factor to analyse the influence of transformational leadership on the each part of the formation process of organizational commitment. The results shows that organizational trust mediates the relation between risk perception, affective commitment and no - rmative commitment. The transformational leadership behavior has great influence on subord - inates' risk perception, organizational trust, affective commitment and normative commitment.

Key words: social exchange theory; risk perception; organizational trust; organizational co-mmitment; transformational leadership

基于文化差异观的组织文化友好性和
一致性对组织变革的影响 *

樊耘　邵芳　张翼

【摘　要】 本文在组织文化的价值层面、事实层面及其两层面差异的视角上，研究组织文化友好性和一致性对组织变革的认知反应和行为反应的影响，并以我国 302 个中高级管理者代表的企业为样本进行实证研究。结果表明：相对于价值层面的组织文化友好性，事实层面的组织文化友好性对变革认知反应和行为都具有推动作用；两层面文化友好性的差异仅推动变革认知反应；相对于价值层面的组织文化一致性，事实层面的组织文化一致性仅对变革行为反应具有阻碍作用；两层面文化一致性的差异阻碍变革认知反应和行为反应。

【关键词】 组织文化　友好性　一致性　变革

一、引言

目前学术界已经有很多组织文化与组织变革相关的研究和理论，但在管理实践中，企业家们发现那些理论并不如它们描述的那样成功，面对着组织变革，他们仍然感到捉襟见肘。真正适合管理实践的管理理论仍然不足，尤其是当前组织文化和组织变革的理论大部分是国外学者基于西方社会和企业情景的基础上做的研究，其相关结论是否适用于中国文化背景下的企业仍然是个疑问。因此，本文正是从解决这一问题出发，以中国本土企业为样本，运用实证研究的方法，选择从多个层面研究组织文化的友好性和一致性对组织变革的影响机理，以期能够为大变革时代的中国企业建设应对变革的企业文化做出理论上的借鉴和帮助。

* 本文选自《管理评论》2011 年第 8 期。
基金项目：国家自然科学基金项目（70672052）；陕西省软科学计划项目（2004KR99）。
作者简介：樊耘，西安交通大学管理学院教授，博士生导师，博士；邵芳，西安交通大学管理学院博士研究生；张翼，西安交通大学管理学院博士研究生。

在上述研究目标的指导下，本文主要试图解决以下关键问题：不同层次的组织文化友好性和一致性对组织变革相关因素的影响如何，是否存在差异？组织文化友好性/一致性在不同层面之间的一致或者差异是否同样影响组织变革？这一影响与组织文化友好性/一致性本身对组织变革的影响有何异同？

二、理论综述

（一）基于差异观的组织文化层面

1. 组织文化差异观

学者乔安妮·马丁在对文化理论的总结和论述中，把众多文化学者对文化的理解划分为三类观点，即融合观、差异观和碎片观。融合观关注的是那些关于一种文化的阐释相互一致的现象，认为文化是一个统一坚固的整体，无论从哪个角度看，大多数人的看法是相同的。差异观关注的则是那些阐释不一致的文化现象，认为不同层面的文化可能和谐地存在，也可能存在矛盾和冲突。碎片观把文化表现之间的关系看作既非完全一致，也非明显歧义，认为文化表现之间的阐释彼此关系模糊。基于这三种分类，持有不同观点的学者时有争论，也有一些学者建立多层次的模型把他们统一起来，如沙因认为文化的事实层面是价值层面的具体体现，他的基本假设是文化的融合观，即文化的不同层面是完全一致、没有冲突的。而在管理实践中，我们却常可以观察到文化的不同层面之间发生的冲突和不一致。本研究更赞同文化差异观的观点，认为在文化的不同层面之间不仅存在着一致和协调，也存在着差异和矛盾。并且，不仅文化本身对组织产生影响，不同层面之间的差异同样对组织产生深远的影响。

2. 组织文化的层面划分

对组织文化结构的划分学者们有多种认识，但是最为一致的是认为文化具有多种层面。同时，盖德蒙德也表明文化具有多维性。耶鲁大学政治人类学家 James. C. Scott 以自己在马来西亚农村的田野工作材料为证据，创造性地提出了"公开文本"和"隐藏文本"两个概念，并指出公开文本和隐藏文本与组织文化维持的假设如下：在一个系统内，若两个文本的重叠部分大，则说明该组织所称的价值与信仰体系获得了员工的广泛认同，组织拥有稳定性高、力量强的强势文化；反之，若两文本重叠的部分小，则说明该组织所宣称的文化远未取得员工的共识，组织中有大量隐藏文本存在，组织文化稳定性差，为弱势文化。Smircich 也关注于组织中"隐藏文本"，他提出了"公开与私下的意义系统"。进一步，沙因《组织文化与领导力》中表明赞成性理论和组织宣称的价值观可能在不同的角度上与实际管理日常实践的那些假设并不完全一致。这就说明了文化可以分为价值观层面和实际应用的事实层面两个层面。此外，彼得·圣吉也在他的《第五项修炼》中提到"拥护的理论"和"实际使用的理论（我们行为背后的理论）"这样的区分，实际上也是对这种划分的认同。

综合众多学者对组织文化这两个层面的表述，本文的研究把它们定义如下：组织公开倡导的价值层面的文化是一个组织中公开宣称的、一再强调赞成的、口头宣称想要成为的信条、口号或者理念等及其表现形式；它们往往以规章制度、规范守则、文化文本或者其他的口头或者书面方式表现出来，用以规范或者导引组织成员的行为准则和行为模式；它代表的是组织对"我们期望的"、"我们想要成为的"以及"我们应该如何"的一种认识和判断，在本文的表述中简称为价值层面的组织文化。组织实际遵循的事实层面的文化指组织成员实际上所持有的价值观与行为方式；它具有隐含性、真实性和批判性的特点；它们不一定有明确的规范的文本或者口头的表达方式，并且不容易为组织以外的人所观察到，但是却实实在在地根植于组织中，规范或者引导组织成员的行为准则和行为模式；它是对组织"实际是什么"、"实际如何运行"的一种认识和描述，在本文的表述中简称为事实层面的组织文化。不仅如此，Joanne Martin 也从组织成员认知角度把企业文化中"所提倡的"和"所推断的（根据组织中实际的行为推断出来的）"两种层次的文化区分开来，并指出两种层次的文化之间存在差异。Dennis 等学者持有差异观的观点，认为价值层面的文化和事实层面的文化存在差异，并且这种差异会对组织产生影响。实质上，也就相当于提出了研究组织文化的三维度视角，即同时关注组织文化的价值层面 V（value）、事实层面 F（fact）及两层面之间的差异 D（difference），因为这三者同时对组织产生影响。

（二）组织文化友好性和一致性

组织文化的友好性（sociability）和一致性（solidarity）概念是 Goffee 和 Jones 在《The Character of a Corporation》中首先提出来的。Goffee 和 Jones 认为，友好性是指一个社群内成员之间友善的程度，是一种将对方互相视为朋友的个人之间的情感上的非结构性的关系；一致性则是指不同的个人或团体之间以任务为中心的合作，为了组织目标和任务的高效达成而不太考虑其对个人和成员之间关系的影响。此外，他们还以文化的友好性和一致性作为维度特征，建立了组织文化的四象限分类模型（双 S 模型）。在 Goffee 和 Jones 对组织文化研究的基础上，Zabid Abdul Rashid 等运用"双 S 模型"分析框架，以马来西亚企业为对象，研究了四种类型的文化与组织内对组织变革的态度之间的关系。研究表明，能够对组织成员对组织变革的态度产生强烈积极影响的文化类型依次是共有型文化、图利型文化、网络型文化和散裂型文化。

本文研究关注的是友好性和一致性概念的强度属性。友好性越强，相应的工作环境就可以更好地提高士气和团队精神，促进团队合作、信息分享，并且以开放的心胸看待新构想。一方面，较强的友好性能创造出一个人们不需要通过程序化流程就能提高绩效和员工满意度的环境，宽松愉悦的氛围会促使员工认真工作，甚至超过技术上的需求；另一方面，由于彼此之间很深的感情，成员犯错时得以被容忍，没有人愿意责怪或解雇朋友，反倒较容易去接受或原谅因个人问题或需求而导致的低绩效。而在拥有高一致性文化的组织中，各种规章制度非常严密，都是按照程序办事。并且，工作角色是已经定义好的并为大家所理解的，所有人都以高标准要求自己的工作；组织成员之间的沟通是直接的和具体的，其方式也是严肃的和快速的；员工高度热情，工作效率相当高，进而使组织取得优异的绩效。在高一致性的组织里人们都相信员工会被公平地对待，因而产生较高的组织承诺和忠诚度。但是，由于组织成员很看重组织的目标，会因要完成组织的目标和任务而变得冷酷无情，甚至会相互指责，工作环境显得严肃和呆板，组织中缺少创新。

（三）组织变革及类型

研究者一般认为个人或群体对组织变革的态度有三种类型：情感的、认知的和行为的反应。情感反应指与变革相关的满意或焦虑的感觉，包括评价和情绪，而且通常以喜欢或不喜欢的方式表达出来；认知反应指个人根据自己对变革的认识和理解，评估并选择有用的、必要的和变革所要求的知识；行为反应指个人对变革已经或即将采取的真实行动。

对于变革的认知反应、情感反应和行为反应，究竟哪几种最为关键，组织变革是否要沿着从情感反应或认知反应再到行为反应的方式进行，至今并无定论。本文认为，既然变革最大的障碍来源于"对未知的恐惧"和"不熟悉的形势"，那么认知反应应该是最先入手的有效方式。再者由于情感反应容易受个人主观情绪等外部因素的影响，难以保证研究的效度；另外，组织文化的层面划分是基本的价值和事实两个层次，出于对比的需要，因此在研究中本文采用了组织变革的认知反应和行为反应作为研究对象。我们认为变革的认知反应是基于个人的价值观对人或事物的信息，通常以"应该"或"不应该"的方式表达出来；变革的行为反应是人们对态度客体已经或者即将采取的行为方式，通常以"做"或"不做"的方式表达出来。不同变革反应的具体表现不同，Elizur 和 Guttman 认为变革反应的积极程度是变革反应的属性，并且可以在实证研究中进行测量。

三、研究假设

Schein 认为组织战略和结构都归属于文化范畴。也就是说，组织变革的实质是文化变革，任何组织都不能保证组织变革而其文化保持不变。管理组织变革最终意味着管理组织的行为和文化，使文化能够与外部环境相匹配并获得竞争优势。先前许多研究都是基于单一组织文化层面进行研究，或者将两者混同起来研究，并没有对组织文化友好性和一致性在不同层面上表现的差异加以区分，以比较不同层面文化对组织变革的影响。此外，还有一些学者主要是在理论研究中区分了这两个层面的组织文化及其差异，而鲜有学者在实证研究上证明这一点。综上，沿袭组织文化差异观的观点，本文选择基于文化的价值层面、事实层面及其他层面之间的差异三维度研究视角来研究组织文化友好性和一致性对变革的影响，如图 1 所示。

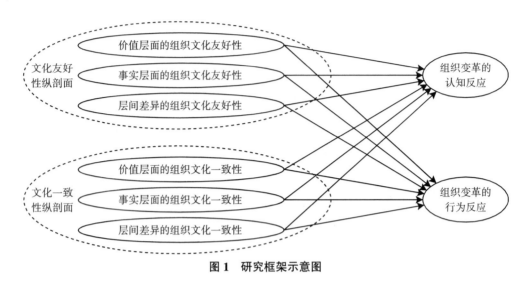

图1 研究框架示意图

（一）价值层面与事实层面的组织文化与组织变革

组织倡导的价值层面的文化代表组织的理想状态。在组织中，通过口号、宗旨和文件等口头或者书面的形式表达。一般认为组织成员在这样的组织氛围中，其认知和行为在这些宣传和倡导的长期影响下会潜移默化地发生改变，进而组织成员态度和行为的改变直接影响组织的方方面面。然而，我们看到许多企业的实际情况与其价值层面所倡导的组织文化却相去甚远，而其文化价值层面的一致性和友好性对组织的变革也几乎收效甚微。在理论上，事实层面的组织文化友好性和一致性对组织变革的影响已经被 Zabid Abdul Rashid 等学者所证实。但是它们的研究主要都是基于单层面或者混合层面的实证分析，一方面没有区分事实层面和价值层面这样的二维文化层次，另一方面仅仅考察可单一的文化层面本身而没有考虑到两层面文化之间的关系。持有两层次文化观点的沙因和马丁都认为，事实层面的组织文化对组织变革有重要影响，并且 Conner 认为公开的价值层面的组织文化对组织变革具有影响，而事实层面的组织文化对组织变革的影响应该不同于公开的价值层面的组织文化对组织变革的影响，并且员工们对文化的理解主要看组织如何操作，即事实层面的组织文化。因此，本文正是在同时区分价值层面和事实层面两个层次的文化这样的二维视角下，期望验证价值层面和事实层面的组织文化友好性和一致性对组织变革的影响，提出待验证的假设1：

假设1：相对于价值层面的组织文化友好性和一致性，事实层面的组织文化友好性和一致性对变革反应具有较强影响。

又由于 Vakola 和 Nikolaou 的研究发现组织文化友好性对于员工变革的影响产生积极影响，说明文化的友好性则对个性更加宽容，对边缘性的行为也更加容忍，这样的组织变革的冲动更强，而文化的一致性倾向于维护组织核心的刚性和制度的严肃性，禁止任何与组织核心理念和制度冲突的个性化的东西，这样的组织效率更高，但工作氛围严肃和呆板，组织中缺少创新性，这在一定程度上也削弱了组织的变革动力。因此，我们提出：

假设 1a：相对于价值层面的组织文化友好性，事实层面的组织文化友好性对变革认知反应具有较强积极影响。

假设 1b：相对于价值层面的组织文化友好性，事实层面的组织文化友好性对变革行为反应具有较强积极影响。

假设 1c：相对于价值层面的组织文化一致性，事实层面的组织文化一致性对变革认知反应具有较强消极影响。

假设 1d：相对于价值层面的组织文化一致性，事实层面的组织文化一致性对变革行为反应具有较强消极影响。

（二）层间差异的组织文化与组织变革

持有文化的差异观的学者 Mumby 认为不仅仅在组织文化价值层面和事实层面上，绝对文化特征的强弱会影响组织变革，而且价值层面与事实层面的组织文化之间的差异或者一致同样对组织变革具有影响。Susan 也认为承认组织文化中价值层面和事实层面之间的差异是发现潜在商业威胁与机会的第一步，一定程度的文化差异有利于组织的创新和变革。并且她还谈到可以从文化差异中获得竞争优势。此外，Pillutla 和 Chen 认为人们感知的与组织倡导之间的差异对组织的行为有重要影响。且根据管理实践经验，组织所公开主张的价值层面组织文化通常是朝向促进整合的，而导致组织分裂的原因往往是蕴含在事实层面的组织文化中，于是二者之间形成了反差，这不仅决定了组织成员对组织所主张的价值观的认可和接受程度，而且决定组织文化的状态，进而影响了组织活动的结果。因此，我们提出：

假设 2：友好性的价值层面和事实层面文化差异、一致性的价值层面和事实层面文化差异均对组织变革认知和行为反应有显著影响。

具体来讲，一定程度的事实层面和价值层面的文化差异（以下称层间差异），即现实状态和理想状态之间的差异在包容性的组织成员当中会产生一种改变现状以达到理想状态的内驱力，即它会推动变革的认知反应和行为反应；另外，对于组织文化一致性而言，两层面间的差异所产生的影响往往是消极的、负向的、导致分裂的、背离一致性的，其原因在于强一致性组织中，组织"言行不一"会降低成员对组织的信任，进而对组织变革措施和变革愿景产生不信任，从而削弱对变革的认知和行为反应，最终阻碍变革的顺利进行。因此，本研究提出以下子假设：

假设 2a：友好性的价值层面和事实层面文化差异对组织变革的认知反应有显著正向影响。

假设 2b：友好性的价值层面和事实层面文化差异对组织变革的行为反应有显著正向影响。

假设 2c：一致性的价值层面和事实层面文化差异对组织变革的认知反应有显著负向影响。

假设 2d：一致性的价值层面和事实层面文化差异对组织变革的行为反应有显著负向影响。

四、研究方法

（一）量表与样本采集

本文采用组织中高层管理者的观点来代表组织的观点，选取 MBA、EMBA、CEO 等来自不同企业中高层管理者的样本，样本选取的组织所在地遍布陕西、宁夏、甘肃、广东、北京、江苏、福建、山东、新疆、东北等省市，组织所在产业类型包括国有企业 19.2%，民营企业 42.1%，合资企业 9.8%，外资企业 5.2%，政府部门、金融机构、事业单位和其他组织均有少量分布。样本来自于 14 个产业（包括其他），其中服务业 29.6%，IT 业 26.4%，制造业 18.6%，医药卫生 12.5%，营销 3.6%，运输等行业均有分布。在全部样本的调研中，共发放问卷 339 份，实际回收有效问卷 302 份，有效率 89.1%。

（二）测量方法

结合本研究的三维度分析框架和研究目的中对比分析的需要，本文在测量的内容上选择了相应测量。在测量文化的量表中，本文采用相同的题目而不同的选项来测量价值层面和事实层面的文化友好性和一致性，其中价值层面的文化选项用"对题目的观点您'赞成'的程度"的七级 Likert 量表来测量，事实层面的文化选项用"对题目的观点您认为与实际'符合'的程度"的七级 Likert 量表来测量。同样在变革的测量中，对于组织变革的认知反应和组织变革的行为反应我们也采用相应测量的方式，通过受测者在认知理念上对题目描述内容"赞同"程度和与组织实际行为的"符合"程度来研究。在两层面文化差异的测量中，为了更加客观地研究价值层面和事实层面的文化，本文采用了绝对值距离间接测量文化友好性和一致性的层间差异的方式。这种方式一方面可以避免一定程度的主观性和差异分方法带来的共线性和差异本身的正负方向问题，让结果更加客观、简洁；另一方面可以在相互的对比中发现组织成员在认知与行为之间的差异，及其相互影响的差异。

（三）实证研究的方法和程序

本研究首先采用均值法剔出问卷中少量的遗漏值，并通过 QQ 图验证了样本呈正态分布，之后采用验证性因子分析（CFA）对模型进行检验，并测量量表信度及效度。在分析中根据已有的知识和研究，以及假设因素的数量与因素之间的关系，参考结构方程通常步骤，对两个假设的模型进行了检验修正，其过程更符合科学研究的假设—验证—修正—验证的过程。本文采用 Lisrel 850 软件进行结构方程建模，数据的其他统计分析由 SPSS 13.0 统计软件完成。

此外，在样本量受限制的前提下，为保证统计证明的有效性（statistical power），本文分两个模型验证假设 1 和假设 2。模型 1 是针对价值层面的组织文化和事实层面的组织文化的友好性和一致性对组织变革的影响进行研究；模型 2 则是针对组织文化友好性和一致性的层间差异对组织变革的影响来研究。

五、理论模型的检验与结果分析

（一）信度和效度分析

对总量表以及各分量表别进行 α 信度检验。总量表的 α 系数为 0.910，各分量表的 α 系数如表 1 所示，各个因素的一致性指标均大于或接近于 0.7；问卷效度采用因子分析进行检验，各观测变量的因子载荷均大于或接近于 0.7，观测变量对于相应潜变量也具有较强的解释力，问卷质量较好。

表 1　各变量的信度和累积解释量

变量	题项	Cronbach's α	能解释方差百分比
价值层面的组织文化友好性（Socv）	5	0.749	70.231%
事实层面的组织文化友好性（Socf）	5	0.781	63.731%
层间差异的组织文化友好性（Socd）	5	0.686	61.417%
价值层面的组织文化一致性（Solv）	5	0.805	67.930%
事实层面的组织文化一致性（Solf）	4	0.812	74.305%
层间差异的组织文化一致性（Sold）	4	0.682	66.314%
组织变革的认知反应（Cr）	5	0.815	68.303%
组织变革的行为反应（Cb）	5	0.831	69.971%

（二）验证性因子分析

对模型 1 和模型 2 分别做内源变量和外源变量因子统计分析，结果如表 2 以及图 2a、图 2b、图 2c 所示。各项统计检验指数均达到了较理想的水平。

表 2　内外源潜变量测量模型优化后的拟合指数表

拟合指数	df	χ^2	RMSEA	SRMR	NNFI	CFI
参考值	$1<\chi^2/df<3$		<0.08	<0.08	>0.9	>0.9
模型 1 外源潜变量	146	407.38	0.075	0.050	0.96	0.97
模型 2 外源潜变量	19	40.14	0.060	0.060	0.98	0.99
内源潜变量	19	30.67	0.044	0.049	0.94	0.96

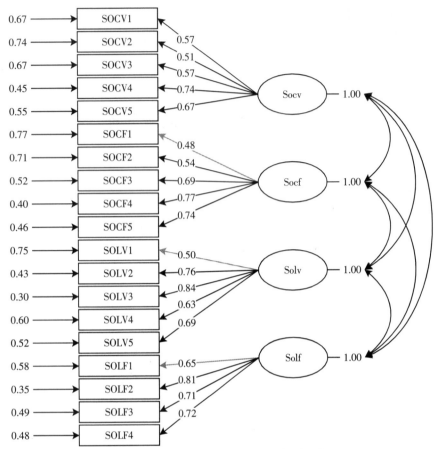

图 2a　模型 1 外源潜变量测量模型拟合图

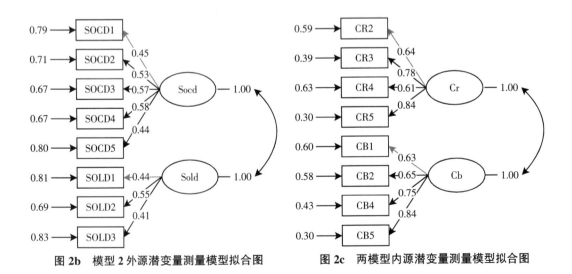

图 2b　模型 2 外源潜变量测量模型拟合图　　　图 2c　两模型内源潜变量测量模型拟合图

（三）理论模型的检验结果分析

两模型的结构模型运行输出的拟合指标如表 3 所示，其中模型 1 和模型 2 的 RMSEA 分别为 0.061 和 0.055，小于 0.08 达到理想水平；相对拟合指数的两个指标 NNFI、CFI 则超过了 0.9。可以看出理论设定模型的拟合优度指标都在可接受的范围内，理论模型与样本数据拟合较好，这表明两个理论模型的设定均是合理的，可接受的。两模型的路径图见图 3a 和图 3b。

表 3　优化后的结构模型的拟合指数表

拟合指数	df	χ^2	RMSEA	SRMR	NNFI	CFI
模型 1	310	691.34	0.061	0.049	0.97	0.98
模型 2	99	194.15	0.055	0.051	0.95	0.96

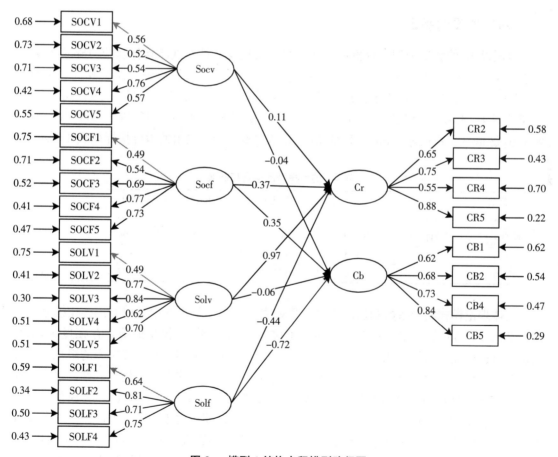

图 3a　模型 1 结构方程模型路径图

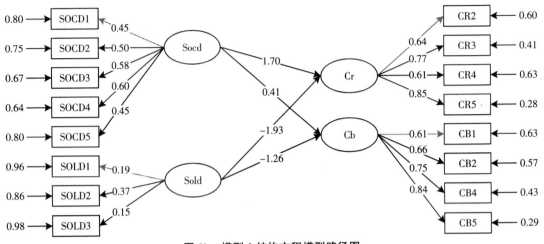

图 3b 模型 2 结构方程模型路径图

(四) 假设的验证

以假设 1a 的验证为例，令价值层面的组织文化友好性对变革认知反应（Socv-Cr）等于事实层面的组织文化友好性对变革认知反应（Socf-Cr），形成一个路径相同约束模型（模型 3），用无约束模型（模型 1）和路径相同约束模型（模型 3）对比。用相同的方法，得到模型 4（Socv-Cb 路径等于 Socf-Cb 路径）、模型 5（Solv-Cr 路径等于 Solf-Cr 路径）、模型 6（Solv-Cb 路径等于 Solf-Cb 路径），其结构模型运行输出的拟合指标如表 4 所示。

表 4　约束模型的拟合指数表

拟合指数	df	χ^2	RMSEA	SRMR	NNFI	CFI
模型 3	311	708.78	0.064	0.049	0.96	0.98
模型 4	311	703.31	0.054	0.051	0.96	0.97
模型 5	311	691.98	0.071	0.066	0.92	0.93
模型 6	311	697.02	0.058	0.061	0.97	0.98

具体理论模式路径系数和假设检验结果如表 5 所示。从表 5 中可以看出，①模型 1 和模型 3 的 $\Delta\chi^2/\Delta df$ 值为 17.44，大于 3.86（0.05 显著性水平），模型的拟合存在显著差异，这说明价值层面的组织文化友好性对变革认知反应无显著影响，而事实层面的组织文化友好性对变革认知反应具有显著正向影响，且相对于价值层面的组织文化友好性，事实层面的组织文化友好性对变革认知反应具有较强积极影响，假设 1a 得到验证。②模型 1 和模型 4 的 $\Delta\chi^2/\Delta df$ 值为 11.97，模型的拟合存在显著差异，即相对于价值层面的组织文化友好性，事实层面的组织文化友好性对变革行为反应具有较强积极影响，假设 1b 得到验证。③价值层面的组织文化一致性对变革认知反应具有显著正向影响，其影响系数为 0.97，而事实层面的组织文化一致性对变革认知反应具有显著负向影响，其影响系数为 –0.44，且

Δχ²/Δdf 值为 0.64，说明模型的拟合不存在显著差异，故假设 1c 没有获得支持。④模型 1 和模型 6 的 Δχ²/Δdf 值为 5.68，同理，假设 1d 得到证明。⑤友好性的层间差异促进了组织变革的认知反应，其影响系数为 1.70，在 α＝0.01 条件下具有显著影响，结果支持假设 2a。⑥从友好性的层间差异与组织变革的行为反应之间的关系看，两者之间几乎不存在显著影响，故假设 2b 没有获得支持。⑦一致性层间差异阻碍了组织变革的认知反应，其影响系数为-1.93，在 α=0.01 条件下具有显著影响，结果支持假设 2c。⑧同样，一致性的层间差异对组织变革的行为反应也具有显著负向影响，假设 2d 得证。

表 5　模型的 LESREL 假设检验结果

模型	变量间关系	标准化路径系数	t 值	理论假设	相同路径模型的 chi-square	ΔX²/Δdf	结论
模型 1	Socv–Cr	0.11	0.55	假设 1a	令 Socv->Cr 等于 Socf->Cr（模型 3）时，708.78	17.44	支持
	Socf–Cr	0.37**	2.11				
	Socv–Cb	-0.04	-0.36	假设 1b	令 Socv->Cb 等于 Socf->Cb（模型 4）时，703.31	11.97	支持
	Socf–Cb	0.35**	2.46				
	Solv–Cr	0.97**	4.16	假设 1c	令 Solv->Cr 等于 Solf->Cr（模型 5）时，691.98	0.64	不支持
	Solf–Cr	-0.44**	-2.51				
	Solv–Cb	-0.06	-0.40	假设 1d	令 Solv->Cb 等于 Solf->Cb（模型 6）时，697.02	5.68	支持
	Solf–Cb	-0.72**	-4.55				
模型 2	Socd–Cr	1.70**	2.36	假设 2a	—	—	支持
	Socd–Cb	0.41	1.36	假设 2b	—	—	不支持
	Sold–Cr	-1.93**	-2.23	假设 2c	—	—	支持
	Sold–Cb	-1.23**	-2.63	假设 2d	—	—	支持

注：* 表示 p<0.05，** 表示 p<0.01。

六、结论与讨论

从统计上讲，除文化一致性对变革认知反应的影响外（假设 1c），在本文研究的其他方面，事实层面的组织文化对变革的影响都大于价值层面的组织文化对变革的影响，且组织文化友好性两层面都对变革有积极影响，而组织文化一致性两层面都对变革有消极影响。其中，文化价值层面的一致性与变革认知反应的正向关系（假设 1c）可能是由于文化价值层面一致性直接表现了员工对组织目标的认同感，从而从氛围上推动组织变革的认知。友好性的层间差异与组织变革的行为反应之间的关系（假设 2b），部分由于友好性一定程度上包容这种价值观和实际行为的差异而导致结果不显著。综上所述，至少在本文的研究所选择的样本和模型下，除假设 1c 和假设 2b 未通过验证以外，其他假设均通过验证。

由表 5 我们还可以看出，友好性的价值层面和事实层面文化差异对组织变革认知反应的正向影响（路径载荷为1.70**）大于友好性价值层面（路径载荷为0.11）和友好性事实层面（路径载荷为0.37**）；而一致性的层间差异对组织变革认知反应（路径载荷为1.93**）和行为反应（路径载荷为1.26**）两方面的消极影响也大于一致性价值层面对组织变革反应两方面的影响（路径载荷分别为0.97**和0.44**）和事实层面对组织变革反应两方面的影响（路径载荷分别为0.06和0.72**）。从现实层面来讲就是组织要推动变革，仅从组织文化的高友好性和低一致性的价值层面倡导是不够的，组织采取的实际行动所产生的影响远比价值层面推动的影响明显得多。而如果组织所采取的实际行动与组织倡导的不一致，会在员工的行动配合方面产生更大的影响。

七、贡献和局限性

（一）意义与贡献

对照国内外相关研究文献，本研究对以往研究中以下几点缺憾应该有所补益：①与以往组织文化单一视角的实证研究相比，本研究的三维研究视角，一方面区分了价值层面文化和事实层面文化的不同影响；另一方面在考虑了组织文化特征的绝对性的同时，也考虑到组织文化特征的相对性差异，作为一种探索使得研究的视角更加完整，对比更加清晰，也更具有现实意义。②提出价值层面文化和事实层面文化的差异视角，更加全面地揭示了组织文化对组织变革产生的影响，并得出推论说明"言"与"行"差异的影响可能远大于"言"或"行"本身对变革的影响。③国内关于组织文化的研究已经有可观的理论积累，但缺乏对组织文化各维度（如友好性和一致性）更加具体的研究，对不同维度如何影响员工变革态度了解不够深入，而本研究在此方面做了对比性的探索。

（二）局限性及下一步研究方向

本研究的数据收集仅是对单个高层管理者进行问卷调查，以高层管理者的观点来代表组织的观点，由于样本量有限，未能以组织为单位通过对同一组织内多位高管的数据进行组织层次上的整合来检验假设。此外，由于受模型复杂度和样本量的制约，为保证科学研究的有效性，本研究采用两模型对比研究，通过对比路径载荷说明价值层面文化、事实层面文化、层间差异文化对变革反应的不同影响。在接下来的研究中，将通过增加各地区、各类型、各行业企业数量，扩大样本量，在组织层面上整合数据进行文化两维度、三层面整体分析，如研究框架示意图（图1）所示，以更加全面地对比价值层面和事实层面文化差异、价值层面文化本身、事实层面文化本身与变革的关系。

参考文献：

［1］乔安妮·马丁. 组织文化［M］. 沈国华译. 上海：财经大学出版社，2005.

［2］Schein，Edgar H. The Corporate Culture Survival Guide［M］. San Francisco：Jossey-Bass，1999.

［3］Dennis，K. Mumby. Communication and Power in Organizations：Discourse，Ideology and Domination［M］. Norwood：Ablex，1988.

［4］Kilmann，R.，Saxton，M.，Serpa，R.（Eds）. Gaining Control of the Corporate Culture［M］. San Francisco：Jossey-Bass，1985.

［5］刘理晖，张德. 组织文化的度量：本土模型的构建与实证研究［J］. 南开管理评论，2007（2）.

［6］Verbeke，W.，Marco Volgering，Marco Hessels. Exploring the Conceptual Expansion Within the Field of Organizational Behavior：Organizational Climate and Organizational Culture［J］. Journal of Management Studies，1998，25（5）：303-329.

［7］爱伦·威廉. 变革文化［M］. 伦敦：人力资源管理学院出版社，1998.

［8］帕米拉·路易斯，斯蒂芬·古德曼，波特利西亚·范德特. 企业管理：21 世纪的挑战［M］. 美国辛辛纳提亚：辛辛纳提亚南学院出版社，1998.

［9］F.W. Guldenmund. The Nature of Safety Culture：A Review of Theory and Research［J］. Safety Science，2000，34（3）：222-224.

［10］James C. S. Weapons of the Weak：Everyday Forms of Peasant Resistance［M］. New Haven：Yale University Press，1985.

［11］Smircich L. Concepts of Culture and Organizational Analysis［J］. Administrative Science Quarterly，1983，28（3）：339-358.

［12］Schein，E. Organizational Culture and Leadership：A Dynamic View［M］. San Francisco，CA：Jossey-Bass，1992.

［13］彼得·圣吉. 第五项修炼［M］. 郭进隆译. 上海：上海三联出版社，1996.

［14］Rob Goffee，Gareth Jones. The Character of a Corporation［M］. New York：Harper Collins Business，1999.

［15］Linstone H. A.，Mitroff I. I. The Challenges of the 21st Century［M］. New York：State University of New York Press，1994.

［16］Zabid Abdul Rashid，Murali Sambasivan，Azmawani Abdul Rahman. The Influence of Organizational Culture on Attitudes Toward Organizational Change［J］. Leadership & Organization Development Journal，2004，25（2）：161-179.

［17］Dunham Randall B. Organizational Behavior：People and Processes in Management［M］. Homewood，Ill.：Richard D. Irwin，Inc.，1984.

［18］Elizur D.，Guttman L. The Structure of Attitudes Toward Work and Technological Change within an Organization［J］. Administrative Science Quarterly，1976，21（4）：611-622.

［19］French J. R. P. Jr，Rogers W.，Cobb S. Adjustment as Person-environment Fit［M］. In Coelho GV，Hamburg DA，Adams JE（Eds.），New York：Basic Books，1974.

［20］樊耘，汪应洛. 论知识经济对管理研究的影响与理念的变革——兼论组织文化在知识经济时代的重要性［J］. 预测，2003（1）.

［21］Beer，Michael. Revitalizing Organizations：Changing Process and Emergent Mod［J］. The Academy of Management Executive，1987（2）：51-55.

［22］ Conner. Manageing at the Speed of Change ［M］. New York： Villard Books，1992.

［23］ 邵芳，樊耘，张翼，纪晓鹏.基于人力资源管理视角的个人与组织价值观匹配模型的提出［J］.软科学，2008（6）.

［24］ Vakola M.，Nikolaou I. Attitudes Towards Organizational Change ［J］. Employee Relations，2005，27（2）：160-174.

［25］ Susan S.，Jean-Louis B. Managing Across Cultures ［M］. Hertfordshire：Prentice-hall Europe，1997.

［26］ Madan M. Pillutla，Xiao-Ping Chen. Social Norms and Cooperation in Social Dilemmas：The Effects of Context and Feedback ［J］. Organizational Behavior and Human Decision Processes，1999，78（2）：81-103.

［27］ Hofstede G. Cultural Constraints in Management Theories ［J］. Ademy of Management Executive，1993，7（1）：81-94.

［28］ Caplan R. D. Person-environment Fit Theory and Organizations：Commensurate Dimensions，Time Perspectives，and Mechanisms ［J］. Journal of Vocational Behavior，1987，31（3）：248-267.

［29］ Edwards J. R. Person-job fit：A Conceptual Integration，Literature Review and Methodological Critique ［J］. International Review of Industrial Organizational Psychology，1991，6（1）：283-357.

［30］ Salancik G. R.，Pfeffer J. An Examination of Need-satisfaction Models of Job Attitudes ［J］. Administrative Science Quanerfy，1977，22（19）：427-456.

［31］ 侯杰泰，温忠麟，成子娟. 结构方程模型及其应用 ［M］. 北京：教育科学出版社，2004.

A Differentiation-perspective Based Study on the Impact of Organizational Culture Sociability and Solidarity on Organizational Change

Fan Yun，Shao Fang，Zhang Yi

Abstract： This paper chooses a three-layer perspective of organizational culture including value，reality and differences. The effect of organizational culture sociability and solidarity on organizational perception change and behavior change is based on 302 companies in China. The paper educes some prudent and universal conclusions by validating and discussing the hypotheses based on models. The main conclusions include：The organizational culture sociability on reality layer are more positively related with both perception change and behavior change than value layer，and the differences in the two layers' culture sociability are only positively related with perception change；While the organizational culture solidarity on reality layer are only more negatively related with behavior change than value layer，and the differences in the two layers' culture sociability are also positively related with both perception change and behavior change. Furthermore, based on the conclusion of theory study and empirical analysis, practical suggestions and strategies are given on how to build organizational culture that is able to innovate and change.

Key words: organizational culture; sociability; solidarity; organization change

团队互动双 F 导向理论、量表开发及互动风格 *

陈国权　赵慧群

【摘　要】已有研究探讨了团队互动的若干相关问题，为团队互动理论的发展奠定了基础，但一些基本问题还需要进一步深入地解释。就团队互动过程这一问题而言，学者们从不同研究层面出发，得出的大都是任务完成和人际维系两个重要方面。本文认为，对团队互动过程的考察存在另外两个维度：事实导向与情感导向。本文将此称为团队互动双 F 导向理论，并通过三个研究过程完成团队互动双 F 导向量表的开发，进而基于两维度将团队互动风格划分为四种类型，最后指出本研究的理论与实践意义及未来研究方向。

【关键词】团队互动双 F 导向　事实导向　情感导向　互动风格

一、问题提出与研究回顾

生产团队、产品研发团队、问题解决团队、自我管理团队等多种多样的团队实践形式为组织所广泛使用。团队成员之间的互动是团队运行的关键，正是在互动中，团队成员才可以发挥协同效应，产生优于个体加总的效能。

国内外一些学者研究了团队互动的若干相关问题。例如，团队互动具体包括哪些过程？如何测量团队互动？团队互动中成员扮演哪些角色？团队互动风格有哪些类型？团队互动的前因后果关系如何？此外，一些特殊的团队互动现象也受到学界关注，如建设性争论、群体思维、阿背伦悖论等。这些研究为团队互动理论的发展奠定了基础，但理论体系尚未形成，一些基本问题还需要进一步深入解释。就团队互动过程这一问题而言，仍有进

---

* 本文选自《经济管理》2011 年第 3 期。

作者简介：陈国权（1967—），男，湖南岳阳人，教授，研究方向是组织行为、组织学习与学习型组织、领导与团队等；赵慧群（1977—），女，山西平遥人，助理研究员，博士后，研究方向是组织行为、组织学习、团队学习等。

一步研究的空间。

首次系统性地提出观察团队成员互动过程有效方法的是 Bales。Bales 认为，团队互动总是面临两种不同但又相关的问题，即任务完成与人际维系，因此，在其开发的互动过程分析（以下简称 IPA）系统中，将团队内部的互动过程划分为四种类型，其中第一类（积极的成员关系）和第四类（消极的成员关系）相反，第二类（积极的团队任务实现过程）和第三类（消极的团队任务实现过程）相反。IPA 一度受到非常广泛的关注，也是到目前为止使用最多的互动行为测量方法。但是，按照该分析方法，当团队的注意力集中于任务完成与人际维系两者中的一方面时，就有可能忽略另一方面或者产生来自另一方面的压力。换言之，团队必须在两者之间加以平衡，过于关注其中一方面会因另一方面的薄弱而使团队陷入困境。事实上，正如 Bion（1961）和 Thelen（1958）等人所指出的，团队互动中的任务完成与人际维持并非彼此排斥的两个维度，而是相互独立的。IPA 的另一个缺陷在于，该方法是从微观视角审视团队成员的互动过程，用于了解团队内部某个个体与其他个体或者个体与个体之间的互动关系，属于个体层面的分析，无法据此掌握团队整体的互动情况，更难以据此预测团队的运行过程质量与运行结果。Bales 之后的研究者注意到了这一问题［如 McGrath（1984）］，有些学者即从群体层面探讨团队互动过程，例如国内学者刘雪峰、张志学（2005）基于对模拟情境中工作团队的研究，将团队互动分为结构和人际两个维度，其中结构维度是团队成员制订行动计划、分配任务、确立领导、监控过程等行为，人际维度是在执行结构性任务时所进行的沟通、协调，以及信任尊重等人际交往行为。不难发现，从不同研究层面出发，学者们得出的仍是任务完成和人际维系两个重要方面。

本文认为，除任务完成和人际维系这两个维度外，团队成员在互动过程还贯穿着两种导向，即事实导向与情感导向。

（一）团队互动的事实导向

在彼此协作完成团队共同任务的过程中，成员能否如实提供自己所掌握信息、客观分析事情原因及可能产生的结果影响团队互动效果。团队成员往往具有多样性特点，这种多样性既表现在性别、年龄、教育背景等人口统计特征上，也表现在价值观、态度、信念等深层特征上。从一个角度来看，成员多样化使得团队拥有广泛信息来源，以搜集熟悉的信息和获取不熟悉的信息，这有助于团队问题的解决和任务完成。然而，成员却未必能够将自己掌握的信息全面真实地展示给他人，这既可能源于团队内部信息沟通渠道的不畅，也可能源于成员出于种种顾虑（如担心自己提供真实信息后会招致其他人的不良反馈而故意隐瞒甚至歪曲事实真相）。可见，成员是否提供自己掌握的真实信息是团队互动中的一个行为导向。从另一个角度来看，团队多样性使团队内部存在多样化的视角、观点和思维框架，面对同样的团队问题，不同成员的观点往往并不完全相同，这原本有助于团队对问题进行更深入的思考分析，并引发更多的创造性和创新性。但是，成员有时会由于团队心理安全水平不高、团队内存在强势权威、担心产生关系冲突等原因而有意隐瞒自己对团队问题（团队问题存在与否、团队问题产生的原因及可能结果等）的真实看法，表现沉默或者违心地附和他人观点，出现阿背伦悖论、群体思维、群体偏移等现象，其结果是团队运行失常和效能降低。可见，成员是否客观分析团队问题及其原因结果也是团队互动中的一个行为导向。我们将上述两个导向归纳为团队互动的事实导向，具体是指在团队互动过程中成员如实地提供各自掌握的相关信息、客观陈述事情的真实情况、理性分析事情的原因及可能的结果。

（二）团队互动的情感导向

很多研究注意到团队互动中应关注情感因素。情绪事件理论认为，团队成员在互动过程中会产生一系列情绪反应。一方面，每个成员的情绪体验会受到其他成员言行的影响；另一方面，每个成员的情绪会通过情绪感染而传递给其他成员。团队成员的这些情绪反应会对团队互动产生影响，例如，是否要与其他成员合作、是否要继续参与其他成员间的社会和经济交换。因此，关注他人情绪是团队互动的一个重要导向。Kellermann 等（1996，2001）强调了人们在谈话过程中礼貌性的影响作用。其谈话约束理论认为，谈话中人们为了使对方接受自己的观点和要求往往会采取不同策略，即威胁、建议、暗示和承诺，而影响策略选择的则是两个基本的、相互独立的约束条件：礼貌性和效率性。其中，礼貌性指谈话时照顾对方的感受，对对方谦虚、恭敬、有礼貌，维护对方自信心，使对方心悦诚服地接受自己的观点。礼貌性也是团队互动的一个重要导向。在中国情境中，个体非常重视面子问题，而工作团队又是个体所隶属的极为重要的一个群体，在团队互动中照顾彼此面子尤为重要，这也成为团队互动的一个导向。综上，团队成员在互动过程中应注意照顾他人情绪和面子，注意对方感受，维护对方自信心，避免令对方产生挫败感，本文将这些导向统称为团队互动的情感导向。

事实导向与情感导向是团队互动过程中的两类倾向，这二者之间并不存在相互排斥的此高彼低的关系，而是彼此独立的两个维度，本文将此称为团队互动双 F 导向理论（Fac-toriented 和 Feeling-oriented）。在提出这两种互动维度的基础上，本文通过三个研究过程完成团队互动双 F 导向量表开发，进而基于两维度将团队互动风格划分为四种类型，最后指出本研究的理论与实践意义及未来研究方向。

二、量表开发

本研究基于三个实证研究开发了团队互动双 F 导向问卷，问卷开发过程基本上遵循了 Hinkin（1998）建议的量表开发步骤。

（一）开放式问卷调查——团队互动双 F 量表的初步开发

（1）抽样。选取了清华大学经济管理学院某高级经理人培训班的 30 位学员为研究对象，这些被试都是来自国内各类企业的高层管理人员，有着丰富的团队合作经验，能为本研究提供多样化的信息。最终有效问卷为 26 份。其中女性填写者 12 人，男性填写者 14 人，平均年龄 41 岁。

（2）问卷。问卷首先给被试提供了事实导向互动过程与情感导向互动过程的含义，然后请被试根据自己的团队合作经验，列举出其遇到过的属于事实导向和情感导向的一些具体互动过程（分别包括积极行为与消极行为）。

（3）结果。部分调查结果如表 1 所示。

表 1 团队成员互动过程开放式问卷调查结果（摘录）

事实导向互动过程		情感导向互动过程	
积极行为	消极行为	积极行为	消极行为
高层管理会议上讨论如何制定下年度的战略目标时，成员能够坦诚布公地简述各自分管领域的现状问题和未来，能够客观地制定出切实可行的目标计划和实施措施	当有绝对权威的一把手在推行一项新的改革措施时，中层干部虽然没有完全找到改革后的方向和定位，但屈服于一把手的决定，将内心的疑惑藏在心中	我尊敬的领导在组织会议时能够倾听别人的意见，即使说的不符合他的心愿也微笑地鼓励说下去，但他内心有自己的主张，从不对持不同意见者打击、否定，而是客观地提出对方意见对组织的利弊，这样的方式能够充分地激发大家的创造力，也能增强群体的凝聚力	一位领导，在组织下属开会时，对持不同意见的人予以蔑视，对人不对事，使大家无所适从，所表述的意见不知是从组织利益出发，还是从领导的好恶出发，口是心非，对组织危害极大
看到别人的工作中有失误，虽然与自己不相干，仍能及时提醒。即使是没有被采纳，也会在下次发现新问题时还能积极沟通	在私下或公开场合互相攻击、向上级告状	彼此尊重支持；关注别人情绪	言行无忌致人反感；私下谈论或者散布对公司猜疑、不信任的言论

请一位教授与三位博士生分别对收集到的问卷进行分类总结，提取问卷回复中的关键词，归纳出描述互动过程不同导向的条目。之后，教授与博士生一起讨论汇总的结果，结合我们对团队互动事实导向与情感导向两维度的定义，确定出能够描述团队两种互动过程的关键语句：一是团队事实导向互动过程。积极行为有：如实提供自己所掌握的相关信息、彼此交流事情的真实情况、客观分析相关事情出现的真正原因、客观地陈述事情的可能结果。消极行为有：忽视或掩饰事情出现的真实原因、隐瞒事情真相、避谈事情的可能结果。二是团队情感导向互动过程。积极行为有：发表意见时给他人留面子、注意照顾他人的情绪、交流中给对方以鼓励、维护对方的自信心。消极行为有：交流中不给其他成员留面子、不顾及其他成员的感受、挫伤对方的自尊心和自信心。

基于这些描述，初步设计出团队互动过程双 F 导向的测量条目，如表 2 所示。按照 Hinkin（1990），在量表开发阶段，每个概念应至少包含 4~6 个测量条目。

（二）小规模问卷调查——团队互动两维度量表的修订

（1）抽样。本次抽样的目的在于小规模发放初步开发的团队互动过程量表。采用方便抽样法，选取清华大学经管学院的某两个高级经理人培训班和某 MBA 班学员共计 179 人

表2　团队互动双 F 导向测量条目

团队互动事实导向测量条目	团队互动情感导向测量条目
（1）团队成员彼此交流事情的真实情况	（1）团队成员发表意见时给他人留面子
（2）团队成员陈述事情真相	（2）团队成员在陈述自己的观点时注意照顾他人的情绪
（3）团队成员客观地分析相关事情出现的真正原因	（3）团队成员表达不同看法时关注他人的感受
（4）团队成员就相关事情追根溯源	（4）团队成员在交流中给对方以鼓励
（5）团队成员忽视或掩饰事情出现的真实原因（反向条目）	（5）团队成员在表达观点时注意维护对方的自信心
（6）团队成员客观地陈述事情的可能结果	（6）团队成员在互动时注意激发对方的工作热情

为被试。两次抽样中被试全部为自愿参加调查，收回问卷 139 份，剔除无效问卷后最终剩余有效问卷 104 份。男性填写者 62 人，女性填写者 42 人，其中任团队领导的 49 人。被调查者平均年龄 36.5 岁，在团队中工作时间从 4 个月到 76 个月不等。团队类型多样化，其中市场/营销型团队和管理/行政类团队所占比例最高，分别为 30.77% 和 22.12%。

（2）问卷。采用上一阶段初步开发的团队互动双 F 导向量表，共包含 12 个条目，每种导向有 6 个条目，为 Likert 5 分量表。

（3）结果。采用 SPSS 16.0 软件对 12 个测量条目的数据进行 KMO 和 Barlett 球形检验，KMO 值为 0.73，说明适合进行因子分析。之后，进行首轮探索性因子分析，用主成分分析方法，选择 Varimax 正交旋转，提取特征值大于 1 的因子，结果如表 3 所示。从因子分析结果来看，共析出 4 个因子，其中条目 1、条目 2、条目 3、条目 6 载荷到一个因子上，能较好地反映我们定义的"事实导向"维度，条目 7、条目 8、条目 9、条目 11 载荷到一个因子上，较好地反映了我们定义的"情感导向"维度，条目 4 和条目 5、条目 10 和条目 12 可能与我们概念的原意有所偏离，分别载荷到另外两个因子上。剔除条目 4、条目 5、条目 10、条目 12 后，再次进行探索性因子分析，方法同上，结果如表 4 所示。8 个有效条目分别载荷到了两个因子上，即事实导向互动与情感导向互动。采用 LISREL 8.7 软件对 8 个有效条目进行验证性因子分析，测量模型为两因素模型（事实导向互动与情感导向互动两因素），结果如表 4 所示。各拟合指标良好，说明问卷有良好的汇聚效度。

表3　小规模调查阶段团队互动双 F 导向量表 EFA 分析结果（1）

条目	EFA 因子载荷			
	1	2	3	4
1. 团队成员彼此交流事情的真实情况		0.76		
2. 团队成员陈述事情真相		0.73		
3. 团队成员客观地交流相关事情出现的真正原因		0.86		
4. 团队成员就相关事情追根溯源				0.84
5. 团队成员忽视或掩饰事情出现的真实原因（反向条目）				0.70
6. 团队成员客观地陈述事情的可能结果		0.55		
7. 团队成员发表意见时给他人留面子	0.89			
8. 团队成员在陈述自己的观点时注意照顾他人的情绪	0.84			
9. 团队成员表达不同看法时关注他人的感受	0.73			

续表

条目	EFA 因子载荷			
	1	2	3	4
10. 团队成员在交流中给对方以鼓励			0.84	
11. 团队成员在表达观点时注意维护对方的自信心	0.73			
12. 团队成员在互动时注意激发对方的工作热情			0.85	
特征值	2.59	2.34	1.74	1.56
解释变异量（%）	21.58	19.51	14.48	12.96
累计解释变异量（%）	21.58	41.09	55.57	68.53

表 4　小规模调查阶段团队互动双 F 导向量表 EFA 分析结果（2）与 CFA 分析结果

条目及因子名	EFA 因子载荷		CFA 因子载荷	
	1	2	1	2
事实导向互动				
1. 团队成员彼此交流事情的真实情况		0.78	0.74	
2. 团队成员陈述事情真相		0.76	0.62	
3. 团队成员客观地交流相关事情出现的真正原因		0.83	0.80	
6. 团队成员客观地陈述事情的可能结果		0.65	0.49	
情感导向互动				
7. 团队成员发表意见时给他人留面子	0.89			0.87
8. 团队成员在陈述自己的观点时注意照顾他人的情绪	0.86			0.83
9. 团队成员表达不同看法时关注他人的感受	0.76			0.66
11. 团队成员在表达观点时注意维护对方的自信心	0.68			0.57
特征值	2.59	2.37	—	—
解释变异量（%）	32.40	29.57	—	—
累计解释变异量（%）	32.40	61.97	—	—
拟合指标	—	—	Chi-Square=24.44，df=19；Chi-Square/df=1.29；RMSEA=0.053；CFI=0.98，NFI=0.92，GFI=0.94，IFI=0.98	

对团队互动两个维度的有效条目分别计算 Cronbach α 系数。事实导向互动的信度系数值为 0.76，情感导向互动信度系数值为 0.82。按照一般惯例，在探索性研究中信度系数达到 0.70 以上就可接受，因此，两个维度的有效条目均有良好的内部一致性。

（三）大规模问卷发放——团队互动两维度量表的最终确定

（1）抽样。采用便利取样的方式，在位于武汉、重庆、贵阳等地的 8 家公司（行业领域涉及银行、房地产、保险、电子、影视、制造业、医药等）共发放问卷 410 份，调查时要求每位被试均来自不同团队。收回问卷 335 份，回收率 81.71%。对收回的问卷进行了筛选。问卷有效性甄别原则为：存在明显错误和缺失值较多的予以剔除；团队规模小于或等于 2 人的予以剔除。经过筛选后，最终剩余有效样本数 310 个。在所有被试中，填写性别的被访者有 286 人。其中男性 154 人，占 53.8%；女性 132 人，占 46.2%。被调查者所在团队人数最少者为 3 人，最多者为 30 人，平均团队规模 12.26 人。被访者在团队工作时间从 3 个月到 240 个月不等。填写团队角色（是否为团队领导）的被试者有 271 人。其中是团队领导者的有 182 人，占 58.71%；不是团队领导者的有 128 人，占 41.29%。填写年龄项者共有 181 人，年龄分布为 22~64 岁，平均年龄 32.78 岁。填写团队类型的被访者共有 293 人，其中管理/行政类团队占 27.99%，市场/营销类团队占 22.87%。

（2）问卷。该问卷的主体部分包括两部分内容：一是前一阶段修订后的互动双 F 导向量表，两种行为各有 4 个测量条目；二是团队绩效测量量表。在团队运行过程中，如果成员互动时比较注重事实的陈述分析、注重照顾彼此的情绪感受，则团队绩效水平应该比较高。反之，当成员隐瞒或歪曲事实真相、不在乎他人情感时，团队绩效水平会比较低。因此，可以以团队绩效为效标变量，验证团队互动过程量表的预测效度。鉴于此，本问卷增加了对团队绩效的测量。这里采用 Barker 等（1988）开发的团队绩效量表，包括 6 个条目，如"本团队成员能有效地工作"、"本团队成员认真履行职责，以按时完成其负责的工作"等。问卷采用 Likert 5 分量表，选项从"不同意"到"同意"。

（3）结果。采用 SPSS 16.0 软件对互动过程量表测量条目的数据进行 KMO 和 Barlett 球形检验，KMO 值为 0.79，说明适合进行因子分析。之后，进行探索性因子分析，用主成分分析方法，选择 Vari-max 正交旋转，提取特征值大于 1 的因子。结果显示共析出 2 个因子，如表 5 所示。采用 LISREL 8.7 软件进行验证性因子分析，测量模型为两因素模型（事实导向互动与情感导向互动两因素），结果如表 5 所示。各拟合指标良好，说明问卷有良好的汇聚效度。为更好证明问卷效度，确定一个备择模型与两因素测量模型相比较：单因素模型，即合并事实导向互动过程与情感导向互动过程为一个因素。两个模型的验证性因子分析结果如表 6 所示。可以看出，两因素模型的各项拟合指标均优于单因素模型，与数据更为匹配，是最佳因子结构；预测效度分析结果为：以团队绩效为效标变量，用回归分析考察两种互动过程与团队绩效间的关系。分析前检验了团队绩效量表的信度效度，验证性因子分析结果显示该量表有良好的汇聚效度，Cronbachα 系数为 0.93，信度很好。回归分析结果如表 7 所示。回归方程通过 F 检验，可解释的变异量 21.8%，两种互动过程的 β 系数均显著。新开发的量表具有较好的预测效度；事实导向互动的信度系数值为 0.82，情感导向互动信度系数值为 0.80，说明量表有良好的信度。

表 5　大规模问卷发放阶段团队互动双 F 导向量表因子分析结果

条目及因子名	EFA 因子载荷		CFA 因子载荷	
	1	2	1	2
事实导向互动过程				
1. 团队成员彼此交流事情的真实情况	0.82		0.77	
2. 团队成员陈述事情真相	0.85		0.83	
3. 团队成员客观地交流相关事情出现的真正原因	0.77		0.68	

条目及因子名	EFA 因子载荷		CFA 因子载荷	
	1	2	1	2
4. 团队成员客观地陈述事情的可能结果	0.75		0.69	
情感导向互动过程				
1. 团队成员发表意见时给他人留面子		0.81		0.69
2. 团队成员在陈述自己的观点时注意照顾他人的情绪		0.88		0.88
3. 团队成员表达不同看法时关注他人的感受		0.82		0.79
4. 团队成员在表达观点时注意维护对方的自信心		0.54		0.50
特征值	3.64	1.61	—	—
解释变异量（%）	34.26	30.38	—	—
累计解释变异量（%）	34.26	65.64	—	—
拟合指标	—	—	Chi-Square=75.95，df=19；Chi-Square/df=4.00；RMSEA=0.081；CFI=0.95，NFI=0.93，GFI=0.92，IFI=0.95	

表 6 两因素模型与备择模型的验证性因子分析拟合指数比较

模型	Chi-Square/df	CFI	NFI	GFI	IFI	RMSEA
两因素模型	4.00	0.95	0.93	0.92	0.95	0.081
单因素模型	17.20	0.74	0.73	0.73	0.75	0.264

注：①两因素模型：事实导向互动过程与情感导向互动过程两因素与各自的测量条目分别相匹配；②单因素模型：合并互动过程两维度为一个因素。

表 7 团队互动过程与团队绩效（效标变量）回归分析结果

	团队绩效
团队事实导向互动过程	0.41***
团队情感导向互动过程	0.12*
Adjusted R²	0.22
F	43.99

注：* 代表在 $P<0.05$ 水平上显著；*** 代表在 $P<0.001$ 水平上显著。

三、团队互动两维度与互动风格

已有文献从个体与群体两个视角对团队互动风格进行过研究，本文关注的是群体层面互动风格。[①] Maier（1967）为了探讨群体互动过程对群体解决问题效果（如问题解决的质量、接受程度等）的影响作用，从群体层面分别将团队互动风格划分为两种类型：一是团队成员彼此听取、搜寻、思考和实验多方观点，称为"合作型互动风格"；二是成员彼此防御、少数成员占主导地位并向其他人推销自己的观点，称为"劝说型互动风格"。Hoffman（1979）从群体内人际行为视角出发，将互动风格归为两类：一是依赖型互动风格。其特点是成员倾向于表现出功能失常的以人为导向的行为；二是独立型互动风格。其特点是成员注重于通过努力而控制与任务相关的活动，以在群体内获得权力和地位。基于前两位学者的研究，Cooke 和 Lafferty（1988）将互动风格划分为三种类型：建设型风格、消极型风格和攻击型风格。其中，建设型风格与 Maier（1967）的合作型风格一致，消极型风格与 Hoffman（1979）的依赖型互动风格一致，攻击型风格则与 Maier（1967）的劝说型和 Hoffman（1979）的独立型一致。上述对团队互动风格的划分各有侧重，但均没有考虑团队互动中的事实导向与情感导向。事实上，成员在两种倾向上的表现不同，则互动风格存在差异。

我们以事实导向与情感导向两维度分别为纵坐标和横坐标，绘制出团队成员互动风格方格图，如图 1 所示。图形形象地显示出，根据两维度的高低可将团队互动风格划分为四种类型：①高事实高情感型互动风格。团队成员在互动过程中既关注事实陈述也关注听众的情绪和感受；②高事实低情感型互动风格。团队成员在互动过程中比较关注时事陈述却忽略听众的情绪与感受；③低事实高情感型互动风格。团队成员在互动过程中比较关注听众的情绪与感受却忽视事实的陈述；④低事实低情感型互动风格。团队成员在互动过程中既不关注时事陈述，也不在乎听众的情绪和感受。不同的团队互动风格类型，会引发不同

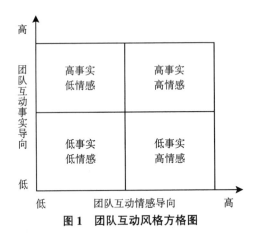

图 1　团队互动风格方格图

---

① 学术界对人际或群体互动风格的研究，存在两种不同的视角：一种是个体视角，即从个体层面入手，关注团队中的个体在与其他成员互动过程中所表现出的行为特征；另一种是群体视角，即从群体层面入手，关注团队整体所表现出的互动风格。当研究的侧重点定位于团队整体的互动风格时，团队互动风格成为一个群体层面的概念，它不是成员个体表现的简单加总，而是成员在交互作用过程中的一种团队凸显的状态。

的团队互动效果。譬如，阿背伦悖论是团队低事实、高情感互动的典型结果，而高事实、低情感互动则易引发关系冲突。由上文量表开发第三阶段的实证研究中可得到启示，较高事实导向和情感导向水平的团队其绩效水平也较高。

四、讨论

（一）理论意义

从个体与群体两个不同层面出发，国内外的研究均得出任务完成和人际维系是团队互动过程的两个重要方面。本文提出了团队互动双 F 导向理论，认为事实导向与情感导向是团队互动过程中两个彼此独立的重要维度。其中，事实导向是指在团队互动过程中成员如实地提供各自掌握的相关信息、客观陈述事情的真实情况、理性分析事情的原因及可能结果；情感导向是指团队成员在互动过程中应注意照顾他人的情绪和面子，注意对方的感受，维护对方的自信心，避免令对方产生挫败感。这一观点丰富了团队互动理论。团队互动双 F 导向量表的开发还为今后的团队研究开辟了新的方向，即不仅可以研究团队互动事实导向与情感导向的前因后果关系，而且可以将团队互动两维度作为调节变量，考察当团队互动倾向水平不同时其他变量间的相互关系。例如，研究表明，团队性别多样性与团队绩效的关系比较复杂，二者关系有时是正向的，有时是负向的，有时则关系不显著。这种不确定性的结果可能在一定程度上取决于团队成员的互动水平，当成员存在良好互动时（事实导向与情感导向均高），性别多样性对团队绩效的正向作用会显现，相反则可能产生负向影响。

本文中，我们以团队在这两个维度上的表现为依据，将团队互动风格划分为四种，即高事实高情感型、高事实低情感型、低事实高情感型和低事实低情感型，这种划分的侧重点不同于先前 Maier（1967）、Hoffman（1979）、Cooke 和 Lafferty（1988）等对互动风格的划分。

（二）实践意义

团队互动双 F 导向量表是测量和比较团队互动质量即事实导向与情感导向水平的高低的简单而有效的工具，对实践团队具有参考意义。实证研究显示，有较高事实导向和情感导向水平的团队其绩效水平也较高。然而，如前文所述，在团队实践中，成员出于种种原因未必能够做到高事实导向与高情感导向。因此，在团队建设时应设法鼓励成员如实提供各自掌握的相关信息、客观陈述事情的真实情况、理性分析事情的原因及可能结果，同时强调注意照顾彼此的情绪和感受、给对方留面子。为此，团队可以通过营造良好的互动氛围、提高团队心理安全水平、鼓励建设性争论（为共同利益而进行的对相反观点的公开讨论）、培养有效沟通模式等途径来实现。

（三）局限性及未来研究方向

本文的研究层面是团队，最佳数据收集方式应是每个团队所有（或多数）成员均填写问卷。但是，鉴于条件所限，并且考虑到尚属探索性研究，3 个研究均采用了方便抽样方式，由单个成员代表全体成员填写问卷，这在一定程度上影响了数据的准确性。未来进一步的研究应考虑调整数据采集方式。

此外，本文首次提出团队交流互动的事实导向与情感导向两个维度，尚需要进行案例研究。今后可选取一些典型团队进行深入访谈，分析总结实际企业环境下团队在交流互动两维度方面的实践现状，并探讨在企业管理实践中应如何提高团队交流互动水平，以加强团队建设和提高团队绩效，提炼最佳实践方法。

参考文献：

［1］Marks M. A., M athieu J. E., Zaccaro S. A. Temporally Based Framework and Taxonomy of Team Processes [J]. Academy of Management Review, 2001, 26（3）: 356-376.

［2］Bales R. F. A Set of Categories for the Analysis of Small Group Interaction [J]. American Sociological Review, 1950, 15（2）: 257-263.

［3］Bales R. F., Cohen S. P., Williamson S. A., et al. SYMLOG: A System for the Multiple Level Observation of Groups [M]. Free Press, 1979.

［4］Brannick M. T., Roach R. M., Salas E. Understanding Team Performance: A Multimethod Study [J]. Human Performance, 1993（6）: 287-308.

［5］刘雪峰，张志学. 模拟情境中工作团队成员互动过程的初步研究及其测量 [J]. 北京: 心理学报, 2005（2）.

［6］Beene K. D., Sheats P. Functional Roles of Group Members [J]. Journal of Social Issues, 1948（2）: 42-47.

［7］Klopf D. W. Interacting in Groups: Theory and Practice [M]. Morton Denver, 1981.

［8］Maier N. R. Assets and Liabilities in Group Problem Solving: the Need for an Integrative Function [J]. Psychological Review, 1967, 74（4）: 239-249.

［9］Hoffm an L. R. Applying Experimental Research on Group Problem Solving to Organizations [J]. Journal of Applied Behavioral Science, 1979（15）: 375-391.

［10］Cooke R. A., Lafferty J. C. Group Styles Inventory [M]. Plymouth: Human Synergistics, 1988.

［11］Tjosvold D., Johnson D. W. The Effects of Controversy on Cognitive Perspective Taking [J]. Journal of Educational Psychology, 1977（69）: 679-685.

［12］Tjosvold D., Field R. H. G. Effects of Social Context on Consensus and Majority Vote Decision Making [J]. Academy of Management Journal, 1983（26）: 500-506.

［13］Tjosvold D. Effects of Crisis Orientation on Manager's Approach to Controversy in Decision Making [J]. The Academy of Management Journal, 1984, 27（1）: 130-138.

［14］Tjosvold D. Implications of Controversy Research for Management [J]. Journal of Management，1985

(11)：21-37.

［15］ Janis I. L. Victims of Group Think：a Psychological Study of Foreign-policy Decision and Fiascoes ［M］. Boston：Houghton Mifflin，1972.

［16］ Harvey J. B. The Abilene Paradox：the Management of Agreement ［J］. Organizational Dynamics，1974 (Summer)：63-80.

［17］ 赵慧群，陈国权. 同而不和：群体决策中的阿背伦悖论［J］. 科学学与科学技术管理，2008(9).

［18］ McGrath J. E. Group Interaction and Performance ［M］. Englewood Cliffs，NJ：Prentice Hall，1984.

［19］ Bion W. R. Experiences in Groups ［M］. New York：Basic Books，1961.

［20］ Stock D.，Thelen H. Emotional Dynamics and Group Culture ［M］. New York：New York University Press，1958.

［21］ Jackson S. E.，May K. E.，Whitney K. Understanding the Dynamics of Diversity in Decision-making Teams. In R. A. Guzzo & E. Salas （Eds.），Team Effectiveness and Decision Making in Organizations ［M］. San-Francisco：Jossey-Bass，1995.

［22］ Kellermann K.，Shea B. C. Threats，Suggestions，Hints and Promises：Gaining Compliance Efficiently and Politely［J］. Communication Quarterly，1996 (44)：145-165.

［23］ Kellermann K.，Park H. S. Situationalurgency and Conversational Retreat：When Politeness and Efficiency matter［J］. Communication Research，2001 (28)：3-47.

［24］ Hinkin R. T. A Brief Tutorial on the Development of Measures for Use in Survey Questionnaires ［J］. Organizational Research Methods，1998，1 (1)：104-121.

［25］ Barker J.，Tjosvold D.，Andrews I. R. Conflict Approaches of Effective and Ineffective Managers：A field Study in Amatrix Organization ［J］. Journal of Management Studies，1988，25 (2)：167-178.

Theory of Two Dimensions of Team Interaction，Scale Development and Interaction Styles

Chen Guoquan，Zhao Huiqun

Abstract：Some aspects on team interaction have been studied，which is the foundation of the development of team in teraction theory. Whereas，there are some of the basic issues that require in -depth explanation. For example，two dimensions of team interaction，task completion and interpersonal maintenance，have been studied from individual-level and group -level. We propose that there two other dimensions，namely，the fact -oriented and feeling-oriented，which is named 2F-oriented theory of team interaction. Based on 3 studies，

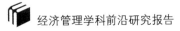

2F-oriented interaction scale is developed. And then, according to the two dimensions, team in-teraction styles are classified into four types. Finally, theoretical and practical implications are discussed.

Key words: 2F-oriented team interaction; fact-oriented; feeling-oriented; interaction style

领导—成员交换关系差异化研究
评述与展望*

王震　仲理峰

【摘　要】领导—成员交换关系差异化是指在一个工作团队中，团队领导与不同成员的交换关系在质量上的差异性。尽管它是领导—成员交换理论的核心内容，但相比领导—成员交换关系质量，关系差异化直到最近几年才得到学术界的关注。已有的研究表明它对个体和团队产出具有重要影响。本文从概念、研究起源、测量、影响因素、影响效果以及作用机制方面，对近年来国、内外的理论和实证研究进行了评述，并在此基础上指出了未来的研究方向。

【关键词】领导—成员交换关系差异化　领导—成员交换理论　团队　多层次研究

一、引言

过去 30 年里，领导—成员交换理论（leadermember exchange theory）得到了国内外研究者的广泛关注（Gerstner 和 Day，1997；任孝鹏、王辉，2005；仲理峰、周霓裳、董翔、宋广文，2009）。与其他领导理论（如变革型领导）相比，该理论的最大价值在于指出领导不会以同样的方式对待下属，而是与不同下属建立差异性的交换关系（Graen 和 Uhl-Bien，1995）。但一直以来，这种交换关系的差异性并未得到学者们的关注（Erdogan 和 Liden，2002；Liden、Erdogan、Wayne 和 Sparrowe，2006；Maslyn 和 Uhl-Bien，2005）。以往基于个体和对偶层次的研究表明领导—下属间高质量交换关系对员工有积极影响，低质量交换关系对员工有消极影响。但是，这些研究没有讨论高质量和低质量交换关系共存（即交换关系差异化）的影响因素、影响效果、内在机制及其作用条件，因此并未触及领

---

* 本文选自《心理科学进展》2011 年第 7 期。
国家自然科学基金项目（70872105）；中国人民大学研究生科学研究基金项目（11XNH063）。

导—成员交换理论的核心内容（Henderson、Liden、Glibkowski 和 Chaudhry，2009）。在一些学者的呼吁下，近年来研究人员逐渐开始关注这一问题。从已有文献来看，关系差异化已经成为领导—成员交换关系研究领域的一个热点课题（Anand，Hu，Liden 和 Vidyarthi，2011；Martin、Epitropaki、Thomas 和 Topakas，2010）。本文拟从概念、研究起源、变量测量、影响因素、影响效果以及作用机制方面对现有研究进行系统回顾和评析，并基于已有成果讨论未来的研究方向。

二、领导—成员交换关系差异化的概念和研究起源

领导—成员交换理论认为限于资源和精力，领导会与不同下属建立不同的交换关系，并采取差异化的管理方式和策略（Dansereau、Graen 和 Haga，1975）。因此，领导—成员交换关系差异化（LMX differentiation，以下简称关系差异化）是一个团队水平的概念，是指在一个工作团队中，团队领导与不同成员的交换关系（LMX）在质量上的差异性（Erdogan 和 Bauer，2010，p.1104；Henderson 等，2009，p.519），这种差异既表现为类型差异（社会交换和经济交换），也表现为程度差异（社会交换水平的高和低）。

严格地讲，关系差异化并不是一个新概念，但它作为领导—成员交换理论的核心内容直到最近几年才逐渐得到关注。学者们之所以关注这一概念，主要有三个方面的原因。

第一，关系差异化能较全面地解释领导—成员交换关系对个体和团队的影响。以往大量研究聚焦于领导与成员间交换关系的质量对员工的影响。实际上，高质量和低质量的交换关系通常共存于同一团队中，关系差异化是领导—成员交换关系在团队层面的重要表现形式。在实际工作中，除了自身与领导的交换关系质量之外，员工感知到的他人与领导的交换关系以及领导与不同成员交换关系的差异化程度等情境和认知因素也会影响他们的态度和行为（Henderson、Wayne、Shore、Bommer 和 Tetrick，2008；Liao、Liu 和 Loi，2010；Mayer、Keller、Leslie 和 Hanges，2008）。关系差异化研究能同时关注团队中不同交换关系的共存，以及员工在这种情境中的反应，在解释领导—成员交换关系与个体和团队产出的联系时更为全面（Henderson 等，2009）。

第二，领导研究领域中多层次视角的兴起促成了关系差异化研究的出现。领导—成员交换理论是一个多层次理论（Schriesheim、Castro、Zhou 和 Yammarino，2001）。早期研究者主要在个体和对偶层次上探究交换关系质量对员工的影响。基于社会认知和社会比较理论，学者们相继提出了相对交换关系（relative LMX，RLMX）和社会比较交换关系（LMX social comparison，LMXSC）概念，并认为它们是在个体和对偶层次之外对领导—成员交换关系的考察（Vidyarthi、Liden、Anand、Erdogan 和 Ghosh，2010）。近年来，一些学者（如 Liden 等，2006）指出领导—成员交换关系也可以在团队层面进行研究，并提出了相应概念，如团队领导—成员交换关系（LMX mean/median）以及最核心的关系差异化。在

整个领导—成员交换理论体系中，关系差异化作为一个高层构念连接着其他层次的构念，并影响着它们与个体和团队产出的关系。

第三，组织管理研究者对团队的关注也是推动关系差异化研究涌现的重要因素。随着管理实践界对团队工作的重视，学者们不断将领导研究与团队研究整合（Wu、Tsui 和 Kinicki，2009），表现为越来越多的研究在团队层面考察领导理论。实际上，相比与个体产出的关系，领导对团队的影响更值得关注（Burke、Stagl、Klein、Goodwin、Salas 和 Halpin，2006）。领导—成员交换关系是一个个体/对偶层次的概念，研究者难以考察其对团队的影响。关系差异化作为一个团队水平的概念，可被认为是一种团队层面的领导风格，因此研究者可以考察它与个体态度和行为以及团队过程和产出的关系，从而扩展领导—成员交换理论的解释范围。从现有研究来看，对关系差异化的考察大多是在团队层面开展或进行了跨层次分析。

三、领导—成员交换关系差异化的测量

与组织行为学中的其他概念相比，关系差异化的测量相对简单，但学者们在这个问题上仍未达成一致意见。总体来看，当前的测量有客观合成和主观测量两种方式。

（一）客观合成

关系差异化是一个建立在领导—成员交换关系基础上的概念，因此在测量时，研究者们通常先使用传统的单维（Graen 和 Uhl—Bien，1995）或多维（Liden 和 Maslyn，1998）量表评估每位下属与领导的交换关系质量，然后再根据团队中各成员与领导的关系状况计算而成。这种测量方式认为关系差异化是客观存在的，不依赖于员工的主观知觉和判断。目前常用的合成指标包括方差（variance）、标准差（standard deviation，SD）和组内一致性系数（within-group agreement coefficient，Rwg），其中方差和标准差是最常用的指标（Erdogan 和 Bauer，2010；Ford 和 Seers，2006；Henderson 等，2008；Liden 等，2006；Schyns，2006）。方差和标准差越大，领导与团队成员的交换关系越不均衡。组内一致性系数是与方差/标准差相反的概念。组内一致性程度越高，领导—成员交换关系的差异化程度越低，表明团队领导越倾向于用一致的方式对待不同下属（Boies 和 Howell，2006；Ma 和 Qu，2010）。

（二）主观测量

与客观合成不同，少数研究者（Hooper 和 Martin，2008a，2008b；van Breukelen、Konst 和vander Vlist，2002）认为关系差异化是个体的一种主观知觉，在测量上主张由员工自我报告。这意味着关系差异化和关系质量在测量的内容上是不同的，关系质量是针对被调查

者自身与领导的交换关系状况而言，而关系差异化的测量则要求被调查者主观评估领导与团队中不同下属的交换关系状况。在具体测量工具上，van Breukelen 和同事（2002）从领导友善（friendliness）和工作反馈（feedback）两个方面考虑，编制了包含 4 个项目的量表，如"我的主管总是对个别下属特别关爱"，该量表的信度为 0.81。Hooper 和 Martin（2008b）编制了一个领导—成员交换关系分布量表（LMX distribution measure）。该量表从"非常差"到"非常好"将领导与下属的交换关系划分为不同等级，要求员工根据团队成员与领导的关系状况，将自己和各位同事划入各个等级中，这种关系的分布特征即反映了领导与下属交换关系的差异化状况。

四、领导—成员交换关系差异化的影响因素

在哪些因素影响关系差异化这一问题上，目前仅有少数研究进行了探讨（Ma 和 Qu，2010）。一个可能的原因是以往学者们认为影响领导—成员交换关系质量的因素都可以用来解释关系差异化。实际上，关系质量和关系差异化是考察领导—成员交换关系的两种不同视角，它们的影响因素并不完全一致。个体和对偶层次的交换关系质量主要取决于领导和员工，而团队层次的关系差异化更多地取决于领导、团队成员和组织特征等多方面的互动。

在新近的两项理论研究中，研究者提出了领导—成员关系差异化的影响因素。Henderson 等（2009）从个体、团队和组织三个层面构建了一个影响关系差异化的多层次模型。该模型指出团队管理者的领导风格和资源拥有程度，团队的规模、文化导向和任务关联性以及组织的文化、结构和人力资源管理实践都影响领导—成员交换关系的差异化程度。同时，他们指出这种影响可能不是直接的，其间存在着复杂的作用过程。Schyns 和 Day（2010）也从领导、成员及其情境角度论证了领导风格、成员需求、团队氛围和价值导向与关系差异化的联系。在实证研究方面，早期的一项研究（Kinicki 和 Vecchio，1994）考察了领导者基于时间的压力（time-based stress）对关系差异化的影响。他们发现当团队管理者面临时间压力时，倾向于降低自己对不同成员差异对待的程度。最近，Ma 和 Qu（2010）也从领导者个体特征入手，证实了团队领导价值观与关系差异化之间的联系。他们发现领导的普遍主义价值观（universalism value）与差异化程度显著负相关。总之，当前学术界对关系差异化影响因素的考察相对较少，还难以系统地回答哪些因素能够提升或降低领导对不同成员差异对待的程度。

五、领导—成员交换关系差异化对个体和团队的影响

与影响因素不同，对关系差异化影响效果的研究相对丰富。为了全面地回顾关系差异化对个体和团队产出的影响，本文对现有研究进行了梳理并归纳出一个整合模型（图1）。

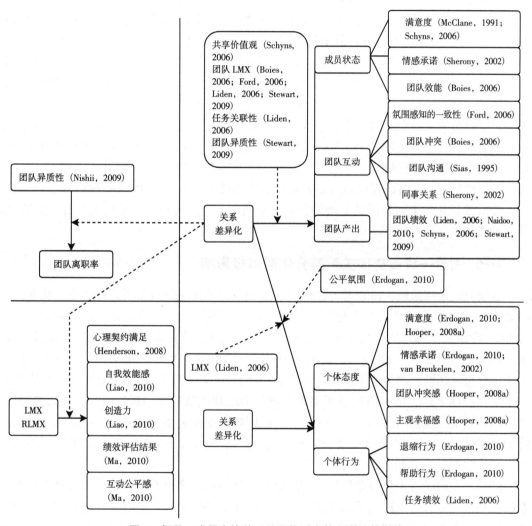

图1　领导—成员交换关系差异化对个体和团队的影响

按照因变量所在层次（团队和个体）和关系差异化作用类型（主效应和调节效应）的不同，我们将模型划分为4个象限。模型右半部分列出的研究均将关系差异化作为自变

量，考察了它对个体和团队的主效应①。具体地，在右上角（第1象限）列出的研究都以团队为分析单位探讨了关系差异化对团队成员状态、团队互动过程以及团队产出的影响。右下角（第4象限）列出的研究均考察了关系差异化对员工态度和行为的影响。这一主题的研究又分为两类：一类是将关系差异化作为个体层变量，考察员工知觉到的关系差异化对满意度、幸福感、承诺感和冲突感的影响（Hooper 和 Martin，2008a；van Breukelen 等，2002）；另一类是将关系差异化作为团队层变量，考察实际存在的关系差异化对个体态度和行为的跨层次作用，例如 Erdogan 和 Bauer（2010）考察了团队层面的交换关系差异化和公平氛围对员工态度和行为的影响，Liden 等（2006）讨论了关系差异化与个人任务绩效的关系。在关注关系差异化主效应的同时，近年来还出现了将关系差异化作为调节变量的考察（如模型左半部分所示），其实证研究也在两个层次上展开：在团队层次上（第2象限），Nishii 和 Mayer（2009）考察了关系差异化在团队异质性和团队成员离职率关系中的调节作用；在个体层次上（第3象限），研究者（Henderson 等，2008；Liaoet 等，2010；Ma 和 Qu，2010）检验了团队层面的关系差异化在领导—成员交换关系质量与员工态度和行为关系中的调节作用。这类研究将关系差异化作为一种重要的情境要素进行考察，能较好地厘清变量之间的复杂关系，也能更系统地揭示领导—成员交换理论在组织管理研究中的作用和价值。

如模型所示，现有研究已对关系差异化的影响效果进行了较深入的考察，但到目前为止，关系差异化与个体和团队产出的关系仍不明晰，突出表现为当前研究未有一致结论，甚至出现结果相反的情况。

（一）领导—成员交换关系差异化的消极影响

在研究的最初阶段，研究者关注的问题是关系差异化是好现象还是坏现象。从研究结果来看，学者们普遍认为差异化对个体和团队是有害的。在个体层面，van Breukelen 等（2002）发现员工感知的关系差异化会削弱领导—成员交换关系质量对员工承诺的积极影响。Hooper 和 Martin（2008a）的研究表明员工知觉到的关系差异化越大，工作满意度和主观幸福感就越低。国内也有研究（马力、曲庆，2007）暗示关系差异化可能会损害组织公平。在团队方面，已有研究表明关系差异化会增加团队冲突（Boies 和 Howell，2006）、损害团队效能（Boies 和 Howell，2006）、影响同事间交换关系（Sherony 和 Green，2002）、降低团队成员对工作的满意程度（McClane，1991；Schyns，2006）以及对团队氛围感知的一致性程度（Ford 和 Seers，2006）。

然而，一些学者也发现差异化并不总是与个体和团队产出有关。随着越来越多虚无关系的发现，研究者们意识到关系差异化对个体和团队的消极作用是有条件的，它在很大程度上取决于个体/团队特征以及其他情境因素。早期的一项质化研究（Sias 和 Jablin，1995）

---

① 在 Boies 和 Howell（2006）的理论模型中，研究者将关系差异化作为调节变量，但结果解释和讨论部分主要阐述了关系差异化对团队效能和团队冲突的影响及其作用条件。因此，我们将此项研究列入第1象限。

指出团队成员对差异化管理方式的支持和认可程度会影响关系差异化对个体和团队的作用效果。在实证研究方面，Boies 和 Howell（2006）指出只有在领导—成员交换关系总体水平较低的团队中，关系差异化才会增加团队冲突和降低团队效能。Erdogan 和 Bauer（2010）发现在团队公平氛围较高时，关系的差异化并不会损害团队成员积极性的态度和行为。国内新近的一项研究（赵国祥、宋卫芳，2010）也发现关系差异化并不总是有损于成员的团队效能感。

（二）领导—成员交换差异化的积极影响

随着研究的深入，一些学者也指出在某些情况下关系差异化对个体和团队是有益的。在一个多层次研究中，Liden 和同事（2006）发现对那些与领导关系较差的员工来说，关系差异化能显著提高他们的任务绩效。他们指出，在领导—成员交换关系差异化程度较高的团队中，那些与领导关系较差的员工会意识到领导并不是对所有员工都维持这种低质量交换关系，因此他们可以通过提升绩效表现而受到领导的特别优待，进而成为"圈内"员工。相反，在低差异化的团队中，领导对所有成员保持近似水平的交换关系，没有明显的"圈内"和"圈外"之分，在这种情况下，员工会认为自己没有机会去改善与领导的关系，因此，会缺乏工作动力而只表现出低绩效（p.726）。在团队绩效上，Liden 等（2006）发现当团队领导—成员交换关系总体水平较低或任务关联程度较高时，关系差异化对团队绩效均有促进作用。相反，对那些与领导关系较好的员工、任务关联程度较低的团队以及领导—成员交换总体水平较高的团队来说，关系差异化对绩效均无显著影响。总体上看，他们的研究表明关系差异化对个体和团队绩效是有积极作用的。Stewart 和 Johnson（2009）构建了一个三变量交互模型，结果发现在性别差异化程度较高且领导—成员交换关系总体水平较高的团队中，关系差异化程度越高，团队绩效也越高。最近，Naidoo、Scherbaum、Goldstein 和 Graen（2010）基于 125 个临时团队的纵向研究也发现在团队工作的后期阶段，团队领导对不同成员的差别对待会提升团队绩效。从已有研究来看，关系差异化对个体和团队的正向影响主要体现在工作绩效方面。有趣的是，这与领导—成员交换理论的最初构想是一致的。早期理论研究者认为团队管理者将有限的资源和精力进行差异化配置能提升工作成效（Dansereau 等，1975；Dienesch 和 Liden，1986），但这些研究者并没有明确阐述关系差异化对团队成员情感、态度和团队互动过程的影响。

六、领导—成员交换关系差异化的作用机制

由现有研究结果不难发现，领导—成员交换关系差异化对个体和团队的影响并不稳定。造成结果不一致的原因除了研究目的、样本和测量因素之外，理论视角是一个非常关键的因素。按照各项研究的理论基础，我们将关系差异化的作用机制归纳为以下三种视角。

（一）团队互动视角

一些研究者从团队互动角度对关系差异化的作用进行了解释，其中主要包括同事关系、团队沟通以及团队冲突。首先，关系差异化会影响团队中的同事关系（Schyns，2006；Sherony 和 Green，2002）。Sherony 和 Green（2002）基于平衡理论（balance theory）考察了领导—成员交换关系对同事交换关系（coworker exchange，CWX）的影响。结果证实如果两个员工与领导的交换关系质量有明显差别，这两个员工会因为缺乏共同性和相似性而难以形成高质量的同事交换关系，即团队领导与成员交换关系的差异化会降低团队成员之间的交换关系质量，这种低水平的同事关系会进一步降低团队成员的承诺感。其次，一些学者指出了关系差异化对团队沟通的影响。Sias 和 Jablin（1995）发现关系差异化会影响团队成员的沟通方式和沟通效果。最后，在团队冲突方面，Hooper 和 Martin（2008a）指出领导以不同的方式对待成员会引发成员愤怒、怀疑和敏感等负面情感和反应，继而引发任务冲突和人际冲突，最终影响员工工作态度。

（二）个体公平视角

个体公平视角是早期研究者考察关系差异化时最常用的理论框架。该框架认为当团队领导与下属建立不同交换关系并给予差异化的资源和支持时，团队成员会感到不公平，因为领导对不同成员的亲疏有别和差别对待违背了公平原则（Scandura，1999；Uhl-Bien，Graen 和 Scandura，2000）。基于这种观点，一些研究证实关系差异化会降低员工的工作满意度和主观幸福感（Hooper 和 Martin，2008a；McClane，1991）。然而，用公平理论来解释关系差异化的影响并不十分恰当，原因在于：首先，以往研究指出员工与领导交换关系的质量影响着他们对公平性的判断，即与领导交换关系好的员工有较高的公平感，与领导交换关系差的员工更容易感受到不公平（Andrews 和 Kacmar，2001）。在一个关系差异化的团队中，不同员工对公平性的感知并不相同，因此关系差异化并不必然引起成员的不公平感。其次，个体判断某一事件是否公平的过程受很多因素影响，如自身的公平敏感性（Miles、Hatfield 和 Huseman，1989）、公平依据的标准以及所处的工作情境（Colquitt 和 Jackson，2006），这意味着关系差异化和个体公平感的关系可能比想象中复杂。

（三）社会比较视角

基于以上两种视角，学者们普遍发现关系差异化对个体和团队的产出是有害的。随着越来越多的研究证实差异化与个体和团队产出关系中存在调节效应，一些学者引入了社会比较机制来解释关系差异化的影响。这种社会比较主要有两种形式。第一，LMX 与工作表现的比较。关系差异化是否损害个体公平和团队互动取决于这种差异是否反映了成员的工作价值和成果。如果领导对不同成员区别对待是因为这些成员在工作能力和工作表现上有高低之分，这种差异化会被认为是合理的。相反，如果领导以个人喜好对不同成员采取差别有序的管理方式，这种关系差异化就会带来不公平和冲突进而对成员和团队带来负面影响（Erdogan，2001；Erdogan 和 Bauer，2010）。第二，自身 LMX 与他人 LMX 的比较。一些研究（Henderson 等，2008；Mayer 等，2008）指出员工与领导的关系质量（LMX）、相对质量（RLMX）、社会比较质量（LMXSC）以及同事与领导的关系质量（coworker's LMX）会影响关系差异化与个体态度和行为的关系，即关系差异化对员工的影响在很大程度上取决于员工的社会比较过程和比较结果。例如，Liden 等（2006）发现对那些与领导有高质量交换关系的员工来说，关系的差异化并不会降低他们的工作绩效。Henderson 等（2008）则进一步发现对这类员工而言，关系差异化会让他们感觉到自身拥有更多的资源和优势，从而表现出更积极的态度和行为反应。总体来看，社会比较视角是对个体公平和团队互动视角的补充，它考虑了员工在面对关系差异化时的社会认知和社会比较过程。这意味着研究者不能简单地认为关系差异化是好还是坏。如果研究者缺乏对这些要素的考察，就会夸大关系差异化的积极或消极影响（Anand 等，2011；Martin 等，2010；Schyns 和 Day，2010）。

七、总结与未来研究展望

作为领导—成员交换理论中的核心概念，关系差异化在最近几年得到了学术界的关注。但作为一个新课题，它仍有很多方面亟待学者们在未来的研究中予以考察和完善。

第一，尽管关系差异化不是一个新概念，但从现有研究来看，学者们在它的概念和测量问题上仍有不同甚至相反的看法。在概念层次上，虽然研究者普遍将差异化看作是一个团队层变量，但仍有一些研究者将关系差异化视为个体层变量（Hooper 和 Martin，2008a，2008b）。在概念性质上，差异化是一种个体知觉和感受（van Breukelen 等，2002），还是一种客观存在的现象。对概念层次和性质的界定至关重要，它决定了概念的测量方式。如果关系差异化是客观存在的，研究者应该以客观合成的方式进行测量。如果关系差异化是一种个体知觉和感受，研究者则可以要求员工自我报告。相比客观合成的测量方式，自我报告带有一定的社会认知和社会比较效应（Vidyarthi 等，2010）。

第二，目前学术界对关系差异化影响因素的探讨并不多见。尽管很多研究揭示了领导—成员交换关系的影响因素和作用机制，但是这些结论并不能完全解释团队层面的关系差异化现象。Henderson 等（2009）、Schyns 和 Day（2010）均指出了一些影响关系差异化程度的个体、团队和组织特征，未来研究可以对这些因素进行实证考察。需要指出的是，这两项研究均提到了变革型领导并认为它会降低关系差异化程度。变革型领导通常被认为是一种均衡式领导理论（average leadership style，ALS），即领导对所有下属采用相同的管理方式，而领导—成员交换理论是一种垂直对偶式领导理论（Vertical Dyad Linkage，VDL）。从这个角度来看，变革型领导会降低团队中领导与不同下属交换关系的差异性。然而我们注意到新近一些研究（Wang 和 Howell，2010；Wu、Tsui 和 Kinicki，2009）指出变革型领导并非是均衡式领导理论，而是一种融合均衡式和垂直对偶式的领导理论。例如 Wu 等（2009）指出变革型领导中的领导魅力和感召力维度是团队聚焦，或者说是均衡式的，而个别化关怀和智力激发则是垂直对偶式的。这意味着变革型领导与关系差异化之间的关系是复杂的，研究者应基于相应理论较为系统地厘清这两种领导行为的关联。另外，Henderson 等（2009）、Schyns 和 Day（2010）的模型相对静态，无法描述差异化形成、转变和持续的动态过程以及其中存在的作用机制和条件，未来研究应采用纵向研究，以动态视角考察关系差异化的影响因素、内在机制及其作用条件。

第三，在关系差异化的影响效果方面，研究者还未能清晰地揭示关系差异化与个体和团队产出的复杂关系。一方面，目前的研究范围相对局限：在个体层面，当前多数研究聚焦于差异化对员工满意度、组织承诺等态度的影响，而较少关注员工行为，例如组织公民行为被认为是组织行为研究领域的重要变量，但到目前为止还少有研究考察关系差异化对它的影响（Vidyarthi 等，2010）；在团队层面，尽管一些研究者（Liden 等，2006；Schyns，2006；Stewart 和 Johnson，2009）揭示了关系差异化与团队绩效的关系，却未直接考察二者间的中介变量，以至于研究者无法清晰地了解差异化为何以及如何影响团队绩效（Naidoo 等，2010）。另一方面，已有的研究结果缺乏一致性：在主效应上，关系差异化被证实有损于员工积极性的情感体验和工作态度以及团队互动过程，但越来越多的研究者也发现关系差异化对个体和团队绩效具有正向影响；在调节效应上，一些研究者发现关系差异化可以强化领导—成员交换关系质量对个体态度和行为的积极作用，但也有一些研究发现了与之相反的结果。总体来看，关系差异化对个体和团队的影响十分复杂，其作用性质仍需进一步考察。

第四，在作用机制方面，以往研究通常基于个体公平和团队互动视角，而忽略了情境要素的重要性。例如，根据公平理论，研究者往往将差异化与公平感联系在一起，然而两者关系的性质和强度可能取决于其他变量，如员工对公平标准的看法。在关系差异化与团队互动的关系中，团队工作特征和氛围也可能在起作用。因此，在以这两种视角考察关系差异化时，研究者应引入必要的情境因素（Anand 等，2011）。相比个体公平和团队互动视角，社会比较视角关注了员工的社会认知和比较过程，在解释关系差异化的影响效果方面更为系统，应得到更多关注（Martin 等，2010）。需要强调的是，这些不同的视角并不冲突，它们可以有机结合共同解释关系差异化的影响。例如，为了将社会比较和个体公平视角相结合，Erdogan 等（Erdogan，2001；Erdogan 和 Liden，2002）提出了关系差异化公平感（LMX differentiation fairness）这一概念，并指出它能够帮助研究者厘清关系差异化对个体和团队的影响，并解释以往研究结果的不一致现象（Erdogan 和 Bauer，2010）。除此之外，未来研究还可以引入其他理论视角，如领导归因理论（Martinko、Harvey 和 Douglas，2007）。该理论认为下属对领导行为的归因影响着他们对领导的看法和后续反应，因此团队成员对领导差别对待的解读会影响他们对关系差异化的态度和行为反应，并通过一系列的团队过程最终影响团队产出。

第五，现有的大部分研究是在西方情境下进行的，其研究结果是否具有跨文化一致性还需要进一步讨论。在关系差异化的影响因素和表现形式上，相比西方组织，中国组织中存在着浓厚的"圈子"文化（梁钧平，1998；刘军、章凯、仲理峰，2009），这种差别有序的规则体系是否会使得中国组织情境中的领导—成员交换关系差异化现象更为明显？在作用效果上，一方面，中国传统文化和儒家价值观强调尊卑有序和身份等级（Farh、Hackett 和 Liang，2007）。受这种观念影响，员工有可能认为领导的差异对待是人之常情和正常现象，因此与西方员工相比，中国员工对团队中关系差异化可能有较高的接受程度和较少的负面反应。另一方面，在集体主义文化下，员工普遍具有求同存异的倾向（Jackson、Colquitt、Wesson 和 Zapata-Phelan，2006），在资源和利益分配时强调"平均主义"，希望领导顾全整个团队而非团队中的个别成员（Bond、Leung 和 Wan，1982）。显然，领导对不同下属的亲疏有别和差异对待与集体主义价值理念是相违背的。从这个角度说，与西方员工相比，中国员工对团队中关系差异化可能有较低的接受程度和较多的负面反应。这两种预测都有一定的理论依据，但到目前为止还少有研究在领导—成员关系差异化研究中关注"文化"要素。未来研究者应对此进行考察，这也是国内研究者开展关系差异化研究的一个很好的突破口。此外值得一提的是，随着本土化研究的兴起，一些研究者（姜定宇、张苑真，2010；徐玮伶、郑伯埙、黄敏萍，2002；郑伯勋，1995）注意到在中国文化情境下，领导也会按照一定的标准和原则对下属进行归类和区别对待，他们称之为差异式领导（differential leadership）。实际上，尽管差异式领导与领导—成员交换关系差异化均强调领导会对下属区别对待，但它们在理论基础、文化背景和概念层次上均有所不同。考虑到领导—成员交换关系差异化将会得到越来越多的关注，我们提醒未来研究者对这两个概念进行区分，并适时考察二者的关系。

领导—成员交换关系差异化是一个古老而重要的组织现象，但作为一个研究课题，学者们对它的探讨才刚刚开始。未来研究者应在这一问题上给予更多的关注，以丰富和深化人们对领导—成员交换理论的理解与认识。

参考文献：

[1]姜定宇，张苑真.华人差序式领导与部属效能 [J].本土心理学研究，2010 (33).

[2]梁钧平.企业组织中的"圈子文化"：关于组织文化的一种假说 [J].经济科学，1998 (5).

[3]刘军，章凯，仲理峰.工作团队差序氛围的形成与影响：基于追踪数据的实证分析 [J].管理世界，2009 (8).

[4]马力，曲庆.可能的阴暗面：领导—成员交换和关系对组织公平的影响 [J].管理世界，2007 (11).

[5]任孝鹏，王辉.领导—部属交换 (LMX) 的回顾与展望 [J].心理科学进展，2005 (13).

[6]徐玮伶，郑伯勋，黄敏萍.华人企业领导人的员工归类与管理行为 [J].本土心理学研究，2002 (18).

[7]赵国祥，宋卫芳.领导—成员交换关系差异、公平感与群体凝聚力的关系 [J].心理科学，2010 (33).

[8]郑伯勋.差序格局与华人组织行为 [J].本土心理学研究，1995 (3).

［9］仲理峰，周霓裳，董翔，宋广文. 领导—部属交换对领导和部属工作结果的双向影响机制［J］. 心理科学进展，2009（17）.

［10］Anand, S., Hu, J., Liden, R. C., & Vidyarthi, P. R. Leader-member exchange: Recent Research Findings and Prospects for the Future. In A. Bryman, D. Collinson, K. Grint, B. Jackson, & M. Uhl-Bien (Eds.), The Sage Handbook of Leadership［M］. Thousand Oaks, CA: Sage, 2011.

［11］Andrews, M., Kacmar, K. Discriminating among Organizational Politics, Justice, and Support［J］. Journal of Organizational Behavior, 2011（22）: 347-366.

［12］Boies, K., & Howell, J. M. Leader-member Exchange in Teams: An Examination of the Interaction between Relationship Differentiation and Mean LMX in Explaining Team-level Outcomes［J］. Leadership Quarterly, 2006（17）: 246-257.

［13］Bond, M. H., Leung, K., Wan, K. C. How does Cultural Collectivism Operate? The Impact of Task and Maintenance Contribution on Reward Allocation［J］. Journal of Cross-cultural Psychology, 1982（13）: 186-200.

［14］Burke, C. S., Stagl, K. L., Klein, C., Goodwin, G. F., Salas, E., & Halpin, S. What Type of Leadership Behaviors is Functional in Groups? A meta-analysis［J］. Leadership Quarterly, 2006（17）: 288-307.

［15］Colquitt, J. A., Jackson, C. L. Justice in Teams: The Context Sensitivity of Justice Rules Across Individual and Team Contexts［J］. Journal of Applied Social Psychology, 2006（36）: 868-899.

［16］Dansereau, F., Graen, G., Haga, W. J. A Vertical Dyad linkage approach to leadership within formal organizations: A longitudinal investigation of the role making process［J］. Organizational Behavior and Human Performance, 1975（13）: 46-78.

［17］Dienesch, R. M., Liden, R. C. Leader-member exchange model of leadership: A critique and further development［J］. Academy of Management Review, 1986（11）: 618-634.

［18］Erdogan, B. LMX differentiation fairness: Initial evidence of a new construct. Paper presented at the Annual Meeting of the Academy of Management［R］. Washington, D. C., 2001.

［19］Erdogan, B., Bauer, T. N. Differentiated Leader-member Exchange: The Buffering Role of Justice Climate［J］. Journal of Applied Psychology, 2010（95）: 1104-1120.

［20］Erdogan, B., & Liden, R. C. Social Exchanges in the Workplace: A Review of Recent Developments and Future Research Cirections in Leader-member Exchange Theory. In L. L. Neider, & C. A. Schriesheim (Eds.), Leadership［M］. Greenwich, CT: Information Age, 2002.

［21］Farh, J. L., Hackett, R. D., Liang, J. Individual-level Cultural Values as Moderators of the Perceived Organizational Support-employee Outcome Relationships in China: Comparing the Effects of Power Distance and Traditionality［J］. Academy of Management Journal, 2007（50）: 715-729.

［22］Ford, L. R., Seers, A. Relational Leadership and Team Climates: Pitting Differentiation Rersus Agreement［J］. Leadership Quarterly, 2006（17）: 258-270.

［23］Gerstner, C. R., Day, D. V. Meta-analytic Review of Leader-member Exchange Theory: Correlates and construct issues［J］. Journal of Applied Psychology, 1997（82）: 827-844.

［24］Graen, G. B., Uhl-Bien, M. Relationship-based Approach to Leadership: Development of Leader-member Exchange Theory of Leadership over 25 years: Applying a Multi-level Multi-domain Perspective［J］. Leadership Quarterly, 1995（6）: 219-247.

［25］ Henderson, D. J., Liden, R. C., Glibkowski, B. C., Chaudhry, A. LMX differentiation: A Multilevel Review and Examination of its Antecedents and Outcomes ［J］. Leadership Quarterly, 2009 (20): 517-534.

［26］ Henderson, D. J., Wayne, S. J., Shore, L. M., Bommer, W. H., Tetrick, L. E. Leader-member Exchange, Differentiation, and Psychological Contract Fulfillment: A Multilevel Examination. Journal of Applied Psychology, 2008 (93): 1208-1219.

［27］ Hooper, D. T., Martin, R. Beyond Personal Leader-member Exchange Quality: The Effects of Perceived LMX Variability on Employee Reactions ［J］. Leadership Quarterly, 2008 (19): 20-30.

［28］ Hooper, D. T., Martin, R. Measuring Perceived LMX Variability Within Teams and its Impact on Procedural Justice Climate. In A. I. Glendon, B. M. Thompson, B.Myors (Eds.), Advances in Organizational Psychology: An Asia-pacific Perspective ［M］. Bowen Hills, Qld: Austrian Academic Press, 2008.

［29］ Jackson, C. L., Colquitt, J. A., Wesson, M. J., Zapata-Phelan, C. P. Psychological Collectivism: A Measurement Validation and Linkage to Group Member Performance ［J］. Journal of Applied Psychology, 2006 (91): 884-899.

［30］ Kinicki, A. J., Vecchio, R. P. Influences on the Quality of Supervisor-subordinate Relations: The role of Time-pressure, Organizational Commitment, and Locus of Control ［J］. Journal of Organizational Behavior, 1994 (15): 75-82.

［31］ Liao, H., Liu, D., Loi, R. Looking at Both Sides of the Social Exchange Coin: A Social Cognitive Perspective on the Joint Effects of Relationship Quality and Differentiation on Creativity［J］. Academy of Management Journal, 2010 (53): 1090-1109.

［32］ Liden, R. C., Erdogan, B., Wayne, S. J., Sparrowe, R. T. Leader-member Exchange, Differentiation, and Task Interdependence: Implications for individual and group performance ［J］. Journal of Organizational Behavior, 2006 (27): 723-746.

［33］ Liden, R. C., Maslyn, J. M. Multidimensionality of Leader-member Exchange: An Empirical Assessment Through Scale Development ［J］. Journal of Management, 1998 (24): 43-72.

［34］ Ma, L., Qu, Q. Differentiation in Leader-member Exchange: A Hierarchical Linear Modeling Approach. Leadership Quarterly, 2010 (21): 733-744.

［35］ Martin, R., Epitropaki, O., Thomas, G., Topakas, A. A Review of Leader-member Exchange Research: Future Prospects and Directions. In G. P. Hodgkinson, & J. K. Ford (Eds.), International Review of Industrial and Organizational Psychology ［M］. Chichester, England: Wiley, 2010.

［36］ Martinko, M. J., Harvey, P., Douglas, S. C. The role Function and Contribution of Attribution Theory to Leadership: A review. Leadership Quarterly, 2007 (18): 561-585.

［37］ Maslyn, J. M. Uhl-Bien, M. LMX differentiation: Key Concepts and Related Empirical Findings. In G. B. Graen, & J. Graen (Eds.), Global Organizing Designs ［M］. Greenwich, CT: Information Age, 2005.

［38］ Mayer, D. M., Keller, K. M., Leslie, L. M., Hanges, P. J. When does my Relationship with my Manager Matter Most? The Moderating Role of Coworkers' LMX ［D］. Paper presented at the annual meeting of the Academy of Management, Anaheim, CA, 2008.

［39］ McClane, W. E. Implications of Member role Differentiation: Analysis of a Key Concept in the LMX model of Leadership ［J］. Group & Organization Studies, 1991 (16): 102-113.

［40］ Miles, E. W., Hatfield, J. D., Huseman, R. C. The Equity Sensitivity Construct: Potential Implications for Worker Performance ［J］. Journal of Management, 1989 (15): 581-588.

[41] Naidoo, L. J., Scherbaum, C. A., Goldstein, H. W., Graen, G. B. A Longitudinal Examination of the Effects of LMX, Ability, and Differentiation on Team Performance [J]. Journal of Business and Psychology. Advance online publication, 2010.

[42] Nishii, L. H., Mayer, D. M. (2009) Do Inclusive Leaders Help to Reduce Turnover in Diverse Groups? The Moderating Role of Leader–member Exchange in the Diversity to Turnover Relationship[J]. Journal of Applied Psychology, 2009 (94): 1412–1426.

[43] Scandura, T. A. Rethinking Leader–member Exchange: An Organizational Justice Perspective [J]. Leadership Quarterly, 1999 (10): 25–40.

[44] Schriesheim, C. A., Castro, S. L., Zhou, X., Yammarino, F.J. The Folly of Theorizing "A" but Testing for "B": A Selective Level–of–analysis Review of the Field and a Detailed Leader–member Exchange Illustration. Leadership Quarterly, 2001 (12): 515–551.

[45] Schyns, B. Are Group Consensus in Leader–member Exchange and Shared Work Values Related to Organizational Outcomes? [J]. Small Group Research, 2006 (37): 20–35.

[46] Schyns, B., Day, D. V. Critique and Review of Leader–member Exchange Theory: Issues of Agreement, Consensus, and Excellence [J]. European Journal of Work and Organizational Psychology, 2010 (19): 1–29.

[47] Sherony, K. M., Green, S. G. Coworker Exchange: Relationships between Coworkers, Leader–member Exchange, and Work Attitudes [J]. Journal of Applied Psychology, 2002 (87): 542–548.

[48] Sias, P. M., Jablin, F. M. Differential Superior–subordinate Relations, Perceptions of Fairness, and Coworker Communication [J]. Human Communication Research, 1995 (22): 5–38.

[49] Stewart, M. M., Johnson, O. E. Leader–member Exchange as a Moderator of the Relationship between Work Group Diversity and Team Performance [J]. Group & Organization Management, 2009 (34): 507–535.

[50] Uhl–Bien, M., Graen, G. B., Scandura, T. A. Implications of Leader–member Exchange for Strategic HRM Systems: Relationships as Social Capital for Competitive Advantage [J]. Research in Personnel and Human Resources Management, 2000 (18): 137–185.

[51] van Breukelen, W., Konst, D., van der Vlist, R. Effects of LMX and Differential Treatment on Work Unit Commitment [J]. Psychological Reports, 2002 (91): 220–230.

[52] Vidyarthi, P. R., Liden, R. C., Anand, S., Erdogan, B., Ghosh, S. Where do I stand? Examining the Effects of Leader–member Exchange Social Comparison on Employee Work Behaviors [J]. Journal of Applied Psychology, 2010 (95): 849–861.

[53] Wang, X. H., Howell, J. M. Exploring the Dual–level Effects of Transformational Leadership on Followers [J]. Journal of Applied Psychology, 2010 (95): 1134–1144.

[54] Wu, J. B., Tsui, A. S., Kinicki, A. J. Consequences of Differentiated Leadership in Groups [J]. Academy of Management Journal, 2010 (53): 90–106.

Leader-member Exchange Differentiation: A Review and Agenda for Future Research

Wang Zhen, Zhong Lifeng

Abstract: Leader-member exchange differentiation was defined as the degree to which members have different exchange relationship with their leader when compared to other members of the same work group. Despite its core element in leader-member exchange theory, compared with leader-member exchange quality, this topic has only received scant attention in prior literature. Recent studies have illustrated its great salience to individual and group process and outcome. Based on existing theoretical and empirical studies, this article reviewed LMX differentiation research in an effort to assess the current state of the literature. We investigated the research history, conceptualization and measurement of LMX differentiation and summarized the findings related to its antecedents and consequences as well as the various theoretical basis used in prior studies. We concluded with an agenda for future research on this area.

Key words: leader-member exchange differentiation; leader-member exchange theory; team; multi-level study

创业团队异质性与新企业绩效：领导者 乐观心理的调节作用 *

牛芳　张玉利　杨俊

【摘　要】异质性是创业团队的重要属性，也是创业研究的热点。本文研究将异质性分为两类：任务相关异质性和身份相关异质性，并分别讨论了两类异质性对新企业绩效的不同影响以及团队领导者乐观心理的调节作用。实证研究发现，在任务相关异质性中，行业经验异质性正向影响新企业绩效，而在身份相关异质性中，年龄相关异质性负向影响新企业绩效；同时，团队领导者的乐观心理正向调节行业和职能经验异质性与新企业绩效之间的关系。

【关键词】创业团队　异质性　领导者乐观　新企业绩效

一、引言

团队创业是创业的主要形态，创业团队影响甚至决定创业成败。与单个创业者相比较，创业团队能够整合更多的资源，实现成员之间的知识（信息）共享和技能互补，从而更有效地应对高度不确定的创业环境。实践中，风险投资也往往把创业团队的能力作为其投资与否的重要参考。

异质性（Heterogeneity）是团队结构的一项重要指标，反映了团队成员在年龄、性别、种族、价值观和经验等方面的差异。目前，创业领域的研究考察了各种创业团队异质性（例如性别异质性、年龄异质性等）与创业绩效之间的关系。但是，研究仍然存在一些不

* 本文选自《管理评论》2011 年第 11 期。
　基金项目：国家自然科学基金项目（70732004；71072102；70902050）；教育部人文社科青年基金项目（09YJC630131）。
　作者简介：牛芳，南开大学商学院讲师，博士；张玉利，南开大学商学院教授，博士生导师，博士；杨俊，南开大学商学院副教授，博士。

足。首先，已有研究没有对各种异质性进行有效区分，异质性与创业绩效之间的关系显得纷繁复杂，研究结论相互矛盾。其次，较少考虑团队内部的权力层级，忽略了团队领导者对团队效能的影响。实际上，异质性只是团队结构的一种静态描述，具备某些特征的团队领导者能够有效地激励和协调团队成员，从而帮助团队更好地实现异质性带来的潜在收益或者减少其可能带来的损失。

基于已有研究的不足，本文将探讨不同类型异质性对新企业绩效的影响，并强调团队领导者在团队中的核心作用，分析团队领导者的心理特征（乐观）对团队效能的影响。本文首先从功能和社会两个视角对创业团队异质性进行分类，然后分析不同类型异质性对新企业绩效的不同影响以及团队领导者乐观心理的调节作用，并提出研究模型和相关假设，最后收集 145 家新企业的数据进行实证分析。

二、文献回顾、异质性分类和概念模型

（一）文献回顾

团队异质性研究起源于高管团队研究。高阶理论认为高管团队的异质性是影响团队过程和绩效的重要因素，相关实证研究发现异质性可能影响团队内部的情感反应、团队过程以及团队（企业）绩效等。

早期创业研究主要关注单个创业者，伴随着团队创业逐步成为创业的主要形式，创业团队开始成为重要研究对象。沿用高阶理论的基本逻辑和方法，团队异质性成为解释创业机会评价、决策和新企业创立等行为（现象）的重要变量。相关研究具体分析了创业团队在性别、年龄、经验、教育水平、文化等方面异质性对创业绩效和产品创新的影响。例如，Henneke 和 Lüthje 讨论了创业团队教育（学科）异质性对产品创新的影响，研究发现，创业团队教育异质性通过影响环境扫描以及规划的开放性提升产品创新性。Aspelund 等从资源的角度讨论了创业团队异质性的价值，研究认为异质性的职能经验构成了企业生存的重要资源，职能经验异质性高的创业团队有利于新企业的生存。Foo 等探讨了创业团队异质性与团队活力和满意度之间的关系，研究发现异质性创业团队有更好的活力。Chowdhury 分析了性别、年龄、职能经验异质性与创业绩效的关系，研究发现异质性对创业绩效没有显著影响，Myleen 等的研究也发现经验异质性并不影响能否创建新企业。

还有部分研究强调了创业团队异质性与创业绩效之间的关系是情境依赖的。Hmieleski 等探讨了环境动态性和领导授权方式对创业团队异质性与新企业绩效之间关系的影响，研究发现在高动态性环境中，创业团队领导者的授权负向调节异质性与新企业绩效之间的关系；而在低动态性环境中，创业团队领导者的授权正向调节异质性与新企业绩效之间的关系。Vanaelst 等的研究发现创业团队异质性随着创业进展而不断演化，因此在探讨创业团队异质性的影响时需要考虑不同创业阶段的特点。

在研究结论上，团队异质性（高管团队异质性和创业团队异质性）的价值和作用并没有取得一致性的结论。部分观点强调了团队异质性的功能性，认为高的异质性表明团队具有广泛的技能、知识和认知资源，能够带来多样化的视角和观点，从而提升决策水平和绩效，部分研究证明了这种观点。另外一种观点则强调了团队成员的社会性，认为异质性反映了团队成员之间的差异，高异质性团队中缺乏信任和认同，团队活动（过程）中容易出现分歧和冲突，团队的整体绩效水平也因此较低，也有部分研究支持这种观点。

面对研究结论的不一致，学者认识到不同异质性之间存在差异。部分学者开始探讨异质性的分类，并在分类的基础上考察不同类型异质性的作用和价值。例如，Foo 等的研究发现，任务相关异质性（教育程度）与机会评价正相关，而年龄等非任务相关异质性则与机会评价负相关。Yoke 等讨论了不同类型异质性对生物技术商业化的影响，研究发现，浅层次的异质性（Surface-level）如年龄、经验和性别异质性有利于创业团队绩效和过程，而深层次的异质性（Deep-level）如人格、态度和价值观异质性可能导致团队过程的冲突，损害创业团队绩效和过程。Robert 等的研究也发现不同异质性对创业过程的影响存在显著差异。

（二）异质性分类

基于不同的视角和标准，学者对异质性进行了分类。Jackson 等将异质性分为任务相关异质性和关系相关异质性。Foo 等将异质性分为任务相关异质性和非任务相关异质性。Liao 等认为可以从功能性和社会性两个视角来分析异质性，并从这两个视角讨论了不同异质性对新企业创立的影响。借鉴 Liao 等提出的研究视角（功能和社会视角），本文研究将团队异质性分为两类：任务相关异质性（功能性）和身份相关异质性（社会性），见表 1。

表 1　两类异质性

类别	定义	常见属性	类似概念
任务相关异质性	成员在知识、技能和经验等方面的差异	行业经验、职能经验、教育程度等	任务相关异质性、功能相关异质性
身份相关异质性	成员在社会角色和社会地位方面的差异	性别、年龄、种族等	关系相关异质性、社会相关异质性、非任务相关异质性

任务相关异质性主要指团队成员所掌握知识、技能以及经验等方面的差异。Foo 等和 Jackson 等提出的任务相关异质性以及 Liao 等提出的功能视角下的异质性都是类似的概念。任务相关异质性主要反映成员的某种能力，涉及的成员属性主要包括行业经验、职能经验、创业经验和受教育程度等。

身份相关异质性主要指团队成员在社会角色和社会地位方面的差异。Jackson 等提出的关系相关异质性、Foo 等提出的非任务相关异质性以及 Liao 等提出的社会视角下的异质性都在一定程度上反映了团队成员之间社会身份的差异，是与身份相关异质性比较接近的概念。身份相关异质性涉及的成员属性主要包括性别、年龄和种族等。

（三）概念模型

Jackson 等在总结已有异质性研究后指出，异质性研究的一个主要问题是忽略了团队内部的权力层级。实际上，团队成员之间的地位、权力和影响力存在显著差异，团队领导者往往拥有更大的权力，其个性和行为显著影响团队行为和绩效。一方面，领导者协调所领导团队的内部关系和活动，激励团队成员，整合团队的能力以满足组织需要；另一方面，团队领导者常常扮演团队的精神领袖，其个人魅力能够赢得大批的追随者，追随者对领导者表现出钦佩和尊敬，甚至是崇拜。相关研究证明了领导者的魅力、道德品质、权威和授权对团队行为和绩效有显著影响。

在新企业中，创业团队领导者的作用尤为突出。新企业成立时间短，组织制度和行为规范尚未建立，创业团队和新企业的行为更多取决于领导者。与此相对应，大量研究围绕创业领导者的作用和影响来展开，特别是近年来，创业认知研究兴起，创业者（领导者）的心理特征成为研究焦点。

鉴于已有研究的不足和新企业中创业团队领导者的重要性，本文研究将考虑创业团队中的权力层级，在分析创业团队异质性对新企业绩效影响的同时，将团队领导者纳入分析内容，探讨其乐观心理特征的作用和价值。本文研究认为，团队异质性是对团队结构的静态描述，领导者的乐观心理能够帮助团队实现异质性带来的潜在收益和减少异质性的负面影响，即领导者乐观心理调节创业团队异质性与新企业绩效之间的关系。

基于以上分析，提出本文研究的概念模型，见图 1。概念模型中，任务相关异质性和身份相关异质性影响新企业绩效，而领导者乐观心理起调节作用。

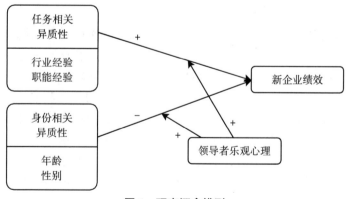

图 1　研究概念模型

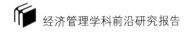

三、研究假设

（一）任务相关异质性与新企业绩效

作为市场的新进入者，新企业成立时间短暂，人力资源匮乏。从功能视角看，创业团队的知识、经验和技能构成了新企业成长和发展的关键资源。

任务相关异质性反映了团队所具备知识、经验和技能的多样性。团队成员的知识、经验和技能在一定程度上决定了团队的认知能力和模式，团队中多样化的知识、经验和技能能够为分析问题提供全面的视角，从而提高决策质量和企业绩效。特别是在处理非程序化问题时，异质性团队比同质性团队具有更大的优势，而新企业成长过程中面临的主要问题是非结构化问题，由此，任务相关异质性有利于新企业成长。相关研究也证明了行业经验、职能经验、教育和专业背景等任务相关异质性正向影响企业绩效。基于以上分析，提出假设1。

假设1：任务相关异质性（行业经验异质性、职能经验异质性）正向影响新企业绩效。

（二）身份相关异质性与新企业绩效

社会认同理论（Social Identity Theory）认为：个体自觉或者不自觉地对自己进行分类，将自己归入某个（某些）群体中，并在行为和心理上对群体内部成员赋予更多的正面情感，而对群体外部的个体往往存在偏见，个体对于自我群体的认同以及对群体外成员的偏见是导致冲突的重要心理原因。

年龄、性别和种族等属性往往是社会成员进行自我分类的重要指标。例如，年龄接近的个体很容易将自己与其他年龄相仿的人归为同类。根据社会认同理论，年龄、性别和种族等方面的身份相关异质性可能导致团队成员之间存在偏见，缺乏信任，引发矛盾和冲突，削弱团队凝聚力。特别是在缺乏制度和行为规范约束的新企业中，身份相关异质性给创业团队和新企业带来的负面影响可能更加严重。部分针对西方情境的研究发现年龄、性别和种族等方面的异质性负向影响团队绩效。在中国情境下，由于中国人具有强烈的面子观念，身份相关异质性导致的矛盾和冲突将导致成员感觉丢面子，促使其对其他成员形成戒心，从而进一步削弱团队凝聚力，加重身份相关异质性带来的负面影响。谢凤华等针对中国企业的实证研究发现，年龄异质性负向影响企业的生产和营销绩效。基于以上分析，提出假设2。

假设2：身份相关异质性（年龄异质性、性别异质性）负向影响新企业绩效。

（三）领导者乐观的调节作用

乐观（Optimism）是个体的一种积极心态，反映了个体对未来正面事件的积极期望。乐观者正面地预测和评估未来环境和事件，在行动上积极主动，通常会为自己设定高的目标，并轻松地面对逆境和困难。

领导理论认为，领导者需要乐观地展望未来，并制定愿景和远大目标来激励下属。作为企业发展愿景、目标和战略的主要制定者，乐观的创业团队领导者能够更正面地预测未来环境和趋势，为组织和团队设定高的目标，激励团队成员发挥各自的优势，从而有效地利用异质性团队中知识、经验和技能多样性所带来的价值。基于以上分析，提出假设3。

假设3：领导者乐观心理正向调节任务相关异质性（行业经验异质性、职能经验异质性）与新企业绩效之间的关系。

乐观能够提升领导者的个人魅力。乐观者对未来充满信心，坚定不移，并能够承受挫折和失败，而坚定的信念、果断的行动往往是构建领导者魅力的重要元素。

新企业缺乏指导和约束个体行为的规章制度和行为惯例。乐观领导者的个人魅力导致团队成员愿意追随，团队成员在行为上更容易表现出协同和一致，从而减少身份相关异质性可能带来的矛盾和冲突。同时，乐观的团队领导者还可以利用其个人魅力所带来的号召力和影响力，更好地解决团队中已经出现的矛盾和冲突，弱化身份相关异质性所产生矛盾和冲突的负面影响。基于以上分析，提出假设4。

假设4：领导者乐观心理正向调节身份相关异质性（年龄异质性、性别异质性）与新企业绩效之间的关系。

四、研究设计

（一）调研对象和数据收集

本文研究选择成立时间5年内的新企业为调研对象。研究以天津市9个科技孵化器中的企业为抽样对象，构建样本框（Sample Framework），聘请专业的市场调查公司，采用随机抽样的方法，每隔3个单位抽取1家公司，并按照"右手原则"[①]进行面访。

调研访问了590家企业，回收问卷150份，满足本研究要求的问卷145份。部分问卷未收回的主要原因是企业类型不满足调研要求，约占23.05%，其他的原因还包括企业搬走（关闭）、被访者不在以及企业拒访，所占比例分别是22.88%、17.65%和11.00%。

有效问卷中，电子信息和软件企业较多，占总数的37.24%，其次是光机电类企业和

---

① "右手原则"是指在建筑物中进行入户访问时，逢路口或有拦截的地方即向右方行走。

高科技服务企业，比例分别为 16.55%和 12.41%。样本企业的规模较小，50.34%企业的员工人数在 6~20 人之间，绝大多数企业的年销售收入少于 100 万元，只有 8.28%企业的年销售收入超过 100 万元。在创业者方面，年龄主要集中在 30~39 岁之间，占总数的 47.59%，男性构成了创业者的主体，比例为 85.52%。表 2 列示了样本特征的分布情况。

表 2　样本特征

项目	类型	数量	比例（%）	项目	类型	数量	比例（%）
成立年限	1 年及以下（含 1 年）	22	15.17	员工数量	5 人及以下	16	11.03
	1~2 年（含 2 年）	31	21.38		6~20 人	73	50.34
	2~3 年（含 3 年）	44	30.34		21~50 人	34	23.45
	3~4 年（含 4 年）	32	22.07		51~100 人	21	14.48
	4~5 年（含 5 年）	16	11.03		100 人及以上	1	0.69
行业	电子信息与软件	54	37.24	销售收入（2008 年）	10 万元及以下	27	28.62
	光机电一体化	24	16.55		10 万~20 万元	24	16.55
	高技术服务行业	18	12.41		21 万~50 万元	53	36.55
	其他	49	33.79		51 万~100 万元	29	20.00
年龄	20~29 岁	38	26.21		100 万元及以上	12	8.28
	30~39 岁	69	47.59	性别	男（0）	124	85.52
	40 岁和 40 岁以上	41	28.28		女（1）	21	14.48

（二）变量测度

新企业绩效利用 Likert 7 点量表来进行测度，创业者对自己企业在市场占有率、销售收入增长率和净利润三个方面的表现进行打分，见表 3。对三个题项进行探索性因子分析（最大化方差旋转），得到一个特征值大于 1 的因子（新企业绩效）。探索性因子分析中，各个测度题项的载荷都大于 0.8。同时，测度量表的 Cronbach's α=0.828，大于 0.7。

领导者乐观心理的测度同样采用 Likert 7 点量表，沿用 Wally 等以及 Simon 等的测度量表，具体包括三个测度题项（表 3）。对三个题项进行探索性因子分析（最大化方差旋

表 3　新企业绩效和领导者乐观心理的测度

变量	解释变异	Cronbach's α	测度题项	因子载荷
新企业绩效	72.458%	0.828	市场占有率	0.846
			销售收入增长率	0.884
			净利润水平	0.858
乐观	74.405%	0.760	我觉得明年的经济形势将改善	0.787
			我通常预期自己的生活水平和国家经济水平将不断提高	0.880
			明年我在各个方面都将有改善和提高	0.883

注：新企业绩效的探索性因子分析：KMO 值为 0.715；Bartlett 球形检验值为 160.985，p<0.000；领导者乐观的探索性因子分析：KMO 值为 0.684；Bartlett 球形检验值为 152.823，p<0.000。

转），得到 1 个因子（乐观）。探索性因子分析中，各个测度题项的载荷都大于 0.75。同时，测度量表的 Cronbach's α=0.760，大于 0.7。

异质性涉及团队成员的多个属性，包括年龄、性别、经验、认知、价值观、教育、人格、种族和国家等。在这些属性中，年龄、性别和经验是研究重点。本文也选择年龄、性别和经验异质性进行研究，并把经验分为职能经验和行业经验。其中职能经验和行业经验异质性属于任务相关异质性，年龄和性别异质性属于身份相关异质性。

对于性别异质性，本文采用 Blau 系数方法进行测量。行业经验和年龄异质性指的是团队成员在新企业相关行业内工作年限以及成员年龄的差异水平。因为新企业相关行业内的工作年限和成员年龄是一个连续变量，本文采用标准差系数，即用变量的标准差除以均值来反映创业团队行业经验和年龄的异质性。Allison 指出在测量连续变量的异质性时，标准差系数是较好的选择。标准差系数值越大，表明创业团队行业经验和年龄异质性越高。对于职能经验异质性，因为创业团队成员可能在多个职能管理部门具备工作经历，本文采用 Teachman 的方法来测量职能经验异质性，计算公式为 $1 - \sum Pi(LnPi)(i = 1, N)$，其中，N 为职能经验类别数量。与先前研究一致，本文考察了研发、营销、财务、生产、一般管理 5 类职能经验，Pi 表示具备某类职能经验的成员占创业团队人员总数的比例。公式计算出的数值越大，表明创业团队职能经验异质性越高。

五、数据分析和假设检验

（一）线性回归

本文采用多元层级回归方法进行数据分析。为了避免其他因素对分析过程的影响，研究选择企业所属行业、注册资本、成立年限、团队领导者的工作经历、性别以及团队成员数量作为控制变量。其中，在行业方面，电子信息与软件类企业取值为 1，其他行业企业取值为 0；领导者工作经历为团队领导者创业前工作过的企业数量。

表 4 给出了统计结果。模型 1 是控制变量对新企业绩效的回归模型，模型 2 是异质性和乐观心理对新企业绩效的主效应模型，模型 3 是包含交互项的全效应模型。

（二）回归结果分析

1. 主效应

在模型 2 的主效应模型中，行业经验异质性对新企业绩效的回归系数是 0.217，在 0.01 水平显著，而职能经验异质性与新企业绩效之间的回归系数为 0.107，不显著。回归结果说明，行业经验异质性显著正向影响新企业绩效，而职能经验异质性的影响不显著（尽管回归系数为正），假设 1 部分成立。

表 4　线性回归模型

		因变量：新企业绩效		
		模型 1	模型 2	模型 3
控制变量	行业	−0.011	0.009	−0.023
	注册资本	−0.058	−0.081	−0.078
	成立年限	−0.021	0.017	0.063
	领导者的工作经历	0.178**	0.102	0.073
	领导者性别	0.048	0.059	0.055
	团队成员数量	−0.002	−0.027	0.003
任务相关异质性	行业经验异质性		0.217***	0191**
	职能经验异质性		0.107	0.089
身份相关异质性	年龄异质性		−0.165*	−0.178**
	性别异质性		−0.033	−0.036
调节变量	乐观		0.342***	0.393***
交互项	行业经验异质性×乐观			0.137*
	职能经验异质性×乐观			0.207***
	年龄异质性×乐观			−0.036
	性别异质性×乐观			0.087
模型统计参数	R^2	0.037	0.225	0.289
	Adjusted R^2	0.005	0.161	0.207
	R^2 Change	0.037	0.188	0.064
	F Change	0.874	6.468***	2.917***
	N, df	1446	14411	14415

注：列示的是标准化回归系数；＊表示 $p<0.10$，＊＊表示 $p<0.05$，＊＊＊表示 $p<0.01$。

职能经验的异质性反映了团队对职能管理知识的掌握情况。对于新企业而言，由于规模小，成立时间短，相应的职能部门通常尚未建立，职能管理的相关经验和知识往往得不到有效的应用。因此，团队职能经验的异质性和多样性并不一定导致好的企业绩效。与职能经验不同，行业经验可能影响创业机会的识别和利用。不同行业背景的团队成员掌握了不同的行业信息和知识，行业经验异质性意味着更多的信息来源和多样化的行业知识，从而帮助创业团队识别和发掘更好的市场机会，提升企业绩效。

身份相关异质性中，年龄异质性与新企业绩效之间的回归系数为−0.165，在 0.1 水平显著，而性别相关异质性与新企业绩效之间的回归系数为−0.033，不显著。回归结果证明了部分身份相关异质性（年龄异质性）显著负向影响新企业绩效，假设 2 部分成立。

对于年龄异质性，不同年龄段的人具有不同的价值观和行为模式，特别是在当前社会快速变革的时代，不同年龄段人群之间的差异更加明显，这些差异都是不同群体间潜在的冲突源。因此，对于创业团队而言，成员之间年龄差距越大，价值观和行为模式的差异也越大，冲突（往往是情感冲突）出现的可能性也越大，从而影响团队协作和企业绩效。对于性别异质性，随着女性参与社会活动的增加，男性和女性的社会地位趋于平等，对女性的一些偏见正在逐步减少。因此，性别差异不是影响创业团队成员之间彼此认同的关键因素，性别异质性不会显著增加团队冲突和降低企业绩效。

2. 交互效应

在模型 3 的交互效应模型中，领导者乐观心理显著正向调节行业经验异质性、职能经验异质性与新企业绩效之间关系，回归系数分别为 0.137 和 0.207，在 0.1 和 0.05 水平显著，假设 3 成立。领导者乐观对年龄异质性、性别异质性与新企业绩效之间关系的影响不显著，回归系数分别是 -0.036 和 0.087，假设 4 不成立。

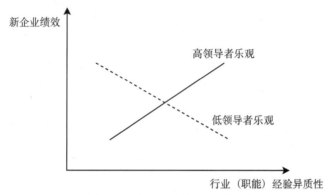

图 2　领导者乐观心理的调节作用

为了更直观地认识领导者乐观心理的调节作用，图 2 给出了调节作用示意图。图中，当领导者乐观程度比较低时，行业和职能经验异质性可能导致新企业绩效降低；相反，当领导者乐观程度高时，行业和职能经验异质性可以提高新企业绩效。领导者乐观程度影响团队行为，悲观的领导者（低领导者乐观）会导致团队士气低落，缺乏凝聚力，行业和职能经验的差异导致团队成员各自为政，成员之间缺乏协作，从而对团队和新企业绩效产生负面影响；而乐观的领导者将为团队设定高目标，激发团队凝聚力，促使异质性所带来的多样化知识和能力得以有效整合，提升团队和新企业绩效。

六、研究结论、启示和局限

团队异质性是影响团队和企业绩效的重要因素。本文分析了不同类型异质性对新企业绩效的影响，并考察了团队领导者乐观心理的调节作用。实证研究发现，不同类型的异质性对新企业绩效的影响存在显著差异，行业经验异质性正向影响新企业绩效，而年龄异质性负向影响新企业绩效；同时，领导者乐观心理正向调节行业经验异质性、职能经验异质性与新企业绩效之间的关系。

本文的主要创新体现在两个方面：强调了不同类型异质性之间的差异，并在梳理已有研究的基础上对异质性进行了分类，为系统认识创业团队异质性与创业绩效之间的关系提供了新的视角；同时，本文考虑了团队内的权力层级，突出了创业团队领导者对团队效能的影响，并具体分析和检验了领导者乐观心理对异质性与新企业绩效之间关系的调节作用。

　　研究结论对于创业实践具有一定的指导意义。在创业团队成员选择方面，可以考虑来源于不同行业的成员组成创业团队，这样可以获得多样化的信息和观点，从而有利于发现和利用市场机会。同时，成员选择还需要注意成员之间的年龄差异，避免其可能带来的负面影响。在团队领导者的选取方面，是否乐观可以作为甄选标准之一。创业过程充满了不确定性和压力，乐观的创业团队领导者能够有效地整合团队的知识和能力，从而提升团队和企业绩效。

　　由于数据的限制，本文研究只统计检验了四种主要的异质性与新企业绩效之间的关系，没有考察其他类型异质性对新企业绩效的影响。另外，团队领导者的特征也只考虑了一个心理特征：乐观。实际上，领导者的其他心理特征（例如自信）、行为模式（例如冒险精神）和管理方式（例如授权）都可能对异质性与新企业绩效之间的关系产生影响。这些不足需要在未来研究中进一步完善。

参考文献：

　　[1] Cooper A. C., Daily C. M. Entrepreneurial Teams [M]. New York：Free Press，2000.

　　[2] Reich B. R. Entrepreneurship Reconsidered：The Team as Hero [J]. Harvard Business Review，1987，65（3）：77-83.

　　[3] Katz J., Gartner W. B. Properties of Emerging Organizations [J]. Academy of Management Review，1988，13（2）：429-441.

　　[4] 张玉利，杨俊. 企业家创业行为调查 [J]. 经济理论与经济管理，2003，9（9）：61-66.

　　[5] Schefczyk M., Gerpott J. T. Qualifications and Turnover of Managers and Venture Capital Financed Firm Performance：An Empirical Study of German Venture Capital Investments [J]. Journal of Business Venturing，2001，16（2）：145-163.

　　[6] Macmillan I. C., Siegel R., Subba P. N. Criteria Used by Venture Capitalists to Evaluate New Venture Proposals [J]. Journal of Business Venturing，1985，11（1）：119-128.

　　[7] Finkelstein S., Hambrick D. C. Top-management-team Tenure and Organization Outcomes：The Moderating Role of Management Discretion [J]. Administrative Science Quarterly，1990，35（3）：484-503.

　　[8] Stevenson H., Gumpert D. The Heart of Entrepreneurship [J]. Harvard Business Review，1985，85（2）：10-23.

　　[9] Shane S., Stuart，T. Organizational Endowments and the Performance of University Start-ups [J]. Management Science，2002，48（1）：154-170.

　　[10] Chowdhury S. Demographic Diversity for Building an Effective Entrepreneurial Team：Is It Important? [J]. Journal of Business Venturing，2005，20（6）：727-746.

　　[11] Talaulicar T., Grundei J., Werder A. V. Strategic Decision Making in Start-ups：The Effect of Top

Management Team Organization and Processes on Speed and Comprehensiveness [J]. Journal of Business Venturing, 2005, 20 (4): 519-541.

[12] Liao J., Li J., Gartner W. B. The Effects of Founding Team Diversity and Social Similarity on Venture Formation [R]. Journal of Business Venturing, Working Paper, 2009.

[13] Foo M. D., Wong P. K., Ong A. Do Others Think You Have a Viable Business Idea? Team Diversity and Judges' Evaluation of Ideas in a Business Plan Competition [J]. Journal of Business Venturing, 2005, 20 (3): 385-402.

[14] Jackson S. E., Joshi A., Erhardt N. L. Recent Research on Team and Organizational Diversity: SWOT Analysis and Implications [J]. Journal of Management, 2003, 29 (6): 801-830.

[15] Watson W. E., Ponthieu L. D., Critelli J. W. Team Interpersonal Effectiveness in Venture Partnerships and Its Connection to Perceived Success [J]. Journal of Business Journal, 1995, 35 (1): 91-121.

[16] Beckman C. M., Burton M. D., O'Reilly C. Early Teams: The Impact of Team Demography on VC Financing and Going Public [J]. Journal of Business Venturing, 2007, 22 (2): 147-173.

[17] Julian C. C., Wachter R. M., Mueller C. B. International Joint Venture Top Management Teams: Does Heterogeneity Make a Difference? [J]. Journal of Asia-pacific Business, 2009, 10 (2): 107-129.

[18] Henneke D., Lüthje C. Interdisciplinary Heterogeneity as a Catalyst for Product Innovativeness of Entrepreneurial Teams [J]. Creativity and Innovation Management, 2007, 16 (2): 121-132.

[19] Godwin L. N., Stevens C. E., Brenner N. L. Forced to Play by the Rules? Theorizing How Mixed-Sex Founding Teams Benefit Women Entrepreneurs in Male-dominated Contexts [J]. Entrepreneurship: Theory and Practice, 2006, 30 (5): 623-642.

[20] Aspelund A., Berg-Utby T., Skjevdal R. Initial Resources' Influence on New Venture Survival: A Longitudinal Study of New Technology-based Firms [J]. Technovation, 2005, 25 (11): 1337-1347.

[21] Foo M., Sin H., Yiong L. Effects of Team Inputs and Intrateam Processes on Perceptions of Team Viability and Member Satisfaction in Nascent Ventures [J]. Strategic Management Journal, 2006, 27 (4): 389-399.

[22] Chowdhury S. Demographic Diversity for Building an Effective Entrepreneurial Team: Is it Important? [J]. Journal of Business Venturing, 2005, 20 (6): 727-746.

[23] Myleen M. L., Michael L. D. Entrepreneurial Team Characteristics that Influence the Successful Launch of a New Venture [J]. Management Research News, 2009, 32 (6): 567-579.

[24] Hmieleski K. M., Ensley M. D. A Contextual Examination of New Venture Performance: Entrepreneur Leadership Behavior, Top Management Team Heterogeneity, and Environmental Dynamism [J]. Journal of Organizational Behavior, 2007, 28 (7): 865-899.

[25] Vanaelst I., Clarysse B., Wright M., Lockett A., Moray N., S'Jegers R. Entrepreneurial Team Development in Academic Spinouts: An Examination of Team Heterogeneity [J]. Entrepreneurship: Theory and Practice, 2006, 30 (2): 249-271.

[26] Hambrick D. C. Top Management Groups: A Conceptual Integration and Reconsideration of the Teams' Label [M]. Greenwich, CT: JAI Press, 1994.

[27] Bantel K. A., Jackson S. E. Top Management and Innovations in Banking: Does the Composition of the Top Team Make a Difference? [J]. Strategic Management Journal, 1989, 10 (1): 107-124.

[28] Amason A. C. Distinguishing the Effects of Functional and Dysfunctional Conflict on Strategic Decision

Making: Resolving a Paradox for Top Management Teams[J]. Academy of Management Journal, 1996, 39（1）: 123-148.

［29］Ensley M. D., Pearson A. W., Amason A. C. Understanding the Dynamics of New Venture Top Management Teams Cohesion, Conflict, and New Venture Performance [J]. Journal of Business Venturing, 2002, 17（4）: 365-386.

［30］Kamm J. B., Nurick A. J. The Stages of Team Venture Formation: A Decision Making Model [J]. Entrepreneurship Theory and Practice, 1993, 17（2）: 17-27.

［31］York A. S., McCarthy K. A., Darnold T. C. Teaming in Biotechnology Commercialization: The Diversity-performance Connection and How University Programs Can Make a Difference [J]. Journal of Commercial Biotechnology, 2009, 15（1）: 3-11.

［32］York A. S., McCarthy K. A., Darnold T. C. Building Biotechnology Teams: Personality Does Matter [J]. Journal of Commercial Biotechnology, 2009, 15（4）: 335-346.

［33］Robert J. B., Erich J. S., Jonas C. The Influence of Team Heterogeneity on Team Processes of Multiperson Ventures: An Empirical Analysis of Highly Innovative Academic Start-ups [J]. International Journal of Entrepreneurship and Small Business, 2011, 12（4）: 413-428.

［34］Chen X., Farh J. L. The Effectiveness of Transactional and Transformational Leader Behaviors in Chinese Organizations: Evidence from Taiwan [C]. AOM Conference, Chicago, 1999.

［35］Davis A. L., Rothstein H. R. The Effects of the Perceived Behavioral Integrity of Managers on Employee Attitudes: A Meta-analysis [J]. Journal of Business Ethics, 2006, 67（4）: 407-419.

［36］Knight D., Pearce C. L., Smith K. G., Olian J. D., Sims H. P., Smith K. A. Top Management Team Diversity, Group Process and Strategic Consensus [J]. Strategic Management Journal, 1999, 20（5）: 445-465.

［37］Cox J. F., Sims H. P. Leadership and Team Citizenship Behavior: A Model and Measures [J]. Advances in Interdisciplinary Studies of Work Teams, 1996（3）: 1-41.

［38］贺小刚, 沈瑜. 创业型企业的成长: 基于企业家团队资本的实证研究 [J]. 管理世界, 2008（1）: 82-95.

［39］Simon M., Houghton S. M., Aquino K. Cognitive Biases, Risk Perception, and Venture Formation: How Individuals Decide to Start Companies [J]. Journal of Business Venturing, 2000, 15（2）: 113-134.

［40］Lowe R. A., Ziedonis A. A. Overoptimism and the Performance of Entrepreneurial Firms [J]. Management Science, 2006, 52（2）: 173-186.

［41］Francis D. H., Sandberg W. R. Friendship within Entrepreneurial Teams and its Association with Team and Venture Performance [J]. Entrepreneurship Theory and Practice, 2000, 25（2）: 5-6.

［42］Milliken F. J., Martins L. L. Searching for Common Threads: Understanding the Multiple Effects of Diversity in Organizational Groups [J]. Academy of Management Review, 1996, 21（2）: 402-433.

［43］Chandler G. N., Lyon D. Entrepreneurial Teams in New Ventures: Composition, Turnover and Performance [C]. Academy of Management Annual Meeting, Washington, D. C., 2001.

［44］Jackson S. E. Team Composition in Organizational Setting: Issues in Managing an Increasing Diverse Workforce [M]//Worchel S., Wood W. and Simpson（Eds.）. Group Process and Productivity. Newbury Park, CA: Sage, 1992.

［45］Pitcher P., Smith A. D. Top Management Team Heterogeneity: Personality, Power and Proxies [J]. Organization Science, 2000, 25（12）: 1-18.

［46］ Carpenter M. The Implications of Strategy and Social Context for the Relationship between Top Management Team Heterogeneity and Firm Performance ［J］. Strategic Management Journal, 2002, 23（1）: 275–284.

［47］ Tajfel H. Social Psychology of Intergroup Relations ［J］. Annual Review of Psychology, 1982, 33（1）: 1–39.

［48］ Tafel H., Turner J. C. The Social Identity Theory of Intergroup Behavior ［M］// Worchel S, Austin W （eds）. Psychology of Intergroup Relations. Chicago: Nelson Hall, 1986.

［49］ Wiersema M. F., Bird A. Organizational Demography in Japanese Firms: Group Team Heterogeneity. Individual Dissimilarity, and Top Management Team Turnover ［J］. Academy of Management Journal, 1993, 15（5）: 996–1025.

［50］ 谢凤华, 姚先国, 古家军. 高层管理团队异质性与企业技术创新绩效关系的实证研究 ［J］. 科研管理, 2008, 10（6）: 65–73.

［51］ Scheier M. E., Carver C. S. Optimism, Coping and Health: Assessment and Implications of Generalized Outcome Expectancy on Health ［J］. Health Psychology, 1985, 10（4）: 219–247.

［52］ Hooker K., Monahan D., Shifren K., Hutchinson C. Mental and Physical Health of Spouse Caregivers: The Role of Personality ［J］. Psychology and Aging, 1992, 16（7）: 367–375.

［53］ Gibbons F. X., Blanton H., Gerrard M., Buunk B., Eggleston T. Does Social Comparison Make a Difference? Optimism as a Moderator or the Relationship between Comparison Level and Academic Performance ［J］. Personality and Social Psychology Bulletin, 2000, 26（1）: 637–648.

［54］ Bass B. M. Leadership and Performance beyond Expectations ［M］. New York: Free Press, 1985.

［55］ Conger J. A., Kanungo R. N. Toward a Behavioral Theory of Charismatic Leadership in Organizational Settings ［J］. Academy of Management Review, 1987, 26（12）: 637–647.

［56］ Waldman D. A., Ramirez G. G., House R. J., Puranam P. Does Leadership Matter? CEO Leader ship Attributes and Profitability under Condition of Perceived Environmental Uncertainty ［J］. Academy of Management Journal, 2001, 44（1）: 134–143.

［57］ Wally S., Baum J. R. Personal and Structural Determinants of the Pace of Strategic Decision–making ［J］. Academy of Management Journal, 1994, 37（4）: 932–956.

［58］ Eisenhardt, K. M., Schoonhoven, C. The Organizational Growth: Linking Founding Team, Strategy, Environment and Growth among U.S. Semiconductor Ventures, 1978 –1988 ［J］. Administrative Science Quarterly, 1990, 35（1）: 504–529.

［59］ Allison, P. D. Measures of Inequality ［J］. American Sociological Review, 1978, 43（1）: 865–880.

［60］ Teachman, J. D. Analysis of Population Diversity Measures of Qualitative Variation ［J］. Sociological Methods and Research, 1980, 8（3）: 341–362.

［61］ Boeker, W. Organizational Origins: Entrepreneurial and Environmental Imprinting at the Time of Founding ［M］//Carroll G. （Eds.）. Ecological Models of Organizations. Cambridge, Mass: Ballinger Publishing, 1988.

［62］ Zimmerman, M. A. The Influence of Top Management Team Heterogeneity on the Capital Raised through an Initial Public Offering ［J］. Entrepreneurship Theory and Practice, 2008, 32（3）: 391–414.

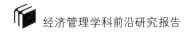

Heterogeneity of Entrepreneurial Team and New Ventures' Performance: The Moderating Role of Team Leaders' Optimism

Niu Fang, Zhang Yuli, Yang Jun

Abstract: Heterogeneity is an important property of entrepreneurial team and a focal issue for entrepreneurial research. This study classifies heterogeneity into two classes: task-related and identity-related, and discusses their different effects on new ventures' performance and the moderation of team leaders' optimism. The empirical study indicates industrial experience heterogeneity affects the performance positively, heterogeneity of age affects the performance negatively and the team leaders' optimism moderates the relationships between new ventures' performance and industrial experience and functional experience heterogeneity positively.

Key words: entrepreneurial team; heterogeneity; team leaders; optimism; new ventures; performance

中国情境中的上下级关系构念研究述评

——兼论领导—成员交换理论的本土贴切性 *

郭晓薇

【摘　要】作为组织动力学的核心课题，上下级关系研究在关系导向和权威导向的中国文化中具有较强的现实意义，也正日益成为学界的研究热点。目前文献对上下级关系的研究存在构念上的分歧，表现为客位构念"领导—成员交换"（Leader-member Exchange，LMX）和主位构念"上下级关系"（Supervisor-subordinate Guanxi，SSG）的分歧，以及对主位构念 SSG 的不同界定。在文献梳理和理论分析的基础上，本文提出：①中国情境中的上下级关系与 LMX 所描述的关系在关系形态和交换原则上存在本质差异，故需加强主位构念 SSG 的研究；②现存分歧较大的三种 SSG 构念各有侧重，有必要建立更具整合性的 SSG 构念；③多维度构念的剖面模型及在此基础上的原型分类适用于建立整合的 SSG 构念。

【关键词】中国情境　领导—成员交换　上下级关系

作为学界及实务界的共识，"上司与下属之间的互动是组织运作的关键"。上下级关系的质量直接影响着下属的工作绩效、角色外行为、工作满意度以及离职意向等，被视为影响组织效能的三大背景性因素之一。在素以"关系取向"和"权威取向"著称的华人社会，上下级关系相较于西方更为敏感，更受关注，对组织成员行为的影响力也更大，因而在中国文化背景下，有关涉组织中的上下级关系研究显然更具现实意义。事实上，随着中国在世界经济中扮演着越来越重要的角色，中国组织中的上下级关系研究不仅为国内学者所关注，国外学者对此主题亦有著述，而且这方面的英文文献呈逐年上升之势。

纵观国内外对中国组织内上下级关系的研究，可以发现，在上下级关系的界定上存在两种取向：一种是沿用西方主流的上下级关系构念 Leader-member Exchange（后文简称 LMX），可称之为"客位取向"；另一种则"另起炉灶"，建立并使用基于中国本土文化的上下级关系构念，一般被称为 Supervisor-subordinate Guanxi（后文简称为 SSG），可谓之

* 本文选自《南开经济评论》2011 年第 2 期。

"主位取向"。两者相较，前者系主流，国内学界对上下级关系的研究主要采取这一取向，因 LMX 构念的成熟性，此种取向的研究大多处于理论发展的第二个阶段，即在探索 LMX 与组织输出的关系；建立上下级关系本土构念 SSG 是最近发展的新取向，集中见于英文文献，这一取向的研究目前尚处于建立构念的理论发展初期，多种对 SSG 的不同界定共存。概言之，目前中国组织内上下级关系研究存在基本构念上的分歧：一方面体现为客位与主位构念的分歧；另一方面体现为多种主位构念之间的分歧。

在这一背景下，国内学界在上下级关系研究上面临一些亟待厘清的基础性问题：LMX 是否可以贴切地描述中国组织中上下级关系的核心特征？换言之，发展基于本土情境的上下级关系构念是否必要？当前文献对上下级关系的本土构念存在哪几种界定？如何理解多种 SSG 构念之间的分歧？对于这些问题的探索和澄清，将是推动中国情境中上下级关系研究向纵深发展的前提。本文将从探讨 LMX 在中国情境中的贴切性出发，分析建立上下级关系本土构念的必要性，并对当前有关上下级关系本土构念的研究文献进行述评，对如何建立更贴切中国情境的上下级构念提出建议。

一、LMX 理论的内涵及国内研究简况

管理学文献对于上下级关系的最早关注来自 Fiedler 的领导权变理论，这一理论将上下级关系视为影响领导效能的权变因素。随着研究的逐步深入，研究者发现，领导者与下属之间存在着动态的物质、社会利益和心理交换的过程，领导者与不同下属之间的上述交换存在水平和质量上的显著差异。基于此，Graen 和 Cashman 在 1975 年首次提出 LMX 理论。

根据 LMX 理论，由于领导者的时间和资源有限，无法将资源平均分配给每个下属，因此在工作中要区分不同的下属，与之建立起不同类型的交换关系。与上司建立了高质量交换关系的下属，归属于所谓的"圈内"（In Group），他们是上司"可靠的助手"，承担了超越工作说明书的工作职责，相应地也得到更多的资源或回报，如领导者的高度信任和尊重、晋升机会、更自主灵活的工作等。与此相反，与上司间仅有低质量交换关系的下属属于"圈外"（Out Group）的员工，他们只是"雇来的人手"，领导者只要求他们完成基本工作要求，相应地也仅与其保持正式、例行的交换关系。

概言之，LMX 理论具有两大核心特征：①强调有差别的垂直对偶关系。传统的领导理论假设，领导是以同样的交换方式对待他的下属，而 LMX 理论则认为，领导与下属会有远近亲疏的不同关系。②从交换视角来描述关系。从字面上即知 LMX 的落脚点是"交换"。Graen、Sandura 曾提出，上下级关系以社会交换为基础，"一方必须提供一些另一方认为有价值的东西，双方都认为交换是公平合理的。"从本质上看，LMX 即是在描述上下级对偶间的交换。

不可否认，近三十多年来，LMX 理论吸引了众多研究者展开理论探讨和实证研究，并

且成为西方领导研究的前沿领域。而自 21 世纪以来，LMX 研究也逐步引起国内学者的普遍关注，国内研究主要包括四类：一是回顾和述评国外 LMX 的理论研究历程和现状；二是验证 LMX 在中国的维度结构，并基于此修订 LMX 中文测量工具；三是以中国大陆被试为对象，展开有关 LMX 前因结果的实证研究，在 LMX 前因变量方面涉及变革型领导、下属的组织公平感、组织支持感等变量，而 LMX 结果变量研究数量更多，涉及内部人身份认知、员工创新行为、工作满意感、组织公民行为、绩效、组织承诺、组织创新氛围、领导授权行为之间的关系等；四是探索 LMX 关系的发展历程，此方面研究为数不多。在上述研究类别中，国内研究早期以第一类居多，现阶段第三类研究正在日渐兴盛。

虽然 LMX 在中国的移植性研究中，已有相当数量的文献印证了西方研究已取得的结论，然而，中国的研究者不应仅满足于验证西方理论的全球普适性，而需立足于本土文化，反思西方的构念能否贴切地描述中国的现实。

二、以 LMX 描述中国情境中上下级关系的贴切性

LMX 的本质在于社会交换。那么，中国组织内上下级之间的互动是否完全基于交换？即便同样基于交换，中西方上下级交换所遵循的交换原则是否相同？对于上述两个问题的探索，可以帮助我们判断 LMX 描述中国上下级关系的贴切性。

（一）关系形态的不同：身份关系还是契约关系

在华人组织行为研究领域颇具造诣的郑伯埙教授曾提出，西方领导理论“往往从上司与部属间地位平等的立场出发，再找出彼此间权利与义务的工作关系”；而中国人一般“一开始就存有清晰的上下级关系”，这种关系“与中国家庭中的权威家长与成员间的互动关系是十分类似的”。我们可以将这一观点理解为：西方的上下级关系是在平等基础上的互惠关系，互惠的契约规定了彼此的权利义务；而中国的上下级关系建立在家长式权威的基础上，上位者和下位者的身份规定了双方的权利义务，互惠原则对下属员工行为的影响相对较弱。为了用简明的术语对这两类关系加以区别，本文借用法国历史学家梅因的概念，分别将之称为契约关系和身份关系。

诞生于西方文化背景下的 LMX 理论所描述的上下级关系，主要表现为基于平等交换的契约关系。低质量的 LMX 关系属于经济性交换，亦即下属依照雇佣合同的规定提供贡献，领导则根据雇佣合同的规定提供报酬；高质量的 LMX 关系是社会性交换，除了雇佣合同规定的内容以外，领导与下属之间还存在信任、忠诚和支持等情感方面的联系。既然存在交换关系，自然需要遵循交换的契约，无论是经济契约抑或心理契约，双方的权利义

务都是对等约定的。可以说，LMX 所描述的上下级关系从本质上属于契约关系。①

当代中国社会的上下级关系表现为契约关系与身份关系的混合。在西风东渐之前，传统中国社会中组织单位的结构原则属于父权家长制结构。与"拉平了社会和经济差异"的科层制组织结构不同，父权家长制结构建立在严格的个人孝敬关系基础上。传统中国的上下级关系显然属于身份关系形态。百年以来，尤其是改革开放之后，中国社会经历着以西方社会的体制结构和价值观为核心的现代化变迁，政府、公共事业和工商企业的管理往往以"与国际接轨"为导向，在组织结构和管理方式上向西方组织看齐，科层制组织甚至更为平权的组织结构成为主流。在这种现代化的组织结构中，上下级关系是以平等的契约关系出现的。然而"我们不可能主观地一夜之间改头换面成为一个崭新的'中国人'，与原有文化传统完全隔绝"。对华人组织的实证研究显示，家长式的领导作风仍在华人组织中普遍存在。在有形的现代组织结构与无形的传统伦理纲常的交汇之处，中国的上下级关系具有更为复杂的特性，更多表现为契约关系与身份关系的混合。

正是因为混杂了身份关系，中国的上下级关系存在一些有别于西方的现象：（1）关系表里的差别。与身份关系相伴随的是基于身份的"应有之情"，与在社会互动中产生的"真有之情"不同，它可以保护关系不破裂，但不会增进关系的深度。在顺服权威的身份约束下，下属往往保留意见，上下级之间平等坦诚的沟通相对西方较少。若无"真有之情"的参与，"应有之情"本身只能催生下属阳奉阴违的行为，表面和顺的关系其实早已潜流暗涌。在中国背景下，人们对此类上下级关系并不陌生，这为中国上下级之间身份关系的存在提供了支持性证据。（2）下属的自我呈现（Self-presentation）。在"个人主义"兼"事业成功导向"的美国组织中，下属倾向于表现自己的工作才能和绩效，以此获得上司的信任，进而获得更多的授权和资源，这也是发展高质量 LMX 的必经之路。与此不同，传统中国的组织单位建立在权威服从的基础上，下属在表现出权威依赖的同时，权威者也极力维护自身权威的可信性、永久性和全能性，下属因权威依赖而产生的"心理无能"，即是对这种权威感的强化。假如下属不仅没有"心理无能"，反而显示出超越上司的才华或美德，那将造成对上司权威的潜在威胁，触犯"杨修"式的不守分之忌。

上述两种现象显示，中国文化背景下的上下级关系虽有契约关系的形式，但仍存有身份关系的实质，LMX 所强调的社会交换并非上下级互动行为的唯一动因。

（二）互惠原则的不同：人情法则还是公平法则

中西方在人际交换互惠原则上的差异可以追溯到新教伦理与儒教伦理的区别。以理性主义为核心价值的新教伦理强调对利益的精于计算，主张控制个人情感，以"冷静自制"

---

① 法国历史学家梅因在其经典著作《古代法》中将社会关系分为身份关系和契约关系。契约关系产生于个人本位、平权自主的思想基础上，是一种基于自由合意产生的理性关系，在这种自由选择的关系中，权利和义务是对等的。身份关系典型存在于群体本位或家族本位的传统社会中，指一种与合意无关的基于角色地位的关系状态，个体权利、义务的分配取决于人们在家族等"特定团体"中具有的身份（贵族或平民、父或子、夫或妻）等。

提高工作绩效，表现出普遍主义（Universalism）原则；而讲究差序格局的儒教伦理则注重人际和谐、面子关系，以特殊主义（Particularism）为特征。这种差异反映到组织内的上下级关系则表现为：西方较强调上下级关系中的理性因素；而在中国背景中关系的情感层面受到更多的重视。若借助于黄光国的人情面子模型加以分析，西方的上下级关系属于工具性连带，遵循公平法则，这种关系的本质是普遍性和非个人性；而中国典型的上下级关系却是介于情感性连带与工具性连带之间的熟人连带，其交换原则是人情法则，交往本质则是特殊性和个人化的。

那么，生长于普遍主义、理性主义文化土壤的 LMX 理论，能否贴切地描述以"人情法则"为交换原则的典型的中国上下级关系呢？对此，可以从以下三个层面分析：（1）上下级之间社会交换的发生范围。LMX 所讨论的上下级交换仅限于工作范围之内，[①]而中国人的泛家族主义使得工作组织中个体间的交换常跨越工作的边界而变得公私不分。例如，在华人组织中仁慈的领导对下属的关照不仅限于工作上的支持，也会扩及下属的私人生活，如为下属提供家庭问题的急难救助，甚至对交友与婚姻提供咨询等，而下属的感恩图报同样也未必一定体现在工作上的成绩。显然，此类超越了工作界限的人情往来，并非 LMX 所能够描述的。（2）对关系中工具/情感因素的重视程度。LMX 以实际功用为指向，决定下属能否进入领导者圈内的条件主要是下属的能力和贡献，领导者区分圈内圈外的目的，是为了将有限的精力投入到更有生产力的下属身上，从而更有效地提升团队绩效。而在中国情境中，决定下属能否成为领导者圈内人的主要决定因素，并不必然是能力和贡献，更可能是感情和忠诚。郑伯埙的员工归类理论讨论了华人领导与下属的关系差异，他认为，华人领导者往往从下属的忠、亲、才来衡量其可否被视为自己人，其中的忠和亲相对更为重要，若无这两者，有才者被视为防范对象，无才者被视为边际人员，均为领导的圈外人。（3）公平还是偏私。前已述及东西方文化在普遍主义与特殊主义上的区别，具体到上司对待圈内外下属的方式，表现为公平和偏私的不同。Hui 和 Graen 曾对比 LMX 与中国的上下级关系，指出 LMX 以任务为导向，对事不对人，规则面前人人平等。根据 LMX 理论，圈内的下属虽然获得比其他人更多的资源和授权，但得到这些的前提是他应表现出突出的绩效和才干。然而，在特殊主义盛行的中国文化中，人们往往以不同标准对待与自己关系不同的人，领导者很可能存在群内偏私行为，为了人情、面子而放弃公正。

基于上述分析，中国情境中上下级人际关系的核心特征，可能存在于 LMX 理论所"照亮"的区域之外，使用 LMX 构念来研究中国人的上下级关系就如同"把某一个文化里所研究出来的规律作为一把量尺，放到其他文化中去探求其普遍性"。因此，有必要建立符合中国本土情境的上下级关系构念和理论。除上述理论分析之外，已有的实证研究也揭示了 LMX 在描述中国上下级关系上的片面性。

---

① 对于 LMX 所讨论的社会交换是否仅限于工作范围曾有争议。但总体来看，认同 LMX 仅限于工作领域交换的观点更有影响力。

（三）实证研究方面的证据

前已述及，目前 LMX 在中国的移植性实证研究中，已有相当数量的文献印证了西方研究已取得的结论。然而，我们仅能由此得出 LMX 解释了中国上下级关系的某些现象，而不能认定中国上下级关系的主要特征和效应都能为 LMX 构念及其理论所解释。事实上，近十余年间已有学者致力于中国情境下的上下级关系 SSG 构念的实证研究，以具有说服力的证据表明，中国情境中上下级关系的内涵不能为 LMX 所替代，它对结果变量的变异可以提供独立于 LMX 的解释。

在质性研究方面，Han 和 Altman 曾使用关键事件技术对来自中国北方和沿海城市企业中的 277 对上下级关系进行扎根调研，要求被试描述一件以上能体现"上下级关系"（SSG）的具体事例，并以语义群集分析法（Semiotic Cluster Analysis）对原始信息进行分析。研究发现，在所得的 14 个初级分类中，只有六个类别的隐含意义（Connotative Meaning）体现了 LMX 的核心内涵——积极的互惠交换，此外八个类别中的六个体现了与 LMX 毫无关系的隐含意义——印象管理和不公平感。由此可见，即便 LMX 与 SSG 存在交集，交集部分也只是构成了中国情境上下级关系的部分内涵。

在量化研究方面，Law 等曾以来自天津各类企业的员工为被试，要求其罗列对与自己关系好的领导可能发生的行为表现，最终以有代表性的六种行为构成单维度的 SSG 问卷。研究以验证性因素分析探讨了 SSG 与 LMX 在构念上的区分效度，发现两者分属不同因子。进一步研究还显示，SSG 与 LMX 对主管的行政决策发挥着不同的影响效应，LMX 对工作分配、绩效评价决策具有显著的预测力，而 SSG 能显著预测管理者对下属的奖金分配、职位晋升决策。这一结果说明，SSG 与 LMX 的逻辑关联网络存在明显差异，进一步证明了两者系不同的构念。Chen 等在 2009 年同样以中国员工为被试，用归纳法建立了三维度的 SSG 构念及测量工具，并使用验证性因素分析鉴别该三维 SSG 构念与 LMX 的区分效度，发现 LMX 系独立于 SSG 三个维度的第四个因子。Chen 等的进一步研究表明，在控制了 LMX 和其他变量之后，三维 SSG 构念仍能显著增加员工的情感承诺、离职倾向和程序公平感等变量可解释的变异。

上述的质性研究和量化研究显示，当研究者抛开西方构念 LMX，以开放的问题寻求来自中国本土对上下级关系的描述时，都无一例外地建立了与 LMX 在内涵上存在显然差异的新构念。即便不同研究对 SSG 的界定有异，但被赋予不同含义的 SSG 都呈现出区别于 LMX 的内涵与预测效应。可见，实证研究结果支持了前文理论分析所得结论：LMX 在描述中国情境下的上下级关系时贴切性不足，基于中国情境的上下级构念 SSG 值得研究者继续做深入探讨。

三、对当前文献中三种 SSG 构念的述评

从第一篇 SSG 文献问世至今的十余年间,涌现了多种对 SSG 构念的界定及相应的测量工具,这些不同的构念界定及测量不断地为后来的研究者用于各自的实证研究。在构念使用混杂的情况下,相关研究之间将缺少沟通和对话的平台,后继研究很难在前人文献的基础上接力传承。为避免这种混乱的局面,当前应对现有各种 SSG 构念界定进行述评,并探讨未来的构念研究方向。

现有文献中的几种 SSG 构念均"繁衍"①自社会心理学关于中国人人际关系的不同观点,理论承袭脉络见表 1。由于"关系"包含多元的含义,这一概念较为松散,学者们常以相同的术语表达不同的意涵。这种混杂的现象也折射到 SSG 构念上,目前为止已经出现三种差异较大的 SSG 构念界定。

表 1　上下级关系相关理论的繁衍整合关系表

	"关系基础"说	"工具交换"说	"拟似家人"说
分析视角	关系基础	关系功能	
关注点	关系双方的角色义务	关系的工具性	关系的情感性
社会心理学领域对中国人际关系的界定或理论	关系是基于特定规范所形成的"特殊的连带"。决定关系的往往是预先注定的因素,如血缘、亲缘、地缘等	关系就是一种能持续交换好处的友谊	中国人倾向于在家族以外的关系中建立类似于家人的关系,家人化的关系给个体带来一体感、归属感、安全感等
		根据对象的不同,关系可以是满足情感需要的情感性关系;可以是为获得物质目标而建立的工具性关系;也可以是兼具情感性与工具性的混合性关系	
组织管理学界对中国情境中上下级关系(SSG)的界定	SSG 指上司与下属之间是否存在共同社会特性或经历,如是否为亲戚、同宗、老同学、前同事等	SSG 是上下级双方为实现个人目标而建立的以工具目的为导向的人际关系;SSG 是存在于组织中的上下级之间基于相互利益和好处的社会连结	SSG 指上下级关系在多大程度上类似于家人关系。评价上下级关系可以从感情的深厚性、私人生活卷入程度、下属对上司的服从性等方面进行

("繁衍" 箭头标注于"关系基础"说与组织管理学界界定之间)

(一) 上下级关系之"关系基础说"

SSG 的关系基础说最早由 Farh 等提出,该观点沿袭 Jacobs 对关系的界定,将上下级关系界定为存在于上下级之间基于某种共同经历或共同属性的"特殊的连带"。这一界定

---

① 此处的"繁衍"指一种发展理论的方法,指研究者从其他领域的理论中借鉴某个或某些思想,将其应用到新领域中的现象上。

从差序格局的特殊主义观点出发，强调关系的基础及基于既定关系基础的角色义务，通过考察上下级之间存在共有经历或共享属性的程度来测量上下级关系状态，比如，是否曾为同学、师生、邻居、同事、上下级，或是否为同宗、亲戚、同姓等。Farh 等的研究显示，上下级之间如果是亲戚关系，或者曾为邻居，下属对上司的信任会更深。

在以"差序格局"为特征的儒家文化中，从关系基础的角度来描述关系亲疏有其合理性。如果不深入观察某一特定关系，仅对不同关系进行横向比较，那么，关系基础是衡量关系状态的有效的切入点。然而，若用之以描述上下级这种特定的对偶关系，既定关系基础的视角则过于窄小。在上述 Farh 等的研究中，测量涉及的八种关系基础在 560 对上下级关系中的出现率仅在 3.4%以下。

另外，以关系基础来界定 SSG 否定了上下级关系的可发展性。按照 SSG "关系基础说"的逻辑，上下级关系是既定（Deterministic）的，而且是"有"或"无"的二分变量，那么上下级双方改变关系的可作为余地极小，这对于管理实践的指导意义有限。同时，仅仅从关系基础来界定关系，似乎并未触及关系的核心，关系基础只是关系产生的前提条件，并不等于关系本身，于是更多的学者又转从人际关系的性质和目的对其进行界定，如下文即将介绍的"关系工具说"和"情感说"。

（二）上下级关系之"工具交换说"

有的学者对关系的界定强调其工具性特征，如 Pye 认为，关系就是一种能持续交换利益的友谊，在这一关系中双方承诺给对方带来好处。基于这种理解，有人认为，关系是帮助组织或个人降低交易成本、提高效率，获得竞争资源的资本；也有人认为，关系折射并助长了社会中的腐败现象。

SSG 的"工具交换说"沿袭了上述观点，比如，Law 等将 SSG 界定为"双方为实现个人目标而建立的以工具目的为导向的人际关系"。与此类似，Wong 等认为，SSG 是"存在于组织中的下属与其直接主管之间的基于相互利益和好处的社会连结。"在高权力距离的中国文化中，人们在更大程度上默认上司的专断和独权，下属的资源分配往往由上司独立决定，在这种权力格局下，下属主动发起并与上司建立工具交换的关系是极有可能的。

然而，如果只强调上下级关系中功利和工具性的一面，就窄化了上下级关系的含义。实际上，"工具交换说"更适合描述单纯为获得资源而建立的关系，譬如个人为找工作、公司为获得稀缺资源而跟资源掌控者建立的关系。在此类互动中，虽然有人情往来的润滑，但双方均明确交往中工具性交换的实质。然而，上下级关系与单纯为获得资源而建立的关系，在互动模式上存在差异，表现在：（1）上下级双方存在明确的角色地位之规范；（2）上下级之间一般有长期而频繁的互动。这些差别使得上下级不可能只为工具交换而互动，角色义务感和情感因素也是不可忽视的动因。事实上，如 Chen 等所指，Law 等在构念界定的基础上发展的 SSG 测验项目已经混杂了工具性成分和情感性成分。

（三）上下级关系之"拟似家人说"

在影响甚广的黄氏人情面子模型中，工具性与情感性被视为人际关系的两种成分，根据两者所占比例不同，可将人际关系分为工具性关系、情感性关系和混合性关系。其中，情感性关系对应的是家人或密友关系。后来有研究者将情感性关系中的"家人连带"扩展为"拟似家人关系"，这一关系中的双方虽无血亲关系，却也重视情义，工具交换色彩较少。儒家文化的泛家族主义使拟似家人关系在中国社会中普遍存在，即便对陌生人，中国人也常以兄弟姐妹、叔叔阿姨此类用于亲人的称谓称呼之。

上下级关系的第三种界定即源自这种对中国人人际关系的观点。最近 Chen 等以归纳法实证研究提出，上下级关系在多大程度上类似于家人关系，标志着双方的关系状态，评价上下级关系可以从感情的深厚性、私人生活卷入程度、下属对上司的服从性等方面进行。这一界定可以概括为"拟似家人说"。

相对前人对 SSG 的界定，"拟似家人说"突出强调了上下级关系中的情感成分。然而，在其内涵界定中很难找到工具性的踪影。虽然该结论出自归纳法实证研究，但从研究设计上看，Chen 等收集到的原始数据偏向于描述高质量的上下级关系，事实上，这样就屏蔽了在中低质量水平的上下级关系中最活跃的要素。

以上三种构念界定分别强调了基于既定关系基础的义务、工具交换以及拟家人情感等要素。应当肯定，这些要素在上下级关系中都是存在的，然而，都只强调了中国情境中上下级关系的某一方面，不足以描述全貌。

四、中国情境的上下级关系构念研究建议

概念是理论的基本元素，混杂的概念界定使得研究难以深入发展。就中国情境的上下级关系而言，为夯实研究基础，今后的研究重点应是在辨析、整合现有构念的基础上建立更完善、更贴切情境的上下级关系构念。基于上述文献梳理和分析，本文对中国情境的上下级关系构念研究提出以下发展建议：

（一）加强基于中国情境的主位研究

前文已分析从主位进路研究上下级关系的必要性，然而，这一必要性在国内学界并未得到充分的认识。当前国内对上下级关系的研究大多采用"移植西方理论……希望验证其普适性或对其进行微调的模式"，已发表的主位研究文献均来自海外学者的贡献。国内有些学者认识到 LMX 在中国情境中的特殊性，试图通过引入调节变量来增加理论与现实的贴合度，但终究未意识到中国上下级关系与 LMX 在人际互动哲学基础上的本质差异。近些年来，也有学者提出"位差"、"角色义务"等中国上下级关系的独特因素，但尚未见到

系统的理论和实证研究问世。在未来研究中，对中国情境中上下级关系的探讨应更多采用情境化（Contextualization）的主位研究进路，以中国的价值体系、文化背景为依托，寻求理解中国人上下级关系的释义系统，才能增进在中国情境中贴切而有用的组织行为知识，才能切实为本土的管理实践服务。

（二）建立整合的上下级关系本土构念

本文回顾的三种 SSG 构念均只论及中国情境中上下级关系的某个构面。以不完备的构念为基础的研究只能累积碎片化的理论，若要发展较为系统的上下级关系理论，必须建立能完整描述各种形态上下级关系的整合的构念。

正如前人的 SSG 构念均从社会心理学对中国人"关系"的研究文献中寻找理论根源，构建整合的 SSG 构念的一个思路是在"关系"理论中寻找具有整合性的母体理论。在新近的"关系"研究中，杨中芳的三维度人际关系构念既考虑到关系基础对人际互动的影响，也对交往的性质和目的有所考量，将前人对关系的主要观点整合于人际关系的三个维度之中，以之为理论基础可建立更为整合的 SSG 构念。事实上，中国台湾学者姜定宇曾尝试以杨中芳的人际关系三维度构念描述组织内的领导—部属关系，但由于该论文的关注焦点不在上下级关系构念，故对构念内涵的界定和描述着力不多，但姜定宇从较为整合的人际关系理论发展上下级关系构念是十分值得肯定的尝试。

（三）发展上下级关系构念的多维度剖面模型与原型分类

在人际关系研究中存在"类型分类"（Categorical Approach）和"维度分类"（Dimension Approach）两种取向，"类型说"在描述现象时具有生动性和整体性，"维度说"长于对现象进行精确的分解。基于前文对 SSG 多元内涵的分析，建立具有整合性的 SSG 构念适宜采用维度分类，尤其是多维度构念中的剖面模型（Profile Model）。在剖面模型中，构念由多个相关较弱的维度组成，不同维度展现了构念的不同侧面，构念的整体不是多个维度的代数加总，而体现为多个维度特征的各种组合。这种多维度构念方式擅长描述复杂多元的现象，故以之建立中国情境中的上下级关系构念能更全面地揭示研究对象的丰富内涵。

此外，剖面模型的构念方式可以通过形成原型分类（Prototype Approach）从而兼顾类型分类和维度分类的优点。原型分类是指在维度分类的基础上形成类型，每种类型皆有维度支持。对上下级关系构念而言，即是基于多个关系要素的不同组合，形成各种典型的上下级关系类型。对人际关系进行原型分类十分必要，因为剖面模型在以相对独立的多个维度展示现象各个侧面的同时，也在对整体现象进行肢解，可能因此损失了对维度相互作用产生的综合效应的描述。以黄光国的人情面子模型为例，如果把情感性和工具性视为独立的维度各自考察，那么最具有中国文化典型特征的情感与工具混合的熟人连带将消失在研究者的视线之外。鉴于此，以多维度剖面模型建立中国情境的上下级关系构念，并在此基础上发展上下级关系的原型分类，可在分解出关键的关系要素的同时，兼顾要素间相互作用的整体效应，立体交叉地描述上下级关系这一内涵丰富的组织现象。

参考文献：

［1］Tjosvold, D. Power and Social Context in Superior-subordinate Interaction［J］. Organizational Behavior and Human Decision Processes, 1985（35）：281-293.

［2］Graen, G. B., Uhl-Bien, M. Relationship-based Approach to Leadership：Development of Leader-member Exchange（LMX）Theory of Leadership over 25 Years：Applying a Multi-level Multi-domain Perspective［J］. Leadership Quarterly, 1995（6）：219-247.

［3］任孝鹏，王辉. 领导—部属交换（LMX）的回顾与展望［J］. 心理科学进展，2005，13（6）：788-797.

［4］梁建，王重鸣. 中国背景下的人际关系及其对组织绩效的影响［J］. 心理科学进展，2001，9（2）：173-178.

［5］杨国枢. 中国人的心理与行为：本土化研究［M］. 北京：人民大学出版社，2004：92-93，95-108，464-530.

［6］Farh, J. L., et al.. The Influence of Relational Demography and Guanxi：The Chinese Case［J］. Organization Science, 1998, 9（4）：471-488.

［7］Law, K. S., et al.. Effect of Supervisor-subordinate Guanxi on Supervisory Decisions in China：An Empirical Investigation［J］. International Journal of Human Resource Management, 2000, 11（4）：751-765.

［8］Wong, Y. T., Ngo, H. Y., Wong, C. S.. Antecedents and Outcomes of Employees' Trust in Chinese Joint Ventures［J］. Asia Pacific Journal of Management, 2003, 20（4）：481-499.

［9］Chen, C. C., Chen, Y. R., Xin, K.. Guanxi Practices and Trust in Management：A Procedural Justice Perspective［J］. Organization Science, 2004, 15（2）：200-209.

［10］Chen, Y. F., Tjosvold, D.. Participative Leadership by American and Chinese Managers in China：The Role of Relationships［J］. Journal of Management Studies, 2006, 43（8）：1727-1752.

［11］Chen, N., Tjosvold, D.. Guanxi and Leader Member Relationships Between American Managers and Chinese Employees：Open-minded Dialogue as Mediator［J］. Asia Pacific Journal of Management, 2007, 24（2）：171-196.

［12］Han, Y., Altman, Y.. Supervisor and Subordinate Guanxi：A Grounded Investigation in the People's Republic of China［J］. Journal of Bussiness Ethics, 2009, 88（1）：91-104.

［13］Chen, Y., et al.. Supervisor-subordinate Guanxi：Developing a Three-dimensional Model and Scale［J］. Management and Organization Review, 2009, 5（3）：375-399.

［14］Cheung, M. F. Y., et al.. Supervisor-subordinate Guanxi and Employee Work Outcomes：The Mediating Role of Job Satisfaction［J］. Journal of Bussiness Ethics, 2009, 88（1）：77-89.

［15］Graen, G. B., Cashman, J. F.. A Role Making Model of Leadership in Formal Organizations：A Developmental Approach［J］. In J. G. Hunt, L. L. Larson（Ed.）, Leadership Frontiers. Kent, OH.：Kent state University Press, 1975：143-165.

［16］Graen, G. B., Scandura, T. A.. Toward a Psychology of Dyadic Organizing. In L. L. Cummings and B. M. Staw（Ed.）, Research in Organizational Behavior. Greenwich［M］. CT.：JAI Press, 1987：175-208.

[17] 梁建. 上下级交换理论的理论基础与研究进展 [J]. 人类工效学，2001，7（1）：45-50.

[18] 杜红，王重鸣. 领导—成员交换理论的研究与应用展望 [J]. 浙江大学学报（人文社会科学版），2002，32（6）：73-79.

[19] 俞达，梁钧平. 对领导者—成员交换理论的重新检验 [J]. 经济科学，2002（1）：5-18.

[20] 王辉，牛雄鹰，Law, K. S.. 领导—部属交换的多维结构及对工作绩效和情境绩效的影响 [J]. 心理学报，2004，36（2）：179-185.

[21] 刘耀中，雷丽琼. 企业内领导—成员交换的多维结构对工作绩效的影响 [J]. 华南师范大学学报（社会科学版），2008（4）：28-32.

[22] 王超. 企业内上下级交换的维度研究 [D]. 四川大学硕士学位论文，2004.

[23] 王辉，刘雪峰. 领导—部属交换对员工绩效和组织承诺的影响 [J]. 经济科学，2005（2）：94-101.

[24] 孟宪伟. 领导成员交换关系对变革型领导有效性的影响 [J]. 现代管理科学，2006（3）：37-38.

[25] 吴继红. 组织支持认知与领导—成员交换对员工回报的影响实证研究 [J]. 软科学，2006，20（5）：63-66.

[26] 孙锐，王乃静，石金涛. 中国背景下不同类型企业组织创新气氛差异的实证研究 [J]. 南开管理评论，2008，11（2）：42-49.

[27] 马力，曲庆. 可能的阴暗面：领导—成员交换和关系对组织公平的影响 [J]. 管理世界，2007（11）：87-95.

[28] 梁巧转，唐亮，王玥. 领导成员交换组织层面前因变量及存在的调节效应分析 [J]. 科学学与科学技术管理，2008（8）：183-188.

[29] 汪林，储小平，倪婧. 领导—部属交换、内部人身份认知与组织公民行为——基于本土家族企业视角的经验研究 [J]. 管理世界，2009（1）：97-108.

[30] 许惠龙. 领导—部属交换与上下属信任交互发展模型 [J]. 中国行政管理，2006（8）：104-107.

[31] 郑伯埙. 家长权威与领导行为之关系：一个台湾民营企业主持人的个案研究 [J]. 中央研究院民族学研究所集刊，1995，79：119-173.

[32] Farh, J. L., Hackett, R. D., Liang, J.. Individual-level Cultural Values as Moderators of Perceived Organizational Support-employee Outcome Relationships in China：Comparing the Effects of Power Distance and Traditionality [J]. Academy of Management Journal，2007，50（3）：715-729.

[33] 马克思·韦伯. 经济与社会 [M]. 北京：商务印书馆，1997.

[34] 杨中芳. 现代化、全球化是与本土化对立的吗：试论现代化研究之本土化 [J]. 社会学研究，1999（1）：57-72.

[35] Farh, J. L., Cheng B. S.. A Cultural Analysis of Paternalistic Leadership in Chinese Organizations, In J. T. Li, A. S. Tsui, and E. Weldon (Ed.). Management and Organizations in the Chinese Context [M]. London：Macmillan，2000：84-130.

[36] 郑伯埙，周丽芳，黄敏萍. 家长式领导的三维模式：中国大陆企业组织的证据 [J]. 本土心理学研究，2003（20）：209-252.

[37] 杨中芳. 人际关系与人际情感的构念化 [J]. 本土心理学研究，1999（12）：105-179.

[38] Hofstede, G.. Cultures and Organizations, Software of the Mind：Intercultural Cooperation and its Importance for Survival [M]. Cambridge, England：McGraw-Hill，1991.

[39] Hofstede, G.. Culture's Consequences：International Differences in Work-related Values [M]. Beverly Hills, CA：Sage，1980.

[40] Bauer, T. N., Green S. G.. Development of Leader-member Exchange: A Longitudinal Test [J]. Academy of Management Journal, 1996 (39): 1538-1567.

[41] 马克斯·韦伯. 新教伦理与资本主义精神 [M]. 西安：三联书店，2002.

[42] 王明辉，郭玲玲，凌文辁. 组织中的工作伦理研究概况 [J]. 心理科学进展，2007，15 (6)：956-961.

[43] 黄光国，胡先缙. 面子——中国人的权力游戏 [M]. 北京：中国人民大学出版社，2004.

[44] 杨国枢，黄光国，杨中芳. 华人本土心理学 [M]. 中国（香港）：远流出版公司，2005.

[45] Hui, C., Graen, G.. Guanxi and Professional Leadership in Contemporary Sino-american Joint Ventures in Mainland China [J]. China Quarterly, 1997 (8): 451-465.

[46] 郑伯埙. 差序格局与华人组织行为 [J]. 本土心理学研究，1995 (3)：142-219.

[47] 梁钧平. 企业组织中的圈子文化——关于组织文化的一种假说 [J]. 经济科学，1998 (6)：12-17.

[48] Tsui, A. S., Farh, J. L.. Where Guanxi Matters: Relational Demography and Guanxi in the Chinese Context [J]. Work and Occupations, 1997, 24 (1): 56-79.

[49] Jacobs, B. J.. A Preliminary Model of Particularistic Ties in Chinese Political Alliances: 'Renqing' and 'Guanxi' in a Rural Taiwanese Township [J]. China Quarterly, 1979 (78): 237-273.

[50] Chen, X. P., Chen C. C.. On the Intricacies of the Chinese guanxi: A Process Model of Guanxi Development [J]. Asia Pacific Journal of Management, 2004, 21 (3): 305-324.

[51] Fan, Y.. Guanxi's Consequences: Personal Gains at Social Cost [J]. Journal of Business Ethics, 2002, 38 (4): 371-381.

[52] Wong, Y. T., Ngo, H. Y., Wong, C. S.. Antecedents and Outcomes of Employees' Trust in Chinese Joint Ventures [J]. Asia Pacific Journal of Management, 2003, 20 (4): 481-499.

[53] Bian, Y., Ang, S.. Guanxi Networks and Job Mobility in China and Singapore [J]. Social Forces, 1997, 75 (3): 981-1005.

[54] Xin, K. R., Pearce J. L.. Guanxi: Connections as Substitutes for Formal Institutional Support [J]. Academy of Management Journal, 1996, 39 (6): 1641-1658.

[55] 罗家德，周超文，张佳音. 中国人关系中之信任 [M]. 中国社会学会学术年会，长春：吉林大学，2008.

[56] 任真，杨安博，王登峰. 领导—部属交换关系的本土化分析 [J]. 心理科学进展，2010，18 (6)：1004-1010.

[57] 陈同扬. 领导—成员交换理论研究探析 [J]. 江海学刊，2006 (2)：222-226.

[58] Tsui, A. S.. Contextualization in Chinese Management Research [J]. Management and Organization Review, 2006, 2 (1): 1-13.

[59] 姜定宇. 华人部属与主管关系、主管忠诚及其后续结果：一项两阶段研究 [D]. 台湾大学博士学位论文，2005.

[60] 杨宜音. "自己人"：一项有关中国人关系分类的个案研究 [J]. 本土心理学研究，2000 (13)：277-316.

[61] 韩翼，刘竟哲. 管理学研究中的多维构念模型分类与研究应用差异 [J]. 外国经济与管理，2009，31 (12)：1-15.

[62] 梅因. 古代法 [M]. 北京：商务印书馆，1959.

[63] 梁治平. "从身份到契约"：社会关系的革命——读梅因《古代法》随想 [J]. 读书，1986 (6)：

22–31.

［64］陈昭全，张志学. 管理研究中的理论建构 ［M］. 陈晓萍、徐淑英、樊景立编. 组织与管理研究的实证方法，北京：北京大学出版社，2008.

Reviews on the Research of Supervisor–subordinate Relationship in Chinese Context： Leader–member Exchange and Supervisor–subordinate Guanxi

Guo Xiaowei

Abstract：Supervisor–subordinate relationship is an important research topic in the field of organizational dynamics and leadership. It has more practical significance under Chinese culture distinguished with relationship –orientation and authority –orientation. Among the research focused on supervisor–subordinate relationship in Chinese context， there exists some discrepancies on the supervisor–subordinate relationship construct：（1）etic or emic approach construct， as leader–member exchange （LMX） versus supervisor–subordinate guanxi （SSG）；（2）different definitions to the emic construct SSG. Based on the literature reviewing and theoretical analysis， the necessity of the emic approach to explore the construct of supervisorsubordinate relationship was disclosed by comparing the difference of the relationship nature and the reciprocal principle between LMX theory and what it is in real life of Chinese context. It was pointed that the nature of LMX is contractual relationship， whereas Chinese supervisor–subordinate relationship is the mix of contractual relationship and identity relationship； the reciprocal principle of LMX is equal–treatment principle， whereas it is renqing （favor） principle in Chinese supervisor–subordinate relationship. Then three main schools of SSG construct were reviewed， involving perspectives from guanxi base， from instrumental exchange， and from the similarity to family members. Each of these definitions to supervisor –subordinate guanxi has its own concerns， but all of them fail to describe the whole picture of supervisor–subordinate interaction in Chinese context. At last， the suggestions for future research on the field were given：（1）the emic approach to supervisor–subordinate construct should be strengthened；（2）a more integrated SSG construct should be established；（3）the multi–dimension profile model and prototype classification adapt to establishing the integrated SSG construct. The current paper is one of the few literatures to review and analyze the construct discrepancies of the supervisor–subordi-

nate relationship in Chinese context. It paved the way for establishing the more solid and appro-
priate construct to describe Chinese supervisor–subordinate relationship, which is the important
premise for further theory development.

Key words: chinese context; leader–member exchange; supervisor–subordinate relation-
ship

变革型领导与团队交互记忆系统：团队信任和团队反思的中介作用 *

王端旭　武朝艳

【摘　要】具有不同知识和专长的团队成员之间的合作与协调对团队绩效非常重要。作为团队处理和组织知识的一种方式，交互记忆系统能够整合成员的分布式专长以解决团队知识协作问题，从而使团队有效运行。虽然国内外不乏对团队交互记忆系统影响因素的研究，但关于变革型领导对团队交互记忆系统的影响是现有研究欠缺的。变革型领导不仅影响团队成员的交流和互动，而且影响团队知识的获取与共享，对团队认知结构的建立和运用起着引导作用。240 位企业员工的实证研究发现，变革型领导对团队交互记忆系统的专长、可信和协调维度具有显著的正向影响，团队信任和团队反思对变革型领导与团队交互记忆系统各维度的关系具有完全中介作用。

【关键词】变革型领导　团队交互记忆系统　团队信任　团队反思

一、引言

团队需要获取和管理关键资源以完成共同任务和应对动态环境，其中最关键的资源便是成员所拥有的知识。在同一团队工作的成员的知识结构存在差异性，某些成员的知识是其独有的，如何了解、协调和共享这些独有的知识是团队管理的重要问题。作为解决团队知识分布和协调问题的一种方式，交互记忆系统（transactive memory system）引起了国内外学者的广泛关注。该系统是指团队成员之间形成的用以编码、储存、检索和交流来自不同领域的信息的合作性认知分工系统，它将团队中每位成员所掌握的知识与对各自专长的

* 本文选自《浙江大学学报》2011 年第 3 期。
　　基金项目：国家自然科学基金资助项目（70872098）；国家自然科学基金重点资助项目（70732001）。
　　作者简介：王端旭，男，浙江大学管理学院企业管理系教授，博士生导师，管理学博士，主要从事组织行为和人力资源管理研究；武朝艳，女，浙江大学管理学院企业管理系博士研究生，主要从事组织行为和人力资源管理研究。

共同知晓结合起来，形成了基于成员专长领域的知识分布和协调系统。

交互记忆系统包括专长、可信和协调三方面内容，基于此，Lewis 提出交互记忆系统的三维度结构，该结构被证明具有较好的信度和效度，在中国学者的研究中得到了普遍应用。其中，专长指团队成员知识的差异化程度，可信指团队成员对其他成员知识可靠性的信念，协调指团队成员整合和利用彼此知识的能力。在具有交互记忆系统的团队中，成员相互熟悉，了解各自专长领域，能够将工作任务安排给最胜任的成员，并建立完善的内部信息存储机制，从而使存储在不同成员的特定信息的提取更加有效，使团队更快捷、更轻松地解决问题。实验室研究和现场研究都表明，团队交互记忆系统对团队绩效具有正面影响。

团队可以通过创建交互记忆系统来解决团队知识分布和协调问题并提高团队绩效，那么团队交互记忆系统是如何形成的呢？已有研究表明，成员异质性、互依性和变动性等团队成员特征，任务常规性和互依性等团队任务特征，以及团队信任、团队沟通和团队培训等团队过程特征影响交互记忆系统的形成。但在影响团队交互记忆系统形成因素的现有研究中，被忽略的一个因素是团队领导行为，多数研究（尤其是实验室研究）隐含性地假定了团队成员是平等的，没有充分考虑团队领导者对交互记忆系统的影响。另外，传统的领导行为研究没有区分"领导—部属互动"和"领导—团队互动"，导致对领导行为与团队相互作用的研究存在明显不足。事实上，团队领导者负责团队日常运作，对团队过程和结果具有重要影响，不仅影响团队规范和信念，而且影响团队认知系统的构建。因此，研究领导行为对团队交互记忆系统的影响具有重要的理论价值和实践意义。

本研究拟通过实证研究分析变革型领导对团队交互记忆系统的影响，并探讨变革型领导是否会通过团队信任和团队反思（team reflexivity）的双重机制影响团队交互记忆系统，从而为团队创建和管理交互记忆系统提供理论依据。

二、理论基础和研究假设

（一）变革型领导与团队交互记忆系统

变革型领导是指领导者通过影响成员士气、价值观和理想等，使成员意识到工作的重要意义，激发成员为团队利益牺牲个人利益，鼓励成员达到超过预期的结果。变革型领导行为主要包括理想化影响（idealized influence）、愿景激励（inspirational motivation）、智能激发（intellectual stimulation）和个性化关怀（individualized consideration）。其中，理想化影响指领导者具有令成员敬重的特质或行为，能够与成员分享价值观和道德标准，成为成员的示范榜样；愿景激励指领导者用令人向往的愿景激励成员，向成员展示工作激情和乐观态度，描述工作的长远意义，激发成员内在工作动机；智能激发指领导者鼓励成员质疑原先假定并用新视角思考问题，支持成员发挥想象力和创造力；个性化关怀指领导者关注成员个人需要，关心成员成长和发展，并提供必要的帮助和指导。

研究表明，变革型领导影响团队知识的获取、组织、评价和利用，对团队知识整合和交换起着关键性作用。变革型领导强调团队成员的合作，能够增强成员对任务互依性的认识，促使成员了解并重视彼此知识专长。变革型领导者倾向于与成员建立紧密关系，缩小他们之间的权力距离，形成高质量的领导—部属关系，提供更多机会给成员阐述和分享观点，进行更开放的沟通和更有效的协调，促进团队共同认知的发展。同时，变革型领导者能够授予成员自主权，鼓励成员参与决策，使成员在高水平互动过程中自由交换信息。

变革型领导行为能够促进团队认知的形成和发展。具体而言，通过理想化影响和愿景激励，变革型领导促使成员将自我概念与团队共同利益和愿景联结起来，强化了成员协同工作和交换信息的内在动机。通过智能激发，变革型领导提高了成员产生新想法并质疑旧规则的能力，鼓励成员与其他成员分享知识，从而扩展了团队成员可利用的知识和信息来源。变革型领导者对成员的个性化关怀使成员的个人专长和独有观点得到重视，使成员在表达和分享想法时更有安全感，从而使团队能够有效获取和利用与团队异质性有关的认知资源。此外，变革型领导鼓励团队成员互相合作和帮助以产生和实施新想法，领导者对创新的支持不仅使团队成员愿意尝试新思路，而且愿意提供和分享资源以促进新思路的应用。这种工作团队中的成员能够对任务配置和专长等进行自由交流和沟通，从而更深入了解彼此专长，信赖各自知识，并相信成员愿意共同完成任务，进而促进交互记忆系统的形成。由此提出如下假设：

假设1：变革型领导对团队交互记忆系统具有显著的正向影响。

（二）团队信任的中介作用

信任是一种个体愿意向他人暴露自身脆弱性而不担心被利用的心理状态，这种意愿基于对他人意图或行为的积极预期，是当人们期待相互支持并相信具有共同讨论问题和彼此依赖关系时所知觉到的诚信。团队信任反映团队成员对各自行为共同的确信的正面预期，是影响团队有效运作的重要变量，对团队认知和团队成员行为具有重要影响。

变革型领导将促进团队内部的信任。领导者通过理想化影响和愿景激励，激发团队为共同目标努力的信念，促进团队成员间的相互信任。同时，变革型领导者的个性化关怀也将促进团队内部高水平信任的产生和发展，因为领导者对成员的关心和支持可满足其自尊和自我实现等高层次需要，提高成员对领导者和团队的认同感。另外，变革型领导者注重成员关系的建立，尊重成员意见，鼓励成员参与和自主决策，认可成功，并对失败给予鼓励，认为失败和错误可以促进发展，从而使成员对领导更加信任，对团队更加认同。变革型领导者的上述行为有助于建立成员间互相信任的团队氛围。

团队信任有利于促进团队沟通和团队稳定，使成员产生心理安全感，形成合作性依存关系，使团队互动更加顺畅和持久，推动团队内部形成良好的认知氛围。团队成员间的相互信任与交互记忆系统直接相关。只有团队成员相信其他成员的专长，并认为其他成员是可靠和有能力的，交互记忆系统才有可能形成。当团队成员间存在信任时，他们越有可能实施合作行为，进行更多的开放沟通和观点交流，愿意依赖彼此作为外部记忆工具，以补充自身在某些领域有限和不可靠的记忆，并协调从其他成员获取的知识和信息以完成团队任务。这种对其他成员专长领域的信任和依赖有利于团队知识的编码和提取，推动交互记忆系统的形成。而当团队成员间缺乏信任时，他们难以进行有效互动，倾向于隐瞒或歪曲信息，或者掩饰观点以免信息泄露，不愿意分享各自的独有知识，需要花费更多的时间和精力去学习更广领域的专业知识，造成团队知识结构的重叠，阻碍团队有效协作，不利于交互记忆系统的形成。可见，团队信任能够促进团队成员获取、处理和交流不同知识领域的信息，是交互记忆系统形成和发展的重要前提。

综上所述，如果领导者不能建立团队信任，就难以使团队成员间形成有效的交互记忆系统。变革型领导者为了创建团队交互记忆系统，必须提高团队成员对领导和其他成员的信任。因此，变革型领导通过促进团队信任来影响团队交互记忆系统。由此提出如下假设：

假设2：团队信任在变革型领导与团队交互记忆系统之间起中介作用。

（三）团队反思的中介作用

团队反思是指团队成员公开反省团队目标、策略和过程，以适应当前或预期的内外部环境，主要包括质疑、讨论、计划、探究学习、分析、准确利用知识、回顾过去以及接受新思想等行为。研究表明，团队反思与团队绩效、团队创新和组织公民行为等正相关。能够进行反思的团队会公开探讨工作任务，制订详细计划，关注长期结果，主动应对环境变化；不能进行反思的团队不了解团队目标、策略和内外环境，只能被动应对环境变化。

变革型领导是影响团队反思的重要因素。首先，变革型领导者为团队建立了共同目标或愿景，这些目标或愿景为团队活动提供了参照框架，能够提高团队成员的激情和信心，促进团队内部的积极互动，激发成员重新考虑关键问题，理解和重视不同观点，愿意公开坦诚地讨论问题，从而使团队更容易对团队任务和过程进行有效反思。其次，变革型领导通过智能激发促使成员挑战现状，支持成员质疑原先假定，鼓励成员从新视角看待问题，领导者对成员再思考的激发将促进团队反思。再次，变革型领导鼓励成员参与和合作，能够创造出共同质疑、讨论、评判和反省观点的氛围，减少不同成员间信息公开交流的障碍，使成员能够获取不同方面的新信息，进而重新思考和反省自身观点，并考虑以前忽略的因素，促进团队反思。最后，变革型领导者对团队成员能够有效授权，从而削弱成员的无权力感，增强成员的控制感和认同感，使成员能够在团队决策过程中公开表达观点，更愿意互相沟通和讨论问题，不必担心受到指责。

团队反思将影响团队互动和团队认知过程。团队反思鼓励成员公开发表看法，能够促进团队内部的良性互动，推动团队成员间的信息交流和分享，使知识在团队内部合理配置和利用。团队反思还能够促使成员参与决策，促进团队目标的清晰化，激发和重塑个体对任务的认知表征。另外，团队反思有利于提高团队沟通质量，改善与沟通有关的团队过程，增加成员对彼此专长和技能的相互了解，使成员对各自角色和职责、互动模式以及信息流等形成共同理解，避免成员在团队决策中只关注共有信息而忽视专家信息。高反思水平的团队对其优势或劣势具有深刻认识，能够根据成员专长和技能分配任务职责；低反思水平的团队则耗费时间去寻找完成具体任务的最适合成员，或者将任务安排给并不合适的成员。可见，团队反思有助于团队形成交互记忆系统。

综上所述，变革型领导者通过鼓励成员质疑、讨论和再分析等促进团队反思，使团队能够有效了解、信赖和运用成员的多样化知识、专长和技能，形成合理的知识分布和协调系统。因此，变革型领导通过促进团队反思来影响团队交互记忆系统。由此提出如下假设：

假设3：团队反思在变革型领导与团队交互记忆系统之间起中介作用。

三、研究方法

（一）研究对象

本研究采用问卷调查的方法收集数据，被试主要为北京和杭州等城市的企业员工。总共发放问卷320份，回收有效问卷240份，有效回收率75.0%。其中，男性118人，占49.2%；女性118人，占49.2%；4人未填性别，占1.7%。大专及以下学历者87人，占36.3%；本科学历者117人，占48.8%；本科以上学历者31人，占12.9%；5人未填学历，占2.1%。被试年龄在21~59岁，平均年龄为27.8岁；在目前团队的工作年限从1个月至26年，平均工作年限为2.5年；团队的平均规模为19人。

（二）变量测量

本研究包含的变量有变革型领导、团队信任、团队反思以及团队交互记忆系统。其测量工具分别如下：变革型领导测量量表在Balthazard等的量表基础上修正得到，由员工对团队领导进行评价，共七个题项，如"我的上司经常展现出完成目标的信心"；团队信任测量量表在Robinson的研究成果基础上修改得到，共五个题项，如"我部门同事总是诚实可信的"；团队反思测量量表在Carter和West所采用量表基础上修正得到，共四个题项，如"我部门经常核查工作目标"；团队交互记忆系统的测量由Lewis开发、张志学等修正的量表改编而成，包含专长、可信和协调三个维度，每个维度四个题项，共12个题项，如"我部门成员各自具有不同方面的专长"。

以上量表均采用Likert 5点记分，让被试对相关描述的同意程度作出评价，1表示完全不同意，5表示完全同意。另外，本研究将性别、年龄、教育程度、团队工作年限和团队规模等作为控制变量。

（三）统计分析

本研究采用 SPSS 16.0 系统和 AMOS 17.0 系统进行统计分析。首先，采用信度分析和验证性因子分析考察所使用问卷的信度和效度；然后，采用回归分析考查变革型领导与团队交互记忆系统之间的关系，以检验假设 1；最后，采用结构方程模型考察变革型领导、团队信任、团队反思与团队交互记忆系统之间的关系，以检验假设 2 和假设 3。在建立结构方程模型时，由于本研究样本量相对测量题项而言较少，根据 Mathieu 和 Farr 的建议先对数据进行打包（parceling）处理，将各研究变量的测量题项分别根据因子载荷大小打成两个包（parcel），然后再进行统计分析。具体而言，将因子载荷最高题项和最低题项归入第一个包，因子载荷次高题项和次低题项归入第二个包，直到所有题项都归入某一个包中，然后对各个包所含题项取平均值形成观测变量。

四、研究结果

（一）验证性因子分析结果

表 1 展示了各研究变量的验证性因子分析结果，从中可以看到，各变量的拟合指标良好。其中，团队交互记忆系统的三维度结构也得到了数据支持。

表 1　变量的验证性因子分析结果（N=240）

拟合指标	χ^2/df	GFI	NFI	IFI	TCI	CFI	RMSEA
变革型领导	1.734	0.973	0.971	0.987	0.981	0.987	0.055
团队信任	2.169	0.983	0.984	0.991	0.982	0.991	0.070
团队反思	2.282	0.991	0.989	0.994	0.982	0.994	0.073
团队交互记忆系统	1.791	0.940	0.909	0.958	0.944	0.957	0.058
交互记忆系统——专长	1.851	0.992	0.978	0.990	0.968	0.989	0.060
交互记忆系统——可信	0.752	0.997	0.995	1.002	1.005	1.000	0.000
交互记忆系统——协调	1.520	0.994	0.988	0.996	0.988	0.996	0.047
单因素模型	4.744	0.578	0.541	0.599	0.564	0.596	0.125

本研究由于各变量都由员工进行评价，有可能存在同源偏差。为检验是否受到同源偏差的影响，根据 Podsakoff 等人的建议，本研究进行了 Harman 单因素检验，对研究变量的所有题项进行验证性因子分析，考查是否由一个公因子解释了所有变异。由表 1 可以看出，单因素模型的拟合指标远远达不到可接受标准，说明不存在能够解释所有变量变异的公因子，因此，本研究的同源偏差问题并不严重。

（二）描述性统计分析结果

表 2 列出了本研究中各变量的均值、标准差、相关系数和内部一致性系数。结果表明，变革型领导与团队信任、变革型领导与团队反思、变革型领导与团队交互记忆系统各维度、团队信任与团队交互记忆系统各维度、团队反思与团队交互记忆系统各维度之间的相关性均达到了显著水平。同时，各研究变量的内部一致性系数在 0.701~0.896，达到了可接受的水平。这些结果为分析变量关系和检验中介作用提供了必要前提。

表 2　变量的描述性统计分析结果（N=240）

变量	均值	标准差	1	2	3	4	5	6
1. 变革型领导	4.018	0.743	(0.892)					
2. 团队信任	4.020	0.834	0.385	(0.896)				
3. 团队反思	3.708	0.810	0.426	0.413	(0.828)			
4. 交互记忆系统——专长	3.935	0.689	0.343	0.487	0.433	(0.701)		
5. 交互记忆系统——可信	4.058	0.653	0.378	0.593	0.437	0.635	(0.785)	
6. 交互记忆系统——协调	3.620	0.776	0.412	0.433	0.567	0.550	0.466	(0.773)

注：p 值均小于 0.01，括号中的数值是变量的内部一致性系数。

（三）回归分析结果

为检验假设 1，本研究进行了回归分析。在回归过程中，首先将人口统计学变量作为第一层变量放入回归方程，然后将变革型领导作为第二层变量放入回归方程，以团队交互记忆系统三个维度分别作为因变量，计算两层之间 R^2 的变化及其 F 检验值，考查 R^2 是否有显著提高。结果表明（见表 3），变革型领导在控制人口统计学变量的基础上，能够显著预测团队交互记忆系统的专长维度（$\beta = 0.373$，$p < 0.001$）、可信维度（$\beta = 0.398$，$p < 0.001$）和协调维度（$\beta = 0.432$，$p < 0.001$），解释的变异量分别增加了 13.8%、15.7% 和 18.6%。因此，变革型领导对团队交互记忆系统具有显著的正向影响，假设 1 得到支持。

表 3　变革型领导与团队交互记忆系统的回归分析结果（N=240）

	变量	交互记忆系统——专长		交互记忆系统——可信		交互记忆系统——协调	
		第一步	第二步	第一步	第二步	第一步	第二步
人口统计学变量	性别	0.029	0.023	−0.023	−0.030	0.055	0.047
	年龄	0.062	0.044	0.161	0.142	0.078	0.057
	教育程度	−0.004	0.015	−0.078	−0.057	−0.147*	−0.124
	团队工作年限	−0.166	−0.140	−0.402***	−0.375***	−0.188	−0.159
	团队规模	−0.050	−0.065	−0.044	−0.059	−0.042	−0.059

续表

变量	交互记忆系统——专长		交互记忆系统——可信		交互记忆系统——协调	
	第一步	第二步	第一步	第二步	第一步	第二步
变革型领导		0.373***		0.398***		0.432***
解释方差（R^2）	0.021	0.159	0.109***	0.266	0.039	0.225
ΔR^2		0.138***		0.157***		0.186***
模型拟合度（F）	0.891	6.592***	5.115***	12.627	1.709	10.116***

注：表中的回归系数值是标准化的回归系数。* 表示 $p<0.05$，*** 表示 $p<0.001$。

（四）结构方程模型分析结果

为检验假设 2 和假设 3，本文通过结构方程建模对整体模型的拟合度进行了分析。模型的拟合指标为 $\chi^2/df = 1.946$，GFI = 0.946，NFI = 0.947，IFI = 0.973，TCI = 0.959，CFI = 0.973，RMSEA = 0.063，均比较理想，说明整体模型的拟合度符合要求。验证后的理论模型和各变量间的路径系数如图 1 所示，从中可以得到：（1）变革型领导与团队信任以及团队信任与团队交互记忆系统三个维度之间的路径系数均显著，表明团队信任在变革型领导与团队交互记忆系统之间起中介作用，假设 2 得到支持；（2）变革型领导与团队反思以及团队反思与团队交互记忆系统三个维度之间的路径系数均显著，表明团队反思在变革型领导与团队交互记忆系统之间起中介作用，假设 3 得到支持。

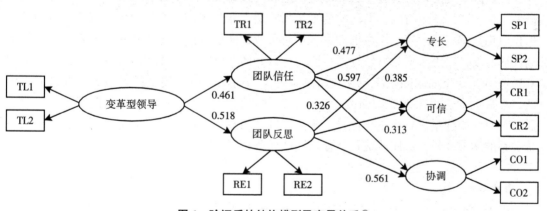

图1 验证后的结构模型及变量关系 ①

---

① TL1 和 TL2 分别代表打包处理后变革型领导的第一个和第二个观测变量，依此类推。模型中的数值是标准化的路径系数，p 值均小于 0.001。

五、结 论 和 讨 论

本研究结合领导行为理论和团队认知理论探讨了变革型领导对团队交互记忆系统的影响及其内在作用机制。研究结果表明：①变革型领导对团队交互记忆系统的专长、可信和协调维度都具有显著的正向影响；②变革型领导通过团队信任和团队反思的双重中介机制影响团队交互记忆系统的专长、可信和协调维度。该结果弥补了国内外学者对交互记忆系统前因变量实证研究的不足，丰富了团队领导行为对团队认知和情感等影响的研究。

本研究结果可为团队知识管理提供如下启示：①团队领导者可通过适当的领导行为促进团队交互记忆系统的形成，以合理协调和利用团队成员的专长和技能。具体而言，领导者可采取理想化影响、愿景激励、智能激发和个性化关怀等变革型领导行为，建立团队的长期目标和共同愿景，鼓励团队合作和沟通，激发成员内在工作动机，关心成员个人发展，使团队能够更有效地协调和共享成员差异化知识，达到提高团队绩效的目的。②领导者可通过营造团队信任的工作氛围，支持和引导团队反思，促使成员提出新想法和尝试新方法，并愿意与其他成员交流和分享知识，以便更加准确地了解彼此所掌握的知识和具有的专长，更加信赖各自的专长领域，并且更有序地协调各自的知识专长，使团队知识获得合理分布和共享。

虽然本研究的结果具有一定的理论价值和实践意义，但仍存在局限性，如数据收集和分析是在个体层次进行的，而研究变量是团队层次变量。在未来研究中，可考虑以团队为单位收集数据，通过对个体数据的聚合加总形成团队层次的变量。另一个局限性是采用横断面研究设计，由于变革型领导通过团队信任和团队反思作用于团队交互记忆系统，该中介过程具有一定的时间效应，在变量测量上进行时间区隔会使因果关系更有说服力。因此，今后的研究可采取纵向研究设计，在收集前因变量和中介变量的数据间隔一段时间后，再对结果变量进行测量。此外，未来研究还可挖掘影响变革型领导与团队交互记忆系统关系的调节变量，如团队成员特征、团队任务特征等。

参考文献：

[1] G. Stasser, S. I., Vaughan, D. D. Stewart. Pooling Unshared Information: The Benefits of Knowing How Access to Information is Distributed among Group Members [J]. Organizational Behavior and Human Decision Processes, 2000, 82 (5): 102-166.

[2] J. R. Austin. Transactive Memory in Organizational Groups: The Effects of Content, Consensus, Specialization, and Accuracy on Group Performance [J]. Journal of Applied Psychology, 2003, 88 (5): 866-878.

[3] K. Lewis, M. Belliveau, B. Herndon, et al. Group Cognition, Membership Change, and Performance: Investigating the Benefits and Detriments of Collective Knowledge [J]. Organizational Behavior and Human Decision Process, 2007, 103 (2): 159-178.

［4］张钢，熊立. 交互记忆系统与团队任务、成员异质性、团队绩效关系的实证研究［J］. 技术经济，2008（5）：26-33.［Zhang Gang, Xiong Li. An Empirical Analysis on Relationships between Transactive Memory System and Team Task, Member Heterogeneity and Team Performance［J］. Technology Economics, 2008（5）：26-33.］

［5］张志学，P. S. Hempel，韩玉兰等. 高技术工作团队的交互记忆系统及其效果［J］. 心理学报，2006（2）：271-280.［Zhang Zhixue, P. S. Hempel, Han Yulan, et al. Transactive Memory System of Work Teams in High Technology Firms and Its Consequences［J］. Acta Psychologica Sinica, 2006（2）：271-280.］

［6］A. B. Hollingshead. Communication, Learning, and Retrieval in Transactive Memory Systems［J］. Journal of Experimental Social Psychology, 1998, 34（5）：423-442.

［7］R. L. Moreland. Transactive Memory: Learning Who Knows What in Work Groups and Organizations. In L. Thompson, D. Messick & J. Levine（eds.）, Sharing Knowledge in Organizations: The Management of Knowledge［M］. Hillsdale: Erlbaum, 1999.

［8］K. Lew is. Measuring Transactive Memory Systems in the Field: Scale Development and Validation［J］. Journal of Applied Psychology, 2003, 88（4）：587-604.

［9］Z. X. Zhang, P. S. Hempel, Y. L. Han, et al. Transactive Memory System Links Work Team Characteristics and Performance［J］. Journal of Applied Psychology, 2007, 92（6）：1722-1730.

［10］R. L. Moreland, L. Myaskovsky. Exploring the Performance Benefits of Group Training: Transactive Memory or Improved Communication? Organizational Behavior and Human Decision Processes, 2000, 82（1）：117-133.

［11］张钢，熊立. 成员异质性与团队绩效：以交互记忆系统为中介变量［J］. 科研管理，2009（1）：71-80.［Zhang Gang, Xiong Li. Member Diversity and Team Performance: The Transactive Memory System as a Medium Variable［J］. Science Research Management, 2009（1）：71-80.］

［12］D. P. Brandon, A. B. Hollingshead. Transactive Memory Systems in Organizations: Matching Tasks, Expertise, and People［J］. Organization Science, 2004, 15（6）：633-644.

［13］A. B. Hollingshead. Cognitive Interdependence and Convergent Expectations in Transactive Memory［J］. Journal of Personality and Social Psychology, 2001, 81（6）：1080-1089.

［14］D. W. Liang, R. L. Moreland & L. Argote. Group Versus Individual Training and Group Performance: The Mediating Role of Transactive Memory［J］. Personality and Social Psychology Bulletin, 1995, 21（4）：384-393.

［15］S. J. Zaccaro, B. Heinen & M. Shuffler. Team Leadership and Team Effectiveness［M］. In E. Salas, G. F. Goodwin & C. S. Burke（eds.）, Team Effectiveness in Complex Organizations: Cross-disciplinary Perspectives and Approaches. New York: Routledge, 2009.

［16］S. J. Zaccaro, A. L. Rittman & M. A. Marks. Team Leadership［J］. The Leadership Quarterly, 2001, 12（4）：451-483.

［17］B. M. Bass. Theory of Transformational Leadership Redux［J］. The Leadership Quarterly, 1995, 6（4）：463-478.

［18］S. J. Shin, J. Zhou. When is Educational Specialization Heterogeneity Related to Creativity in Research and Development Teams? Transformational Leadership as a Moderator［J］. Journal of Applied Psychology, 2007, 92（6）：1709-1721.

［19］S. J. Zaccaro, K. Richard. The Interface of Leadership and Team Processes［J］. Group and Organization Management, 2002, 27 (1): 4-13.

[20] J. B. Farrell, P. C. Flood, S. M. Curtain, et al. CEO Leadership, Top Team Trust and the Combination and Exchange of Information [J]. Irish Journal of Management, 2005, 26 (1): 22-40.

[21] D. M. Rousseau, S. B. Itkin & R. S. Burt, et al. Not So Different after All: A Cross-discipline View of Trust [J]. Academy of Management Review, 1998, 23 (3): 393-404.

[22] P. M. Podsakoff, S. B. MacKenzie. W. H . Bommer. Transformational Leader Behaviors and Substitutes for Leadership as Determinants of Employee Satisfaction, Commitment, Trust, and Organizational Citizenship Behaviors [J]. Journal of Management, 1996, 22 (2): 259-298.

[23] R. Rico, M. Sánchez-Manzanares, F. Gil, et al. Team Implicit Coordination Processes: A Team Knowledge-based Approach [J]. Academy of Management Review, 2008, 33 (1): 163-184.

[24] M. A. West. Reflexivity and Work Group Effectiveness: A Conceptual Integration. In M. A. West (ed.), Handbook of Work Group Psychology [M]. Chichester: John Wiley & Sons, 1996.

[25] S. M . Carter, M. A. West. Reflexivity, Effectiveness, and Mental Health in BBC-TV Production Teams [J]. Small Group Research, 1998, 29 (5): 583-601.

[26] D. Tjosvold, M. M . L. Tang, M. A. West. Reflexivity for Team Innovation in China: The Contribution of Goal Interdependence [J]. Group and Organization Management, 2004, 29 (5): 540-559.

[27] M. C. Schippers, D. N. D. Hartog, P. L. Koopman, et al. The Role of Transformational Leadership in Enhancing Team Reflexivity [J]. Human Relations, 2008, 61 (11): 1593-1616.

[28] A. Somech. The Effects of Leadership Style and Team Process on Performance and Innovation in Functionally Heterogeneous Teams [J]. Journal of Management, 2006, 32 (1): 132-157.

[29] H. Giles, M. Leon. A Model of R&D Leadership and Team Communication: The Relationship with Project Performance [J]. R&D Management, 2004, 34 (2): 147-160.

[30] A. Gurtner, F. T. Schan, N. K. Semmer, et al. Getting Groups to Develop Good Strategies: Effects of Reflexivity Interventions on Team Process, Team Performance, and Shared Mental Models [J]. Organizational Behavior and Human Decision Processes, 2007, 102 (2): 127-142.

[31] P. A. Balthazard, D. A. Waldman, J. E. Warren. Predictors of the Emergence of Transformational Leadership in Virtual Decision Teams [J]. The Leadership Quarterly, 2009, 20 (5): 651-663.

[32] S. L. Robinson. Trust and Breach of the Psychological Contract [J]. Administrative Science Quarterly, 1996, 41 (4): 574-599.

[33] J. E. Mathieu, J. L. Farr. Further Evidence for the Discriminant Validity of Measures of Organizational Commitment, Job Involvement, and Job Satisfaction [J]. Journal of Applied Psychology, 1991, 76 (1): 127-133.

[34] P. M. Podsakoff, S. B. MacKenzie, J. Y. Lee, et al. Common Method Biases in Behavioral Research: A Critical Review of the Literature and Recommended Remedies [J]. Journal of Applied Psychology, 2003, 88 (5): 879-903.

Transformational Leadership and Team Transactive Memory System: Mediating Roles of Team Trust and Team Reflexivity

Wang Duanxu   Wu Chaoyan

Abstract: Teamwork and coordination among team members with different knowledge and expertise are of vital importance to team performance. As teams process and organize knowledge, the transactive memory system combines members' distributed expertise in an at tempt to solve the problem of knowledge coordination in teams, there by allowing the teams concerned to perform effectively. Although several studies have been conducted concerning the factors influencing the team's transactive memory system, little research has been reported on the effect of transformational leadership on the team's transactive memory system. Transformational leadership influences not only the communication and interactions among team members, but also the acquisition and sharing of team knowledge, which plays a key role in shaping and utilizing the team's cognitive structures. Results from a study of 240 company employees indicated that transformational leadership positively affected three dimensions of the team's transactive memory system (i. e. specialization, credibility and coordination). Moreover, the relationships were fully mediated by team trust and team reflexivity. Implications for research on the team's transactive memory system and means to develop a mature team transactive memory system by transformational leadership were also discussed.

Key words: transformational leadership; team transactive memory system; team trust; team reflexivity

工作感受和组织公平对员工组织承诺
与职业承诺影响的跨层次研究 *

刘小禹　孙健敏　苏琴

【摘　要】本研究基于某大型电子企业的 40 家子公司的 7877 名员工的数据，运用跨层次研究的方法，考察了工作感受中的工作多样性、个人—工作匹配和组织公平对于员工的组织承诺和职业承诺的影响。研究发现工作多样性感受对员工的组织承诺和职业承诺有正影响；个人—工作匹配对员工的组织承诺和职业承诺有正影响；组织公平能够促进工作多样性与组织承诺之间的关系，但是对工作多样性与职业承诺之间的关系没有调节作用；个人—工作匹配与组织承诺之间的关系也受到组织公平的调节作用，但与职业承诺之间的关系不受组织公平的影响。

【关键词】工作多样性　个人—工作匹配　组织公平　组织承诺　职业承诺

一、引言

组织中的员工承诺理论的研究始于 20 世纪 60 年代，一直是管理研究中的热点问题。Meyer 和 Allen（1997）认为组织承诺"体现员工与组织之间关系的一种心理状态，暗示了员工对于是否继续留在该组织的决定"，并且提出组织承诺至少存在三种形式：情感承诺、继续承诺和规范承诺。情感承诺是对组织的感情依赖、认同和投入；继续承诺是员工对离开组织所带来的损失的认知；规范承诺是对继续留在组织的义务感。员工的组织承诺作为员工与组织之间的一种纽带，对工作绩效、离职率和缺勤率具有较好的预测能力，是组织竞争优势强有力的源泉（Cohen 和 Hudecek，1993）。另外，在组织中，员工承诺的对象可以是多元化的，如 Morrow（1983）把员工的工作承诺按承诺对象分为五种形式：价值承

---

* 本文选自《经济科学》2011 年第 1 期。

诺、职业承诺、工作承诺、组织承诺和工会承诺。

随着组织的日益扁平化，人们在一个组织内工作一辈子的可能性越来越小，员工为了获得快速的职业成长，职业不换但在不同的组织间频繁流动（翁清雄、席西民，2010），因而近年来员工对职业的承诺日益受到研究者的重视（李永华、石金涛，2007）。职业承诺是个人对待自己职业或专业的态度，主要集中于职业情感（包括留在现在的职业的愿望和对现在的职业的喜欢）（Blau，1985），是指由于个人对职业或专业的认同和情感依赖、对职业或专业的投入和对社会规范的内化而导致的不愿变更职业或专业的程度（龙立荣、方俐洛、凌文辁、李晔，2000）。职业承诺作为个体与职业之间建立起来的一种心理纽带，对员工的工作投入、工作满意度、工作绩效和离职意向等均有影响（Lee、Carswell 和 Allen，2000），是对组织承诺的重要补充。

员工为什么对组织承诺又为什么对职业承诺呢？其中一个可能的解释来自个人在工作岗位上的感受，即工作本身具有的特征（Werbel、Landau 和 DeCarlo，1996；谭亚莉、廖建桥、张亚利，2004），例如工作多样性（指工作中员工可以选择从事的工作的范围）（Sims、Szilagyi 和 Keller，1976）、个人与工作的匹配（Caldwell 和 O'Reilly，1990；O'Reilly、Chatman 和 Caldwell，1991）。近年来，很多组织都非常重视工作的重新设计，旨在通过增强工作本身的丰富性对员工的内在激励来实现和保持组织的竞争优势。同时，由于时代的变迁，竞争的加剧，组织中的工作条件要求变得日渐复杂，需要更多具有多种才能的员工来执行工作，员工和工作要求之间的搭配，也变得日益复杂起来（Brkich、Jeffs 和 Carless，2002）。因而，如何通过工作多样性和员工与工作的匹配来提高员工的承诺是组织面临的一个现实问题，是影响员工最后能够留在组织的关键因素，但是目前缺乏相关的实证研究。

员工对组织和职业承诺的另一个来源可能是组织特征，例如组织公平、组织氛围等。以往的研究指出组织公平是影响组织承诺的主要因素之一。研究表明程序公平和分配公平对组织承诺都有一定的预测作用（林帼儿、陈子光、钟建安，2006），但是组织公平对组织承诺的影响机制的研究还很缺乏。蒋春燕（2007），刘璞、井润田、刘煜（2008）实证研究均表明组织支持对组织公平感与组织承诺关系的中介作用，但是这些研究中的组织公平的测量都是员工对于组织公平的个体感知。由于组织公平事实上是组织层面的变量，而组织承诺是员工个体水平的变量，尽管国内外有大量关于组织公平的研究，将其放在组织层面来考察组织公平对于组织承诺的跨层次影响的研究有限。组织公平对工作感受与组织承诺/职业承诺之间关系的影响作用也没有引起研究者的注意。

本研究旨在弥补以上的研究缺陷，基于某大型电子企业的 40 家子公司的 7877 名员工的数据，运用跨层次研究的方法，考察员工工作感受中的工作多样性和个人—工作匹配对员工的组织承诺和职业承诺的影响作用，以及组织层面的组织公平在其中的调节机制。本研究将深入了解组织承诺和职业承诺的形成过程和影响因素，不仅对于员工的工作感受、组织公平、员工承诺和中国人的组织心理理论有充实发展价值，更对我国企业管理者的人力资源管理实践具有现实借鉴意义。

二、文献回顾和理论假设

工作特征模型 (Hackman 和 Oldham, 1974) 是工作设计与再设计的重要理论基础。工作特征模型认为任何工作都包含五种特征：技能多样性、任务完整性、任务重要性、工作自主性和反馈。技能多样性指的是工作的内容需要员工应用多种技能和能力的程度。该模型主要在工作设计中考虑个人需求，主张工作内容本身对员工具有一种内在的激励效果，受到内在激励的员工会表现出优异的工作绩效，进而具有好的心理感受，而这种好的心理感受又会使员工继续保持优异的绩效水平，如此形成一个良性的循环。其中工作技能的多样性作为核心工作特征之一，可导致员工感知的工作意义的提高，可以"内在"地激励员工的工作效率，使员工能够完成胜任工作，达到员工个人与工作的高度契合，因此会取得高绩效、高满意度、高品质的工作效果。Hackman 和 Oldham (1974) 以后的学者也考虑用不同的特征对工作进行描述，其中比较著名的是 Sims、Szilagyi 和 Keller (1976) 开发的工作分类指数 (Job Classification Index, JCI)，他们认为工作包含四个维度：多样性、自主性、任务重要性和反馈。其中多样性是对技能多样性的发展，指工作中员工可以选择从事的工作的范围。研究表明工作特征中的工作范围与组织承诺相关 (Buchanan, 1974; Steers, 1977)。工作特征将影响员工在工作中的心理状态进而影响员工的工作动力、工作绩效、工作满意度和缺勤与离职的水平 (Hackman 和 Oldham, 1975; Idaszak 和 Drasgow, 1987)。因而，根据工作特征理论模型，一项工作若能够提供给员工较为丰富多彩的内容和范围会增强员工的组织承诺和职业承诺。于是，我们提出以下假设：

假设 1：工作多样性对员工的组织承诺和职业承诺具有正向影响。

个人对工作感受的另一个重要来源是个人与工作之间的匹配契合的程度。个人—工作匹配，也被翻译为个人—工作契合度，是指个人与其工作的匹配程度，通常被认为是个人的特质与工作特征之间的相容性和一致性，或者说是员工的知识、能力、技能和要求与工作要求及报偿之间的匹配程度，包括个体所具备的知识、技能、能力和个性特征是否与工作岗位所要求的任职资格相一致 (Caldwell 和 O'Reilly, 1990; O'Reilly, Chatman 和 Caldwell, 1991)。个人—工作匹配可以分为三种：供给—需要匹配、要求—能力匹配和自我概念—工作匹配。前两者属于互补性匹配，存在于工作回报和个人需求之间以及工作要求和个人的知识、技术、能力之间，是一种外在匹配；后者属于一致性匹配，是一种内在匹配，主要是指个体的自我知觉和工作任务的特点及必需的工作行为之间的一致性程度，它解决的是"工作是否让我成了我想成为的那种人"的问题。研究发现，这种一致性匹配较之互补性匹配对一些个体的行为结果变量具有更好的解释和预测能力 (宋晓梅、李傲和李红勋, 2009)，也是本研究对个人—工作匹配的主要研究内容。

个人—工作匹配一直是员工人力资源管理和行为管理研究中的热点问题。早在 20 世纪初，Parsons（1909）就指出人与职业（工作）匹配是职业选择的焦点，他认为个人具有自己独特的人格模式，每种人格模式的个人都有其适应的职业类型（Parsons 的"特质—因素理论"）。其后的许多学者，特别是职业指导专家一直致力于人职匹配的研究。目前关于个人—工作匹配的理论研究多将其作为自变量来探究个人—工作匹配对工作绩效、工作满意度、组织承诺、离职倾向和员工敬业度等个体行为变量的影响。谭亚莉、廖建桥、张亚利（2004）研究发现主观感知到的个人—工作匹配是工作决策的有效预测源之一。宋晓梅、李傲、李红勋（2009）研究认为个人—工作匹配对员工敬业度有着很大的影响，特别是其中的自我概念—工作匹配在很大程度上影响着员工的态度和行为，在更深的层次会激发员工高度敬业。国外的研究发现个人—工作匹配与工作绩效、工作满意度、授权、组织承诺和职业成功有关，个人—工作匹配尤其被认为是承诺发展中的重要因素之一（Brkich、Jeffs 和 Carless，2002）。对于保险代理公司员工雇用前决策及雇用后的组织承诺的研究结果也发现，知觉的个人—工作匹配是雇用前承诺最好的预测指标（Werbel、Landau 和 De-Carlo，1996）。Cable 和 Judge（1996）、Saks 和 Ashforth（1997）也发现组织承诺和个人—工作匹配相关。从事与个人性格、兴趣、能力匹配的工作，既可以使员工保持愉悦的心情，又能增加员工从工作成果中获得的成就感，这样将会使员工更愿意继续从事现在的职业和留在当前的组织中。于是我们可以提出如下假设：

假设 2：个人—工作的匹配对员工的组织承诺和职业承诺具有正向影响。

组织公平感是组织或单位内人们对与个人利益有关的组织制度、政策和措施的公平感受（李晔、龙立荣、刘亚，2002）。在对公平进行感知时，个体会考虑到决策结果的公平性——分配公平，决策过程的公平性——程序公平。组织公平可以作为一个整体概念研究其对组织变量的影响（柯丽菲、黄远仅、姚建明，2007），同时也可以分别研究分配公平和程序公平等作为组织公平的不同维度与组织变量的关系。本研究将组织公平作为一个整体变量进行考察。组织中的公平也可划分为两个层面：第一层面为组织公平的客观状态；第二层面为组织公平感，即组织成员对组织公平的主观感受。目前从组织行为学的角度上对公平问题的探讨实际上主要是对组织公平感的探讨（李晔、龙立荣、刘亚，2002）。"根据实证研究的结果，如果大多数人都认为某种行为是公平的，那么这种行为就是公平的。"（Colquitt 等，2001：425）。因而，本研究中我们将每个子公司中员工的组织公平感汇聚到公司层面代表公司的组织公平状况。

有关组织公平的研究已经清晰地表明组织公平感能够影响重要的组织变量和个人变量（McFarlin 和 Sweeney，1992）。以往的研究指出组织公平同积极的工作态度、组织承诺、在职意愿、对管理层的信任、对组织规则的遵从和接受、工作绩效正相关，而与反社会行为负相关（林帼儿、陈子光、钟建安，2006）。而组织承诺作为组织公平的一种重要的结果变量受到大量的关注（Lin、Hung 和 Chiu，2008；McFarlin 和 Sweeney，1992；Harvey 和 Haines，2005；李秀娟、魏峰，2007；蒋春燕，2007；刘璞、井润田、刘煜，2008）。当员工因为工作具有多样性，并且与个人相匹配而选择进入组织以后，如果员工对于分配结果、计划和执行程序都感知到公平，那么组织公平感受会强化其选择，进而提高其组织承诺。

另外，回顾人职匹配理论（Parsons，1909）可以发现，员工对于工作的感受（例如工作多样性和个人—工作的匹配）对职业承诺有影响，但是由于职业选择一般先于组织选择，所以员工对于工作的感受（工作多样性和个人—工作匹配）与职业承诺的关系不会受组织层面的变量（例如组织公平）的影响。而组织公平作为一种组织特征，则更可能影响员工的组织承诺，员工对于工作的感受（工作多样性和个人—工作匹配）与组织承诺的关系会受到组织公平的影响。因而，我们提出如下假设：

假设3：组织公平对于工作多样性与组织承诺之间的关系具有调节作用，组织公平会增强工作多样性与组织承诺之间的关系；但组织公平对于工作多样性与职业承诺之间的关系没有调节作用。

假设4：组织公平对于个人—工作的匹配与组织承诺之间的关系具有调节作用，组织公平会增强个人—工作匹配与组织承诺之间的关系；但组织公平对于个人—工作的匹配与职业承诺之间的关系没有调节作用。

本研究的理论模型如图1所示。

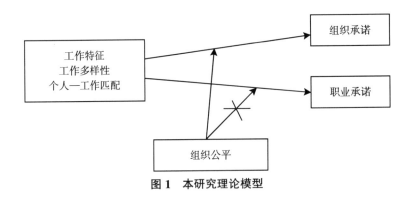

图1　本研究理论模型

三、研究方法

（一）研究对象

本研究样本为某大型电子企业属下的40家子公司的7877名员工，有效回收率为95%。每个子公司参与问卷调查的人数不等，最少15人，最多594人，平均每个公司参与人数为197人，男性员工占46.7%，女性员工占53.3%；25岁以下员工占52.6%，26~30岁占27.0%，31~35岁员工占12.5%，36~40岁员工占5.2%，41~50岁员工占2.4%，51岁以上员工占0.4%；未婚员工占63.2%，已婚员工占36.5%，离异员工占0.3%；在本公司工作年限1年以内占16.5%，1.1~3年占40.5%，3.1~5年占17.5%，5.1~10年占

19.7%，10 年以上占 5.9%；总工作年限 1 年以内占 10.2%，1.1~3 年占 31.7%，3.1~5 年占 19.4%，5.1~10 年占 23.4%，10.1~15 年占 9.4%，15.1~20 年占 3.5%，20 年以上占 2.3%；学历情况为高中（高职）以下占 10.3%，高中（含高职）/技校占 48.7%，大学专科学历占 14.9%，大学本科学历占 23.4%，硕士研究生学历占 2.7%；经营支援部门占 11.1%，市场/销售部门占 6.4%，制造部门占 77.8%，研发部门占 4.7%；社员占 86.9%，代理占 5.4%，课长占 6.6%，次/部长占 1.1%，部长以上占 0.1%。

（二）研究工具

工作多样性：采用了由 Sims、Szilagyi 和 Keller（1976）编制的工作多样性量表，量表为 Likert 5 点量表，根据平时工作的特点进行选择 1=非常小，2=比较小，3=中等程度，4=比较大，5=非常大。题目例如"我工作的多样性程度"，"做许多不同事情的机会"，共 7 题。Cronbach α 值为 0.77。

个人—工作匹配：选自 Lauver 和 Kristof-Brown（2001）个人—工作匹配量表中的 2 题，Cronbach α 值为 0.71。题目例如"我的知识和技能得以发挥"，"工作与我的性格和兴趣相匹配"。

组织公平：采用了 Sweeney 和 McFarlin（1997）的问卷，共 24 题，从程序公平（13 题）和分配公平（11 题）两个角度来测量，Cronbach α 值为 0.82，题目例如"我理解这个组织的绩效评估体系"；"我的绩效评估很好地反映了我的实际工作情况"。由于组织公平是由 40 家子公司每家公司的多名员工进行评价，我们需要判断个体水平的数据能否汇聚到公司层面，代表公司的组织公平状况。我们通过计算 R_{wg}、F 统计量，ICC（1）、ICC（2）来判断数据的可汇聚程度。首先，我们计算了变量的内部一致性 R_{wg}，结果显示 40 家子公司中组织公平的平均 R_{wg} 系数为 0.91，最小的 R_{wg} 值为 0.77，最大的 R_{wg} 值为 0.96，超过了 0.70 的临界标准，表明能够满足子公司内部一致性的要求（James、Demaree 和 Wolf，1993）。我们接下来通过方差分析考察组间差异，同时考察 ICC（Intra-class Correlation），包括 ICC(1) 和 ICC(2)。Hays（1981）认为组织之间存在差异的证据是，方差分析中的 F 统计量大于 1。组织公平的方差分析的 F 统计量为 30.19，远大于 1，并且在 $p < 0.001$ 的水平上显著。ICC(1) 为 0.13，ICC(2) 为 0.97，大于 James（1982）给出的经验标准 ICC(1) > 0.05 和 ICC(2) > 0.50。因而，结果表明可将个体水平的组织公平的数据汇聚到公司水平进行统计分析。我们在接下来的数据分析中将使用汇聚后的组织公平的数据。

组织承诺：采用了 Meyer 和 Allen（1997）的问卷，共 22 题，包括情感承诺 8 题，规范承诺 6 题，连续承诺 8 题，Cronbach α 值为 0.80。题目例如"我将组织的问题视为我自己的问题"、"这个组织值得我为之奉献忠诚"、"我的选择机会太少以致无法考虑离开现在的组织"。

职业承诺：职业承诺采用单一维度的概念，由 Blau（1989）七个项目的量表测量，Cronbach α 值为 0.76。题目例如"我非常希望在这个职业方面事业有成"，"这是一个值得为之工作一辈子的理想职业"。

为了验证组织承诺和职业承诺的区别效度和结构效度，我们运用结构方程模型进行了验证性因子分析后发现，模型的 $\chi^2/df = 29.24$，RMSEA = 0.06，GFI = 0.95，NFI = 0.95，CFI = 0.95，上述结果表明，在本研究的测量中，组织承诺和职业承诺能够很好地区分开，本研究的测量工具有效可信。

四、实证分析结果

由于在本研究中既有个体层面的变量，又有组织层面的变量，将不同层次的要素纳入理论模型，尽管有助于提升理论模型的实际贡献和仿真性，但也增加了分析验证的难度。本研究采用多层线性模型（Hierarchical Linear Modeling，HLM）进行数据分析。这种统计手段的优势在于能同时处理来自不同层次的数据，在研究个体层次的问题时，这种分析方法能将被解释变量的变异分解在不同层次，并给出合理的解释与预测（刘军、富萍萍、吴维库，2005）。分析时我们将工作多样性和个人—工作匹配代入 HLM 分析的第一层（个体层），组织公平代入第二层（公司层）。变量描述性统计信息见表 1。表 2 显示了采用 HLM 分析的工作多样性、个人—工作匹配与组织公平对员工组织承诺和职业承诺的跨层次回归分析结果。如表 2 所示，工作多样性对员工的组织承诺和职业承诺具有正向影响（$\beta = 0.23$，$p < 0.01$；$\beta = 0.19$，$p < 0.01$），假设 1 得到验证。个人—工作匹配对员工的组织承诺和职业承诺具有正向影响（$\beta = 0.24$，$p < 0.01$；$\beta = 0.29$，$p < 0.01$），假设 2 得到验证。组织公平对工作多样性与组织承诺之间的关系产生调节效应（$\beta = 0.12$，$p < 0.05$），但组织公平对工作多样性与职业承诺之间的关系没有产生调节效应（$\beta = -0.02$，n.s），验证了我们的假设 3。组织公平对个人与工作匹配与组织承诺之间的关系产生调节效应（$\beta = 0.12$，$p < 0.05$），但组织公平对个人与工作匹配与职业承诺之间的关系没有产生调节效应（$\beta = 0.01$，n.s），验证了我们的假设 4。以上调节效应结果描述如图 2、图 3 所示。从图 2 可以看出，在高组织公平的组织中，工作多样性对组织承诺有着更强的正影响。从图 3 可以看出，在高组织公平的组织中，个人—工作的匹配对组织承诺有更强的正影响。

表 1　变量描述性统计

第一层变量			
变量名称	样本量	均值（Mean）	标准差（SD）
工作多样性	7877	3.12	0.78
工作一个人匹配	7877	3.48	0.85
组织承诺	7877	3.53	0.62
职业承诺	7877	3.38	0.71
第二层变量			
组织公平	40	3.41	0.21

表2 工作多样性、个人—工作匹配与组织公平对组织承诺和职业承诺的跨层次回归分析

	模型1	模型2
	因变量：组织承诺	因变量：职业承诺
控制变量		
性别	0.06** (0.01)	0.05* (0.02)
年龄	0.00 (0.01)	0.03** (0.01)
受教育程度	−0.08** (0.01)	0.00 (0.01)
职位	0.04* (0.02)	0.04* (0.02)
ΔR^2	0.11**	0.10**
主效应		
工作多样性	0.23** (0.02)	0.19** (0.02)
个人—工作匹配	0.24** (0.01)	0.29** (0.02)
组织公平	0.06 (0.03)	0.05* (0.02)
ΔR^2	0.20**	0.20**
调节效应		
工作多样性×组织公平	0.12* (0.06)	−0.02 (0.12)
个人—工作匹配×组织公平	0.12* (0.05)	0.01 (0.10)
ΔR^2	0.04*	0.00

注：**$p<0.01$；*$p<0.05$；括号中的数值为估计标准误。

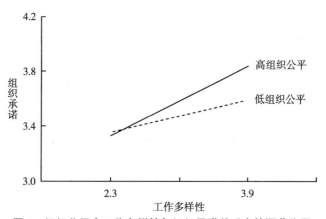

图2 组织公平在工作多样性与组织承诺关系中的调节作用

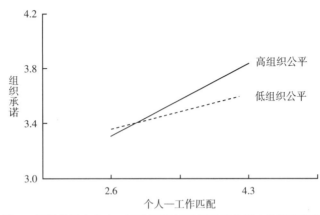

图 3　组织公平在个人—工作匹配与组织承诺关系中的调节作用

五、讨论与结论

(一) 结论

在市场竞争越来越激烈又受金融危机影响的今天，企业大量的裁员、兼并和收购深刻影响着员工对组织和职业的承诺，拥有一支高承诺的员工队伍是组织持续竞争优势的来源。本研究在总结以往该领域文献的基础上，基于某大型电子企业的 40 家子公司的 7877 名员工的样本，对员工对于工作多样性、个人—工作匹配的感受对员工的组织承诺、职业承诺的影响作用，以及组织公平的调节作用进行了跨层次分析。研究结果支持了我们的四个研究假设，表明工作多样性感受对于员工的组织承诺和职业承诺有正影响；个人与工作的匹配对员工的组织承诺和职业承诺有正影响；组织公平能够促进工作多样性以及个人—工作匹配与组织承诺之间的正向关系，但是对工作多样性以及个人—工作匹配与职业承诺之间的关系没有影响。本研究对于刻画员工的组织承诺的职业承诺的影响因素以及发展本土管理理论进行了有益探索，为构建组织的持续竞争优势提供了有益的参考。

(二) 理论贡献

第一，本研究基于某大型电子企业的 40 家子公司的 7877 名员工的样本对工作特征模型中工作多样性维度对组织承诺和职业承诺的影响做了一次初步检验。尽管工作特征模型已经提出 30 多年，在理论上具有很强的吸引力，但是大量实证研究的检验结果只得到了对该模型微弱的支持 (Fried 和 Ferris，1987)。尤其是针对工作特征中的工作多样性维度，研究结果不尽一致。Mowday、Porter 和 Steers (1982) 研究发现工作特征中的工作范围、工作挑战性，决策参与、角色明晰性等与组织承诺相关，但张一弛、刘鹏、尹劲桦、邓建修（2005）基于我国一家集团性通讯产品销售企业的 839 名员工的研究发现任务整体性、任务重要性、工作自主性和反馈四个核心维度对组织承诺具有显著的积极作用，但技能多样性对工作满意度和组织承诺没有呈现出显著的影响效果。Bhuian 和 Menguc（2002）采用沙特阿拉伯销售员工的样本检验工作特征模型的核心维度对员工工作满意度的影响时也发现技能多样性没有表现出对工作满意度的任何显著作用。同时研究发现工作因素，包括工作的挑战性、职位的明确程度、目标难度等会影响职业承诺（王霞霞、张进辅，2007），但是同时关注工作多样性和个人—工作匹配对组织承诺和职业承诺影响的实证研究却很少见。我们的研究弥补了以往研究的空白，发现工作多样性对组织承诺和职业承诺均有显著的正影响。以前有关工作特征与组织承诺关系的研究只在特定行业的工作中得到验证，本研究拓展了前人的研究，将工作特征模型的检验样本扩展到其他行业，特别是传统的制造行业。本研究结果与前人的研究不一致，可能是由于张一弛、刘鹏、尹劲桦、邓建修（2005）以及 Bhuian 和 Menguc（2002）研究的样本均取自销售人员，而我们的研究样本量更大，职业类型更加广泛，员工分布在经营支援部门（11.1%），市场/销售部门（6.4%），制造部门（77.8%），研发部门（4.7%），因而本研究结论具有更强的外部效度，支持了工作特征模型中的工作多样性维度对于员工心理状态（组织承诺和职业承诺）的积极影响作用。

第二，本研究也进一步支持了个人—工作匹配对于员工承诺的积极影响，与前人的研究结果一致（Brkich、Jeffs 和 Carless，2002；Cable 和 Judge，1996；Saks 和 Ashforth，1997）。当员工的个人—工作匹配程度较高，其偏好、知识、技巧、能力和价值观适合工作的需求时，将带给员工最大的满足（Spencer 和 Spencer，1993），提高员工对组织和职业的承诺。

第三，以往关于承诺的研究中，大多数都是将组织公平作为自变量（McFarlin 和 Sweeney，1992；李秀娟和魏峰，2007），在本研究中，我们将组织公平作为组织层次的变量，员工工作感受与组织承诺、职业承诺作为个人层次变量进行跨层次研究，更加符合企业的实际情况，是对组织公平与组织承诺关系的重要补充。我国历来重视公平的感知，孔子云："不患寡而患不均"，朴素地表达了人们对公平的追求。本研究发现组织公平能够促进工作多样性以及个人—工作匹配与组织承诺之间的正向关系，对于如何从组织公平的角度强化员工对组织的承诺具有重要启示。

第四，本研究也发现员工对工作感受，包括工作多样性和个人—工作匹配能预测职业承诺，为未来职业承诺的相关研究提供了基础。职业承诺是个人出于对某个职业的喜爱与认同而愿意从事该职业并甘愿付出时间与精力的程度，与组织承诺相比较，职业承诺则超越了组织的边界。随着对知识经济的到来，知识员工成为主体，对于知识员工来说，由于工作富有专业知识和技能及较高的素质，工作形式更加自主，工作选择具有高流动性等，员工的职业承诺可能高于组织承诺，员工对职业的忠诚高于对某个企业的忠诚（May、Korczynski 和 Frenkel，2002）。同时，受金融危机的影响，随着大量公司对资产的兼并、收购和分拆所引起组织成分的变化，对员工而言，承诺的对象更难界定（戚振江和朱纪平，2007），职业承诺更加受到重视。因此，员工的工作行为和态度是由组织承诺与职业承诺共同作用的结果，组织必须在关心员工组织承诺的同时，也重视员工的职业承诺。

（三）研究局限性和未来研究方向

本研究也存在一定的局限性。第一，本研究采用的是同一时间点收集数据的横断研究方法，这也在目前此类研究中普遍被采用，但是这种方法不能完全揭示变量之间的因果关系，有待于以后采用纵向研究来解决。但本研究所揭示的组织公平在工作多样性以及个人—工作匹配与组织承诺之间的调节作用，这些交互效应的确认，无需变量间严密的因果逻辑判断，所以基本上来自于"横截面数据"对于这一研究结论的威胁并不是很大。第二，在本研究中所有变量的测量都是采用被试自我报告的方式来进行的，因而存在共同方法变异的问题。但是由于在本研究中，组织公平这一变量的计算是由个体水平的数据汇聚到组织层面，作为组织层面的变量来进行的，因而影响效果有限。此外根据 Podsakoff 和 Organ（1986）的建议，可以采用 Harman 的单因子测试来进行检验，如果共同方法变异存在，从所有我们所关心的题目的因子分析中提取出来的第一个未被旋转的因子，应该解释了大部分的总体变异。但我们因子分析表明，并没有一个因子能够解释变异的大多数，第一个未被旋转的因子只解释了总体变异的 15.07%，这也证明在本研究中共同方法的消极影响是很有限的。在未来的研究中我们会尽量从不同的数据来源来进行对变量的测量，从而克服共同方法变异对研究结果可能带来的不利影响。第三，在我们的研究中，为了使研究更加聚焦，我们仅仅考察了员工对于工作特征模型中的工作多样性的感受对于员工组织承诺和职业承诺的影响，没有考察工作特征中的其他要素，例如工作自主性、任务重要性和反馈对于员工的组织承诺和职业承诺的影响；在考察组织承诺时，我们也是考察工作感受和组织公平对组织承诺整体的影响，没有考察对组织承诺的各个维度（情感承诺、继续承诺和规范承诺）的影响，有待于未来的研究进一步全面考察。

（四）实践启示

本研究对企业的管理具有实践启示。由于开发员工的承诺和忠诚度策略成为组织维持竞争优势、获得高回报的前提（戚振江和朱纪平，2007），本研究有助于我们深入了解员工对组织的承诺以及对职业的承诺的过程和影响因素，并加以有效管理，这对员工和组织双方都将非常有利。

首先，本研究发现组织为员工提供的工作任务的多样性特征以及与员工是否匹配是影响员工最后继续留在本组织和职业中工作的关键因素。工作多样性和个人—工作的匹配在员工的组织承诺与职业承诺中都扮演着重要的角色。企业可以通过工作丰富化来实现工作多样性，同时要重视员工与企业的匹配，可以通过有效的招聘、培训、员工的轮岗、职业发展规划等人力资源管理措施，考虑员工的职业发展需求，充分实现个人—工作匹配，从而提高员工的组织承诺和职业承诺。员工越是感到工作丰富多样且适合自己，留在本行业和本企业的愿望就越强烈。

其次，组织应该尽量创造公平的组织氛围，使员工得到应有的报酬和尊重，提高员工的组织承诺。组织的人力资源管理政策，如绩效考核、晋升政策、培训政策、薪酬和福利政策等的制定与实施也应以组织承诺与职业承诺的提高为导向。企业绩效考核必须体现公平、公开和公正的原则，职务晋升要以员工的绩效考核为基础，也要结合员工的职业生涯发展方案，组织应该建立公平合理的晋升体系和个人职业发展计划。同时，组织应该加强注重公平的企业文化的建设与推广，实现企业文化的磁铁效应。例如，管理者可以建立一个共享的信息平台和论坛，通过在信息平台中及时发布的信息，使得员工时时了解组织的运作情况；建立论坛让员工们在论坛内畅所欲言，发表自己的意见和建议。组织的领导者要重视这些意见和建议，并及时答复和反馈信息。组织也应该建立并完善员工申述制度及员工合理化建议制度，尤其应加强建立和完善员工的越级申述和申述保护制度。这样，员工能够放心地将自己的意见和建议及时反映上级领导，有助于组织公平文化氛围的形成，增强组织的公平性，提高员工的组织承诺。

参考文献：

[1] 李秀娟，魏峰. 组织公正和交易型领导对组织承诺的影响方式研究 [J]. 南开管理评论，2007 (5).

[2] 李晔，龙立荣，刘亚. 组织公平感的形成机制研究进展 [J]. 人类工效学，2002 (1).

[3] 林帼儿，陈子光，钟建安. 组织公平文献综述及未来的研究方向 [J]. 心理科学，2006 (4).

[4] 刘璞，井润田，刘煜. 基于组织支持的组织公平与组织承诺关系的实证研究 [J]. 管理评论，2008 (1).

[5] 蒋春燕. 员工公平感与组织承诺和离职倾向之间的关系：组织支持感中介作用的实证研究 [J]. 经济科学，2007 (6).

[6] 龙立荣，方俐洛，凌文辁，李晔. 职业承诺的理论与测量 [J]. 心理学动态，2000 (4).

[7] 宋晓梅，李傲，李红勋. 基于个人—工作契合度对员工敬业度的研究 [J]. 科学管理研究，2009 (6).

[8] 谭亚莉，廖建桥，张亚利. 工作决策影响因素的实证研究 [J]. 科研管理，2004 (6).

[9] 王霞霞，张进辅. 国内外职业承诺研究述评 [J]. 心理科学进展，2007 (3).

[10] 翁清雄，席酉民. 职业成长与离职倾向：职业承诺与感知机会的调节作用 [J]. 南开管理评论，2010 (2).

[11] 戚振江，朱纪平. 组织承诺理论及其研究新进展 [J]. 浙江大学学报（人文社会科学版），2007 (6).

[12] 张一弛，刘鹏，尹劲桦，邓建修. 工作特征模型：一项基于中国样本的检验 [J]. 经济科学，2005 (4).

[13] Bhuian, N. S., Menguc, B. An Extension and Evaluation of Job Characteristics, Organizational Commitment and Job Satisfaction in Expatriate, Guest Worker, Sales Setting [J]. The Journal of Personal Selling & Sales Management, 2002 (22): 1-11.

[14] Blau, G J., Testing the Generalizability of a Career Commitment Measure and Its Impact on Employee Turnover [J]. Journal of Vocational Behavior, 1989 (35): 88-103.

[15] Brkich, M., Jeffs, D., Carless, S. A. A Global Self-report Measure of Person-job Fit [J]. European

Journal of Psychological Assessment, 2002 (18): 43–51.

[16] Cable, D., Judge, T. A. Person–organization Fit, Job Choice Decisions, and Organizational Entry [J]. Organizational Behavior & Human Decision Processes, 1996, 67 (3): 294–311.

[17] Cohen, A., Hudecek, N. Organizational Commitment –turnover Relationship across Occupational Groups: A Meta–analysis [J]. Group and Organization Management, 1993 (18): 803–828.

[18] Colquitt, J. A., Conlon, D. E., Wesson, M. J., Porter, C. O. L. H., and Ng, K. Y. Justice at the Millennium: A Meta–analytic Review of 25 Years of Organizational Justice Research [J]. Journal of Applied Psychology, 2001, 86 (3): 425–445.

[19] Fried, Y., and Ferris, G. R. The Validity of the Job Characteristics Model: A Review and Meta-analysis [J]. Personnel Psychology, 1987 (40): 287–322.

[20] Hackman, J. R., Oldham, G. R. The Job Diagnostic Survey: An Instrument for the Diagnosis of Jobs and the Evaluation of Job Redesign Projects. (Report No. 4) [M]. New Haven, CT: Yale University, Department of Administration Science, 1974.

[21] James, L. R. Aggregation Bias in Estimates of Perceptual Agreement [J]. Journal of Applied Psychology, 1982 (67): 219–229.

[22] James, L. R. Demaree, R. G. and Wolf, G. r_{wg}: An Assessment of Within–group Interrater agreement [J]. Journal of Applied Psychology, 1993 (78): 306–309.

[23] Lauver, K. J., Kristof, B. A. Distinguishing Between Employees' Perceptions of Person –job and Person–organization Fit [J]. Journal of Vocational Behavior, 2001, 59 (3): 454–470.

[24] Lee, K., Carswell, J. J., Allen, N. J. A Meta–analytic Review of Occupational Commitment: Relations with Person and Workrelated Variables [J]. Journal of Applied Psychology, 2000, 85 (5): 799–811.

[25] May, T. Y., Korczynski, M., Frenkel, S. J. Organizational and Occupational Commitment: Knowledge Workers In Large Corporations [J]. Journal of Management Studies, 2002, 39 (6): 775–801.

[26] McFarlin, D. B., Sweeney, P. D. Distributive and Procedural Justice as Predictors of Satisfaction with Personal and Organizational Outcomes [J]. Academy of Management Journal, 1992, 35 (3): 626–637.

[27] Meyer, J. P., Allen, N. J. Commitment in the Workplace: Theory, Research and Application [M]. London: SAGE Publications, 1997.

[28] Mowday, R. T., Porter, L. W., Steers, R. M. Employee–organization Linkages: The Psychology of Commitment, Absenteeism, and Turnover [M]. New York: Academic Press, 1982.

[29] Morrow, P. C. Concept Redundancy in Organizational Research: The Case of Wok Commitment [J]. Academy of Management Review, 1983, 8 (3): 486–500.

[30] O'Reilly, C., Chatman, J., Caldwell, D. People and Organizational Culture: a Profile Comparison Approach to Assessing Person–organization Fit [J]. Academy of Management Journal, 1991 (34): 487–516.

[31] Parsons, F. Choosing a Vocation [M]. Boston: Houghton Mifflin, 1909.

[32] Podsakoff, P. M., Organ, D. W. Self–reports in Organizational Research: Problems and Prospects [J]. Journal of Management, 1986 (12): 531–544.

[33] Saks, A.M., Ashforth, B.E. A longitudinal Investigation of the Relationships Between Job Information Sources, Applicant Perceptions of Fit, and Work Outcomes [J]. Personnel Psychology, 1997 (50): 395–426.

[34] Sims, H. P. Jr., Szilagyi, A. D., and Keller, R. T. The Measurement of Job Characteristics [J].

Academy of Management Journal, 1976, 19 (2): 195–213.

[35] Steers, R. Antecedents and Outcomes of Organizational Commitment [J]. Administrative Science Quarterly, 1997, 22 (1): 46–56.

[36] Sweeney, P. D., McFarlin, D. B. Process and Outcome: Gender Differences in the Assessment of Justice [J]. Journal of Organizational Behavior, 1997, 18 (1): 83–98.

A Cross Level Study of the Impact of Work Experience and Organizational Justice on Organizational Commitment and Job Commitment

Liu Xiaoyu Sun Jianmin Su Qin

Abstract: The data was collected in 40 subsidiaries of a large electronics company, involving 7877 employees. Using cross level analysis, the study investigated the diversity of job, person–job fit in work experience and the impact of organizational justice on organizational commitment and job commitment. The result shows that the sense of job diversity has positive influence on organizational commitment and job commitment, person–job fit has positive influence on organizational commitment and job commitment, the organizational justice can promote the relationship of job diversity and organizational commitment, but has no regulating effect in the relationship of job diversity and job commitment. The organizational justice can regulate the relationship of person–job fit and organizational commitment, but has no effect on job commitment.

Key words: job diversity; person–job fit; organizational justice; organizational commitment; job commitment

人际和谐取向对知识共享行为的影响研究[*]

路琳　　陈晓荣

【摘　要】 本文聚焦人际关系中的和谐取向对组织内部知识共享行为的影响，根据个体员工在人际和谐取向上的差异，将和谐取向细分为价值观型、工具型以及否定型三种类型，并研究不同的和谐取向对知识共享行为的影响作用。研究还进一步加入组织公民行为和沟通作为中介变量，建立和谐取向对知识共享行为影响的理论模型，据此开展问卷调查，在不同的企业中上司与下属配对收集了 168 套问卷，验证了理论模型中的路径关系。

【关键词】 和谐取向　知识共享　组织公民行为　沟通

一、引　言

近年来，我国提倡构建和谐社会，有关和谐的研究也逐渐增多，组织管理领域也是如此。已有的研究提出，组织内和谐的人际关系是成功管理的重要标志之一，因为员工之间和谐的人际关系能够提高工作效率，鼓舞士气，有利于稳定员工队伍，提升团队精神，增强企业活力。鉴于此，许多研究都建议通过建立和谐的人际关系达到提升组织竞争力、改善组织文化的目的。但是，以往的研究较多地关注从理论上探讨和谐及其本质，以及和谐的积极作用，很少能够提供有效的实证论据。究其原因，一方面，将和谐引入现代社会科学研究的时间还比较短，未能深入到具体的纵深领域；另一方面，关于和谐的概念界定，仁者见仁，智者见智，很难能够开发出行之有效的度量工具，从而阻碍了实证研究的开展。此外，虽然和谐对组织的积极影响众所公认，但是，如何将和谐与具体的工作行为、绩效联系起来，这方面仍然缺乏必要的探索和论证。

随着知识管理成为新世纪管理学理论和实践发展的新方向，人们越来越认识到，要取

---

* 本文选自《管理评论》2011 年第 1 期。

作者简介：路琳，上海交通大学安泰经济与管理学院副教授，博士；陈晓荣，上海交通大学安泰经济与管理学院副教授，博士。

得持续的核心竞争力，一个关键问题就是通过整合、共享的方法，充分挖掘和利用组织中现有的知识，让知识发挥杠杆作用，推动新知识的创造和应用。因此，现代组织纷纷提倡知识共享，希望员工能够把个人的技能、经验贡献出来，传授给同事，转化为组织知识的一部分，帮助组织建立起资源丰富的知识库。然而，现实中，我们发现，个体员工并不愿意主动把自己的经验拿出来分享。最近，已有少数研究开始关注影响知识共享的个体和组织层面因素，其中，人际关系对员工知识共享行为的影响有着非常重要的作用，但是，相对于如火如荼的知识管理热潮，这一方面的探索仍然远远不够。

我们在参考前人研究成果的基础上，深入探索了个体员工和谐取向的差异，并将和谐取向和知识共享联系起来，研究不同的人际和谐取向对知识共享行为的影响作用。为了提供实证论据，研究基于梁觉教授及其研究团队新近开发的和谐量表，开展了问卷调查，从理论和实证角度分别论证和谐取向对知识共享行为的影响及其作用机制。

二、文献回顾

（一）和谐

和谐理念的提出可以追溯到我国古老的儒家学说，如孔子的"和为贵"思想，孟子提出的"天时不如地利，地利不如人和"等。心理学家把和谐分为心理和谐与社会和谐，并认为和谐就是存在差别的各个成分之间可以协调整合。组织管理之中的和谐概念，从宏观层面上指管理预期达到的目标状态或精神境界，从微观层面上也可以指组织中人际交往的关系类型。近年来，西方管理学研究中也开始借入和谐（Harmony）的概念，尤其是在冲突管理的研究领域中，和谐被认为是处理人际冲突的有效途径，是消除冲突，保持群体一致性的价值观，据此，研究学者开发了以和谐为主轴的冲突管理模型。例如，Kozan将亚洲、中东和拉丁文化中常用的冲突解决的方式命名为"和谐模式"，这种模式基于集体主义的理念背景，强调团队的和谐一致性，通过组织机制尽可能减少冲突，或是使冲突不公开表现出来。

梁觉的研究团队曾提出，人们对和谐的追求出于两种不同的目的，其中一种是将和谐作为终极目标，是价值观的体现，另一种则是把和谐作为工具和手段，力图通过和谐达到其他功利目标。他们认为，基于后者的和谐取向促使人们强调和谐的实用意义，利用和谐的人际关系作为途径，致力于消除引起不和谐的因素，以不破坏和谐为最终目标，有时候为了做到不破坏和谐关系，对有可能破坏关系的矛盾采取回避的做法，甚至不惜牺牲个人信念，阳奉阴违，因此这种和谐追求可以称作"工具型和谐"。而价值观型和谐取向则奉行"君子和而不同"的做法，在工作实践中强调和谐本身的重要性，在解决冲突时，基于人与人之间相互信任、诚挚友好的人际关系，通过积极沟通，双方谅解达成共识，化干戈为玉帛，甚至会在冲突中加强交流，提高工作效果。因此，价值观型取向虽然重视和谐，而在人际相处的过程中不会刻意回避冲突，制造和谐。我们认为，对于和谐的这一区分方法深入探索了和谐的本质，全面考虑了人际相处过程中和谐所发挥的作用，但是，目前为止，鲜有研究就这一区别在实际工作问题中进行具体的理论探讨，或是开展实证检验。

（二）知识共享的人际影响因素

对知识共享的研究随着知识管理的兴起而产生，至今只有十几年的历史，知识共享一般指工作中提供任务信息、经验和反馈的行为，鉴于知识共享在提高生产力、增强企业核心竞争力、促进创新中所发挥的重要作用，国内外学者一直在从不同的理论角度、不同的层面探索影响知识共享的因素。在这些研究中有不少学者明确提出人际关系对员工知识共享行为的作用，例如，人际信任能够降低知识共享成本，提高同事之间的知识诉求，增加共享后的反馈。此外，在宽松的环境下自我管理的团队工作有利于人们增进了解与沟通，团队工作中，成员之间相互依赖的关系促进了知识共享。还有一些学者从社会学的角度提出，社会网络中的强连接有力地支持人们之间知识交流，即使是弱连接，也能给人们提供寻找知识资源的有效信息。

这些研究从不同的角度，以理论探讨和实证研究相结合的方式肯定了组织内部个体成员之间的知识共享行为受到人际关系的影响，也启发我们从人际和谐视角，将和谐取向和知识共享行为相联系。

三、理论模型与研究假设

本研究将梁觉等提出的"和谐取向"（harmony orientation）概念应用到人际关系研究中，按照人们追求和谐的不同出发点和由此而来的处事态度区分为三类，分别是："价值观型人际和谐取向"、"工具型人际和谐取向"以及"否定型人际和谐取向"。前两种符合原有的定义，即如果以和谐为价值观，以和谐为目标与同事相处，以促进和谐为动力采取行动，则属于价值观型；如果以和谐为手段，认为失去和谐可能会带来利益损失，利用和谐可以达到功用目的，则属于工具型；最后，我们认为，实际工作场合也有一部分人忽视和谐，否定人际和谐的意义，则归为"否定型和谐取向"。这样的分类旨在从一个新的角度诠释组织中人际关系形成与作用的动力，区别内心驱动的和谐和表面和谐在工作中的影响，并以其对知识共享行为的影响为实例进行分析和验证。

根据定义，价值观型和谐有助于构建坦诚相待、互通有无的人际交往环境，因此，能够激励人们把个人知识拿出来和大家共享；否定和谐的取向则主张打破一团和气，忽视和谐人际关系在工作场合的重要作用，在人际相处中容易造成人际冷漠、隔阂的结果，因此，不利于和大家的交流，开展知识共享；而工具型和谐取向常常使人们的行事带有明显的功利性，由于刻意制造和谐，拉近人际关系，可能会驱使人们向同事分享一些信息和知识，但是同时，对于关乎自身利益的关键知识和信息，在阳奉阴违的心理下又会被深深掩藏起来，因此，我们认为，工具型和谐取向在短期内可能赢得表面上的亲密关系，在长期相处的工作环境中无法取得信任，因此，对知识共享没有积极作用。

假设1：价值观型和谐取向与知识共享行为正向相关；否定型和谐取向于知识共享行为负向相关；而工具型和谐取向与知识共享行为不相关。

人际和谐取向为我们分析个体员工的知识共享行为提供了一个新的视角，这一视角从人际交往中人们对和谐关系的看法出发，试图解释不同的和谐取向如何影响人们的知识贡献行为。与此同时，我们认为，人际和谐取向作为一种心理因素，其对知识共享行为的影响除了直接的作用之外，还会存在一些中介因素。参考以往知识共享的相关研究，组织公民行为和人际沟通是影响知识共享的关键因素。

组织公民行为（OCB）是个体员工施加给组织或其他同事的工作职责以外的行为，意在帮助组织或同事，组织公民行为虽然不列入正式绩效考核体系，却对组织绩效和组织文化起着重要的影响作用。根据实施对象不同，也可以分为针对集体的组织公民行为（OCBO）和针对个人的组织公民行为（OCBI）。研究表明，人际关系的好坏是决定员工对同事实施组织公民行为的关键因素，而知识共享在企业运作实践中往往需要贡献者在正式工作职责以外的努力和贡献，因此，我们提出，人际和谐取向和知识共享之间的关系通过组织公民行为发挥影响。

假设2：组织公民行为作为和谐取向（价值观型、工具型、否定型）和知识共享行为之间的中介变量，部分或全部地传递了两者之间的关系。

与此相类似，人际沟通是另一个存在于和谐取向和知识共享之间的中介影响因素。国内外的知识共享研究纷纷提出，沟通是知识共享的重要影响因素和实现渠道，员工之间频繁的沟通有利于促进知识共享。另外，和谐取向决定了人们之间沟通的频度和质量，因此：

假设3：人际沟通作为和谐取向（价值观型、工具型、否定型）和知识共享行为之间的中介变量，部分或全部地传递了两者之间的关系。

整合上述假设关系，本研究构建了和谐取向对知识共享的影响模型（见图1），围绕模型中确立的关系路径，设计开展实证研究。

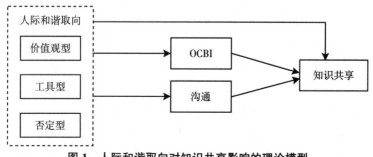

图1　人际和谐取向对知识共享影响的理论模型

四、实证研究与分析

（一）研究设计

为了验证以上假设，研究开展了问卷调查。问卷以主管—员工配对方式进行，即每一套问卷包括两份，一份由员工填写，另一份由该员工的直接主管填写，问卷结果进行配对分析，这样的方法可以避免数据采集中由自我报告产生的同源误差，由主管评定的企业公民行为与知识共享行为量表更为客观地反映了样本的真实情况。调查通过上海一所高校邀请了212名在职MBA学生报名参与，在组织者详细介绍注意事项后，这些学生将问卷带回工作单位寻找上级或下属配合共同填写，填写完整的两份问卷分别放入事先准备好的信封，密封后交还给组织者，这样的操作保证了回答问题时的保密性，能够更好地取得真实的答案。调查一共成功回收了185套完整问卷，回收率87%。为了保证问卷的有效性，通过筛选，我们剔除了存在连续同一答案或是有人为固定模式的答案，研究共取得168套有效问卷。

（二）采样统计

经统计，这168对答题者较广泛地分布在不同的行业中，以制造业（27.4%）、金融（16.1%）和信息科技业（12.5%）居多。答题者所属企事业单位代表了我国现阶段不同的所有制类型：国有19%，合资24.4%，外资38.7%，民营23%。上司的职位大多属于部门经理（40.3%）或主管（38.3%），下属的职位大多为一般员工（64.5%）。男性在上司中占63.4%，在下属中占48.1%。63%的下属在该组织工作年限为1~6年。

（三）研究量表

要求下属填写的问卷中包含了测量和谐取向、沟通频度的量表，而该员工的组织公民行为以及知识共享行为由上司评价，此外，我们还分别请上司和下属填写了有关公司和个人的信息。由于所用的量表都取自以往的西方研究，我们聘请两位英语专业人士分别进行英语到中文、中文到英语的翻译，通过这种方法避免翻译过程可能出现的失真，保证量表的内容效度。在正式发放问卷之前我们先在MBA学生中收集了20套问卷进行预测，通过测试结果和填写者的反馈，我们对部分文字进行了润色和修改，以符合中文理解习惯。

和谐取向：关于和谐取向我们采用了著名的心理学家梁觉及其研究小组开发的量表，共包括35个题项，其中13个题项用以测度价值观型和谐取向，例如"与别人和谐相处是人生的一个重要目标"；11个测度工具型和谐取向，例如"与人和谐相处很重要，因为世事难料，难保日后不有求于对方"；12个测度否定型和谐取向，例如"和谐容易使人变得虚伪客套，表里不一"。量表采用李氏五点法（Likert Scale），答题者按照从"1=十分不同意"到"5=十分同意"选择最符合自己看法的数字。

知识共享：为了测度员工在组织中实现知识共享的程度，我们使用了 Lu、Leung and Koch 开发的知识共享行为量表，共有 5 个题项，包括"此人把自己的工作报告和文件与公司成员分享"，"在公司的其他成员要求下，此人向他们提供能够协助解决问题的门路或人物"。量表采用 6 点法测度员工平时工作中进行知识共享的频度，"1=从来不"，"6=非常频繁"，由员工的上司进行评价。

组织公民行为：组织公民行为的测度我们采用了 Lievens 和 Anseel 开发的研究量表。包括 5 个描述性题项，由员工直属上司评价该员工的组织公民行为。题项包括"此人愿意帮助同事解决工作上的问题"。量表也采用 Likert Scale 5 点法，答题者按照从"1=很不同意"到"5=十分同意"选择最符合实际情况的数字。

人际沟通：根据 Barker 和 Camarata 的组织沟通量表改编，由于考察目标十分明确，我们只用了一个题项，"我和同事之间密切接触、实现交流"，采用 6 点法区别频次，从"1=从来不"到"6=非常频繁"。

除此之外，我们还在问卷中考察了企业所有制形式、行业、企业规模、员工的年龄、性别、职位、在该组织服务年限、学历等信息，作为控制变量。

（四）结果分析

首先，作为研究的自变量，我们对和谐取向这新的量表进行了验证性因素分析，通过 SPSS 软件进行的主成分分析法（Principal component method）经直交转轴（Varimax）后，验证了 35 个题项分别属于三个独立的概念，解释力总和达到 49.7%。

在对主要变量之间的关系进行分析之前，我们对所有控制变量进行检验，通过回归分析，排除这些企业和个人因素对因变量存在显著影响的可能。回归结果表明，所有的控制变量均呈现不显著影响。因此，以下的分析中不再报告控制变量的回归结果。

接着，研究对各量表的信度进行检测。结果显示，各量表的 Cronbach's α 值均达到可接受水平（>0.80）。各变量的均值、标准差以及变量之间的相关系数见表 1。

表 1 变量描述及相关系数表（N=168）

	题项	均值	SD	Cronbach's α	1	2	3	4	5	6
1. 价值观型和谐取向	13	3.84	0.56	0.81	1					
2. 工具型和谐取向	10	3.26	0.60	0.84	0.35**	1				
3. 否定型和谐取向	12	3.07	0.64	0.86	−0.12	0.23**	1			
4. 知识共享	5	4.40	0.85	0.84	0.16*	0.05	−0.15	1		
5. OCB	5	3.77	0.67	0.84	0.23**	0.13	−0.03	0.24**	1	
6. 沟通	1	4.65	1.05	1	0.14	−0.03	−0.11	0.60**	0.15*	1

注：** 表示 p<0.01，* 表示 p<0.05（双尾）。

为了检验假设中各变量之间的关系以及组织公民行为作为中介变量的作用，我们借助SPSS 13.0 统计软件用回归分析的方法共检验了九个研究模型，为便于比较，分别列在表2与表3中。模型一、模型三和模型五检验了三种和谐取向对知识共享的直接影响，结果证明，价值观和谐取向与知识共享呈现显著正向关系，工具型和谐取向与知识共享无显著关系，而否定型和谐取向与知识共享有较弱而显著的负向关系。这几个模型的结果基本上支持了假设1提出的直接关系。

表2　组织公民行为在和谐取向与知识共享之间中介作用的回归分析结果

自变量	模型一	模型二	模型三	模型四	模型五	模型六
第一步：						
价值观和谐	0.180*	0.130				
工具型和谐			0.060	0.040		
否定型和谐					−0.150^	−0.140^
第二步：						
OCBI		0.230**		0.260**		0.260**
R^2	0.025	0.082	0.014	0.076	0.031	0.094
F	0.793	2.266*	0.430	2.110^	0.980	2.660*
ΔR^2	0.041	0.051	0.014	0.063	0.310	0.064
ΔF	1.300	8.550**	0.430	10.390**	0.980	10.740**

注：因变量为知识共享行为；ΔR^2 表示判定系数改变量，ΔF 表示改变量显著性，表中其他数据为标准化的 β 值与显著性；** 表示 $p<0.01$，* 表示 $p<0.05$，^ 表示 $p<0.1$。

表3　沟通在和谐取向与知识共享之间中介作用的回归分析结果

自变量	模型一	模型七	模型三	模型八	模型五	模型九
第一步：						
价值观和谐	0.18*	0.09				
工具型和谐			0.07	0.07		
否定型和谐					−0.15^	−0.10
第二步：						
沟通		0.59**		0.60**		0.59**
R^2	0.04	0.37	0.01	0.37	0.03	0.37
F	1.30	14.79**	0.43	14.66**	0.98	14.93**
ΔR^2	0.04	0.33	0.01	0.35	0.03	0.34
ΔF	1.30	78.96**	0.43	84.66**	0.98	82.12**

注：因变量为知识共享行为；ΔR^2 表示判定系数改变量，ΔF 表示改变量显著性，表中其他数据为标准化的 β 值与显著性；** 表示 $p<0.01$，* 表示 $p<0.05$，^ 表示 $p<0.10$。

模型二结果显示，当引入组织公民行为概念后，原有的价值观和谐对知识共享的直接作用转为不显著，这证明了知识共享在其中发挥的中介作用。模型四和模型六的结果则证明，当引入组织公民行为后，工具型和谐和否定型和谐与知识共享关系没有太大变化。类似地，当引入沟通作为中介变量后，模型七的结果表明，沟通价值观和谐和知识共享之间发挥了完全中介的作用。模型九表明，沟通在否定型和谐和知识共享之间发挥了中介作用。

五、结果讨论

综上所述，本研究所提出的理论假设较好地得到了实证支持。研究证明价值观型和谐取向对知识共享具有正向作用，这一作用通过组织公民行为和人际沟通发挥影响。工具型和谐对知识共享没有显著影响，否定型和谐对知识共享有负面作用，人际沟通在其中发挥了中介作用。

以上理论研究和实证检验的结果对知识共享研究做出以下几方面的贡献：（1）人际和谐取向的提出，为从人际关系角度对知识共享的研究提供了新思路；（2）基于我国文化背景，对以和谐为主导的人际关系作了深入的探讨和分类，并将其放置在具体的组织管理实践中分析问题、解决问题；（3）以组织公民行为和人际沟通为中介的理论模型阐释了和谐取向这一心理因素与知识共享行为之间的作用机制，有机地联结了以往的知识共享研究成果和本研究提出的新视角。

研究结果对知识管理实践也带来一些启示和参考：

知识管理是现代企业追求卓越，提高核心竞争力的有效途径。但是，一些企业对知识管理的理解和实施仅限于先进硬件设备的引进和知识管理软件的推广，忽略了知识管理的主体应该是企业中的员工以及他们所拥有的技能和经验。结果，昂贵的知识管理系统常常因为缺乏员工的主动参与和贡献而变成徒有虚名的闲置资产。本研究的结果提醒知识管理工作者和企业高层主管重视知识共享的人文因素影响，尤其是企业内部人际互动过程中员工的心理和行为因素，了解员工在知识共享中的心理需求和环境推动力。

本研究的直接结果显示，不同的人际和谐取向对知识共享发挥不同的作用，以价值观型和谐为目标的人际相处模式最有利于知识共享。漠视和谐，否定和谐的想法会阻碍知识共享。而刻意制造的工具型和谐只能带来表面化的一团和气，掩盖矛盾，却不能推动知识共享。鉴于这些结果，管理者应当考虑从组织文化和组织规章制度层面上提倡价值观和谐，引导否定型和谐和工具型和谐转化为对和谐价值观的追求。例如，如果组织内部重视员工的实际工作绩效，而不是人际关系，则会有效抑制工具型和谐取向，鼓励人们畅所欲言，摒弃等级观念，求同存异，寻找最佳问题解决方法。相反，在面临加薪或晋升决策的时候，如果员工感到重要的是关系好坏，而不是作为多少，那就会促使他们有意培养表面的和谐关系，靠近领导，拉帮结派，勾心斗角，不利于有效的知识共享。

此外，在我国的文化背景下，和谐人际关系仍然是人们非常重视的工作环境因素，完全忽视和谐，只追求效益与效率的工作方式仍然不适合企业的健康发展，正如研究结果所显示的那样，否定和谐的取向会破坏人们之间的交流，进而减少知识共享的机会。所以，作为企业管理者，还应当通过企业文化建设和组织结构设计等方法增进人际关系，提高知识员工之间的交流互动。

最后，本研究所采用的人际和谐取向概念和相关实证量表都是较新的尝试，还需要进一步完善和修订。作为探索性研究，人际和谐取向对知识共享影响的理论模型和问卷调查方法为以后的研究奠定了基础，取得了有意义的结果，后续研究可以对其跨文化适用性和组织环境特殊性进行拓展和验证。

参考文献：

［1］叶福华. 论企业管理中的和谐构建［J］. 中国管理信息化，2006（1）.

［2］Nonaka，I.，Takeuchi，H. The Knowledge-creating Company［M］. New York：Oxford University Press，1995.

［3］Damanpour，F. Organizational Innovation：A Meta-analysis of Effects of Determinants and Moderators［J］. Academy of Management Journal，1991，34（3）：555-583.

［4］Lu，L.，Leung，K.，Koch，P.T. Managerial Knowledge Sharing：The Interplay of Individual，Interpersonal，and Organizational Factors［J］. Management and Organization Review，2006，2（2）：15-41.

［5］王登峰，黄希庭. 自我和谐与社会和谐—构建和谐社会的心理学解读［J］. 西南大学学报（人文社会科学版），2007（1）.

［6］龚天平，邹寿长. 论现代管理伦理的和谐理念［J］. 湖南师范大学社会科学学报，2003（1）.

［7］张静. 导师与研究生之间的和谐关系研究［J］. 中国高教研究，2007（9）.

［8］Kozan，M.K. Culture and Conflict Management：A Theoretical Framework［J］. International Journal of Conflict Management，1997，8：338-360.

［9］Leung，K，Koch，PT，Lu，L. A Dualistic Model of Harmony and Its Implications for Conflict Management in Asia［J］. Asia Pacific Journal of Management，2002，19（2-3）：201-220.

［10］路琳. 和谐二元矩阵模型及其在冲突管理中的作用［J］. 心理科学，2007（5）.

［11］Cummings，J. N. Work Groups，Structural Diversity，and Knowledge Sharing in a Global Organization［J］. Management Science，2004，50（3）：352-364.

［12］Hansen，M. T. The Search-transfer Problem：The Role of Weak Ties in Sharing Knowledge across Organization Subunits［J］. Administrative Science Quarterly，1999，44（1）：82-111.

［13］Liao，L. F. A Learning Organization Perspective on Knowledge-sharing Behavior and Firm Innovation［J］. Human Systems Management，2006，25（4）：227-247.

［14］Chen，G，Kirkman，B.L.，Kanfer，R，Allen，D，Rosen，B. A Multilevel Study of Leadership，Empowerment，and Performance in Teams［J］. Journal of Applied Psychology，2007，92（2）：331-350.

［15］路琳. 人际关系对组织内部知识共享行为的影响研究［J］. 科学学与科学技术管理，2006（4）.

［16］Kristiina，M. Knowledge Sharing Through Expatriate Relationships：A Social Capital Perspective［J］. International Studies of Management & Organization，2007，37（3）：108-132.

［17］Organ，D. W. Organizational Citizenship Behavior：The Good Soldier Syndrome［M］. Lexington Books，MA：Lexington，1988.

［18］Kaufman，J. D，Stamper，C. L.，Teesluk，P. E. Do Supportive Organizations Make for Good Corporate Citizens？[J]. Journal of Managerial Issues, 2001, 13 (4): 436-449.

[19] Yu, C. P., Chu, T. H. Exploring Knowledge Contribution from an OCB Perspective [J]. Information & Management, 2007, 44 (3): 321-331.

[20] 王娟茹，赵嵩正，杨瑾. 隐性知识共享模型与机制研究 [J]. 科学学与科学技术管理，2004 (10).

[21] 余光胜，刘卫，唐郁. 知识属性、情境依赖与默会知识共享条件研究 [J]. 研究与发展管理，2006 (6)

[22] Lievens, F, Anseel, F. Confirmatory Factor Analysis and Invariance of an Organizational Citizenship Behavior Measure across Samples in a Dutch-speaking Context [J]. Journal of Occupational and Organizational Psychology, 2004, 77 (3): 299-307.

[23] Barker, R. T., Camarata, M R. The Role of Communication in Creating and Maintaining a Learning Organization: Preconditions, Indicators, and Disciplines [J]. Journal of Business Communication, 1998, 35 (4): 443-467.

The Effect of Interpersonal Harmony Orientation on Knowledge Sharing Behaviors

Lu Lin, Chen Xiaorong

Abstract: This study focuses on the relationship between interpersonal harmony orientation and knowledge sharing behaviors within the organization. We classify harmony orientation of individual employees into value harmony, instrumental harmony and ignored harmony. In order to examine the relations between the three harmony orientations and knowledge sharing behaviors, organizational citizenship behaviors (OCB) and communication are employed as mediators. A survey is conducted among 168 dyads of supervisors and subordinates in diversified industries. The result supports the relations hypothesized.

Key words: harmony orientation; knowledge sharing; OCB; communication

互动公平真的能唤醒我国女性管理者的责任心吗?*

——组织支持感的中介作用

杨付　张丽华　霍明

【摘　要】研究采用问卷调查法，以国内12家企业520名在职女性管理者为样本，探讨了互动公平、组织支持感和管理者责任心之间的关系。研究内容与实证结果包括：首先，实证检验了在中国情境下互动公平对管理者组织支持感的影响；其次，在角色理论模型的基础上，实证检验了互动公平对管理者责任心的影响，这是在中国情境下的开拓性研究；最后，创造性地将组织支持感引入到互动公平与管理者责任心的关系之中，构建并验证了"互动公平→组织支持感→管理者责任心"作用机制模型，打开了互动公平对管理者责任心的影响机制这一"黑箱"。

【关键词】互动公平　组织支持感　责任感　成就感

一、引言

女性人才在各行各业中发挥着越来越重要的作用，做出了卓有成效的贡献。近年来，一些优秀的职业女性也逐渐进入到传统男性为主的职业领域并获得认可，出现了像惠普的Carly Fiorina、朗讯CEO帕特丽夏·鲁索、雅芳的女总裁钟彬娴等一大批优秀的女性经营管理人才。管理者是企业发展的重要力量，而女性管理者对企业发展的重要性不可忽视。管理者责任心是工作绩效的最佳预测指标（Barrick和Mount，1991），因为具有高度责任心的管理者本质上偏好于认真工作，有成就目标。要使员工以高责任心进行工作必须重视员工的心理感受，薪酬公平感是一个重要方面（Zeyu Peng和Zhou Fan，2009）。

---

* 本文选自《经济科学》2011年第6期。

关于责任心的结构研究，主要以二维度为主，Norman（1963）最早用特质描述词提出应在负责任和有道德两个维度的基础上定义责任心。后来又有一些学者提出责任心结构为：可依赖性和责任感（Judge 等，1997）；可依赖性和义务性（Mount 和 Barrick，1995；Moon，2001）。而责任心对于企业中的管理者，其责任心维度及内涵还没有成型的、公认的标准。已有关于责任心的研究大多使用跨层级、跨性别的综合样本或者以员工为背景，分层级分性别的研究较少。综合样本的使用存在着潜在的问题，会掩盖层级间、性别间的差异，造成研究上的偏误，应当聚焦于更加精细的层级或者性别，而不是简单地使用控制层级变量和性别变量进行分析。因此，本研究聚焦于女性管理者，这种聚焦可以帮助本研究深入挖掘层级、性别内部责任心的影响机制。

鉴于此，本文主要探讨三个问题：一是借鉴国外的成熟问卷，结合中国文化特点，通过探索性因子分析和验证性因子分析，探索适应中国情境的、信效度良好的责任心测量工具。二是薪酬公平感是否真的就能"唤醒"我国女性管理者责任心？三是薪酬公平感对我国女性管理者责任心影响过程中，什么因素充当重要角色？首先，鉴于中国背景下的组织是更具人格化的组织，我们选择薪酬公平感中的互动公平作为模型的自变量进行研究，因为相对分配公平和程序公平这些程式化的变量而言，体现领导与员工之间人际关系的互动公平变量能够更好地预测中国组织中的各种绩效（何轩，2009）。然后，选用中国十二家企业女性管理者问卷调查数据，对责任心相关文献进行梳理。最后，借助结构方程模型进行实证分析，并对研究结论进行相关检验。这为互动公平与责任心间的关系提供理论上的支撑和依据，推动妇女理论研究的发展。

二、理论评述与假设提出

责任心相关的研究目前主要集中在两个方面：一是研究责任心的结果变量，结果变量主要集中在工作绩效（Hurtz 和 Donovan，2000；Borman，2004），同时也涉及了一些其他的相关变量：工作标准、员工的自我感觉、创造性、作业等级、人际关系等（Salgado，1997；Witt 等，2002）。二是研究责任心的前因变量，目前有关责任心产生机理的理论诠释，得到最为广泛认可的是 Frink 和 Klimoski（1998）提出的基于角色理论的解释框架，该理论框架将个体责任心看成是角色提供者的期望和角色接受者的期望共同作用的结果。比如 Barrick 和 Mount（1996）研究指出，自欺和印象管理等反应会显著影响员工责任心。Royle（2006）实证研究指出责任心的影响因素可以分为两类：一是个体自身因素，包括成就、权力、归属需要和个体基于组织的自尊等；二是个体与组织中其他成员的联系紧密程度。也有学者通过研究薪酬管理领域的挑战，指出薪酬公平感可能会影响员工的责任心（Michel 等，1997）。

大量的研究指出互动公平与组织支持感显著正相关。比如 Cheung 和 Law（2008）研究指出互动公平是组织支持感较好的预测因素，同时其他学者也提出了相同的结论（Rhoades 和 Eisenberger，2002；Peelle III，2007）。根据组织支持理论，组织支持感通过组织重视企业管理者的贡献并关注其幸福感使得管理者感觉到组织对他们的支持而不断提高，互动公平恰恰可以看作是这样一种表示组织支持程度的待遇。互动公平意味着组织真心实意坚持公平的管理程序；在决策与实施工作中，充分尊重企业管理者的意愿，及时善于与员工之间的沟通与交流；真正关心员工，对下属有礼貌，体现了组织对管理者权力的尊重，这能促进组织支持感的产生。基于以上分析，我们提出如下假设：

H1：互动公平对组织支持感具有积极的影响。

薪酬公平感对企业管理者责任心的影响机制目前还是空白，薪酬公平感是个比较敏感的话题，同时也是管理者责任心的主要预测变量，根据社会比较理论，在我国薪酬公开的情况下，管理层可以获知同行业其他公司管理层的薪酬水平，通过与他们薪酬水平进行社会比较，形成对自身薪酬公平与否的新认知，从而导致其管理行为的变化（吴联生，2010）。依据中国企业管理实践，管理者薪酬公平感知一旦降低，会立即导致中国背景下管理者责任心的降低（杨付等，2010）。当管理者将感知信息量的丰富和信息的公正作为组织对他们的信任，这影响着他们评估自己在组织内部的地位的敏感性。另外，组织当权者通过关注管理者的工作需求以显示组织对他们的尊重，并且这种做法又会积极影响他们的责任心，这些管理者进而就会以高度责任心汇报给组织。基于以上分析，我们提出如下假设：

H2：互动公平对责任心具有积极的影响。

尽管互动公平是企业管理者责任心的前因变量（杨付等，2010），然而，对于互动公平如何通过组织支持感影响企业管理者责任心的研究却非常少。当领导改善与企业管理者的人际互动质量时，领导就会在薪酬管理活动过程中，充分地尊重和关心管理者，从而提高其管理者对组织的支持，在互惠的道德规范下，有高组织支持感的企业管理者就会有一种通过高责任心持回报组织的义务和责任的感觉。此外，根据组织支持理论，组织支持感能增加员工的努力—结果期望，有高组织支持感的管理者倾向于表达对组织强烈的归属感和忠诚度，把组织的得失看成是自己的得失。因此，组织支持感增加导致的努力—结果期望提高以及组织成员资格的认同能提高管理者责任心。基于以上分析，我们提出如下假设：

H3：组织支持感在互动公平与责任心关系中起中介作用。

三、研究方法

（一）数据收集

本研究试图建立一个整合的理论框架，以探讨薪酬公平感和组织支持是否显著影响我国女性管理者责任心？薪酬公平感对女性管理者责任心的作用是否会受到组织支持的影响？为了保证调研数据的可靠性，其数据采集的过程需要科学合理，尽量避免研究结果中出现共同方法偏差。本研究采用两轮纵向问卷调查以避免研究结果中出现共同方法偏差。第一轮与第二轮调查之间时间间隔为 1 个多月，在第二轮的问卷调查中，研究设计者为企业员工（调研对象）准备了两份内容不同的员工问卷。另外，为了排除调研结果的样本依赖性以及使本研究结果在不同组织、行业、工种及人群中具有普遍适用性，同时考虑本文作者有限的社会资源，本研究在选择了十二家企业女性管理者为研究对象，管理者包括基层管理者、中层及以上管理者，取样本则使用了分层随机抽样的方法，首先我们对这十二家企业的组织结构和人员分布的情况进行一定的了解，从而设置了各企业抽取样本的数量，然后通过各企业的相关部门及其主管的支持和配合，根据方便抽样的方法随机地选择一定的员工，并逐一通知各个部门的主管，最后由各个部门主管将所有样本集中于统一时间和地点进行问卷的填写，填写完后直接交给选择可将问卷直接交给公司相关配合调研人员集中交还调查者，或者直接将问卷寄回给调查者，以保证问卷保密及匿名。最后由本文作者将所收集的数据进行整理和分析。

本次调查最终回收了 725 份问卷，剔除不认真填答、缺失值大于三个的问卷，有效问卷为 520 份，总样本的人口统计因素如下：在学历上，中专及以下占 23.5%，大专占 39.2%，本科占 34.2%，硕士及以上占 3.1%；在等级上，基层管理者占 63.8%，中层及以上管理者占 36.2%；在工龄上，2 年以下占 19.2%，3~5 年占 38.5%，6~10 年占 30.8%，11 年及以上占 11.5%；在年龄上，20 岁及以下占 5.8%；21~30 岁占 64.2%，31~40 岁占 27.3%，41 岁及以上占 2.7%；在行业上，制造业占 57%，服务业占 43%。

（二）变量测量

本研究中，问卷中的变量测量都采用 1~5 的 5 点评价刻度：1 表示"完全不同意"，5 表示"完全同意"。研究中包含的变量有互动公平、组织支持感、管理者责任心等。

互动公平。本研究采用 Niehoff 和 Moorman（1993）编制的七个项目来测量互动公平。如"上级对薪酬分配过程和结果的解释很有道理"、"对薪酬分配的程序和标准有意见，上级会给我全面解释"和"对于薪酬分配的程序和标准，公司对员工有明确的宣布"等。

组织支持感。本研究采用 Eisenberger 等（1986）编制的七个项目来测量组织支持感。如"公司非常看重我的工作目标和价值观"、"公司乐意在广泛的范围内帮助我尽自己的最大能力完成工作"和"公司对我在工作中所做出的成就感到骄傲"等。

责任心。本研究重点参考 Roberts 等（2005）编制责任心测量的相关条目。并结合杨付等（2010）对该量表的修改，最终确定 12 个责任心问卷项目。如"我会主动地维护公司的声誉"、"在公司中，我会做好本职工作"和"为了工作需要，我会主动去学习相关知识"等。

此外，本研究设置了 3 个社会赞许性题目作为删除赞许性倾向严重的数据的参考依据，例如，"当你犯了过错时，你总是勇于承认错误"、"你从来不会让别人代你受过"、

"有时你喜欢讲别人的闲话"（反向计分）。回答"是"和"否"二选一。如果 3 个题目中答"是"（反向计分题为"否"）的有 2 个及以上，则该问卷不可靠，按废卷处理。

四、研究结果

（一）同源方差分析

为检验同源偏差（CMV）的问题，我们采取单因子检测法，即将问卷中所有条目一起做因子分析，在未旋转时得到的第一个主成分，反映了 CMV 的量。按照上述操作后发现，第一个主成分是 16.458%，并没有占到多数，所以同源偏差并不严重。

（二）信度与效度分析

变量的信度以 Cranach's Alpha 系数来检验，效度从内容效度和结构效度两个方面检验，分别对应探索性因素分析和验证性因素分析。将 520 个样本数据随机地均分为两部分。前一半 260 个样本数据通过 PASWStatistics 18.0 系统用于各概念的探索性因子分析，后一半 260 个样本数据通过 LISREL 8.80 系统用于各概念的验证性因子分析，总体 520 个样本用于研究假设模型的验证。

（1）责任心

责任心初测问卷包括 12 个项目。样本适合性检验结果表明，KMO 球形检验结果为 0.862（值大于 0.700），通过 Bartlett 球度检验，显著性水平小于 0.001，样本适合进行因子分析。然后，对 12 个项目采用主成分分析法和方差最大法旋转求解共同因子，以特征值大于 1 决定因子提取数量，最后提取了两个公共因子。但是有一个项目在两个因素上的负荷都大于 0.5，因此删除这个具有双重负荷的项目。对剩余的 11 个项目进行第二次探索性因子分析。样本适合性检验结果表明，KMO 球形检验结果为 0.876（值大于 0.700），通过 Bartlett 球度检验，显著性水平小于 0.001，样本适合进行因子分析。然后，对 11 个项目采用主成分分析法和方差最大法旋转求解共同因子，以特征值大于 1 决定因子提取数量，最后提取了两个特征值大于 1 的公共因子，累积方差解释率为 60.395%，因素负荷在 0.666~0.781 之间。同时，11 个项目的共同度在 0.532~0.713 之间，均在 0.50 以上，这保证因子分析的有效性。探索性因素分析的结果与一些学者的研究结果是一致的（Norman，1993；Mount 和 Barrick，1995；Judge，1997；Moon，2000）。按照文献回顾和项目题义，分别将这两个因素命名为成就感（SOA）和责任感（SOR）。在本文中，各维度的测量信度系数（Cranach's Alpha）分别为 SOA：0.880；SOR：0.791；问卷整体信度系数为 0.879，均大于 0.700，表明具有良好的测量信度。最后，我们继续用后一半 260 个数据对责任心问卷进行验证性因子分析，拟合指标如表 1 所示。结果表明，其拟合度指标均达到基本要求，

表1　三个测量问卷的验证性因素分析拟合指标（N=260）

拟合指数	χ^2	df	GFI	NFI	IFI	NNFI	CFI	RMSEA
责任心	127.188	43	0.918	0.947	0.963	0.952	0.963	0.0869
互动公平	22.738	9	0.976	0.988	0.992	0.982	0.992	0.0768
组织支持感	23.447	10	0.975	0.987	0.992	0.984	0.992	0.0721

责任心问卷具有良好的测量效度。

（2）互动公平

互动公平（IJ）问卷包括七个项目，样本适合性检验结果表明，KMO球形检验结果为0.891（值大于0.700），通过Bartlett球度检验，显著性水平小于0.001，样本适合进行因子分析。然后，对七个项目采用主成分分析法和方差最大法旋转求解共同因子，以特征值大于1决定因子提取数量，最后提取了一个公共因子，累积方差解释率为64.301%，因素负荷在0.727~0.857。同时，七个项目的共同度在0.529~0.734，均在0.50以上，这也保证因素分析的有效性。互动公平（IJ）问卷的测量信度系数（Cranach's Alpha）为0.907，表明具有良好的测量信度。最后，我们继续用后一半260个数据对互动公平问卷进行验证性因子分析，拟合指标如表1所示。结果表明，其拟合度指标均达到基本要求，互动公平问卷具有良好的测量效度。

（3）组织支持感

组织支持感（POS）问卷包括七个项目，样本适合性检验结果表明，KMO球形检验结果为0.888（值大于0.700），通过Bartlett球度检验，显著性水平小于0.001，样本适合进行因子分析。然后，对七个项目采用主成分分析法和方差最大法旋转求解共同因子，以特征值大于1决定因子提取数量，最后提取了一个公共因子，累积方差解释率为63.083%，因素负荷在0.755~0.825。同时，七个项目的共同度在0.570~0.681，均在0.50以上，这也保证因素分析的有效性。互动公平问卷的测量信度系数（Cranach's Alpha）为0.902，表明具有良好的测量信度。最后，我们继续用后一半260个数据对组织支持感问卷进行验证性因子分析，拟合指标如表1所示。结果表明，其拟合度指标均达到基本要求，组织支持感问卷具有良好的测量效度。此外，为了进一步考察并确认各变量的聚合效度和区分效度，我们采用正式调查所获得的520个数据进行各研究变量区分效度的验证性因子分析（见表2）和变异提取估计量（Variance Extracted Estimate，VEE）分析（见表3）。

从表2可见，四因子模型在各拟合度指标均优于其他三个模型（三因子模型、二因子模型和单因子模型），且基本上都达到了拟合优度的要求，这说明本研究所涉及的四个研究变量（IJ、POS、SOR和SOA）具有良好的区分效度。此外，验证性因子分析结果显示，在四因子模型中各因子的因子负荷均大于0.5，T值均大于2，因子负荷和T值均达到了显著性水平（p<0.01）且未出现不恰当解，这说明各构念均具有良好的聚合效度。同时，为了进一步考察本研究涉及的四个构念的变异提取估计量（Variance Extracted Estimate，VEE）。我们根据Fornell和Larcker（1981）的方法，计算出四个构念VEE值，从表3中

表2 概念区分效度的验证性因子分析（n=520）

模型	χ^2	df	$\Delta\chi^2$	GFI	NFI	IFI	NNFI	CFI	RMSEA
四因子模型： IJ、POS、SOR、SOA	1414.649	269		0.821	0.936	0.948	0.942	0.948	0.0906
三因子模型： IJ+POS、SOR、SOA	1606.434	272	191.785***	0.802	0.929	0.941	0.935	0.941	0.0972
二因子模型： IJ+POS、SOR+SOA	2033.039	274	618.390***	0.761	0.915	0.926	0.919	0.926	0.1110
单因子模型 IJ+POS+SOR+SOA	5695.827	275	4281.178***	0.532	0.841	0.851	0.837	0.851	0.1950

注：IJ 表示互动公平，POS 表示组织支持感，SOR 表示责任感，SOA 表示成就感，+表示两个因子合成一个因子，*** 表示 $p<0.001$。

表3 各变量平均数、标准差、VEE 及相关系数（n=520）

	题项	Mean	SD	VVE	1	2	3	4
1. IJ	7	3.287	0.863	0.588	1			
2. POS	7	3.356	0.781	0.568	0.807**	1		
3. SOR	4	4.136	0.606	0.476	0.287**	0.333**	1	
4. SOA	7	4.136	0.557	0.520	0.266**	0.274**	0.500**	1

注：** 表示 $p<0.01$（双尾）；IJ 表示互动公平；POS 表示组织支持感；SOR 表示责任感；SOA 表示成就感。

可以看出，除责任感（SOR）的 VEE 略小于 0.50，其他的三个构念的 VEE 均大于 0.50。因此，就整体而言本研究涉及的各个构念均具有较好的区分效度。

（三）假设检验

在确保问卷具有良好测量信度和效度的基础上，本研究对正式调查获取的 520 个数据进行相关分析和结构方程模型分析，并对前文提出的一系列研究假设 H1、H2、H3 进行实证检验。

（1）相关分析

从表3可以看出，互动公平与组织支持感（r = 0.807，p < 0.01）和责任感（r = 0.287，p < 0.01）、成就感（r = 0.266，p < 0.01）均显著正相关；组织支持感与责任感（r = 0.333，p < 0.01）和成就感（r = 0.274，p < 0.01）均显著正相关。这为我们进一步论证假设 H1 和 H2 提供了一定的依据。同时，这也为进一步论证假设 H3 组织支持感在互动公平与管理者责任心关系中起中介作用分析提供了一定的依据。

（2）结构方程模型

相关关系只能说明变量间是否存在关系，无法说明研究变量之间或变量各维度之间相互影响和相互作用。因此，本研究在相关分析的基础上，利用结构方程建模的方法，建立假设互动公平对组织支持感影响的结构方程模型（MA）、互动公平对责任心影响的结构方程模型（MB）、整体结构模型（MC1）及整体结构修正模型（MC2），借助统计软件 LISREL8.80 对三个假设模型（H1、H2、H3）依次进行检验，各模型检验的拟合指标见表 4。

表 4　三个假设模型检验的拟合指标（n=520）

模型	χ^2	df	GFI	NFI	IFI	NNFI	CFI	RMSEA
MA	251.933	76	0.954	0.962	0.967	0.960	0.967	0.0713
MB	601.753	133	0.900	0.913	0.925	0.914	0.925	0.0697
MC1	1244.301	270	0.923	0.930	0.942	0.935	0.942	0.0554
MC2	1244.203	272	0.923	0.930	0.942	0.936	0.942	0.0549

首先，对模型 MA 进行检验。互动公平对组织支持感影响的结构方程模型（MA）拟合结果见图 1，拟合指标见表 4。从表 4 可以看出，模型 MA 各拟合指标均达到了基本要求，实际数据与模型 MA 拟合较好。从图 1 中可以看出，模型中互动公平与组织支持感的标准化路径系数为 0.89（p < 0.001），这表明互动公平对组织支持感具有显著的正向影响，假设 H1 通过了检验。

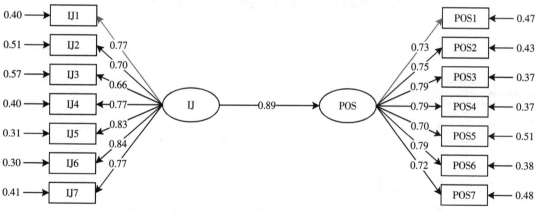

图 1　互动公平对组织支持感影响的结构方程模型（MA）

其次，对模型 MB 进行检验。互动公平对责任心二维度影响的结构方程模型（MB）拟合结果见图 2，拟合指标见表 4。从表 4 可以看出，模型 MB 各拟合指标均达到了基本要求，实际数据与模型 MB 拟合较好。从图 2 中可以看出，模型中互动公平与责任感和成就感的标准化路径系数分别为 0.32（p < 0.001）和 0.30（p < 0.001）。这表明互动公平对责任感和成就感均具有显著的正向影响，假设 H2 通过了检验。

最后，对模型 MC1 进行了检验。最终拟合结果见图 3，拟合指标见表 4。在对初设模型拟合过程中，发现互动公平与责任感和成就感的行为之间的路径系数分别为 -0.11 和 0.04，均未达到显著，出于简约原则，删除该路径得到最终拟合模型及结果如图 4（整体修正模型），拟合指标见表 4。从表 4 可以看出，实际数据与模型 MC2 拟合较好。

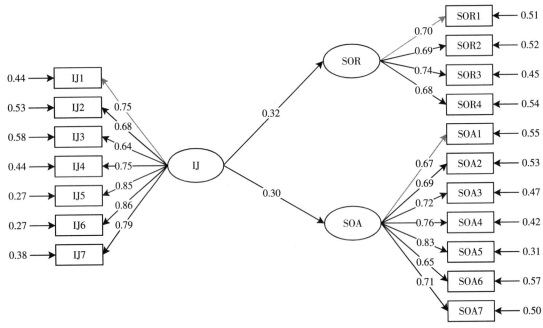

图 2   互动公平对责任心影响的结构方程模型（MB）

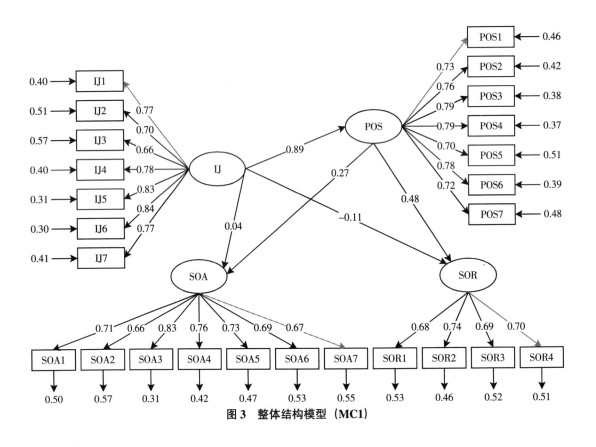

图 3   整体结构模型（MC1）

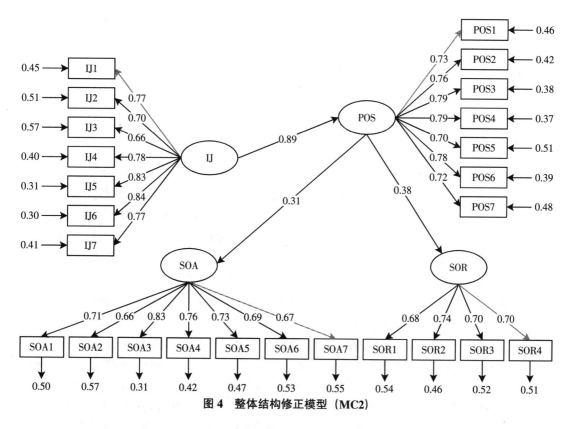

图4 整体结构修正模型（MC2）

　　中介结构模型的确定，一方面需要依据理论基础，另一方面需要依据结构模型的拟合程度和模型的简洁性。本研究将两个嵌套模型——完全中介模型MC2（互动公平通过组织支持感间接影响成就感和责任感）和部分中介模型MC1（互动公平既直接影响成就感和责任感，还通过组织支持感间接影响成就感和责任感）进行比较，最终确定一个与数据拟合最好且相对简约的获胜模型。由表4可知，完全中介模型MC2和部分中介模型MC1各项拟合指数比较发现：ΔCFI的绝对值与ΔNNFI的绝对值均小于0.001（p < 0.01），依据Cheung和Rensvold（2007）的观点，ΔCFI、ΔNNFI的绝对值小于0.01，即可认为两模型差异不显著。两模型$\Delta\chi^2(2) = 0.098$（p > 0.05），差异也不显著。当两模型在拟合指数上没有显著差异，相对简约的模型为最佳模型，即完全中介模型为最佳模型。经检验，部分中介模型的直接路径系数（互动公平对成就感与责任感的直接效应分别为0.04和–0.11，ns）不显著，根据结构结构方程模型理论的观点，不显著的路径应删除，并再次与数据进行拟合。删除这条不显著的路径之后，结果与完全中介模型一致。从而佐证了完全中介模型（见图4）为本研究的最佳模型。

五、结论与讨论

（一）研究结论

会给组织带来各种不利影响的责任心缺失行为普遍存在，目前理论界认为提高其薪酬公平感就是解决问题的关键。但是在中国情境下，情况真的如此吗？本文通过对十二家企业女性管理者的问卷调查，构建了薪酬公平感对我国女性管理者责任心的影响作用机制模型，分析互动公平与女性管理者责任心之间的关系。同时，引入组织支持这一中介变量，探讨互动公平与女性管理者责任心间的作用机制。首先在文献述评和逻辑推演的基础上提出了三个假设，然后通过相关分析、结构方程模型检验了研究假设。研究发现：（1）互动公平对组织支持感有积极影响。（2）互动公平对责任感和成就感均有积极影响。（3）互动公平通过组织支持感完全中介作用于其责任感和成就感。

结论 1 与以往有关薪酬公平感（互动公平）与员工组织支持感的研究结果是一致的（Rhoades 和 Eisenberger，2002；Peelle，2007；Cheung 和 Law，2008），表明互动公平确实与组织支持感存在密切关系。这表明领导者在平时与女性管理者的交往过程中应尊重他们，并考虑她们的尊严以及与她们以礼相待等并被员工感知，可以对其组织支持感产生积极影响。另外，由于领导自我感知互动公平对女性管理者组织支持感并无直接影响，互动公平是否能够被女性管理者感知变得非常重要的。也就是说，领导者在决策执行过程中女性管理者感受到的人际对待的公平性要准确地传达给女性管理者，才能有效地提高女性管理者组织支持感。因此，企业领导者在与女性管理者交往的过程中，态度一定要诚恳、尊敬，要平等地对待每一位女性管理者。这就为人力资源实践中，一定要重视领导技术的培训，通过培训，学会有效地与女性管理者公平交往并将公平感知及时传达给女性管理者，就显得十分必要。

结论 2 是建立在 Frink 和 Klimoski（1998）所提出的角色理论模型基础之上，它为组织背景下的责任行为研究提供了新的理论框架。表明人际互动是责任行为的重要影响变量。也就是说人际关系的变化，不仅会影响个体和角色发送者的期望及其后续发展，而且相同的期望有可能产生差异很大的感知结果（李劲松，2007）。因此，在薪酬管理过程中，领导应重视与管理者之间积极地沟通，让员工参与到有关薪酬政策的制定中来，认真听取员工的意见，从而提高管理者成就感和责任感。

结论 3 发现了互动公平对责任心作用机制模型，即组织支持感在互动公平与责任心间起到完全中介作用。互动公平关注分配结果反馈执行时的人际互动方式对员工的公平知觉的影响。它对责任心的产生有着重要影响，但这种影响并不是直接的，而是通过组织支持感的中介作用对女性管理者的行为产生间接的影响。责任心是管理者个体本质上具有的内在特质，是内心自律的个性品质，具有精神内驱力和稳定的特征。而组织支持感被看作是个体和组织关系的"晴雨表"，是个体对自身所属雇佣关系的信息的重要来源。因此，在薪酬管理过程中，领导应重视与女性管理者人际互动关系，充分地尊重他们，从而女性管理者更能感知到组织对自己的关注，更能在组织中做出好的表现，并进一步提高自身的成就感和责任感。

（二）理论启示

本研究的理论意义主要在于：（1）从角色理论模型的角度探讨了责任心的产生机制，将责任心的研究推进了一步，相信对责任心相关理论的发展具有一定的促进作用。（2）组织支持感作为维系个体和组织关系的心理纽带，在个体与组织的交换过程中处于十分重要的地位。互动公平借助于组织支持感的中介桥梁作用对责任心产生影响。这是中国情境下的开拓性研究，是对女性管理者责任心研究在薪酬公平感、组织支持感的拓展。

与现有相关研究相比，本文具有以下理论贡献：第一，管理者责任心的维度及其内含还没有成型、公认的标准。本文借鉴国外的成熟问卷，通过探索性因子分析和验证性因子分析，探索适应中国情境的、信效度良好的管理者责任心测量工具，这是中国情境下的开拓性研究。以往研究却忽视了责任心是多维构念以及限制了不同维度管理者责任心的产生机理研究。第二，聚焦于女性管理者，以在职女性管理者为研究对象，深入挖掘性别内部责任心产生机理，从而拓展责任心影响机制，推动妇女理论研究的发展。第三，在激烈的市场竞争中，为了赢得竞争，组织希望管理者在工作中表现更多的责任心。互动公平会不会影响管理者责任心，会有什么样的影响？以往的研究中没有给出清晰的答案。本研究的第三个理论贡献就是基于公平理论提出并澄清了互动公平与管理者责任心间的关系。第四，本研究的第四个理论贡献是澄清了互动公平与管理者责任心的内在作用机制，基于社会交换理论提出并验证了互动公平对管理者责任心的影响是通过组织支持的中介效应实现的，组织支持是影响管理者责任心的核心影响因素。这一结论丰富了现有研究对组织支持本质及其作用的认识，为更好地理解组织支持所带来的积极效应提供了实证支持。

（三）实践启示

本研究对管理实践也有一些启示：首先，提高管理者的互动公平感有助于激发管理者在工作中表现更多的责任心，并有助于更加深刻地认识互动公平在责任心管理过程中的实际作用。其次，在管理过程中，组织一方面应该通过肯定企业管理者的价值和贡献，关心管理者的生活等措施来强化其对组织的支持，让管理者产生义务回报组织、与组织"同呼吸，共命运"的感觉；另一方面也可以通过调控提供精神支持加强与员工的沟通来达到提高企业管理者对组织的支持感。最后，构建一种企业激励机制，为企业的发展提供牵引、约束和激励的核心动力，以便在企业的人力资源管理实践和运营管理实践中发现更多具有管理者责任心倾向的员工，并利用组织资源更好地激励员工实施更多的管理者责任心。

（四）研究局限与未来研究方向

研究的某些局限性仍要引起注意：第一，本研究采用的横截面研究设计，这对揭示变量间的因果关系略显不够。因此，未来研究应采用纵向研究设计来弥补这种不足。第二，本研究的数据采集主要依赖于自陈式问卷调查，尽管研究者在问卷与统计中进行了一定的处理，但这仍难以避免同源方差的问题。这会使变量间的关系放大。因此，未来研究应采用准实验或现场实验研究。第三，由于本研究的数据来源于 12 家企业中的 520 名女性管理者，使得本研究的外部效度受到影响。因此，未来研究需进一步研究男性管理者和女性管理者责任心的差异性。第四，责任心的测量用的是西方的测评量表，虽经过量表的信度和效度验证，但未考虑中国传统文化和价值观对女性管理者责任心的影响。因此，未来研究应重视中国传统文化和价值观对女性管理者责任心的影响，应当编制符合中国文化特点的责任心问卷。

参考文献：

[1] 何轩. 互动公平真的就能治疗"沉默"病吗？[J]. 管理世界，2009（4）.

[2] 李劲松. 国外组织责任行为研究模式评介 [J]. 外国经济与管理，2007（7）.

[3] 吴联生，林景艺，王亚平. 薪酬外部公平性、股权性质与公司业绩 [J]. 管理世界，2010（3）.

[4] 杨付，王飞，曹兴敏. 薪酬公平感对企业员工责任心影响的实证研究——基于国有大中型企业的研究 [J]. 科学学与科学技术管理，2010（3）.

[5] Barrick，M. R.，Mount，M. K. The Big Five Personality Dimensions and Job Performance：A Meta-Analysis [J]. Personnel Psychology，1991，44（1）：1-26.

[6] Barrick，M. R.，Mount，M. K. Effects of Impression Management and Self-deception on the Predictive Validity of Personality Constructs [J]. Journal of Applied Psychology，1996，81（1）：261-272.

[7] Borman，W. C. Introduction to the Special Issue：Personality and the Prediction of Job Performance：More than the Big Five [J]. Human Performance，2004，17（3）：267-269.

[8] Cheung，M. F. Y.，Law，M. C. C. Relationships of Organizational Justice and Organizational Identification：The Mediating Effects of Perceived Organizational Support in Hong Kong [J]. Asia Pacific Business Review，2008，14（2）：213-231.

[9] Cheung，G. W.，Rensvold，R. B. Evaluating Goodness-of-Fit Indices for Testing Measurement Invariance [J]. Structural Equation Modeling Journal，2007，9（2）：233-255.

[10] Eisenberger，R.，Huntington，R.，Hutchison，S.，and Sowa，D. Perceived Organizational Support [J]. Journal of Applied Psychology，1986，71（3）：500-507.

[11] Frink，D. D.，Ferris，G. R. Accountability，Impression Management，and Goal Setting in the Performance Evaluation Process [J]. Human Relations，1998，51（10）：1259-1283.

[12] Fornell，C.，Larcker，D. E. Evaluating Structural Equation Models with Unobserved Variables and Measurement Error [J]. Journal of Marketing Research，1981，18（1）：39-50.

[13] Hurtz，G. M.，Donovan，J. J. Personality and Job Performance：The Big Five Revisited [J]. Journal of Applied Psychology，2000，85（6）：869-879.

［14］ Judge, T. A., Martocchio, J. J., Thoresen, C. J. Five-factor Model of Personality and Employee Absence［J］. Journal of Applied Psychology, 1997, 82（5）: 745-755.

［15］ Michel, T., Sylvie, S. O., Toulouse, J. M. Determinants of Salary Referents Relevance: A Field Study of Managers［J］. Journal of Business & Psychology, 1997, 11(4): 463-484.

［16］ Moon, H. The Two Faces of Conscientiousness: Duty and Achievement Striving in Escalation of Commitment Dilemmas［J］. Journal of Applied Psychology, 2001, 86（3）: 533-540.

［17］ Mount, M. K., Barrick, M. R. The Big Five Personality Dimensions: Implications for Research and Practice in Human Resource Management［J］. Research in Personnel and Human Resources Management, 1995 (13): 153-200.

［18］ Niehoff, B. P., Moorman, R. H. Justice as a Mediator of the Relationship between Methods of Monitoring and Organizational Citizenship Behavior［J］. Academy of Management Journal, 1993, 36（3）: 527-556.

［19］ Norman, W. T. Toward an Adequate Taxonomy of Personality Attributes: Replicated Factors Structure in Peer Nomination Personality Ratings［J］. Journal of Abnormal and Social Psychology, 1963 (66): 574-583.

［20］ Peelle III, H. E. Reciprocating Perceived Organizational Support through Citizenship Behaviors［J］. Journal of Managerial Issues, 2007, 19（4）: 554-575.

［21］ Rhoades, L. Eisenberger, R. Perceived Organizational Support: A Review of the Literature［J］. Journal of Applied Psychology, 2002, 87（4）: 698-714.

［22］ Roberts, B. W., Chernyshenko, O. S., Stark, S., and Goldberg, L. R. The Structure of Conscientiousness an Empirical Investigation Based on Seven Major Personality Questionnaires［J］. Personnel Psychology, 2005, 58（1）: 103-139.

［23］ Royle, M. T. The Nature and Effects of Informal Accountability for Others ［D］. Dissertation of the Degree of Doctor at the Florida State University, 2006.

［24］ Salgado, J. F. The Five Factor Model of Personality and Job Performance in the European Community ［J］. Journal of Applied Psychology, 1997, 82（1）: 30-43.

［25］ Witt, L. A., Burke, L. A., Barrick, M. R. Mount, M. K. The Interactive Effects of Conscientiousness and Agreeableness on Job Performance［J］. Journal of Applied Psychology, 2002, 87（1）: 164-169.

［26］ Zeyu Peng, Zhou Fan. The Moderating Effect of Supervisory Conscientiousness on the Relationship between Employees' Social Cynicism and Perceived Interpersonal Justice［J］. Social Behavior and Personality, 37 （6）: 863-864.

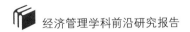
Can Interactive Justice Awaken Female Managers' Responsibilities: The Intermediation of Perceived Organization Support

Yang Fu, Zhang Lihua, Huo Ming

Abstract: Adopting questionnaire method, the relationship of interactive justice, perceived organization support and responsibilities of managers are discussed in this study, based on 520 female managers in 12 native corporations. The study includes the empirical test of influence of interactive justice on managers' perceived organization support in Chinese context; the empirical test of influence of interactive justice on managers' responsibilities based on the role theory model, which is pioneering research in Chinese context; introducing the perceived organization support into the relationship of interactive justice and responsibilities of managers creatively, building and proving the interaction mechanism of interactive justice, perceived organization support and responsibilities of managers.

Key words: interactive justice; perceived organization support; responsibility; achievability

第二节

英文期刊精选

题目： Servant Leadership: A Review and Synthesis

服务型领导：回顾与综述

来源： Journal of Management. Jul2011, Vol. 37 Issue 4, p.1228–1261.

《管理学杂志》，2011 年 7 月，第 4 期 37 卷，第 1228–1261 页。

作者： Van Dierendonck Dirk

内容摘要： Servant leadership is positioned as a new field of research for leadership scholars. This review deals with the historical background of servant leadership, its key characteristics, the available measurement tools, and the results of relevant studies that have been conducted so far. An overall conceptual model of servant leadership is presented. It is argued that leaders who combine their motivation to lead with a need to serve display servant leadership. Personal characteristics and culture are positioned alongside the motivational dimension. Servant leadership is demonstrated by empowering and developing people; by expressing humility, authenticity, interpersonal acceptance, and stewardship; and by providing direction. A high-quality dyadic relationship, trust, and fairness are expected to be the most important mediating processes to encourage self-actualization, positive job attitudes, performance, and a stronger organizational focus on sustainability and corporate social responsibility.

服务型领导是学者们研究的新领域。本评述主要包括服务型领导产生的背景、主要特征、现有的测量工具、已完成的相关研究的结论等，对服务型领导的概念、模型进行了全面的总结。研究表明，一个在领导时具有服务动机的领导者会表现出服务型领导行为，个体特质和文化与动机一样是影响服务型领导的维度。服务型领导行为被证实在拥有权力、职业以及不断发展的人群中普遍存在，他们都表现出谦虚、诚恳、合作的特征，并及时出现提供必要的指导。高质量的互动关系、信任和公正是鼓励下属自我管理并产生积极工作态度和更高绩效的重要中介变量，能促使组织拥有更强的持续发展能力并承担更多社会责任。

题目： Getting Specific about Demographic Diversity Variable and Team Performance Relationships: A Meta-analysis

特定人口统计变量多样性与团队绩效关系的元分析

来源： Journal of Management. May2011, Vol. 37 Issue 3, p.709–743.

《管理学杂志》，2011 年 5 月，第 3 期 37 卷，第 709–743 页。

作者： Bell Suzanne, Villado Anton, Lukasik Marc, Belau Larisa, Briggs Andrea

内容摘要： The authors revisited the demographic diversity variable and team performance relationship using meta-analysis and took a significant departure from previous meta-analyses by focusing on specific demographic variables (e.g., functional background, organizational tenure) rather than broad categories (e.g., highly job related, less job related). They integrated different conceptualizations of diversity (i.e., separation, variety, disparity) into the development of their rationale and hypotheses for specific demographic diversity variable—team performance relationships. Furthermore, they contrasted diversity with the team mean on continuous demographic variables when elevated levels of a variable, as opposed to differences, were more logically related to team performance. Functional background variety diversity had a small positive relationship with general team performance as well as with team creativity and innovation. The relationship was strongest for design and product development teams. Educational background variety diversity was related to team creativity and innovation and to team performance for top management teams. Other variables generally thought to increase task—relevant knowledge (e.g., organizational tenure) and team performance were unrelated to team performance, although these variables were almost never studied as the variety conceptualization (i.e., the conceptualization that can reflect the breadth of knowledge that can be applied to the task). Team mean organizational tenure was related to team performance in terms of efficiency. Race and sex variety diversity had small negative relationships with team performance, whereas age diversity was unrelated to team performance regardless of diversity conceptualization. Implications for staffing teams and future research are discussed.

作者用元分析方法评述了人员异质化与团队绩效之间的关系,与先前的元分析不同,作者分析的角度做了重大调整,主要关注一些特定人员异质化变量(如专业背景、任职年限)与团队绩效之间的关系,而不是笼统地将变量分为与工作高度相关的变量和与工作不相关的变量两类。作者将不同的异质化概念(比如隔阂、变化和差异)整合到新发展的特定人员异质化变量与团队绩效关系的理论和假设中,此外,以连续的人口统计变量为中介,来对比异质化与团队绩效的关系,与团队绩效会表现出更明显的关系,这与单纯研究差异结论相反。专业背景的多样性与异质化与一般团队绩效和团队创造力、团队变革之间具有微弱的正相关关系,但对产品设计和研发团队来说,这种关系最强烈。教育背景的多样性和异质化与高层管理团队的绩效及团队创造性和变革相关。其他一些通常被认为能丰富与任务相关的知识(如任职时间)的变量或提高团队绩效的变量,在研究中被证实与团队绩效无关。在以前的研究中,对这些变量也未做概念上的区分,这些区分可以反映出这些知识在完成相应任务时应用的程度。在团队中的任职时间对团队绩效的影响表现在团队效率上。种族和性别的多样化和异质化与团队绩效具有微弱的负相关关系,与差异化理论相悖,年龄多样化与团队绩效无关。文章还对理论的应用和未来的研究进行了讨论。

题目: Does Gender Bias Against Female Leaders Persist? Quantitative and Qualitative Data from a Large-scale Survey

性别偏见对女性领导者的影响:大规模定量和定性调查

来源: Human Relations. Dec2011, Vol. 64 Issue 12, p.1555-1578.

《人际关系》,2011 年 12 月,第 12 期 64 卷,第 1555-1578 页。

作者: Elsesser Kim, Lever Janet

内容摘要： The present study of 60470 women and men examined evaluations of participants' current managers as well as their preferences for male and female managers, in general. A cross—sex bias emerged in the ratings of one's current boss, where men judged their female bosses more favorably and women judged male bosses more favorably. The quality of relationships between subordinates and managers were the same for competent male and female managers. A small majority（54%）of participants claimed to have no preference for the gender of their boss, but the remaining participants reported preferring male over female bosses by more than a 2∶1 ratio. Qualitative analysis of the participants' justifications for this preference are presented, and results are discussed within the framework of role congruity theory.

本研究对 60470 名人员进行了调查，来考察被调查者对他们当前主管的评价以及他们对管理者性别的总体偏好。调查结果显示出对当前主管的跨性别偏见，即男性对女性主管评价更高，而女性对男性主管评价更高。上下属关系的质量和对不同性别管理者胜任力的评价也具有类似的跨性别特征。54%被调查者声称他们对上级的性别没有偏好，其他被调查者中偏好男性上级与偏好女性上级的比率超过 2∶1。本研究对这种偏好理由进行了定性分析，并对其结果在角色一致性理论的框架下进行了讨论。

题目： Helping and Harming others in the Workplace：The Roles of Personal Values and Abusive Supervision

工作场所中的帮助和伤害行为：个体价值与过度监管

来源： Human Relations. Aug2011, Vol. 64 Issue 8, p.1051-1078.

《人际关系》，2011 年 8 月，第 8 期 64 卷，第 1051-1078 页。

作者： Ping Shao, Resick Christian, Hargis Michael

内容摘要： Drawing on models of competing values and self—verification theory, this article proposes that social dominance orientation（SDO）and psychological collectivism（PC）represent contrasting values that motivate opposing workplace interpersonal behaviors. SDO values are hypothesized to motivate interpersonal deviance and the avoidance of interpersonal citizenship as these behaviors verify social dominance as a guiding self—principle. PC values are hypothesized to motivate behaviors that verify collectivism as a guiding self—principle, including interpersonal citizenship and the avoidance of interpersonal deviance. Further, drawing on the values activation literature, abusive supervision is hypothesized to moderate the values—to—behavior relationships. In a cross—organizational sample of 490 working adults, SDO was positively related to interpersonal deviance and negatively related to interpersonal citizenship. Highly abusive supervision strengthened, whereas minimally abusive supervision weakened relationships with SDO. PC values were positively related to interpersonal citizenship, but were unrelated to interpersonal deviance and did not interact with abusive supervision.

利用竞争价值和自我实现理论，本文提出由社会支配导向（SDO）和集体主义心理

（PC）来代替比较价值，并由此引发工作场所不同的人际行为。SDO 值被假设引发人际偏离行为及人际公民行为的丧失，这被证实是在本能指导下的社会支配行为。在集体主义心理的影响下，PC 值被证实引发集体主义行为，包括出现人际间公民行为及避免人际偏离行为。此外，根据价值实现的相关文献，过度监管会削弱自我实现与相关行为之间的关系。通过对跨组织的 490 名成年员工的研究发现，SDO 与人际偏离行为正相关，与人际公民行为负相关。较严重的滥用监管会加重这种相关关系，而尽可能减少不必要的监管能弱化 SDO 与人际偏离行为和人际公民行为之间的关系。PC 值与人际公民行为呈正相关，但与人际偏离行为之间不相关，PC 值与过度监管之间也不会相互影响。

题目： The Five-factor Model of Personality Traits and Organizational Citizenship
Behaviors：A Meta-analysis
个体特质大五模型与组织公民行为的元分析

来源： Journal of Applied Psychology. Nov2011, Vol. 96 Issue 6, p. 1140-1166.
《应用心理学杂志》，2011 年 11 月，第 6 期 96 卷，第 1140-1166 页。

作者： Chiaburu Dan, Oh In-Sue, Berry Christopher, Li Ning, Gardner Richard

内容摘要： Using meta-analytic tests based on 87 statistically independent samples, we investigated the relationships between the five-factor model （FFM） of personality traits and organizational citizenship behaviors in both the aggregate and specific forms, including individual-directed, organization-directed, and change-oriented citizenship. We found that emotional stability, extraversion, and opennessllntellect have incremental validity for citizenship over and above conscientiousness and agreeableness, 2 well-established FFM predictors of citizenship. In addition, FFM personality traits predict citizenship over and above job satisfaction. Finally, we compared the effect sizes obtained in the current meta-analysis with the comparable effect sizes predicting task performance from previous meta-analyses. As a result, we found that conscientiousness, emotional stability, and extraversion have similar magnitudes of relationships with citizenship and task performance, whereas openness and Agreeableness have stronger relationships with citizenship than with task performance. This lends some support to the idea that personality traits are （slightly） more important determinants of citizenship than of task performance. We conclude with proposed directions for future research on the relationships between FFM personality traits and specific forms of citizenship, based on the current findings.

在 87 个独立统计样本的基础上进行元分析检验，本文研究了个体特质的五因素模型与组织公民行为之间的关系，研究包括整合的形式，也包括不同类别的组织公民行为如个体导向、组织导向和变革导向的组织公民行为。研究发现情绪稳定性、外倾性和经验开放性特质比自我监控和合作性更能促进组织公民行为，后两个特质先前被认为能预测组织公民行为。此外，五因素模型对组织公民行为的预测性要强于工作满意度。最后，我们用本次元分析中的效应量与先前类似的预测工作绩效元分析的效应量对比，结果发现自我监控、情绪稳定性和外倾性与组织公民行为之间的关系强度与工作绩效的关系强度类似，而开放性和合作性与组织公民行为之间的关系要强于与工作绩效之间的关系。由此可以得出结论，相比工作绩效，个体特质对组织公民行为略具决定性影响。根据已有的结论，我们对个体特质的五因素模型与不同类型的组织公民行为之间关系的研究进行了展望，指出了未来研究的方向。

题目：Antecedents and Consequences of Psychological and Team Empowerment in Organizations：A Meta-analytic Review

组织中心理论和团队授权的前因和结果变量：元分析的评述

来源：Journal of Applied Psychology. Sep2011，Vol. 96 Issue 5，p.981-1003.

《应用心理学杂志》，2011 年 9 月，第 5 期 96 卷，第 981-1003 页。

作者：Seibert Scott E，Wang Gang，Courtright Stephen

内容摘要：This paper provides meta-analytic support for an integrated model specifying the antecedents and consequences of psychological and team empowerment. Results indicate that contextual antecedent constructs representing perceived high-performance managerial practices, socio-political support, leadership, and work characteristics are each strongly related to psychological empowerment. Positive self-evaluation traits are related to psychological empowerment and are as strongly related as the contextual factors. Psychological empowerment is in turn positively associated with a broad range of employee outcomes, including job satisfaction, organizational commitment, and task and contextual performance, and is negatively associated with employee strain and turnover intentions. Team empowerment is positively related to team performance. Further, the magnitude of parallel antecedent and outcome relationships at the individual and team levels is statistically indistinguishable, demonstrating the generalizability of empowerment theory across these 2 levels of analysis. A series of analyses also demonstrates the validity of psychological empowerment as a unitary second-order construct. Implications and future directions for empowerment research and theory are discussed.

本研究运用元分析对心理和团队授权的前因和结果变量提出了一个整合模型。研究表明，环境前因变量，包括高绩效管理政策、社交网络支持、领导以及任务特点，每一个因素都与心理授权强相关。积极的自我评价与心理授权的相关程度，和其与环境因素的相关程度一样强烈。心理授权又在很大程度上对员工产出产生积极影响，包括工作满意度、组织承诺和工作绩效，同时心理授权还会降低员工压力与离职倾向。团队授权与团队绩效呈正相关。不管是个体水平还是团体水平的研究，都证实，同样的前因变量和结果变量之间关系的数值差别在统计学上不显著，这表明可以用授权理论对这两个层次的研究进行概括。本研究还通过一个系列的分析证明了心理授权作为统一的二阶结构的有效性，并对理论的应用和相关研究的未来方向进行了讨论。

题目：Too Much of a Good Thing：Curvilinear Relationships Between Personality Traits and Job Performance

适可而止：个体特质与工作绩效之间的曲线关系

来源：Journal of Applied Psychology. Jan2011，Vol. 96 Issue 1，p.113-133.

《应用心理学杂志》，2011 年 1 月，第 1 期 96 卷，第 113-133 页。

作者：Huy Le，In-Sue Oh，Robbins Steven，Ilies Remus，Holland Ed， Westrick Paul

摘要：The relationships between personality traits and performance are often assumed to be linear. This assumption has been challenged conceptually and empirically，but results to date have been inconclusive. In the current study，we took a theory-driven approach in systematically addressing this issue. Results based on two different samples generally supported our expectations of the curvilinear relationships between personality traits，including conscientiousness and emotional stability，and job performance dimensions，including task performance，organizational citizenship behavior，and counterproductive work behaviors. We also hypothesized and found that job complexity moderated the curvilinear personality-performance relationships such that the inflection points after which the relationships disappear were lower for low-complexity jobs than they were for high-complexity jobs. This finding suggests that high levels of the two personality traits examined are more beneficial for performance in high-complexity than low-complexity jobs. We conclude by discussing the implications of these findings for the use of personality in personnel selection.

个体特质和绩效之间的关系通常被认为是线性的，这一观点常常受到理论和经验方面的挑战，但并未得到数据的证实。在本研究中，我们运用理论驱动的方法对这一问题进行系统分析。

两类不同样本的研究结果总体上支持我们对个体特质（包括自我监控、情绪稳定性）和工作绩效不同维度（包括任务绩效、组织公民行为和反生产性行为）之间曲线关系的假设。本研究还假设工作的复杂性对特质与绩效的曲线关系具有调节作用，并证实低复杂性工作引发两者关系消失的拐点，要比高复杂性工作所引发的拐点要低。这一发现表明，相对简单工作来说，从事复杂性工作时，对个体的这两类特质高水平检验对绩效更有益。对如何运用相关特质研究结果选拔员工这方面，本文也进行了讨论。

题目：Diversity and Organizational Innovation：The Role of Employee Involvement

多元化与组织创新：员工参与的作用

来源：Journal of Organizational Behavior. Nov2011，Vol. 32 Issue 8，p.1062-1083.

《组织行为学杂志》，2011 年 11 月，第 8 期 32 卷，第 1062-1083 页。

作者：Yang Yang，Konrad Alison

内容摘要：This study examined the interactive effects of workplace diversity and employee involvement on organizational innovation. Using a sample of 182 large Canadian organizations, we found a three-way interaction between level of employee involvement, variation in involvement, and racioethnic diversity on innovation. In organizations with high levels of employee involvement, high variation in involvement was associated with higher involvement levels among racioethnic minorities, resulting in a stronger association between diversity and innovation. Furthermore, the association between White employee involvement and innovation was significantly more positive under the condition of high involvement among racioethnic minority group members. Thus, ensuring high levels of involvement among members of historically marginalized racioethnic groups enhances the innovation effects of employee empowerment systems.

本研究探讨了工作地点多元化和员工参与对组织创新的相互影响。通过对 182 个规模较大的加拿大组织样本的研究，我们发现了在员工参与水平、参与方式多少、成员种族多样性与创新这三种相互作用的方式。研究表明，在具有高水平、多种参与方式的员工参与包括少数种族成员高参与的组织中，多元化与创新之间具有更强相关性。此外，在少数种族成员高参与的情况下，白人雇员的参与度与创新之间的关系更显著。因此，确保以往被忽视的少数种族群体的高参与的前提下，能增强制度体系的创新性。

题目： Cognitive Processes in Procedural Justice Judgments: The Role of Ease-of-retrieval, Uncertainty, and Experience
程序公平判断的认知过程：再现难度、不确定性和经验的作用

来源： Journal of Organizational Behavior. Jul2011, Vol. 32 Issue 5, p.726-750.
《组织行为学杂志》，2011 年 7 月，第 5 期 32 卷，第 726-750 页。

作者： Janssen Jana, Muller Patrick, Greifeneder Rainer

内容摘要： In a field experiment with 517 job applicants, the processes underlying the formation of procedural justice judgments were investigated. It was hypothesized that procedural justice judgments may be based not only on content information (e.g., What are fair aspects of the selection procedure?), but also on the felt ease or difficulty with which this content information can be retrieved from memory (ease-of-retrieval; e.g., How easily can I recall fair aspects of the selection procedure?). Evaluations of the company's online application procedure show that job candidates based procedural justice judgments on content information or on ease-of-retrieval, depending on their uncertainty regarding the online application procedure as well as their prior experiences with online applications. Specifically, experienced applicants who felt certain based their judgments on ease-of-retrieval, whereas all other applicants based their judgments on content information. Implications for research on the formation of justice judgments as well as practical applications are discussed.

本研究对 517 位工作申请者进行现场实验，来探究程序公平判断的形成过程。本研究的假设是：对程序公平的判断不仅以内容信息为基础（比如在选拔中考察哪些方面是公平

的），而且以这些内容信息事后在记忆中再现的难易程度（即再现难度，也就是能在多大程度上回想起选拔过程都考察了哪些方面）为基础。对公司在线申请过程的评价表明，工作申请者对程序公平的判断依赖于内容信息还是再现难度，取决于在线申请过程的不确定性以及申请者以前在线申请的经验。特别要指出的是，有确定经验的申请者的判断以再现难度为基础，而其他的申请者则以内容信息为基础。对公平感形成的研究如何运用到工作申请实践中，本文也进行了讨论。

题目： The Relation Between Emotional Intelligence and Job Performance：A Meta-analysis
情绪智力与工作绩效关系的元分析

来源： Journal of Organizational Behavior. Jul2011，Vol. 32 Issue 5，p.788-818.
《组织行为学杂志》，2011 年 7 月，第 5 期 32 卷，第 788-818 页。

作者： O'Boyle Ernest，Humphrey Ronald，Pollack Jeffrey，Hawver Thomas，
Story Paul

内容摘要： This meta-analysis builds upon a previous meta-analysis by ①including 65 percent more studies that have over twice the sample size to estimate the relationships between emotional intelligence（EI）and job performance；②using more current meta-analytical studies for estimates of relationships among personality variables and for cognitive ability and job performance；③using the three-stream approach for classifying EI research；④performing tests for differences among streams of EI research and their relationships with personality and cognitive intelligence；⑤using latest statistical procedures such as dominance analysis；and⑥testing for publication bias. We classified EI studies into three streams：①ability-based models that use objective test items；②self-report or peer-report measures based on the four-branch model of EI；③mixed models of emotional competencies. The three streams have corrected correlations ranging from 0.24 to 0.30 with job performance. The three streams correlated differently with cognitive ability and with neuroticism，extraversion，openness，agreeableness，and conscientiousness. Streams 2 and 3 have the largest incremental validity beyond cognitive ability and the Five Factor Model（FFM）. Dominance analysis demonstrated that all three streams of EI exhibited substantial relative importance in the presence of FFM and intelligence when predicting job performance. Publication bias had negligible influence on observed effect sizes. The results support the overall validity of EI.

本文元分析建立在先前的元分析之上，在以往研究中 ①65%的相关研究，运用两倍的样本量，来评估情绪智力（EI）和工作绩效之间的关系；②运用更流行的元分析方法来评估个体特质变量、认知能力和工作绩效之间的关系；③将情绪智力的研究分为三种类别；④对情绪智力不同类别的差别及他们与个体特质和智力之间的关系进行验证；⑤运用最新的统计分析过程如优势分析；⑥对发表偏倚进行了检验。本文将 EI 研究分为三类：一是运用客观评估法的以能力为基础的模式；二是以 EI 四维度模型为基础的自我报告和同辈报

告评估法；三是情绪胜任力的混合模式。分析三种研究结果，将情绪智力与工作绩效之间的相关关系从 0.24 修正为 0.30。这三种研究中的情绪智力与工作绩效之间的相关性，与认知能力、神经质、外倾性、开放性、合作性、自我监控这些指标是不同的。在第二种和第三种研究中，情绪智力作用远超过认知能力和人格的五大因素。通过优势分析证实，当三种对情绪智力的研究都能揭示并预测工作绩效时，情绪智力比大五因素和智力更为重要。从可观察到的结果来看，发表偏倚的影响可忽略不计，研究结论支持情绪智力的总体有效性。

题目： Personality and Teamwork Behavior in Context：The Cross-level Moderating Role
of Collective Efficacy
不同情境下的人格和团队行为：协同能力的跨层次调节作用

来源： Journal of Organizational Behavior. Jan2011, Vol. 32 Issue 1, p.65-85.
《组织行为学杂志》，2011 年 1 月，第 1 期 32 卷，第 65-85 页。

作者： Tasa Kevin, Sears Greg, Schat Aaron

内容摘要： This research examines whether the relationship between an individual's personality and their behavior within a team is contingent on the team's overall perception of its capability. Individuals were peer-rated on the extent to which they displayed interpersonal and performance management teamwork behaviors over the course of an 8 week business simulation. The personality trait of agreeableness predicted interpersonal teamwork behavior, while the personality traits of conscientiousness and core self-evaluation (CSE) predicted performance management behavior. Multilevel analysis showed that collective efficacy influenced the extent to which an individual engaged in both types of behavior, and was also a cross-level moderator of the relationship between agreeableness and interpersonal behavior and the relationship between CSE and performance management behavior. At the team level, interpersonal behavior mediated between collective efficacy and team performance. The study's results show that in team settings the personality and individual behavior relationship may depend on group level confidence perceptions.

本研究验证在团队中个体人格和行为是否随团队对他们能力的看法而变化。在为期八周的商业模拟课程中，个体根据同事评价表现出相应的人际和团队绩效工作行为。合作性的人格特质能预测个体间的团队工作行为，而自我监控和核心自我评价能预测绩效管理行为。多层次的分析显示，协同能力影响个体表现出这两种行为的程度，同时也是合作性特质和个体间行为之间以及核心自我评价与绩效管理行为之间关系的跨层次调节变量。在团队层面，个体间行为对协同能力和团队绩效的关系具有中介作用。本研究结论表明，在团队建设中，人格和个体行为的关系取决于团队水平的信任度。

题目： Motivational Roots of Leadership: A Longitudinal Study From Childhood through Adulthood

领导力的动力源：从儿童到成人的纵向研究

来源： The Leadership Quarterly 22（2011）510–519.

《领导季刊》，2011 年第 22 期，第 510–519 页。

作者： Adele Eskeles Gottfried, Allen W. Gottfried, Rebecca J. Reichard, Diana Wright Guerin, Pamella H. Oliver, Ronald E. Riggio

内容摘要： The present study elucidates developmental roots of leadership motivation by investigating how motivation from childhood through adolescence is linked to motivation to lead in adulthood. Academic intrinsic motivation, the pleasure inherent in an activity for its own sake with regard to school learning, provided the construct that was assessed from childhood through adolescence, and motivation to lead comprising three aspects (affective identity, non-calculative, and social normative) was assessed during adulthood. The Fullerton Longitudinal Study (FLS) provided the data. Using structural equation modeling, results showed considerable and significant continuity between academic intrinsic motivation and, as predicted, affective identity and noncalculative motivation to lead, indicating that adults with a greater enjoyment of leadership perse, and who are motivated to lead without regard to external consequences, were significantly more intrinsically motivated from childhood through adolescence. On the other hand, also as predicted, academic intrinsic motivation was not significantly related to the social normative aspect of motivation to lead, indicating that those who are motivated to lead out of a sense of social duty were not more intrinsically motivated during their childhood years. Further, IQ played no direct role in motivation to lead. Implications for developing motivation in leaders are advanced.

通过研究儿童期到青春期的动机与成人领导动机的联系，本研究揭示了领导动机的成长性根源。内在的学习动机、在学校学习过程中对参与活动本身与生俱来的兴趣，这些都能表明从儿童到青春期的领导动机构成，这些领导动机包括三方面（感情认同、大度、符合社会规范），与成人阶段所表现出来的一致。Fullerton 纵向研究（FLS）运用结构方程模型为我们提供了相应的数据。结果显示，作为能预测领导动机的感情认同和大度特质与内在的学习动机间的连续性关系相当显著，这表明那些本身对领导具有更大兴趣的成人，是由于内部的领导动机而不是因为外部动因驱使，并且从儿童期到青春期也同样会明显地表现出这些与生俱来的特点。另外，作为预测领导动机的社会规范性特点，内在的学习性动机与之的关系并不明显，这表明具有领导动机的人，如果对社会知觉能力较弱，则在童年期内在的动机驱使并不明显。此外，智商与领导动机没有直接关系。本研究对如何激发领导动机及结果的运用进行了展望。

题目： Empathic Emotion and Leadership Performance: An Empirical Analysis Across 38 Countries

共情与领导绩效：来自 38 个国家的实证分析

来源： The Leadership Quarterly 22 (2011) 818–830.

《领导季刊》，2011 年第 22 期，第 818–830 页。

作者： Golnaz Sadri, Todd J. Weber, William A. Gentry

内容摘要： The purpose of our research is to examine the relationship between subordinate ratings of a target-leader's empathic emotion and boss ratings of performance of that target-leader. Furthermore, using hierarchical linear modeling, we assess whether the cultural background of the target-leader moderates this relationship. Our results show that leaders who are rated by their subordinates as engaging in behaviors that signal empathic emotion are perceived as better performers by their bosses. In addition, we found that the GLOBE societal culture dimension of power distance was a significant cross-level moderator of the relationship between empathic emotion and performance. Implications for leading in cross-cultural and multicultural contexts are discussed.

本研究的目的是检验下属对其所选的领导者共情的评价，与该领导上级对其绩效评价之间的关系，并运用多层线性模型，我们来评估文化背景对这两者之间的关系是否起调节作用。研究结果发现，下属认为个人共情能力很强、做事专注的领导者，上级对其绩效的评价也高。除此之外，我们发现在 GLOBE 所提出的社会文化维度中的权力距离维度，是共情和绩效之间关系显著的跨层次调节变量。本文对跨文化及多元文化情境下，如何运用相关研究成果进行了讨论。

题目： The Mediating Role of Organizational Jobembeddedness in the LMX-outcomes Relationships

组织工作嵌入对领导—成员交换理论与绩效关系的中介作用

来源： The Leadership Quarterly 22 (2011) 271–281.

《领导季刊》，2011 年第 22 期，第 271–281 页。

作者： Kenneth J. Harris, Anthony R. Wheeler, K. Michele Kacmar

内容摘要： This study furthers the research on leader-member exchange (LMX) and organizational job embeddedness by examining the relationships between these variables and three workplace outcomes. In particular, we employ the Conservation of Resources theory to hypothesize LMX as a predictor for organizational jobembeddedness, and organizational jobembeddedness to be a predictor of the outcomes of job satisfaction, turnover intentions, and actual turnover. Further, we suggest organizational job embeddedness is an intermediary mechanism that mediates the LMX-outcome relationships. We examine these proposed relationships in a sample of 205 automobile employees. In general, our results provide strong support for the proposed associations. Contributions, limitations, practical implications, and directions for future research are offered.

本研究通过检验领导—成员交换关系、组织工作嵌入变量与三个工作绩效因素之间的关系，在领导—成员交换理论和组织工作嵌入理论的基础上取得进一步发展。尤为不同的是，我们利用资源守恒理论来假设领导—成员交换关系是组织工作嵌入的前因变量，而组织工作嵌入是工作满意度、离职倾向和实际绩效的前因变量。此外，我们认为组织工作嵌入形成媒介机制是领导—成员交换关系与工作绩效之间关系的中介变量。通过对 205 名汽车业员工样本的检验，来证实这一假设，总体来说，研究结果对该假设提供了有力的支持。本文对研究的意义、局限性、实际应用及未来研究的方向均进行了阐述。

题目： Justice, Trust, And Trustworthiness: A Longitudinal Analysis Integrating Three Theoretical Perspectives

公平、信任与可靠：对三类理论整合的纵向研究

来源： Academy of Management Journal, 2011, Vol. 54, No. 6, P. 1183–1206.

《管理学会期刊》，2011 年第 6 期 54 卷，第 1183–1206 页。

作者： Jason A. Colquitt, Jessica B. Rodell

内容摘要： Despite a significant amount of theoretical and empirical attention, the connection between justice and trust remains poorly understood. Our study utilized Mayer, Davis, and Schoorman's (1995) distinction between trustworthiness (the ability, benevolence, and integrity of a trustee) and trust (a willingness to be vulnerable to the trustee) to clarify that connection. More specifically, we drew on a theoretical integration of social exchange theory, the relational model, and fairness heuristic theory to derive predictions about the relationships among justic, trustworthiness, and trust, with supervisors as the referent. A longitudinal field study stretching over two periods showed that informational justice was a significant predictor of subsequent trust perceptions, even when analyses controlled for prior levels of trust and trustworthiness. However, the relationship between justice and trustworthiness was shown to be reciprocal. Procedural and interpersonal justice were significant predictors of subsequent levels of benevolence and integrity, with integrity predicting subsequent levels of all four justice dimensions. We describe the theoretical implications of these results for future research in the justice and trust literatures.

在理论研究和实证分析方面尽管受到很大关注，但是公平和信任之间的关系仍不明确。本研究运用 Mayer、Davis、Schoorman（1995）对可靠和信任的区分来明确这一关系，他们认为可靠是指受托人具有才干、仁慈以及诚实的品质，而信任是指对受托者不设防的意愿。更独特的是，我们对社会交换理论、人际关系理论及公平启发理论进行理论整合，将督导作为关系项，来推知公平、可靠和信任之间的关系。此项纵向的研究共分两个阶

段，结果表明，即使在研究中控制了信任和可靠的优先级，信息公平仍是信任感重要的预测因素。然而结果显示公平和可靠之间的关系是交互的。程序和人际公平决定仁慈和诚实的水平，而诚实性又决定着公平四个维度水平的高低。本文对研究结果的应用以及公平和信任领域未来的研究方向进行了探讨。

第三章　组织行为学科 2011 年出版图书精选

第一节

中文图书精选

书名：组织脆弱性研究

作者：刘雯雯

出版社：中国林业出版社

出版时间：2011-07-01

内容简介： 任何企业，无论是享誉世界、规模庞大的跨国公司，还是那些默默无闻、为数众多的中小企业，都处在变幻莫测的环境中，企业因此将不可避免地面临随时可能发生的危机。如今危机已不再是罕见的、异常的、任意的现象，危机根植于企业的经纬之中。虽然危机管理已经成为学术界和企业界关注的重大课题，但传统的危机管理理论未能全面深入地剖析危机发生以及组织恢复的机理。作者试图以组织脆弱性视角对危机发生和组织恢复机理进行探索性研究。

组织脆弱性是指组织在各种内外危机因子的压力和干扰下，可能导致组织出现危机的一个衡量，它揭示了组织成长发展过程中内、外部相互耦合作用及其对危机的驱动力、抑制机制和响应能力的影响。组织脆弱性由三个维度共同构成：暴露性是指组织对来自于内外部可能导致危机的事件的接触程度；易感性是指组织缺乏吸收干扰的能力，或者缺乏在危机因子的干扰下保持基本结构、关键功能以及运行机制不发生根本变化的缓冲能力；适应性是指为了应对实际发生的或预计到的变化及其各种影响，而在组织内进行调整的能力。

作者在相关文献综述的基础上分别对暴露性、易感性以及适应性三个维度进行了理论分析，通过探讨组织脆弱性与危机发生可能性以及危机后组织的恢复力之间的关系，提出了组织脆弱性概念模型及研究假设，通过进行案例研究以及统计实证分析验证了组织脆弱性的理论有效性。最后，作者采用 AHP 方法初步设计了组织脆弱性评价指标体系。全书共分为十章，第一章为导论，包括研究背景及意义研究方法与研究思路。第二章为相关文献综述，包括危机管理理论、脆弱性理论、适应性理论、企业可持续发展理论。第三章为组织脆弱性的内涵分析，重点分析组织脆弱性的概念及特征，作为研究前提假设。第四章为组织脆弱性与危机形成机理，对危机内部外部诱因研究进行概述。第五章为组织脆弱性与危机后组织恢复机理，在对组织恢复力概念进行界定的基础上，分析危机发生的客观必然性。第六章为案例研究，对组织脆弱性理论的初步检验。第七章为组织脆弱性量表开发与测试。第八章是组织脆弱性的模型检验。第九章是组织脆弱性评价指标体系及其量化分析。第十章为总结与展望。

书名：组织中情绪管理的文化视角与实证研究

作者：刘小禹

出版社：中国经济出版社

出版时间：2011-01-01

　　内容简介：组织中的情绪问题是管理实践中的一个重要问题。"快乐员工——高效员工"这一理论一直是组织行为学和管理学界所追捧的。著名的霍桑实验发现员工的工作效率并不是完全由工作环境来决定的，而是与情感紧密联系。群体标准、群体情感和安全感决定着单个工人的产出。近年来，国外组织中情绪的研究得到蓬勃发展，被称为是在组织行为学界的一场"情感风暴"，尽管越来越多的研究开始关注团队（群体）水平的情绪以及其对团队的作用，但是一直缺乏一个心理测量指标良好，并且对团队管理研究实用的团队情绪氛围量表。在本研究中，描述了测量团队氛围的一个重要方面——团队情绪氛围量表的开发过程。本研究采用归纳法，结合文献回顾提出了团队情绪氛围的四维结构假设，认为团队情绪氛围由指向他人的积极情绪氛围、指向他人的消极情绪氛围、指向自我的积极情绪氛围、指向自我的消极情绪氛围四个维度构成。我们通过文献、深度访谈与开放式问卷调查等程序收集量表条目，通过正式问卷调查收集的数据，探索和验证了团队情绪氛围的结构，验证了研究假设，并编制了团队情绪氛围的量表。初步的探索性因素分析结果验证了团队情绪氛围的四维结构，通过统计分析筛选了16个项目组成团队情绪氛围量表。运用项目反应理论对团队情绪氛围量表的分析显示量表具有很高并且分布均衡的测量精确度和良好的心理测量特征。

　　本书在厘清情绪的本质和组织中的情绪及其研究发展历史的基础上，进行了组织中情绪管理的跨文化比较，从员工个体和团队两个层面介绍了当前国内外组织中的情绪管理理论和研究的现状，并通过作者相应的国内实证研究深入探讨了组织中情绪管理的影响和调节模式。在员工个体层面，主要介绍了情感事件理论、情绪智力、情绪劳动、工作压力等重要的情绪理论和现象，并通过实证研究深入探讨了员工的情绪智力、情绪劳动、任务绩效、组织公民行为、工作压力、职业倦怠等变量之间的关系，系统地讨论了情绪智力在管理实践中的应用，如何管理情绪劳动的工作，以及如何有效应对工作压力；在团队层面上，主要介绍了情绪感染、群体领导与情绪、团队情绪氛围等重要的情绪理论和现象。《组织中情绪管理的文化视角与实证研究》理论研究与应用并重，既综述了组织中情绪管理的国内外研究现状，比较了情绪管理的跨文化差异，又提供了作者最新的国内实证研究成果，并探讨了相应的情绪管理的对策与方法，从而使管理者深入了解如何通过调节他们的领导方式来更好地管理员工的情绪和行为，为组织人力资源管理实践活动提供指导与建议。

书名：组织变革背景下团队主动性特征与效能机制研究

作者：薛宪方

出版社：浙江大学出版社

出版时间：2011-12-01

内容简介：由于组织变革广泛地发生在不同行业中各种所有制的企业中，所以行业类型和所有制在本研究中是作为控制的背景变量。《组织变革背景下团队主动性特征与效能机制研究》选取的行业类型为IT、制造和服务行业，企业所有制包括了国有、民营和三资企业三种类型。Ilgen（2005）认为按照时间维度可以把团队划分为形成阶段、执行阶段和完成阶段，其中形成阶段是指团队制定目标、建立关系模式和确定运作结构的阶段；执行阶段是指团队紧密联结、适应性解决问题和学习创新的阶段；完成阶段是指团队完成了某次任务、将要进入下一个任务循环的阶段。本研究考察的重点是变革背景下处于执行阶段的团队，所以在样本选取上的标准是组建时间超过了3个月的团队。不同形式的组织变革在变革剧烈程度、影响范围和对员工要求上是有所不同的，本研究主要选取了当前一些最主要的变革形式，包括公司创业、并购、信息化和国际化。结合上面的思考，本研究中样本企业选取的标准是：①企业正在经历某种类型的变革；②企业中的主要工作是以团队为单元来展开的；③每个团队至少由三个人组成，并且填写问卷的人数至少为三个人；④团队领导不仅是指挥者，还是具体任务的参与者。按照这些标准，本研究的调研对象主要集中在浙江省的杭州、宁波、湖州等地，界定的企业变革类型包括并购、信息化、国际化和公司创业四种类型，选取的行业主要聚集在IT、服务和制造三种行业上，企业的所有制类型包括国有、民营和三资企业，团队类型包括管理、销售和研发三种团队，每个团队人数3~10人不等，团队组建的时间也从4~122个月不等。本研究共向130家企业发放了成套问卷，一般每家企业按照抽样原理选取一个团队，在征得部分企业的同意后，向部分企业发放了两套问卷，总共发放了150套问卷。最终获得了108位团队领导和378位团队成员数据。此外，通过对两阶段来自20家企业27位高管的深度访谈，获得了变革背景下团队主动性的原始研究资料，然后按照扎根理论的思路对获取资料进行了细致的分析，构建了团队主动性构思的结构体系。认为团队主动性是一个集体行为构思，主要是指团队为了达到应对环境变化、捕捉未来机会、预防已有问题等目的而展开的集体行为，是组织变革背景下一种重要的群体动力，具有三个典型特征：群策、协作和适应，三个维度分别反映了团队主动性的动力基础、行动过程和持续机制方面的特征。

全书共分七章，第一章为相关理论基础，对个人主动性、团队行动相关研究及组织变革相关研究进行综述。第二章为研究理论构建与整体思路，介绍本书的构思框架与实证研究步骤。第三章为团队主动性的结构研究。第四章为组织变革背景下团队主动性的结构验证及多方法比较研究。第五章是组织变革背景下团队主动性影响因素及效能机制的现场研究。第六章是组织变革背景下团队主动性效能机制的实验研究。第七章为研究总论，对研究进行总结并对未来研究进行展望。

书名：团队边界管理、凝聚力和效能间关系研究

作者：石冠峰

出版社：经济管理出版社

出版时间：2011-05-01

内容简介：《团队边界管理、凝聚力和效能间关系研究》运用层级回归和结构方程分析技术检验了团队边界管理整合模型，深入剖析了边界管理、凝聚力与效能间的关系，证明以边界管理视角构建具有凝聚力的高效团队具有重要意义。《团队边界管理、凝聚力和效能间关系研究》在团队层面的边界管理研究丰富了团队边界管理的理论内涵，准确阐释了团队运行规律和边界管理动态平衡机制。《团队边界管理、凝聚力和效能间关系研究》提出的以边界管理视角整合团队内外活动为团队建设提供了新的研究思路，并启示管理者必须维持内向与外向边界管理的动态平衡，才能引领团队走向成功。

全书共分为七章，第一章绪论，对本研究的研究背景、研究意义与目的研究框架设计与研究内容、研究方法以本书对理论与实践的贡献做了全面的阐述。第二章是文献回顾与概念界定，其中包括对群体与团队的理解，对边界、边界活动和边界管理的界定及团队凝聚力和团队效能明确。第三章是理论基础与研究假设，包括内向边界管理与外向边界管理、边界管理对团队效能的影响、凝聚力对边界管理与团队效能之间关系的中介效应。第四章提出团队边界管理整合模型。第五章是研究设计和方法，对变量的测量水平与概念模型的水平进行界定，通过变量的可操作性定义与测量并对正式研究数据分析得出结果。第六章是假设检验和结果分析，包括边界管理活动对团队效能影响的假设检验，凝聚力的中介效应假设检验，及边界管理整合模型的路径分析。第七章对研究结论进行了展望，为未来研究指明了方向。

书名：组织理论：理性、自然与开放系统的视角

作者：W. 理查德·斯科特（W.Richard Scott）、

杰拉尔德·F. 戴维斯（Gerald F.Davis），高俊山译

出版社：中国人民大学出版社

出版日期：2011-05-01

内容简介：《组织理论：理性、自然与开放系统的视角》被公认为介绍组织研究领域文献最为详尽和最具权威的著作之一。作者充分运用社会学和管理学的组织研究成果，广泛吸收其他社会科学对组织理论做出的贡献，不仅从研究者的角度，而且从组织管理者以及各种参与者乃至普通大众的视角来阐释组织理论问题，对我国组织研究学者和管理实践人员具有重要的借鉴意义。

《组织理论：理性、自然与开放系统的视角》共分14章。第1章为导论，引入了三种不同的组织定义和三个组织研究的视角：理性、自然和开放系统观。第2~4章分别以三个视角为主线，梳理了组织研究的历史，包括对各个主要学派及其代表人物的简介和评论。第5章讨论了三个视角的融合与渗透，指出它们曾经以不同的组合方式出现，分别适用于不同层面的分析，提出了整合三种视角的分层模型。第6~12章从组织结构、组织内部机制与过程、组织与环境的关系以及组织的绩效等方面，介绍了近20年来组织管理实践的创新和组织研究的成果，进一步深入探讨了组织与组织活动的规律，以及对于组织现象的各种理论解释及其实践意义。第13章回顾历史，对工业革命以来工商企业的发展，特别是19世纪以来现代法人公司的形成与发展对社会经济的贡献和所带来的问题进行了系统的回顾与分析。最后，在第14章，对未来的实践与研究方向进行展望，提出从一元论到多重范式、从单一文化到多重文化、从共时研究到纵观分析及历史分析、从结构到过程和分析层面、从微观到宏观的转变。

《组织理论：理性、自然与开放系统的视角》最大的贡献之一，是开创性地提出了从"理性、自然与开放系统"三个视角分析和梳理纷繁的组织研究成果，将各种复杂的甚至相互冲突的观点按照三个基本范畴进行分类，为初涉组织研究领域的学者提供了一个清晰的指导，为已进入这一领域的研究者提供了整体把握这一学科领域历史演变和发展趋势的系统化指南，并引领研究者进行有关组织研究方法论和学科范式等深层次问题的思考。

书名：组织中的激励

作者：爱德华·劳勒三世 （Edward E. Lawler Ⅲ），陈剑芬译

出版社：中国人民大学出版社

出版日期：2011-07-28

内容简介： 在过去的二十年间，管理世界发生了巨大的变化，激励对于企业的重要性毋庸置疑，必须了解并掌握如何有效管理大型复杂组织和激励为这些组织工作的员工。爱德华·劳勒三世长期致力于有关激励的研究，在《组织中的激励》中，他既总结了与激励相关的理论研究，包括驱力、需求和结果；激励和行为；满意度和行为；在组织中工作的决定等；又关注了激励在组织变革与管理实践中发挥的重要作用，包括外在激励与工作绩效；工作设计与工作绩效；人际关系的影响等。一名合格的管理者，必须了解激励、善用激励，充分发挥激励的作用，激励员工更好地为组织服务，激励组织不断地向前发展。《组织中的激励》告诉读者如何成为一名合格的管理者，如何带领企业获取成功。

本书探讨了激励理论的最新进展，讨论与激励和组织有效性相关的管理和组织设计方面的新进展。之所以强调这一点是因为：对激励的研究已经进行了几十年，甚至几百年，在某种程度上人类行为是保持不变的，但是却有大量因素影响到组织设计，改变了应该如何管理复杂组织的主要逻辑。本书在专注于激励理论的基础上，运用激励理论来探讨相应的激励问题，这些理论是薪资和报酬制度、员工参与、组织设计和组织变革方面的基础。由于激励是任何组织设计的核心问题，本书涉及的激励理念确定了哪种组织设计和管理实践是有意义的，并且预计这样的组织设计和管理实践将会对个人和组织行为产生何种影响。作者强调了解激励理论对于分析性地思考组织中的所有行为和做出组织设计决定的重要性。

全书共分为七章。第一章对驱力、需要和结果的历史和当代研究方法进行分析。第二章主要分析了驱力理论和期望理论，并对驱力理论与期望理论进行比较第三章研究满意度与行为，包括工作满意度理论、特殊构面满意度模型、满意度决定因素及不满意的后果。第四章分析工作的决定过程，研究个人与组织之间相互吸引和相互选择。第五章是外在奖励和工作绩效，分析了外在奖励的重要性，研究应将何种奖励与绩效挂钩、何时使用外在奖励机制提高绩效。第六章是工作设计与工作绩效，研究将工作设计与员工进行匹配。第七章分析人际关系的影响，包括领导风格及团队对动机和满意度的影响。本书更关注组织变革和管理实践，为管理者提供了从理论到应用的指导。

书名：U 型理论（彼得·圣吉《第五项修炼·心灵篇》
　　　 的理论内核）

作者：奥托·夏莫（C. Otto Scharmer），邱昭良、王庆娟译

出版社：中国人民大学出版社

出版时间：2011-06-01

内容简介：在这本开创性的著作中，奥托·夏莫邀请我们一起以全新的视角审视世界，探索一种革命性的领导方式。关注的对象和关注的方式是创新的关键所在，而阻碍人们有效关注的原因，是我们没有完全理解关注和意图产生的内在场境，并与之建立连接。这就是夏莫所说的"盲点"。"盲点"出现在个人、团队、机构、社会和各种系统之中，它们以不同的形式在我们的理论和概念中展现自己。对于各种系统而言，"盲点"每天都会出现，但它们通常隐而不见。因此，关注这些"盲点"如何显现、把它们呈现出来并为我所用，是有效的领导者和创造者的任务。穿过夏莫的 U 型过程，我们有意识地接近"盲点"，并学会了与"真实的大我"——知识与灵感最深层的源泉——建立连接。这就是"在当下"（presencing），是夏莫结合了"当下"（presence）和"感知"（sensing）两个概念创造的一个术语。在对 150 多名实践者和思想领袖长达 10 年的研究、行动学习和访谈的基础上，U 型理论提供了丰富多彩、引人入胜的故事和例证，收录了许多练习和实践，帮助领导者以及整个组织转变意识，与未来最佳可能性建立连接，并获得创造未来的能力。

在 U 型理论中，更关注其实践意义和集体层次的应用，即团队、组织或更大的系统需要经历怎样的过程才能接近集体创造力的深层根源？U 型过程中提出发展有效领导力的七项能力和步骤：①意识：停止旧有的"下载"式思维习惯；②观察：停止习惯式的"下判断"，以新的视角观察；③感知：将注意力重新定位，从其他视角感知，从整体感知；④在当下：与沉静的根源以及涌现的未来建立连接；⑤晶透化（crystallizing）：澄清愿景和意图；⑥建立原型：连接头脑、心灵和双手，通过实践探索未来；⑦执行：连接微观、中观和宏观层面的领导力，维持和发展创新。除此之外本书还对以下方面进行了论述：第一，在四个不同的系统层次（个人、团队、组织以及全球）上，"格物致知"的过程与深层次变革和进化是如何息息相关的；第二，哪些社会技术（或实践工具）可以帮助领导者转变领导、团队、组织和系统运行的内在状态？U 型理论结合实践提供了一个独特的整合视角，对如何开启思维、情感和意志以及通向发现和相互理解具有指导意义。

书名： 组织文化与员工行为

作者： 徐尚昆

出版社： 中国社会科学出版社

出版时间： 2011-03-01

内容简介：《组织文化与员工行为》一书通过规范研究对组织文化内涵进行收集和整理，在详尽地列举样本企业组织文化内涵的基础上，我们进入分析的下一步，也就是提炼出各企业组织文化内涵的关键词，通过对关键词出现的频次分析，进一步归纳出我国组织文化的概念维度，力图对中国企业的组织文化概念内涵有一个整体的把握。本书的研究路线可以简要概括为：第一步，通过对 175 位企业高层管理者的开放式调研，归纳出组织文化的概念范畴和员工行为类型，同时运用两次焦点小组讨论以及典型文本分析的方法，对上述结果进行了检验。第二步，以归纳性分析得出的概念维度为基础，通过规范的量开发过程，分别发展出具有良好效度和信度的组织文化与员工行为测量量表。第三步，构建《组织文化与员工行为》的理论模型并提出了相应的研究假设。其中理论模型由两部分组成，一个是员工知觉的组织文化与员工行为关系模型，另一个是个人组织文化契合度与员工行为关系模型。第四步，通过大样本问卷调研收集了 122 家企业 1033 位员工的相关数据，采用简单相关分析、逐步多元回归分析、典型相关分析等方法对数据进行分析和处理，检验《组织文化与员工行为》的理论模型和研究假设。最后，对研究结果进行讨论，并根据研究结论对组织文化的实践提出了若干建议。

全书共分为七章。第一章为绪论，包括研究背景和意义、主要问题及内容、研究方法与文章框架。第二章为文献综述，对组织文化的定义及其操作化、分类与测量，员工行为的分类及研究的主流路径进行分析。第三章为组织文化概念范畴的归纳性分析及量表开发。第四章为员工行为本土构建与测量。第五章为理论模型设计及研究假设。第六章是实证分析及结果讨论。第七章是结论及讨论。

书名：同事关系、人际信任对个体工作绩效的作用机制研究

作者：李敏

出版社：经济管理出版社

出版时间：2011-11-01

内容简介：中国是个"关系导向"的社会，"关系"是交往者之间存在着某种特殊的关联，这种关联包含着情感性、义务性、工具性和面子等成分。总体而言，中国人的关系状态是一种"差序格局"。《同事关系人际信任对个体工作绩效的作用机制研究》基于中国人按照家庭的模式来管理组织的事实，即在同事中采用"差序格局"人际关系处理模式对待同事，采用实证研究方法探讨组织中的同事关系对个体工作绩效的作用机制。研究得出某些中国传统观念对组织中的同事心理有着巨大影响，从而影响着个体工作绩效。

本书共六章。第一章绪论，包括研究的目的与意义、研究方法与研究内容、研究框架和技术路线。第二章是相关文献综述，包括关系的内涵、关系的基础与分类、关系的产生背景、关系的维度划分与测量；人际信任的内涵及特征、国外人际信任的维度与测量、我国文化背景下的人际信任维度及特性研究；工作绩效的界定、工作绩效的维度与测量。第三章是理论拓展与假设提出。本章分析研究的三大理论基础：嵌入性理论、社会交换理论、角色理论。探讨了关系的内涵、产生基础及维度构成，验证了关系是影响绩效的重要因素，探讨了关系作用机制及情境下人际信任的内涵、维度及特点。在界定同事关系、人际信任的基础上提出假设。第四章、第五章为实证分析过程，包括问卷设计与数据分析。第六章为研究结论与展望，提出同事关系由情感、义务、工具和面子四构面组成，人际信任、情感性关系、义务性关系、工具性关系和面子对工作绩效均具影响效应。第六章分析了研究局限并提出后续研究建议。

书名：知识型人力资本胜任力研究

作者：李忠民，刘振华

出版社：科学出版社

出版时间：2011-06-01

内容简介：随着知识经济时代的到来，尤其是进入 20 世纪 80 年代以来，世界经济正在进入以知识经济为主导的新时期，作为知识经济的载体，知识型人力资本也备受关注。《知识型人力资本胜任力研究》以医生、财务管理人员、高校教师、银行客户经理这四种典型的知识型工作者为研究对象，通过运用现代管理学研究方法，从胜任力的角度阐述知识型工作者应具备的各项素质，提炼出四种知识型工作者应具有的胜任本职工作的各项指标，为部门"选"、"用"、"育"、"留"人才提供科学的依据，并在应用过程中做了具体的说明，具有较强的可操作性。具体研究如下：（1）为组织人力资源部门提供专业人员的胜任力标准和测评方法。胜任力模型提供了一种全新的人力资源管理基础，它不仅改变了传统测验在职业选拔中的应用方式，而且也影响了传统的人力资源管理模式，比较广泛地应用于工作分析、招聘与选拔、培训、职业生涯规划、绩效评估、接班人计划、薪资和人力信息系统管理等，解决了组织如何制定选人、育人、用人和留人标准这一问题，也为我国组织人力资源管理提供了一个可靠的依据。（2）为提高专业人员的人力资源管理的绩效性和公平性提供理论与实践支持。随着组织的发展与员工人力的资本化，组织的核心竞争力主要集中在员工人力资本的有效利用和开发上，组织的绩效和公平同人力资源管理的有效性紧密相关，员工绩效作为选拔人才的重要评价标准之一的同时，组织的公平性也被员工视为企业好坏的标准。我国专业人员胜任力模型的建立与运用，为专业人员人力资本的有效利用和开发提供理论与实践支持。（3）促进专业人员胜任力的培养与提高。建立专业人员的胜任力模型和评价标准，并运用量表调查与统计分析的方法对专业人员的胜任力模型进行检验，得出不同层次专业人员的评价标准，确保研究成果的科学性与可靠性。这个模型是我国专业人员工作中必需的技能、素质、心理及个性的总体框架，可以作为培养与提高专业人员胜任力的参考，使专业人员胜任力的培养更具有导向性。（4）为完善专业人才市场提供理论依据。通过对专业人才胜任力的研究从胜任力模型角度构建有效的专业人才市场问题，促进劳动力市场的更加完善和现代企业制度的建立。

全书共分为六章。第一章为导论，对知识型企业及其特征、知识型企业员工人力资本及胜任力进行概述。第二章为医生胜任力模型研究。第三章为财务管理人员胜任力研究。第四章为高校教师胜任力研究。第五章为银行客户经理胜任力研究。第六章为知识型人力资本胜任力研究应用展望。

书名：创意领导力：创意经理人胜任力研究

作者：向勇

出版社：北京大学出版社

出版时间：2011-07-01

内容简介：《创意领导力：创意经理人胜任力研究》系统地提出了文化产业创意经理人概念，对创意经理人的内涵和外延、创意经理人的角色和功能、创意管理原则和流程、创意领导力、创意经理人胜任力素质特征以及创意经理人的开发等领域都进行了深入的研究。本书对"文化企业"进行了明确界定，是指那些在文化产业环境下以创意、生产、交换、营销文化产品为方式，其目的是为了获取商业利润的工商组织。在中国，文化企业包括正在进行转企改制的文化事业单位、国有文化企业、合资文化企业和中小民营文化企业；包括文化艺术经营机构、新闻出版社、广播台、电视台、电影公司、软件公司、网络公司、计算机服务公司、广告公司、会展公司、艺术品交易公司、设计服务公司、旅游休闲娱乐服务公司以及其他辅助服务公司。在大力发展文化产业的今天，合格的相关经理人员的选拔、培养尤为重要。《创意领导力：创意经理人胜任力研究》是文化产业理论与人力资源理论的跨学科研究，提出了文化产业创意经理人和创意领导力的基本概念，论述了创意经理人的创意管理原则和创意领导胜任力等核心命题，对创意经理人的角色与功能、创意管理的原则与流程、创意管理胜任力的基本模型以及创意经理人的企业任用、高校培养和国家开发等问题进行了论述，对我国文化产业经营管理人才的理论研究和实际开发工作具有学术参考价值和实践指导意义。

全书分为八章。第一章为创意经理人的角色与作用。第二章为创意管理的理论与原则。第三章是创意经理人素质内容提取研究。第四章是创意经理人素质内容标杆检验。第五章为创意经理人胜任力模型构建及分析。第六章为创意经理人胜任力模型验证。第七章是创意经理人胜任力模型的应用建议。第八章为总结与展望。

书名：成功管理虚拟团队

作者：刘颖

出版社：企业管理出版社

出版时间：2011-04-01

内容简介： 高科技的飞速发展使得远程办公成为可能，虚拟团队应运而生；另外，随着全球化的推进，跨文化团队的管理日益变得重要。刘颖编著的《成功管理虚拟团队》基于全面的理论综述和权威的原始数据，主要探讨如何通过成功管理来提高虚拟团队的有效性。通过《成功管理虚拟团队》了解虚拟团队的基本理念、前沿理论、科学的研究方法与实践技巧；通过分析，书中明确提出信任的建立和维护依赖于团队成员共同遵守的规范和制度。因此，在虚拟团队中应尽可能地制定出一个公平、合理、双赢甚至多赢的协议或合同。建立公平、规范的制度的关键就是要让各自独立的成员在虚拟团队中感受彼此之间是相互平等的，并在相互理解的基础上，明确各自的责任、权利和义务。建立公平、规范的制度可以从以下三个方面着手：①明确团队规范。在制定规范时一定要注意其具体可行性，使团队成员便于了解和接受。规范一旦形成，就要在团队范围内严格实施。②严格的奖惩机制。严格的奖惩制度有利于成员间的相互合作，为所在团队的发展共谋策略，也有助于信任的建立和进一步发展。③监控机制。定期检查，定期与团队成员进行沟通，了解他们工作中存在的困难和问题。

《成功管理虚拟团队》有助于帮助组织中的管理者理解团队的内涵、评估虚拟团队的科学方法和管理虚拟团队的实践。全书分为理论篇和实证篇两大部分，理论篇包含五章，分别对虚拟团队的内涵、特点、影响虚拟团队绩效的重要因素、虚拟团队领导的素质及评估、多元文化对全球虚拟团队的影响等方面进行探讨。实证篇共分为四章，在这一部分中，通过对 68 位虚拟团队领导访谈的分析，总结影响虚拟团队有效性的核心要素，规范高效虚拟团队的管理过程，并提出高效虚拟团队的支持系统。本书最后对虚拟团队理论与实践发展方向进行讨论。

书名： 从理念到行为习惯：企业文化管理
作者： 陈春花
出版社： 机械工业出版社
出版时间： 2011-07-01

  内容简介： 企业文化是企业中一整套共享的观念、信念、价值和行为规则，以致得以促成一种共同的行为模式，这种共同的行为模式则是企业文化最强大的力量之所在。企业文化直接决定着领导者的行为方式，企业文化直接影响着人力资源的有效性，企业文化对于提升企业独有的核心竞争力有着深刻而长远的作用，企业文化就是回答企业持续成长问题的根本之所在。共同的行为模式所带来的企业持续成长的驱动力量，让企业文化具有了极其特殊的功能，这需要人们明确地理解文化本身就是行为方式的选择，如果文化仅仅停留在理念层面上，企业文化并没有被打造成功，企业文化中价值观的确定、企业宗旨的确定、企业价值判断的确定等，这些问题的确定不是为了了解，而是为了采取行动。这些明确的价值追求就是要集中人们的精力和资源，努力取得正确的结果。因此，企业文化的一切努力和最终的追求是员工行为习惯的形成、共同的行动模式以及明确的价值行为选择。除非转化为行为，否则企业文化就不能称之为企业文化。理念与习惯正是文化取得结果的两个领域。企业文化的打造也必须从这两个领域出发。让企业的理念促进企业和顾客之间、与利益相关者之间达成共识；让企业的行为习惯落实到每一个员工的自觉行动中，最终成为员工的行为习惯。让理念转化为行为习惯，日益成为企业获得竞争优势的唯一方式。《从理念到行为习惯：企业文化管理》的宗旨就是让企业管理者在管理实践中认识和发挥企业文化的作用。

书名： 第五项修炼：变革篇

作者： 彼得·圣吉（Peter Senge），王秋海译

出版社： 中信出版社

出版日期： 2011-05-01

内容简介： 应用有关领导力和持久成功变革的新理论，结合 25 年的学习型组织建设经验，本书的作者在这里展示了如何加速推进成功的变革，以及如何克服能削弱变革势头的各种障碍。本书是为组织机构中的各级经理人和领导者而作，将关注的焦点从观念突破转向具体实践，并以集体智慧的结晶，描绘出创建学习型组织的战略、方法、工具及实践案例，从而使学习型组织理论具有了更强的实践性和可操作性，为包括企业在内的各类组织的可持续变革和管理创新提供了一种全新的思路与方法。它告诉企业领导者如何共同认知，并准备应对深层变革必然给组织带来的最终总要面对的挑战，包括：恐惧和忧虑；跨越组织界限传播学习经验的需要；变得非常复杂的对创新行为的成功评估和测量；公司中变革"真信者"和不信者之间几乎无法回避的误解。

《第五项修炼：变革篇（套装共 2 册）》的开创性成果使大家都认识到，不学会改变自己的心态和行为惯例，公司和其他组织今天都无法成功发展。但启动了变革计划的公司却发现，哪怕是最有希望的变革行动，虽然开始有些成功的经历，后来却无法转变或振兴整个组织，尽管并不缺乏资源和兴趣。而令人信服的业务成果则可能无法长期持续。这种情况正意味着：组织机构是有发育良好的、复杂的免疫排外系统的，其功效就是维持组织的现状。本书内容非常丰富，有大量的个人和团队练习，有负责实际工作的经理人和领导者对保持学习实践势头的深度阐释，有经历过充分实践检验的实际做法建议。书中提供了实施学习和变革计划的内部知情者的视角，他们来自 BP、杜邦、福特、通用电气、哈雷·戴维森、惠普、三菱电器、壳牌、丰田、美国陆军和施乐公司。书中给一线经理、高管、内部领导者、教育工作者和其他努力在实践中推动变革的人们，提供了重要的建议。

书名：领导梯队：全面打造领导力驱动型公司（原书第2版）

作者：拉姆·查兰（Ram Charan）

斯蒂芬·德罗特（Stephen Drotter）

詹姆斯·诺埃尔（James Noel），

徐中，林嵩，雷静译

出版社：机械工业出版社

出版时间：2011-07-10

内容简介： 能力与岗位的匹配，特别是各层级管理者的能力与岗位的匹配，是一个从未解决的老问题。员工的不能胜任很大程度上是由于"被提升"，责任更多在于人力部门，虽然员工本人未能主动寻求改进也是原因之一。本书通过对六个典型的管理层级最经常出现的问题，从领导技能、时间管理、工作理念三个方面进行了分析，提出了改进建议。这些意见是有理也是有效的，本书倡导的"领导梯队模型"在100多家跨国企业的实践，也已经表明了这一点。"领导梯队模型"将从员工成长为首席执行官的管理历程划分为六个领导力发展阶段，每一阶段都要掌握特定的领导技能、时间管理能力和工作理念。第一阶段：从管理自己到管理他人，重点是从自己做事转变为带队伍做事的工作理念的转变；第二阶段：从管理他人到管理经理人员，关键技能是教练选拔人才担任一线经理；第三阶段：从管理经理人员到管理职能部门，需要学会新的沟通技巧以跨越两个层次与员工进行沟通；第四阶段：从管理职能部门到事业部总经理，重点是转变思考方式从盈利和长远发展的角度评估计划和方案；第五阶段：从事业部总经理到集团高管，必须擅长评估资金调拨和人员配置的战略规划；第六阶段：从集团高管到首席执行官，必须具备重视外部关系的视角。在大公司，从员工成长为首席执行官，都需要经历这六个领导力发展阶段。每一个阶段都是一个重大的转折。本书旨在帮助领导者了解每一个阶段所需要的领导技能、时间管理能力和工作理念，同时，帮助他们熟悉领导工作的特点，一旦掌握了每个阶段的要求和面临的挑战，领导者就能更好地适应领导力发展的要求，加速自己的成长。随着领导职务的晋升，面对着日益复杂化和规模化的业务，领导者可以通过了解六个领导力发展阶段的要求提高工作的主动性，增强自己的信心。

"领导梯队模型"为我们提供了一套特有的诊断方法，根据一些特定的现象或线索，揭示出问题发生的具体层级，以及这个层级的人所缺少的领导技能、时间管理能力和工作理念。本书除了带给我们这些工具性的帮助以外，还能够从当前对新概念和新工具的浮躁的追求中，返回到对基础性管理的重视和改善上来。而作为远比资本更为稀缺的管理人才的培养和发展，正是基础性管理的重中之重。用本书的语言来说就是：领导者没有学会做最重要的事情。人们总是做出这样的推断：如果一个人能够出色地完成某个岗位的工作，那么他也可以同样出色地完成下一个岗位的工作。确保管理者所在的管理层级与其领导技

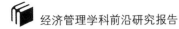

能、时间管理能力和工作理念相符，对于企业而言是一项挑战。该模型通过建立领导者所共同经历的"领导力发展阶段"，并根据各个领导层的具体职责和工作理念，来协助企业完成领导者的选拔、培训和评价。

第二节

英文图书精选

书名：We：How to Increase Performance and Profits through Full Engagement
我们：如何通过全员参与提高绩效和利润
作者：Rudy Karsan，Kevin Kruse
出版社：Wiley
出版日期：January 25，2011

Book Description

We live in a new world where work and life are blended as opposed to balanced，and feelings of financial security and entitlement are a thing of the past. Job satisfaction is at a record low，a crisis with far reaching impact. For businesses，a disengaged workforce means lower levels of productivity and service，and ultimately lower growth and profits. For individuals，our emotions at work spill over to the other areas of our lives and take a toll on our health and relationships.

In We，Rudy Karsan and Kevin Kruse dig deep to reveal the nature of work in the modern organization and share the secrets for achieving full engagement at work，based on findings from over 10 million worker surveys in 150 countries，and also on their own experiences leading fast growth companies. They show the inevitable linkage between the success of the individual and the success of the organization，and how both must come together to succeed.

For managers and all professionals，We details the leadership behaviors that generate emotional buy-in and commitment from team members. Karsan and Kruse highlight the three factors that drive one's level of engagement the most：

● Growth：Team members feel they are growing in their careers and learning new things.

● Recognition：Team members feel that their ideas and accomplishments are appreciated.

● Trust：Team members trust senior leadership and feel confident about the future.

Anchored with specific metrics，based on studies of 10 million people，includes engagement，retention，customer loyalty，and profitability，authors have extensive experience in cutting-edge human resources solutions. Scientific research and academic insights are translated into actionable steps，We sketches the landscape of today's changing job environment and gives managers and individual employees alike a road map to full engagement.

We is an indispensable guide packed with solid research，case studies from innovative companies，individual stories of personal growth and achievement，and actionable steps that will both enhance your own engagement at work and transform your approach to leadership.

内容简介：我们生活在一个要求工作和生活平衡的新世纪，为财务安全和津贴担心的日子已成为过去。工作满意度又创历史新低，这一危机的影响将是长远的。在工商组织中，低投入的员工就意味着低水平的产出和服务，最终导致低成长和低利润。对个人来说，工作中的情绪具有溢出效应，会影响到其他生活领域，最终以健康和人际关系的伤害为代价。

在本书中，作者通过对 150 个国家 1000 万员工的调查，结合他们领导快速成长公司的经验，深刻揭示了现代组织中工作的本质，分享了让员工全身心投入工作的秘密。他们确信个人成功和组织成功之间有着必然联系，两者的紧密联系对成功非常重要。

本书为管理人员和学者详解了能激发团队成员感情共鸣和认同的领导行为，作者强调三个最能促使员工参与的因素如下：①成长。团队成员能感受到他们在职业上的成长并不断学到新东西。②认可。团队成员感到他们的想法和才干被欣赏。③信任。团队成员信任上级领导并对未来有信心。

运用独特的衡量标准，在对 1000 万员工的参与、留任及顾客忠诚度、赢利能力进行调查的基础上，作者结合丰富的人力资源管理经验，将科学研究和学术观点转变成可执行的方法。本书对变化的工作环境做了全面的分析，并为管理者和每个员工指明了全身心投入的途径。

本书拥有详实的调查、创新公司的案例分析、个人成长和取得成就的故事、可操作的方法，这均能提高读者在工作中的投入并成为读者提升领导力的指南。

书名：Handbook of Organizational Learning and Knowledge
       Management
       组织学习和知识管理指南
作者：Mark Easterby Smith, Marjorie A. Lyles
出版社：Wiley
出版日期：August 29，2011

Book Description

This is the state-of-the-art, international handbook for a field of inquiry that is still emergent and yet occupies a central position in contemporary management and organization theory. Mark Easterby Smith and Marjorie A. Lyles have drawn together in their authorative reference work original essays from the leading scholars in organizational learning and knowledge management around the world.

Not least in importance is the linkage they make between these two adjacent areas: learning knowledge are often debated seperately despite their close relationship. Tracing the roots of learning and knowledge debates across the disciplines of economics, psychology, and social theory, and charting the key contributions scholars have made, this is a major, in-depth overview which all scholars of organizational learning and knowledge menagement will need on their shelves. In addition to original chapters which have all been updated to trace the substancial developements in the field over the last decade, the second edition contains new chapters written by world-class scholars including: Maryam Alavi, Linda Argote, Amy Edmondson, Robin Snell, David Teece, Gianmario Verona, and Russ Vince. Handbook gives the definitive up-to-date guide to the field, shows links between 'knowledge' and 'learning' literatures, indicates paths for future research and inquiry, 'must have' reference source for all scholars in this field.

The fully revised and updated version of this successful *Handbook* is welcomed by management scholars world-wide. By bringing together the latest approaches from the leading experts in organizational learning & knowledge management the volume provides a unique and valuable overview of current thinking about how organizations accumulate 'knowledge' and learn from experience.

Key areas of update in the new edition are:

● Resource based view of the firm

● Capability management

● Global management

- Organizational culture
- Mergers & acquisitions
- Strategic management
- Leadership

内容简介：本书涉及研究领域备受关注，并一直占据现代管理和组织理论的中心地位，作者在书中引用了大量世界范围内组织学习和知识管理顶尖学者的原创论文，是一本高水平、国际水准的指南。

尽管组织学习和知识管理两者关系密切，但两者经常被分开来讨论。本书不仅强调两者建立起紧密关系的重要性，并追根溯源，对经济学、心理学及社会学各个领域涉及学习和知识的讨论进行梳理，对做出重大贡献的学者进行评述。本书是组织学习和知识管理领域重要的、具有深度的综述性著作。本书所有的章节都根据该领域的近十年的最新发展进行了更新，除此之外，第二版还增加了由世界顶级学者撰写的新章节，这些学者包括：Maryam Alavi、Linda Argote、Amy Edmondson、Robin Snell、David Teece、Gianmario Verona 和 Russ Vince。本书是这一领域最新最权威的指南，厘清了知识与学习之间的关系，指明了未来研究和探索的方向，为这一领域学者提供了必要的参考。

全面修订和更新的版本取得了巨大成功，受到世界范围管理学者的欢迎。通过总结顶尖组织学习和知识管理学者最新的观点，本书为当前组织如何积累知识并从经验中学习提供了独特和有价值的视角。更新的版本包含的主要内容有：基于公司视角的资源观、技能管理、全球化管理、组织文化、合并与收购、战略管理和领导。

书名：Appreciative Inquiry for Change Management：Using AI to Facilitate Organizational Development

变革管理中的意见调查：运用意见调查推动组织发展

作者：Sarah Lewis，Jonathan Passmore，Stefan Cantore

出版社：Kogan Page

出版日期：August 15，2011

Book Description

Appreciative Inquiry （AI） is one of the most exciting and increasingly recognized concepts being used to facilitate organizational change. This book studies AI in depth， illustrating the method of asking particular questions and encouraging staff to consider both the positive and negative systems in place and to recognize the need to implement change. It demonstrates how AI can be applied by combining the skills， perspectives and approaches presented here into a practical conversational approach to organizational challenges. Case studies from organizations that have already integrated conversational methods into their change management practice show why the processes are valuable， why they are effective， and how to generate such conversations. Written in jargon-free language， *Appreciative Inquiry for Change Management is* an excellent resource for discovering the benefits that conversational techniques can have on an organization and its performance.

This book will change the way we talk， relate， and think about change. The authors unpack the meaning and significance of Appreciative Inquiry and the positive revolution in 'conversation-based change' with powerful stories and brilliantly clear writing. It is a remarkable book that perfectly blends theory， practice and life-empowering perspectives. A must read for anyone interested in leading with hope and optimism， and creating the future through the collaborative engagement of our highest human strengths.

内容简介：意见调查（AI）在推动组织变革中越来越受到重视，成为研究的热点之一。本书通过深入研究 AI，阐述询问特定问题的方法，鼓励员工认真分析组织的优点和不足，认识实施变革的必要性。AI 具有相应技巧、独特视角和具体方法，书中分析了在组织变革中如何运用 AI 改进实际沟通。在变革管理实践中运用整合沟通已有成功的案例，通过对这些成功案例的分析表明这一过程的价值，书中总结出成功的原因及实施的过程。本书用通俗易懂的语言，揭示交流技巧对组织及绩效带来的益处。本书将改变我们谈话和建立关系的方式，也将改变我们对变革的看法。作者充分阐明意见调查的内涵和重要性，运用大量生动的资料表明"以交流为基础的变革"具有积极的革命性意义。本书理论联系实际，对于乐观积极、希望通过合作自我实现、创造新未来的领导者来说必不可少。

书名：Change making: Tactics and Resources for Managing Organizational Change

制造变革：组织变革管理技术与资源

作者：Richard Bevan

出版社：Create Space Independent Publishing Platform

出版日期：March 6，2011

Book Description

It's ironic that while most people know what conditions enable change to be effectively managed, these straightforward needs are often missed. The intent gets the attention; the details of execution are forgotten. Yet the elements are simple: listen to the stakeholders, learn about the issues, lead with clarity and involvement, align systems, communicate relentlessly, follow-up and course-correct. Consider who will be most affected and then explore their issues, needs, and ideas. You'll learn fast; you'll have answers to your own questions; and you'll have the raw material for a plan to address the issue, solve the problem or lead the change. This can be done on a small, local scale, through informal conversations. Or it can be a much broader effort using meetings, surveys, social media, or a combination of methods. And then make it all work through sustained follow-up. Never assume that things will happen as planned. Is the change working? What needs to happen to make it work better? What's working well and what's not? Assess progress; fix it; keep listening, learning, and leading. This book is built around resources that the author has developed and used in many years of consulting and teaching about the management of change. The first section of each chapter includes guidance, ideas, and short case studies. These are followed by a set of resources, including checklists, templates, presentations, tactics, Q&As, talking points, and emails. Select and adapt the ones that meet your needs.

内容简介：令人遗憾的是当大多数人弄清楚有效管理变革需要哪些条件时，变革的时机常常已经错过了。有时变革的意图已明确，但执行的细节被忽视。变革中要把握的要素听起来很简单：倾听股东的意见、了解相关情况、坚定而民主的领导、形成联盟、直言不讳、追踪并修正；认真考虑变革中谁最会受到影响，明确他们的问题、需要和意见。通过这些方法，读者会受益，会很快找到自己想要的答案，围绕变革的议题你会得到大量原始资料，作为制订计划、解决问题或管理变革的依据。这些方法可以在小范围内通过非正式谈话实施，也可以花更大功夫通过会议、调查、社会媒体或综合这些手段来实施。要使这些方法起作用必须持续跟踪，不要假定一切都会按计划进行，总有可能发生一些意外，不断要考察：变革有效果吗？还需要做什么才能变得更好？哪些方面表现好而哪些方面需要改进？随时评价变革过程，随时修正，保持倾听、学习、贯彻的循环。本书是作者对多年咨询和教学过程中开发的变革管理的相关资源和技术的总结。书中每一章的第一部分都包括阅读指南、主要观点和简短的案例分析，然后是大量变革管理过程中可用的资源，包括清单、模板、图示、策略、提问与回答问题的方法、谈话重点及电子邮件形式。这些资源总能在变革中满足读者的需要。

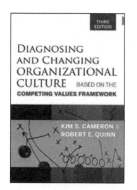

书名： Diagnosing and Changing Organizational Culture：
Based on the Competing Values Framework
基于竞争价值模型的组织文化诊断与变革

作者： Kim S. Cameron，Robert E. Quinn

出版社： Jossey-Bass

出版日期： March 29，2011

Book Description

The third edition of the best-selling book *Diagnosing and Changing Organizational Culture* offers a proven framework and methodology for helping managers and their organizations carefully analyze and alter their fundamental culture. This book contains validated instruments for diagnosing organizational culture and management competency，a theoretical framework for understanding organizational culture，and a systematic strategy for changing organizational culture and personal behavior.

Designed to be a hands-on resource，the book includes a wealth of instruments that leaders can use to plot their organization's culture profile. *Diagnosing and Changing Organizational Culture* includes a management competency assessment instrument to help facilitate personal change in order to effectively support culture change. The book can also serve as an information source for explaining a robust framework of culture types. The Competing Values Framework is probably the most frequently applied framework in the world for assessing culture，and it has proved to be very useful to a variety of companies in clarifying the culture change process，as well as instigating significant managerial leadership improvement.Filled with new examples and a step-by-step formula for organizational change，this thoroughly revised third edition also contains a downloadable online version of the Management Skills Assessment Instrument and the Organizational Culture Assessment Instrument，and new discussions of the implications of national cultural profiles.

内容简介： 本书第三版自出版以来十分畅销，书中提供了一个有效的模型和方法帮助管理者认真分析和改变他们组织原有的文化。书中包含诊断组织文化和管理能力的有效工具，理解组织文化的理论模型，以及改变组织文化和个体行为的系统战略。

为了方便使用并能长期流传，本书包含大量的工具能帮助管理者描述组织文化现状，书中管理能力评价工具能帮助促进个人的改变来有效支持文化变革，本书还可用作解释不同文化类型固有特点的信息来源。竞争价值模型是世界上文化评价方面运用得最多的模型，被证实适用于不同类型的企业来明确文化变革过程，同时促使领导力的提升。全新修订的第三版中有许多新案例以及步骤清晰的方案，还包括网上在线版本的管理技能测评工具和组织文化测评工具，对民族文化数据的运用，书中也进行了新的讨论。

书名：The New Edge in Knowledge：How Knowledge
Management Is Changing the Way We Do Business
知识新边界：知识管理对商业模式的影响

作者：Carla O'Dell，Cindy Hubert

出版社：Wiley；1 edition

出版日期：March 1，2011

Book Description

Knowledge management（KM）has come of age，and the time to reap its many benefits is now. Learn how some of today's leading organizations have achieved impressive results in KM，and apply the same strategic principles in your organization with the expert guidance found in *The New Edge in Knowledge. The New Edge in Knowledge* captures the most practical and innovative practices to ensure organizations have the knowledge they need in the future and，more importantly，the ability to connect the dots and use knowledge to succeed today.

● Build or retrofit your organization for new ways of working and collaboration by using knowledge management

● Adapt to today's most popular ways to collaborate such as social networking

● Overcome organization silos，knowledge hoarding and "not invented here" resistance

● Take advantage of emerging technologies and mobile devices to build networks and share knowledge

● Identify what can be learned from Facebook，Twitter，Google and Amazon to make firms and people smarter，stronger and faster

Sharing their decades of experience at the American Productivity & Quality Center （APQC）—an unrivaled resource for performance analytics，best practices，process improvement，and knowledge management—authors Carla O'Dell and Cindy Hubert present the best，most practical，and most innovative practices drawn from their firm's pioneering research and collaboration with some of the world's best organizations，including IBM，the U.S. Navy，ConocoPhillips，Fluor，Petrobras，and dozens of others.

The New Edge in Knowledge shows you how to implement a proven organization-wide KM strategy that works. The end result is a robust and steadfast enterprise KM program that guarantees your organization's success today and tomorrow.

This new release details APQC's KM program framework for：

● Focusing attention on the true value proposition for KM

● Determining an organization's most critical knowledge

- Ensuring knowledge flows where it needs to
- Building a strategic business case
- Selecting the right portfolio of KM approaches
- Incorporating those approaches into employees' daily work life
- Laying out a thriving infrastructure through governance, roles, and funding
- Branding and communicating KM
- Measuring a KM program and ensuring it continues to add new value

Whether you're just starting with KM, starting over, or trying to figure out the next big thing, The New Edge in Knowledge will save you time and money and will help you operate at the highest level of KM maturity.

内容简介: 知识管理近年来倍受关注,其益处也不断显现。本书的目的在于,从当今领先组织在知识管理方面取得的瞩目成就中学习,在专业的指导下教会其他组织实施同样的战略原则。本书拥有最现实可行、创新性的实践方法来确保组织在未来获得需要的知识,更重要的是,在运用知识时做到以下几点确保今天的成功:①运用知识管理建立或改进工作或合作的方式;②运用当今最流行的社会化工作网络来合作;③克服组织"瓶颈"、知识沉积、非首创的阻力;④充分利用现有技术和移动设备来建立工作网络并分享知识;⑤向 Facebook、Twitter、Google 和 Amazon 这些企业学习,了解是什么因素使它们更便捷、更强大。

本书作者在美国生产和质量中心(APQC)有数十年的从业经历,拥有大量的绩效分析数据,最佳的实践和流程改进方案以及知识管理的资料,作者总结了自己公司在与其他公司合作过程中的最有效、最实用、最具新意的方法,合作公司包括一些世界顶尖组织像 IBM、美国海军、Conoco Phillips、Fluor、Petrobras 等,这些方法和最新的内容都在书中有充分体现。

高效的知识管理方案能保证组织的成功,书中对 APQC 的知识管理模式进行了分析,阐明了如何让知识管理战略有效实施,主要环节包括以下内容:①将注意力放在知识管理有真正价值的主张上;②确定组织最关键的知识;③确保知识需要时能充分流动;④建立战略业务单位;⑤选择正确的知识管理方法组合;⑥将这些方法贯彻到员工日常工作中;⑦通过管理、职责和投资显示强大实力;⑧通过沟通,铭记知识管理;⑨对知识管理进行评价确保不断增值。不管读者是刚开始进行知识管理,还是有更大的计划,本书将使读者在掌握知识管理本质方面获得最大的收益。

书名：Corporate Culture and Performance

公司文化与绩效

作者：John P. Kotter, James L. Heskett

出版社：Free Press；Reprint edition

出版日期：May 16，2011

Book Description

Going far beyond previous empirical work, John Kotter and James Heskett provide the first comprehensive critical analysis of how the "culture" of a corporation powerfully influences its economic performance, for better or for worse. Through painstaking research at such firms as Hewlett-Packard, Xerox, ICI, Nissan, and First Chicago, as well as a quantitative study of the relationship between culture and performance in more than 200 companies, the authors describe how shared values and unwritten rules can profoundly enhance economic success or, conversely, lead to failure to adapt to changing markets and environments.

With penetrating insight, Kotter and Heskett trace the roots of both healthy and unhealthy cultures, demonstrating how easily the latter emerge, especially in firms which have experienced much past success. Challenging the widely held belief that "strong" corporate cultures create excellent business performance, Kotter and Heskett show that while many shared values and institutionalized practices can promote good performances in some instances, those cultures can also be characterized by arrogance, inward focus, and bureaucracy—features that undermine an organization's ability to adapt to change. They also show that even "contextually or strategically appropriate" cultures—ones that fit a firm's strategy and business context—will not promote excellent performance over long periods of time unless they facilitate the adoption of strategies and practices that continuously respond to changing markets and new competitive environments.

Fundamental to the process of reversing unhealthy cultures and making them more adaptive, the authors assert, is effective leadership. At the heart of this groundbreaking book, Kotter and Heskett describe how executives in ten corporations established new visions, aligned and motivated their managers to provide leadership to serve their customers, employees, and stockholders, and thus created more externally focused and responsive cultures.

内容简介：本书作者对公司文化如何强烈影响经济收益进行了全面、严谨的分析，全面性和严谨性远超过先前的实证研究。通过对 Hewlett-Packard、Xerox、ICI、Nissan 和 First Chicago 等公司精细的研究，同时对超过 200 家公司文化与绩效之间关系的定量研究，作者描述了共享的价值观和默许的规则如何极大提高经济收益，或者相反，由于不能适应变化的市场和环境而遭受失败。

运用深邃的洞察力，作者探究了健康和不健康文化的根源，证实了不良文化非常容易出现，尤其是在那些过去有过成功经历的公司。人们一般认为强大的公司文化会创造卓越业绩，经研究作者发现许多共享的价值观和制度化的实践在一些情况下也能产生良好绩效，这一观点是对以前认识的挑战。作者认为强公司文化常常具有傲慢、自我、官僚的特点，这些特点会损害组织适应变革的能力。研究还表明即使是具情境性和战略适应性的文化，即能够适应公司战略和业务环境特点的文化，也不可能长期产生卓越绩效，除非根据变化的市场和新的竞争环境不断推出新的战略和实践。

作者认为，能够扭转不良文化使之更具适应性的关键是有效领导。作为此突破性专著的核心，作者描述了十家公司的高层如何建立新愿景，如何结盟和激励他们的管理者提升领导力，为顾客、员工和股东服务，在此基础上引发更多外部关注并创建敏感的文化。

书名：Leadership, Gender, and Organization
　　　领导力、性别与组织

作者：Patricia Werhane（Editor），Mollie Painter-Morland
　　　（Editor）

出版社：Springer

出版日期：April 22, 2011

Book Description

This text provides perspectives on the way in which gender plays a role in leadership dynamics and ethics within organizations. We are also interested in understanding how women engage in other forms of social organization, i.e. organization that goes beyond, or operates outside of formal institutions or assigned positions of authority. This text seeks to explore new theoretical models for thinking about leadership and organizational influence. Most studies of women's leadership draw on an ethics of care as characteristic of the way women lead, but as such, it tends towards essentialist gender stereotypes and does little to explain the complex systemic variables that influence the functioning of women within organizations. This book moves beyond the canon in exploring alternative paradigms for thinking about leadership and gender in organizations, and about the role women play in organization, understood here also as a verb, not just a noun. The authors draw on the literature available in systems thinking, systemic leadership, and gender theory to offer alternative perspectives for thinking about the ways women lead. The book offers invaluable theoretical perspectives and insightful narratives to graduate students and researchers who are interested in women's leadership, gender and organization. It will be of interest to all women in leadership positions, but specifically to those interested in understanding the systemic nature of leadership.

内容简介：本书对组织伦理及性别对领导动力的作用方式提出新观点。同时本书也对女性如何参与其他社会组织的活动感兴趣，比如在非正式的机构中的活动或担任非官方委任的职务。本书试图开发与领导力和组织相关的新的理论模型。大多数女性领导力的研究都以女性领导的伦理关爱为特征，这样的做法常常是针对性别的主要刻板印象，却难以解释影响组织中女性发挥作用的复杂的系统化变量。本书打破常规，用非传统的模式思考领导和组织中的性别，以及女性在组织中的作用，研究不仅局限于女性在组织中现有的角色分析，更多关注角色的开发。作者对已有的系统思考、系统领导和女性理论进行全面综述评价，来支持女性领导的非传统观点。对女性领导、性别和组织感兴趣的研究生和学者来说，本书提供了有价值的理论和深刻见解的分析。对所有处于领导岗位的女性来说，特别是对完整理解领导本质有兴趣的人来说会大有裨益。

书名：The Decision to Trust：How Leaders Create
　　　High-Trust Organizations
　　　信任的决定：领导如何创建高信任组织
作者：Robert F. Hurley
出版社：Jossey-Bass
出版日期：October 25，2011

Book Description

Globally, there has been a decline in trust over the past few decades, and only a third of Americans believe they can trust the government, big business and large institutions. In *The Decision to Trust*, Robert Hurley explains how this new culture of cynicism and distrust creates many problems, and why it is almost impossible to manage an organization well if its people do not trust one another. High-performing, world-class companies are almost always high-trust environments. Without this elusive, important ingredient, companies cannot attract or retain top talent.

This research on trust is the first to look at trust from a decision-making perspective designed to provide leaders with an ability to influence our decisions about who we trust or distrust. The book identified ten factors that we know will lead people to trust: risk tolerance, adjustment, power, situational security, similarities, alignment of interests, benevolent concern, capability, predictability and integrity, and communication. This allows us to understand how to change specific perceptions of trustworthiness and enhance our ability to trust and be trusted.

There are six basic factors that must be embedded in an organization's system in order to become a high-trust company: similarities, alignment of interests, benevolent concern, capability or competence, predictability and integrity, and open communication. The more critical question is how does a leader do this? Robert Hurley offers a model that breaks the organizational system down into its two major components: management infrastructure (strategy, leadership, culture, structure, selectionsystems) and core business processes (product and service design, product and service production, and product and service delivery). Robert Hurley shows how the six factors can be embedded in the organization in a way that is congruent and reinforcing throughout the entire system. For example, Procter & Gamble has won many awards and has avoided major scandals because it embeds trustworthiness throughout the organizational system. Most trust failures occur because one aspect of the system is trustworthy but another is incongruent and not trustworthy; Toyota's values and ethics training were stellar, but the global recall system was flawed due to overcentralization.

In this book, Hurley reveals a new model to measure and repair trust with colleagues managers and employees. Covering trust building in teams, across functions, within organizations and across national cultures, *The Decision to Trust* shows how any organization can improve trust and the bottom line.

内容简介：在过去的数十年中，全球范围内的信任度不断下降，仅有三分之一的美国人认为他们相信政府、大企业和其他大机构。在本书中作者分析了这种愤世嫉俗的不信任文化所带来的问题，及组织中成员不能彼此信任给组织造成的恶果。高绩效、世界级的公司几乎都有高信任的环境，没有这一重要的、难以把握的特质，企业很难具有吸引力并保持领先地位。

本研究首次从决策的视角来研究信任，用以帮助领导者提高选择相信谁或不相信谁的决策能力。本书确定了十个能导致信任的因素：容忍风险、调整能力、权力、环境安全感、相似性、利益结盟、乐善好施、才能、远见与正直和沟通。这帮助我们正确认识信任的内涵，提高信任他人和被信任的能力。

要想成为高信任的公司，有六个基本要素必须嵌入到组织体系中，即相似性、利益结盟、乐善好施、竞争能力、远见与正直和开放的沟通，最关键的问题是领导者如何能做到这一点。作者提供了一个模型，将组织系统分为两个主要组成部分：管理结构（战略、领导方式、文化、架构、决策体系）和主要业务流程（产品和服务的设计、生产和传输）。作者描述了这六个要素如何嵌入组织、通过整个制度协同作用，并举例分析 Procter 和 Gamble 公司在整个管理体系中如何提高信任度，成功应对危机并赢得了声誉。有些组织在某些方面建立了信任，而在其他方面没有同步，这样的组织必将失败。比如 Toyota 公司在理念和伦理培训方面很出众，但在召回体系中由于过度集权化存在缺陷。

本书为管理者和员工建立了全新的测评和修复信任的模型，研究的领域包括团队信任、不同职能部门的信任、组织内信任甚至跨文化的信任，全面总结了组织提高信任的方式和要点。

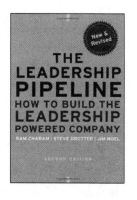

书名：The Leadership Pipeline：How to Build the Leadership
　　　Powered Company
　　　领导成长渠道：如何建立领导力强大的公司
作者：Ram Charan，Stephen Drotter，James Noel
出版社：Jossey-Bass
出版日期：January 11，2011

Book Description

Since communication is such a central requirement for leaders, the changes in electronic communication have to be at the top of the list of impactful changes. Hand-held devices, social media and speed of access combine to bombard every employee—leader or individual contributors alike—with messaging. What is good about that is very good—instant availability of people and information. What is bad about that is very bad—everything is "urgent" and everyone is distracted. Leaders have lost control of the agenda in meetings, in offices and in peoples' minds. A critical task for all leaders is to provide clarity of purpose and focus on the right outcomes. This has never been so important!

An updated and revised version of the bestselling *The Leadership Pipeline*—the critical resource for how companies can grow leaders from the inside. In business, leadership at every level is a requisite for company survival. Yet the leadership pipeline—the internal strategy to grow leaders—in many companies is dry or nonexistent. Drawing on their experiences at many Fortune 500 companies, the authors show how organizations can develop leadership at every level by identifying future leaders, assessing their corporate confidence, planning their development, and measuring their results. New to this edition is 65 pages of new material to update the model, share new stories and add new advice based on the ten more years of experience. The authors have also added a "Frequently Asked Questions" section to the end of each chapter.

The *The Leadership Pipeline* isn't theory. It is based on structured observation through over 1200 in depth executive assessments of very successful people—contenders for CEO, CFO, Group Executive and Business General Manager. It isn't about fads or the latest new thing. It based first on principles developed over 30 years. It isn't based on one industry or one culture. Work in 100 companies spread through 40 countries provided the base data. It provides real differentiation between the layers of leadership so the company or business has a way to keep leaders from working on the wrong level and failing to produce all the required leadership results.

内容简介：沟通成为对领导者的核心要求，电子沟通方式成为沟通中最具影响的变化。便携工具和社会媒介让每一个员工，包括领导者和普通员工都受到信息的快速冲击。

这一变化的益处在于：即时获得交流和信息。但坏处也显而易见：信息过量使得注意力被分散，事情总是很紧迫。领导者无法控制会议议程和日常工作计划，更无法掌控人们的想法。领导者的关键任务是确定明确的目标并关注业绩，在这种情况下变得尤为重要。

本书经修订和更新后十分畅销，主要研究公司可利用哪些重要方法内部培养领导。在业务领域，每一个层次的领导力都对组织生存必不可少，但领导成长渠道，即促进领导成长的内部战略，在很多公司已干枯或根本不存在。根据自己在很多世界 500 强企业从业的经历，作者总结了优秀的公司是如何在每一个层次上进行领导力开发来培养未来领导者的，这些公司会评价他们的创业信心、帮助他们制订发展计划、随时关注他们的表现。在过去十多年经验的基础上，该版本增加 65 页的内容来更新模型、分享新案例并提出新建议。作者在每一章的最后还增加了"常见疑问解答"的内容。

本书的研究并不是纯理论的，它建立在结构化深度观察的基础上，对 1200 位非常成功的主管进行评价，包括首席执行官、首席财务官、团队主管和业务总经理。它也不只是追求新奇，它以三十年来发展的理论原则为基础。它不仅关注一个行业或一种文化，而是从全球 40 个国家 100 家企业中取得数据作为基础。通过研究真正揭示了不同领导层的差别，使不同的领导适应不同层次的要求，产生良好的业绩。

书名：The Cultural Intelligence Difference：Master the One
Skill You Can't Do Without in Today's Global Economy
文化智力的差别：掌握经济全球化的技能

作者：David Livermore

出版社：AMACOM

出版日期：May 30，2011

Book Description

Most people know that some basic cultural sensitivity is important. But few have developed the deep cultural intelligence（CQ）required to really thrive in our multicultural workplaces and globalized world. Now everybody can tap into the power of CQ to enhance their skills and capabilities, from managing multi cultural teams and serving a diverse customer base to negotiating with international suppliers and opening offshore markets. David Livermore is a thought leader in cultural intelligence（CQ）and global leadership and the author of the new book, The Cultural Intelligence Difference. His book, Leading with Cultural Intelligence, was named a best-seller in business by The Washington Post. He's president and partner at the Cultural Intelligence Center in Michigan and a visiting research fellow at Nanyang Technological University in Singapore. Prior to leading the Cultural Intelligence Center, Dave spent 20 years in leadership positions with a variety of non-profit organizations around the world and taught in universities. He's a frequent speaker and adviser to leaders in Fortune 500's, non-profits, and governments and has worked in more than 100 countries across the Americas, Africa, Asia, Australia, and Europe.

"The Cultural Intelligence Difference" gives readers: a scientifically validated instrument for measuring their personal CQ score; customized strategies for improving interactions with people from diverse cultures; new findings on the bottom-line benefits of cultural intelligence; examples of major organizations that use CQ to achieve success; and a high CQ points to more than just cultural sensitivity. It is linked to improved decision making, negotiation, networking, and leadership skills and provides a crucial advantage in a crowded job market. "The Cultural Intelligence Difference" delivers a powerful tool for navigating today's work world with finesse and success.

内容简介：许多人都知道具备基本的文化敏感性是重要的。很少有人在全球化和跨文化的工作场所去深度开发文化智力以满足急剧增长的需要。不论是管理跨文化团队，为多元化顾客群服务，还是与国际供应商或开放的离岸市场谈判，文化智力在提高人们能力方面发挥着越来越大的作用。本书作者是文化智力和全球领导力领域的思想领导者，本书在文化智力差别的研究方面属于领先水平，成为商业领域的最畅销书。本书作者是密西根文化差别研究中心的主任和合伙人，同时还是新加坡南洋理工大学的访问学者。在文化差别研究中心工作之前，作者有二十年大学任教和在全球各种非营利性组织承担领导职务的经历。他是世界 500 强企业、非营利性组织和政府机构知名的咨询师，并在美洲、非洲、亚洲、澳洲和欧洲超过 100 个国家工作过。

本书为读者提供了个人科学有效测评文化智力值的工具；为在多元文化中提高交往水平制定战略；掌握文化差别的主要益处；大组织运用文化智力取得成功的案例；提高文化敏感度达到文化智力点的方法。这些内容与决策、谈判、工作网络建设和领导技能的提高息息相关，能使读者在竞争激烈的劳动力市场争得优势，是个人取得成功的有力工具。

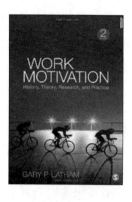

书名： Work Motivation： History， Theory， Research，
and Practice
工作动机：历史、理论、研究和实践
作者： Gary P. Latham
出版社： SAGE Publications， Inc
出版日期： December 5， 2011

Book Description

This book provides a unique behavioral science framework for motivating employees in organizational settings. Drawing upon his experiences as a staff psychologist and consultant， Gary Latham writes in a "mentor voice" that is highly personal and rich in examples. The book includes anecdotes about the major thought leaders in the field of motivation， together with behind-the-scenes accounts of research and the researchers. It offers a chronological review of the field， and a taxonomy for the study and practice of motivation. Controversies of theoretical and practical significance such as the importance of money， the relationship between job satisfaction and job performance， and the distinction between intrinsic and extrinsic motivation are discussed.

In most respects， this is a very impressive review of psychological research on motivation over the last 100 years. The chief strengths of the book are the accessible， conversational tone and the breadth of the "backstory" that Latham reveals. His many years of experience as a leader in industrial/organizational psychology and human resources have given him unprecedented access to almost all of the living motivation theorists that he cites， and in many cases he allows them to speak for themselves by citing personal correspondence with them. Understanding the research context around the development of these theories helps illustrate how they are connected and that they represent streams of thinking rather than isolated perspectives.

However， as one might expect from the co-creator of goal setting theory， Latham is far more interested in goal setting research than in goal striving or implementation. Consequently， the book gives short shrift to research and theory more concerned with this later part of the motivational process. Readers of motivation research are probably also aware that Latham （along with Ed Locke and Albert Bandura） are overtly hostile toward control theory， one of the more influential current theories of goal striving. Latham's bias against control theory shines through in this book too. Latham's perspective isn't universally held by other researchers， would recommend it to readers looking to get a quick， accessible overview of motivation research.

内容简介： 关于在组织环境中如何激励员工，本书提供了独特的行为科学框架。作为经验丰富的心理学家和员工心理咨询师，作者以朋友的口吻通过丰富的案例为读者提供个性化帮助。本书包括动机研究领域重要研究者的逸事，也有研究背景和研究者的成长背景。作者对这一领域不同年代的观点进行梳理，对研究和实践进行归类。对理论和实践方面的重要争论进行了讨论，包括金钱的作用、工作满意度与工作绩效之间的关系、内部动机与外部动机的区别。

毫无疑问，本书是对近百年来心理动机研究领域最全面的评述，具有深远影响。本书最主要的特点是容易接受的对话风格及作者提供的丰富的背景资料。作者在工业/组织心理学和人力资源研究的领导地位，使他史无前例地有机会亲自接触到他书中所提到的大多数在世的动机理论学家，很多情况下通过引用他们之间的私人信件来阐明他们的观点。了解理论开发的背景能够帮助理解理论之间的联系，分清不同思想的流派，避免将一个个观点孤立起来。然而作为颇具影响的目标设置理论的创立者之一，作者对目标设置的兴趣远大于目标的实施和完成，因此本书的研究给予动机过程以更多的关注。动机研究的学者也许能意识到，作者（还有埃德温·洛克和奥尔波特·班杜拉）都过于敌视控制理论，这是当今目标执行最有影响力的理论之一。作者对控制理论的偏见在书中也有所反映，作者的观点并不被其他学者普遍接受，但并不妨碍本书成为了解动机研究概况的工具。

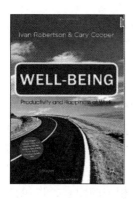

书名：Well-being: Productivity and Happiness at Work
　　　状态良好：工作场所的生产率和幸福感
作者：Cary L. Cooper, Ivan Robertson
出版社：Palgrave Macmillan
出版日期：April 15, 2011

Book Description

Group on Wellbeing Economics for our brains to be healthy and happy, we need them to evolve in physical and social environments tailored to maximize well-being. Robertson and Cooper are pioneers on that front. Their book provides groundbreaking directions to achieve this goal at work, as they introduce the concept of workplace well-being through real life examples of what organizations have done and/or should do to improve the lives and therefore the productivity of their employees. This unique book provides the reader with novel academic and corporate insights and benefits for both the individual and the organization.

The book consists of 18 chapters divided into 5 parts: Why Well-being Matters? What is Well-being? What Influences Well-being? Getting the Benefits. Case Studies. Its first part tells the story of benefits for individuals of well-being in the workplace and goes on with an analysis of demonstrable benefits also for organizations, including lower sickness-absence, better retention of talented people and more satisfied customers. It further discusses how well-being is related to employee engagement. Part 2 is devoted to what is meant by well-being, as it includes both positive emotions and a sense of purpose in life, also explaining how it could and should be measured. Part 3 has its focus on the determinants of well-being, within as well as outside working life. Part 4 aims at the benefits of well-being, with building personal resilience as well as healthy workplaces as two major objectives. Part 5 presents nine important chapters with highly illustrative and relevant case studies, from both public and private sector workplaces and both from the US and a mumber of EU Member States including Great Britain.

All this is presented and discussed in considerable depth by the eminent scientists in the chapters of this important new volume. It is an essential resource for scholars, researchers and practitioners in occupational health who aim to make workplaces healthier, happier and more productive for all concerned. It is also an important resource for managers and labor unionists and in general for all those in public and occupational health who are concerned with health and productivity issues in workplaces.

内容简介： 如今人们对健康和幸福感的要求与日俱增，这要求物理和社会环境最大限度改进以让人们保持感觉良好。作为这一领域研究的领先者，为达到这一目的，作者在书中开创性地指明了方向，书中列举了真实的案例来阐明优秀的组织是如何通过改善员工的生活来提高绩效，为个人和组织提供了新颖的学术视角和实践指导。

本书分为十八章，共五个部分：感觉良好为什么重要、什么是感觉良好、影响感觉良好的因素、如何让人们感觉良好和案例分析。在第一部分，通过分析说明工作场所良好的状态对个人的益处，同时也分析了为组织所带来的巨大利益，包括低病假率、人才的高留任率和更高的顾客满意度。除此之外书中还讨论了员工良好感觉与工作投入之间的关系。第二部分重点分析感觉良好的内涵，它包含积极情绪和对生活的意义，并探讨了测评良好状态的方法。第三部分关注良好状态的决定因素，既包括与工作相关的因素，也包括工作外的生活因素。第四部分以建立个体适应力和健康的工作环境为两个主要目标，来获得状态良好的益处。第五部分共有九章，提供具启发性的相关案例分析，既包括公共机构工作场所，也包括私营机构工作场所的分析，地域从美国到欧盟成员也包括英国。

新版本每一章所呈现和讨论的观点都是领域内卓越学者的代表观点，在职业健康领域致力于让学者、研究人员和实践者的工作场所更快乐、更健康、更高效，本书是重要的参考资料。对关注健康和效率的管理者和工会人员同样也是重要的参考。

书名：Collaborative Intelligence：Using Teams to Solve Hard Problems

合作智力：运用团队来解决难题

作者：J. Richard Hackman

出版社：Berrett-Koehler Publishers

出版日期：May 12，2011

Book Description

This book draws on recent research findings as well as Harvard Professor Richard Hackman's own experience as an intelligence community researcher and advisor to show how leaders can create an environment where teamwork flourishes. Hackman identifies six enabling conditions——such as establishing clear norms of conduct and providing well-timed team coaching-that increase the likelihood that teams will be effective in any setting or type of organization. Although written explicitly for intelligence，defense，crisis management，and law enforcement professionals it will also be valuable for improving team success in all kinds of leadership，management，service，and production teams in business，government，and nonprofit enterprises.

Collaborative Intelligence is about getting teams to work in intelligence work. This is important to realize before getting this book because the book has a very domain specific focus. In a way，this book could be called "leading teams applied for intelligence teams". The book consists of 3 different clearly distinct parts. The first part is called "The challenge and potential of teams" covers teams in general. It explains different types of teams and what the benefits and drawbacks are of each. The last chapter in this part also covers the important message that you can't make teams great but need to work on the environment in which the teams work in and hopefully grow a great team. The second part is called "six enabling conditions" and describes environmental conditions that when they are in place，it will be more likely that a team will succeed than when they are not in place. These six conditions are consistent with the ones pre sented in Richard Hackman's earlier work：Leading Teams. The six conditions are：①create a real team，②specify a clear purpose，③ensure the right people are in the team，④create working agreements，⑤create organizational support，and ⑥provide proper team coaching. The last part is called "implications for leaders and organizations" and specifically covers how to apply these ideas in intelligence teams. It is a short part with just 2 chapters covering specific challenges in intelligence work.

内容简介：作为知识群体的学者和咨询师，结合自身的从业经验，作者总结了最新的研究成果来阐明领导者如何创立团队合作的工作环境。作者确定了六个必要条件，比如建立清晰的行为规范，提供定期的团队培训，这些方法都使团队在任何环境和任何类型的组织中提高有效性。本书既对智力、防御和危机管理及法律专业从业人员有参考价值，对商业机构、政府部门和非营利组织的领导、管理、服务和产品团队取得成功，也提供了有价值的参考。

合作智力主要是让团队用智慧的方式运作，本书所关注的领域独特，从某种程度上，所研究内容可以被称为"领导团队成为智慧团队"。本书包括三个部分。第一部分为团队面临的挑战和潜能，分析覆盖一般的团队类型，阐明了不同团队的优势和缺陷。在这一部分的最后一章分析了团队工作的外部环境，这些因素虽然不是团队成功的最重要因素，但会对团队工作产生重要影响。第二部分是六个必要条件，同时描述了适当的环境条件，适宜的环境支持能够提高团队成功的可能性。这六个条件与作者在先前的著作《领导团队》所提出来的是一致的。这六个条件为：①创立一个真正的团队；②确立明晰的目标；③为团队选择合适的成员；④建立工作认同；⑤提供组织支持；⑥提供适当的团队培训。最后一部分为领导者和组织的应用，主要包含如何在实践中运用这些观点。这部分内容较少，仅有两章，对脑力工作所面临的挑战也进行了分析。

书名：Optimizing the Power of Action Learning
　　　激发行动学习的能量
作者：Michael J. Marquardt
出版社：Nicholas Brealey America
出版日期：November 16，2011

Book Description

Although action learning has been around since it was introduced by Reg Revans in the coal mines of Wales and England in the 1940s, it is only within the past ten years that it has begun sweeping across the world, emerging as the key problem–solving and leadership development program for many Global 100 giants such as Boeinng, Sony, Toyota, Samsung, and Microsoft; for public institutions such as Helsinki City Government, Malaysian Ministry of Educations, George Washington University, and the US Department of Agriculture, and for small firms and medium–sized firms all over the world. Throughout this book you will discover how these and other organizations have flourished with action learning and are discovering how to optimize the power of action learning.

Briefly described, action learning is a remarkably simple program that involves a group of people working on real problems and learning while they do so. Optimizing the probability of success in action learning, however, involves some basic components and norms (ground rules), which form the substance of this book. These components include an important and urgent problem, a diverse group of four to eight people, a reflective inquiry process, implemented action, a commitment to learning, and the presence of an action learning coach. Norms include "questions before statements" and "learning before, during, and after action". Action learning works well because it interweaves so thoroughly and seamlessly the principles and best practices of many theories from the fields of management science, psychology, education, political science, economics, sociology, and systems engineering. Action learning has great power because it synergizes and captures the best thinking of all group members and enriches their abilities.

Dr. Michael J. Marquardt explores innovative ways that action learning can be applied to the corporate landscape. By exploring key principles and best practices that move action learning from good to great, Marquardt highlights resources for transforming people, groups, organizations, and even entire communities. Calling upon his pioneering experiences and the fundamentals introduced in his bestseller Action Learning in Action, Marquardt delivers the next generation of tools and techniques to make action learning successful in any organization. This comprehensive guidebook builds on the real experiences of thousands of managers in hundreds of companies, explores recent innovations in the field, and demonstrates how the power of action learning can help any organization thrive in today's fast-changing global marketplace.

内容简介： 尽管行动学习是 20 世纪 40 年代由英格兰威尔士煤矿的 Reg Revans 最先提出，但只是近十年在世界范围内流行，世界前 100 位的大公司像波音、索尼、丰田、三星和微软都把它作为解决问题、领导力开发的重要项目。许多公共机构像赫尔辛基市政府、马来西亚教育部、乔治·华盛顿大学、美国农业部，还有遍布世界的一些小公司和中等规模的组织都引入了行动学习方案。在本书中你能了解到这些组织是如何在行动学习中受益的，并学习如何在组织中激发行动学习能量。

概括来说，行动学习的概念一点也不复杂，它指从事某一具体工作的一群人边干边学。然而，在行动学习中要想提高成功的可能性，必须包括一些基本要素和规范（底线），这正是本书的重点。这些基本要素包括：一项重要而紧急的任务、4~8 个异质化的人员组合、调查反馈过程、已实施的行动、对学习的承诺、对行动学习的指导。基本规范包括：在陈述前要提出问题，学习贯穿于行动前、行动中及行动后。行动学习之所以能取得良好效果，是因为它将管理学、心理学、教育、政治学、经济学、社会学和系统工程多学科的理论和实践彻底无缝地联系在一起。行动学习具有统一团队成员思想产生协同效应并促使能力提升的作用。

作者在前人研究的基础上开发出指导企业未来发展的创新行动学习方法，通过探讨基本原则和最佳实践来保证行动学习取得最佳效果，关注能改变个体、群体、组织甚至整个社区的有效方法。根据自身的经验并结合其畅销书《行动学习在行动》所介绍的基本原则，作者介绍了能有效运用于任何组织的新一代行动学习的工具和技术。这本综合性指南总结了上百家公司数千名管理者的真实经验，对这一领域的最新研究进行了深入分析，表明行动学习如何促使组织在面临变化的全球市场时能取得优势。

第四章　组织行为学科 2011 年大事记

一、第六届（2011）中国管理学年会

第六届（2011）中国管理学年会于 2011 年 9 月 24~25 日在美丽的天府之国成都举行。本届中国管理学年会由中国管理现代化研究会主办，西南财经大学工商管理学院承办，会议主题为"管理学术创新的回顾与展望：全球视野、主流范式与中国实践"。本届年会围绕管理学术研究在 21 世纪的发展，从全球化、研究范式和本土实践等方面，多层次多视角回顾与展望管理学术创新。会议议题包含但不限于组织与战略、会计与财务、金融、组织行为与人力资源管理、运作管理、市场营销、管理科学与工程、信息管理、公共管理、创业与中小企业管理、技术与创新管理、城市与区域管理、系统管理与复杂性科学、国防管理与信息科学、商务智能、公司治理。

中国管理学年会是国内较高层次、较大规模的管理学界学术盛会，旨在加强中国管理学界的合作与交流，推动中国管理科学研究的发展，提升中国管理实践的水平。2011 年年会由中国管理现代化研究会名誉理事长、全国人大常委会原副委员长、著名经济学家成思危任名誉主席，西南财经大学校长赵德武、中国管理现代化研究会理事长赵纯均任大会主席，西南财经大学工商管理学院执行院长杨丹担任大会副主席。四川省政协副主席解洪、西南财经大学校长赵德武、中国管理现代化研究会理事长赵纯均、国家自然科学基金委管理学部处长冯芷艳等出席开幕式并致辞，中国管理现代化研究会秘书长石勇主持了开幕式。开幕式后，2003 年诺贝尔经济学奖获得者罗伯特·恩格尔（Robert F. Engle）教授，西交利物浦大学执行校长、英国利物浦大学副校长席酉民教授，南京大学商学院名誉院长赵曙明教授分别以"The Global Volatility Outlook"、"反思与整合：新环境下的管理探索"以及"国外人力资源研究进展和人力资源管理中国化"为主题发表了精彩的主题演讲，西南财经大学工商管理学院院长陈滨桐主持了三位特邀嘉宾的主题演讲。

本届年会共收录中英文学术论文 483 篇，经过各专业委员会专家的严格评审，共评出优秀论文 15 篇。随后还举行了与下届年会承办单位的交接仪式，本届年会主办方代表将年会会旗交予下届承办方天津大学管理与经济学部。24 日下午和 25 日全天，来自全国各大高校及研究机构的管理学者们，按照管理学相关 16 个学科主题，分小组宣读论文并进行学术研讨。年会组织行为与人力资源管理分会场众多学者分享了自己的研究成果，贾建锋等针对高管团队胜任特征的横向匹配问题，按照目标规划的思想，构建了高管团队胜任

特征的个性优势识别模型。卢军静研究出个人工作家庭角色资源量表，揭示角色资源对跨角色满意度的影响及性别的调节作用。程红绒、陈维政在计划行为理论的基础上，研究了工作中情绪调节行为的决策机制。周路路等基于社会交换理论，对领导—成员交换关系的质量与组织中员工沉默行为之间的关系进行了探讨。本报告收录组织行为与人力资源管理分会场的论文共 35 篇，对学科理论创新与发展具有重要借鉴意义。

二、中国心理学会成立 90 周年纪念大会

中国心理学会成立 90 周年纪念大会暨第十四届全国心理学学术大会于 2011 年 10 月 21~23 日在西安第四军医大学成功召开。本次大会由中国心理学会主办，第四军医大学承办。大会主题与指导思想为：增强心理学服务社会的意识和功能。10 月 22 日上午，会议开幕式在第四军医大学长乐大礼堂举行。第四军医大学校长樊代明院士、国际心联前任副主席张厚粲教授、国际心联现任副主席张侃研究员、中国心理学会前任理事长陈永明研究员、中国心理学会理事长及大会主席杨玉芳研究员、中国心理学会候任理事长莫雷教授、陕西省心理学会名誉理事长欧阳仑教授、第四军医大学心理学教研室主任及大会执行主席苗丹民教授，以及中国心理学会理事、国内外心理学专家学者、研究生出席了开幕式。开幕式由大会执行主席苗丹民教授主持。本届大会主席、中国心理学会理事长杨玉芳研究员、国际心联副主席张侃研究员、第四军医大学樊代明校长分别发表了热情洋溢的致辞。学会 CEO 梅建研究员宣读了中国科协程东红副主席的贺信。大会在庄重、热烈的气氛中拉开序幕。开幕式上，李其维副理事长宣读了关于 2011 年度中国心理学会终身成就奖评选结果的通报，沈模卫副理事长代表中国心理学会为获得终身成就奖的获奖者匡培梓、杨治良、陈永明、林崇德、黄希庭五位先生颁发了证书。刘华山副理事长宣读了关于 2011 年度中国心理学会增选会士推荐选举结果的通报，陈永明研究员代表会士委员会为新增选的会士乐国安、朱滢、李其维、杨玉芳、林文娟、管林初六位先生颁发了证书。会议期间，有 85 人作了专题报告，551 人进行了分组口头报告，956 人张贴了论文摘要报告，分别就生命科学发展及各心理学分科等内容进行学术交流，就目前心理学的前沿进展、中国心理学面临的问题进行了深入的探讨，获得了良好的效果。另外，会前及会中还举行了 8 场工作坊，21 个公司设置了展台。与往届相比，本届大会在组织工作方面有以下三个特点：首次在我国西部、首次在医学院校、首次在军队院校召开如此大规模的心理学学术大会；大会组织安排紧紧围绕"增强心理学服务社会的意识和功能"的主题，是历届大会参加人数最多的一次。

大会受到国内外心理学界同仁的热情支持和参与，共收到有效论文摘要 2300 余篇，会议注册代表达 1300 余人，实际参会代表近 1700 人。经中国心理学会常务理事会和大会学术委员会组织严格审核，共有 1598 篇被大会论文摘要集收录，其中大会邀请报告 6 篇，专题报告 85 篇（16 个场次）、张贴报告 956 篇，分组口头报告 551 篇（88 个场次）、集中展示了我国心理学界研究的进展及最新研究成果。论文摘要涉及教育心理学 168 篇、发展

心理学 218 篇、普通心理与实验心理学 212 篇、理论心理学与心理学史 52 篇、工业心理学 96 篇、医学心理学 31 篇、生理心理学 42 篇、心理测量学 85 篇、法制心理学 10 篇、学校心理学 116 篇、体育运动心理学 48 篇、社会心理学 213 篇、临床与咨询心理学 89 篇、军事心理 72 篇和人格心理 55 篇。

组织行为学科的发展与心理学研究的很多分支密切相关,增强心理学服务社会的意识和功能,推进心理学研究以促进人与社会发展,提高组织人员管理的水平,具有重要现实意义。

三、社会心理学与社会管理创新——2011 年学术前沿论坛

由北京师范大学与北京市社会科学界联合会联合主办,由北京市社会心理学会承办的"2011 年学术前沿论坛北京市社会心理学会分论坛"于 2011 年 11 月 24 日在北京师范大学英东学术会堂演讲厅举行。此次分论坛的主题是"社会心理学与社会管理创新"。到场的知名学者有教育部体育卫生艺术国防教育管理司司长、北京大学心理系王登峰教授,中国社会心理学会会长、中国科学院社会研究所社会心理学研究中心主任杨宜音教授,新加坡南洋理工大学南洋商学院文化研究所所长、中国社会科学院首批"千人计划"引进人才赵志裕教授,新加坡南洋理工大学商学院、北京师范大学心理学院首批"千人计划"引进人才康萤仪教授等。来自北京师范大学、中国社会科学院、中国社会心理学会等的专家、学者和学生 400 余人参加了此次论坛。

此次论坛由北京市社会心理学会理事长、北京师范大学心理学院院长许燕教授主持。5 位专家学者分别就各自的研究成果做了学术报告。首都师范大学教育学院方平教授做了"情绪调节与心理和谐"的报告。报告在综述了情绪调节认知重评和表达抑制两个过程的基础之上,提出具体的情绪调节策略,报告还阐释了情绪的社会分享的概念、类型以及情绪分享与心理和谐和社会文化之间的关系。康萤仪教授做了"从文化心理学的角度看行贿与裙带关系"的报告。报告纵观全球腐败现象的发生,从动态建构的视角出发,提出文化影响了人们对社会制度的应对进而影响人们对行贿与裙带关系判断的观点。报告分享了两个实证研究。第一个研究主要考察了中国人和美国人对行贿的知觉、判断,结果发现中、美两国大学生对不同情境行贿的判断存在显著差异。第二个研究主要考察了中国人和美国人对非家族企业中聘用不同关系人的判断,研究以文化共识模型为基础,结果发现与美国相比,在中国存在更强的文化共识,认为聘用外部利益相关人对企业是有好处的。王登峰教授做了"心理学研究的中国化与中国人的精神家园"的报告。报告首先从文化发展的宏观角度提出文化大发展的潜在契机是价值观困境并详细分析了中国文化与西方文化核心价值观的不同。王登峰教授提出现代社会价值观重建应该具有中国特色、中国风格、中国气派。

中国社会科学院社会学研究所王俊秀副研究员做了"当前社会心态研究"的报告。报告提出了社会心态的研究框架,即以大样本的调查为主,共时性与历时性研究相结合,关

注社会认知、社会情绪、社会价值观与社会行为倾向。论述了当前社会心态的特点，包括社会支持不足、风险漠视、幸福感弱、群体极化、信任危机、群体怨恨、主流社会价值丧失、社会矛盾加剧等方面。北京师范大学心理学院张西超副教授做了"EAP 的最新进展与中国模式探讨"的报告。报告首先论述了国际 EAP 的发展与最新动态。综合近五年的文献分析，报告还阐述了国际 EAP 研究和实践的热点，还结合中国 EAP 十余年的实践基础提出中国 EAP 的模式，最后，报告指出了中国环境下 EAP 未来的发展趋势。最后，许燕教授做论坛总结发言。她指出此次论坛主题明确，5 位学者从不同的视角出发研究了中国社会心理学的不同现象，具有较高的学术意义与实践价值。

四、北京行为科学学会 2011 年会暨人力资源管理前沿论坛

2011 年 9 月 17 日，由北京行为科学学会组织的"北京行为科学学会 2011 年会暨人力资源管理前沿论坛"在北京理工大学管理与经济学院 241 会议室隆重召开。来自中国科学院、中国社科院、中国人民大学、北京理工大学、中华女子学院、首都经济贸易大学、江汉大学等高校的专家学者以及企业界的代表参加了本次大会。

北京市行为科学学会会长孙健敏教授代表学会致辞，他对行为科学的历史及其在中国的发展做了简要介绍，并对出席大会的专家和学者表示诚挚的欢迎，对年会的召开表示热烈的祝贺。北京理工大学管理与经济学院党委书记李金林教授代表学院致辞，他对出席大会的专家学者、老师和同学表示热烈的欢迎，希望与会的专家学者广泛交流最新学术成果、探讨行为科学领域的人才培养，并预祝大会取得圆满成功。本次大会开幕式由北京行为科学学会副秘书长徐世勇主持。开幕式结束后，中国社会科学院社会学研究所王俊秀副研究员、中国科学院心理科学研究所李永娟副研究员、北京西三角人事技术研究所所长黄亨煜博士、中国人民大学劳动人事学院院长助理周文霞教授、中国人民大学心理系副主任胡平副教授分别就"当前社会矛盾与社会心态"、"工作压力对矿山员工安全绩效的影响：核心自我评价的调节作用"、"EAP 在中国的应用与实践"、"职业成功和幸福感的调节变量研究"和"不同压力类型与生理健康的关系"做了主题学术报告。专家们报告数据详实、前沿性强、分析精辟，激发了与会代表和师生们的强烈兴趣，纷纷表示受益匪浅。主题报告会由管理与经济学院院长助理、组织与人力资源管理系主任刘平青教授主持。本次大会分别举行了以"员工职业发展与心理健康"、"绩效管理与绩效考核"、"企业人力资源管理政策与实践"为主题的分组研讨。三个分会场主题报告内容详实、时代感强，既包括了人力资源的学术研究，也着力于校企合作、学以致用的进一步思考，代表们踊跃提问，一些学者独特精辟的前沿理论研究引起了在场代表们的极大兴趣。本次会议闭幕式上，评选并颁发了北京行为科学学会 2011 年年会优秀论文，孙健敏会长对获奖代表表示了热烈的祝贺。

随后举行的"圆桌论坛"上，北京行为科学学会会长孙健敏教授、中国人民大学劳动人事学院院长助理周文霞教授、中华女子学院管理学院院长张丽琍教授、北京理工大学管

理与经济学院组织与人力资源管理系主任刘平青教授、建筑设计企业人力资源总监张学薇就"学术研究如何与企业实践有效结合"、"企业实践中面临的迫切需要解决的人力资源管理问题"展开了讨论，结合当前的现象和迷局，各抒己见、激烈精彩，不乏精辟的观点和发人深省的话语。最后北京行为科学学会会长孙健敏教授对此次大会做了总结发言，并对会议的筹办方表示感谢。至此，为期一天的"北京行为科学学会 2011 年会暨人力资源管理前沿论坛"圆满闭幕。

会议系由北京行为科学学会主办，由北京理工大学管理与经济学院组织与人力资源管理系承办，数字 100 市场研究公司协办，继"2010 年北京理工大学组织与人力资源管理前沿论坛"的基础上，秉持"关注前沿、搭建平台、共同成长"的理念，在时代的潮流下聚焦于学术领域和有关业界的研究命题，碰撞成长、共荣进步。

五、上海市行为科学学会 2011 年年会

2011 年 12 月 22 日，上海市行为科学学会 2011 年年会在上海市纺织博物馆举行。近70 位学会领导、理事会成员及企事业单位嘉宾出席了本次年会活动并参观了上海纺织博物馆。

年会由上海交通大学安泰经济与管理学院党委副书记、上海市行为科学学会常务副会长兼秘书长田新民教授及上海纺织控股（集团）公司董事会秘书长、党委工作部部长、上海市行为科学学会肖卫国副会长共同主持，上海交通大学党委副书记、上海市行为科学学会会长徐飞教授以《"势"视角下的领导力》为题做了精彩的演讲。上海铭源实业集团副总裁、上海华盛企业（集团）有限公司总裁、上海市行为科学学会李铮理副会长，华东师范大学心理与认知学院副院长、上海市行为科学学会副会长刘永芳教授，先后就危机管理和企业持续发展、心理学研究人力资源问题做主题发言，三位学者的演讲内容从不同的角度揭示了企业领导层的思想行为对企业发展的重要影响和作用。

主题演讲后，由学会常务副会长兼秘书长田新民教授组织召开了"上海市行为科学学会第六届理事会第三次全体会议"，对 2011 年学会工作做了总结，并对 2012 年工作做了规划和展望。会上，各副会长及理事成员积极发言，对学会工作提出了诸多宝贵建议，并将以实际行动对于学会未来的发展提供有力的支持与帮助。最后，徐飞会长以"出力、出资、出招、出场、出山、出世"——六个"出"字对本次会议进行了总结：要求大家以出世的心态，做入世的事情；并呼吁全会上下齐心协力，共同努力来超越目标。

此次上海市行为科学年会 2011 年年会的顺利举行，不仅展现了学会广大学者于学术前瞻领域的探索与创新，并对"学术立会，开门办会，服务社会"的办会宗旨进行了更深、更广的诠释。

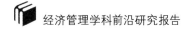

六、安徽省行为科学学会 2011 年会

2011 年 12 月 24 日，安徽省行为科学学会主办、安徽建筑工业学院管理学院承办的安徽省行为科学学会 2011 年会在北区图书馆隆重召开。安徽省社科联党组书记徐东平，学会会长、合肥工业大学原副校长杨善林，学会常务副会长、合肥工业大学党委副书记、副校长庆承松，学会顾问、安徽建筑工业学院原党委书记胡昭林，学会顾问、合肥工业大学原党委书记朱新民，安徽农业大学党委书记赵良庆，安徽财经大学校长丁忠明，安徽建筑工业学院院长方潜生、副院长张伟林，安徽理工大学党委副书记王洪，安庆师范学院副院长汪时珍，安庆职业技术学院院长孙晓峰出席年会。中国科学技术大学、合肥工业大学、安徽大学、江淮汽车集团、安徽人民出版社、安庆市政府办、合肥市工业投资控股有限公司、蚌埠市交通局、安庆长江大桥经济开发区等 30 多所高等院校、企事业单位的 72 位嘉宾出席了年会。

学会常务副会长、合肥工业大学赵惠芳教授主持开幕式。方潜生教授致欢迎词。方潜生首先代表全校师生对各位嘉宾的到来表示热烈的欢迎，简要介绍了学校近年来在学科建设、人才培养、社会服务等方面所取得的长足进步。向学会年会在安徽建筑工业学院召开及各位嘉宾对学校的关心、支持表示衷心的感谢。方潜生还简要介绍了学校管理学院近年来取得的成绩。徐东平做重要讲话，对安徽省行为科学学会 2011 年会的隆重召开表示祝贺。徐东平认为，行为科学作为一门应用型学科，需要紧密联系实践；作为一门综合学科，行为科学需要调动各个领域的专家献计献策；行为科学还是一门新兴学科，需要用新的理念、新的方法、新的手段来提高研究水平，推进学术原创。张伟林主持了两场主报告。杨善林教授做题为《云计算环境下多源信息服务系统》的年会学术报告。报告分别从学术思想、研究现状、应用前景、研究内容、研究方案等方面对云计算环境下的服务系统研究进行阐述。中国人民大学经济学院史璐博士做题为《当前我国货币泛滥和资金枯竭的困境与出路》的年会学术报告。两场高水平、宽领域的学术报告紧密结合社会现实，内容新颖生动，受到听众一致好评。

此外，学会还召开了常务理事会，对学会建设与发展、承办 2012 年全国行为科学年会等相关工作进行了深入广泛的讨论和研究，所形成的决议将对学会今后的发展起到积极的保障和促进作用。

第五章 组织行为学科 2011 年文献索引

第一节 中文期刊索引

[1] 文茂伟. "组织领导力发展"内涵探讨 [J]. 外国经济管理，2011（12）.

[2] 史青. 变革型领导行为对员工工作满意度影响机制的实证研究 [J]. 学术论坛，2011（12）.

[3] 王端旭，武朝艳. 变革型领导与团队交互记忆系统：团队信任和团队反思的中介作用 [J]. 浙江大学学报（人文社会科学版），2011（3）.

[4] 王红丽，彭正龙，李纪强. 创新团队的交互记忆系统影响研究 [J]. 科学管理研究，2011（1）.

[5] 薛红志. 创业团队、正式结构与新企业绩效 [J]. 管理科学，2011（1）.

[6] 桂萍，彭沾. 创业团队结构及其演化机理的研究综述 [J]. 东南学术，2011（5）.

[7] 牛芳，张玉利，杨俊. 创业团队异质性与新企业绩效：领导者乐观心理的调节作用 [J]. 管理评论，2011（11）.

[8] 王凤彬，陈建勋. 动态环境下变革型领导行为对探索式技术创新和组织绩效的影响 [J]. 南开管理评论，2011（1）.

[9] 翁清雄，席酉民. 动态职业环境下职业成长与组织承诺的关系 [J]. 管理科学学报，2011（3）.

[10] 成瑾，白海青. 多层级领导方式对员工离职倾向的影响 [J]. 山西财经大学学报，2011（5）.

[11] 吴宇驹，凌文辁，刘毅，路红. 复杂性领导理论及其在科层结构组织中的应用 [J]. 商业时代，2011（10）.

[12] 黄越，杨乃定，张宸璐. 高层管理团队异质性对企业绩效的影响研究——以股权集中度为调节变量 [J]. 管理评论，2011（23）.

[13] 石盛林，陈圻，张静. 高管团队认知风格对技术创新的影响——基于中国制造企业的实证研究 [J]. 科学研究，2011（8）.

[14] 马富萍, 李太. 高管团队特征、高管团队持股与技术创新的关系研究 [J]. 科学管理研究, 2011 (4).

[15] 张进华, 袁振兴. 高管团队特征与企业社会资本形成的关系研究 [J]. 财会月刊·全国优秀经济期刊, 2011 (1).

[16] 姚振华, 孙海法. 高管团队研究: 从资源整合到过程整合 [J]. 商业经济与管理, 2011 (1).

[17] 蒋春燕. 高管团队要素对公司企业家精神的影响机制研究——基于长三角民营中小高科技企业的实证分析 [J]. 南开管理评论, 2011 (3).

[18] 姚振华, 孙海法. 高管团队组成特征、沟通频率与组织绩效的关系 [J]. 软科学, 2011 (6).

[19] 曹仰锋, 吴春波, 宋继文. 高绩效团队领导者的行为结构与测量: 中国本土文化背景下的研究 [J]. 中国软科学, 2011 (7).

[20] 薛继东. 工作团队研究模式的演进 [J]. 科技管理研究, 2011 (7).

[21] 孙筠, 闫小芸. 共享领导与团队知识共享的关系研究——基于交互记忆系统的视角 [J]. 科学管理研究, 2011 (10).

[22] 韩樱, 宋合义, 陈曦. 沟通情景对领导者素质与绩效关系的调节作用研究 [J]. 软科学, 2011 (8).

[23] 樊耘, 纪晓鹏, 邵芳. 雇佣契约对心理契约破坏影响的实证研究 [J]. 管理科学, 2011 (6).

[24] 陈维亚. 关于变革型领导理论本土化的思考及实证 [J]. 统计与决策, 2011 (14).

[25] 洪雁, 王端旭. 管理者真能 "以德服人" 吗? ——社会学习和社会交换视角下伦理型领导作用机制研究 [J]. 科学学与科学技术管理, 2011 (7).

[26] 石晶, 崔丽娟. 国外心理契约破坏及结果变量与调节变量: 述评与展望 [J]. 心理科学, 2011 (2).

[27] 张光磊, 刘善仕, 申红艳. 组织结构、知识转移渠道与研发团队创新绩效——基于高新技术企业的实证研究 [J]. 科学学研究, 2011 (8).

[28] 赵国祥, 梁瀚中. 国外自我领导研究的现状述评 [J]. 心理科学进展, 2011 (4).

[29] 朱沆, 李新春. 合作创业以及创业团队成员行为分析 [J]. 中山大学学报 (社会科学版), 2011 (3).

[30] 薛贤, 宋合义, 陈曦. 横向部门沟通情景对领导者素质与绩效关系的调节作用 [J]. 软科学, 2011 (12).

[31] 王军. 基于团队管理组织特征的人力资源管理策略研究 [J]. 深圳大学学报 (人文社会科学版), 2011 (5).

[32] 段永瑞, 王浩儒, 霍佳震. 基于协同效应和团队分享的员工激励机制设计 [J]. 系统管理学报, 2011 (6).

[33] 张宝强. 基于心理契约的新员工融入管理模式研究 [J]. 领导科学, 2011.

[34] 官菊梅，王贝，陆昌勤. 基于压力分类视角的社会支持调节作用探讨 [J]. 北京大学学报（自然科学版），2011（1）.

[35] 赵士军，葛玉辉，陈悦明. 基于隐性人力资本价值因子的高层管理团队与团队绩效关系模型研究 [J]. 科技进步与管理，2011（16）.

[36] 曹高辉，王学东，赵文军，谢辉，毛进. 基于知识交流网络分析的虚拟团队知识共享治理研究 [J]. 情报科学，2011（6）.

[37] 马卫华，许浩，肖丁丁. 基于资源整合视角的学术团队核心能力演化路径与机理 [J]. 科研管理，2011（3）.

[38] 陈丽君. 激励体制在现代企业管理中的运用 [J]. 东南大学学报（哲学社会科学版），2011（6）.

[39] 王端旭，薛会娟. 交互记忆系统与团队创造力关系的实证研究 [J]. 科学管理，2011（1）.

[40] 张泽梅，陈维政. 交易型领导、变革型领导与组织氛围关系的比较研究 [J]. 经济导报，2011（11）.

[41] 黄浦芳，王求是. 经理人过程激励模型的建构及分析 [J]. 中国商贸，2011.

[42] 王艳梅，赵希男. 考虑内在动机的工作设计与激励的模型分析 [J]. 管理工程学报，2011（3）.

[43] 周路路，张戌凡，赵曙明. 领导—成员交换、中介作用与员工沉默行为 [J]. 经济管理，2011（11）.

[44] 王震，仲理峰. 领导—成员交换关系差异化研究评述与展望 [J]. 心理科学进展，2011（7）.

[45] 李雷，杨怀珍. 领导定义演化进程的综述、评价与展望 [J]. 科学管理研究，2011（5）.

[46] 陈浩. 领导方式对员工心理所有权的影响研究 [J]. 技术经济与管理研究，2011（11）.

[47] 霍伟伟，罗瑾琏. 领导行为对员工创新的跨层次影响机制研究 [J]. 预测，2011（3）.

[48] 黄达鑫，马力. 领导者如何影响创造力和创新？——相关影响机制的文献综述与理论整合 [J]. 经济科学，2011（1）.

[49] 张伟明，夏洪胜. 魅力型领导、下属的信任与团队创新绩效关系的研究 [J]. 科技管理研究，2011（8）.

[50] 张家瑞，胡建军，张宁俊. 民营企业领导员工关系对员工工作态度的影响 [J]. 企业经济，2011（11）.

[51] 王海珍，刘新梅，张永胜. 派系形成对员工满意度的影响及机理：社会网络视角的研究 [J]. 管理评论，2011（12）.

[52] 黄德江. 企业人力资本价值与个体人力资本价值的差异探析 [J]. 湖北社会科学，

2011（7）.

[53] 张书维, 王二平. 群体性事件集群行为的动员与组织机制 [J]. 心理科学进展, 2011（12）.

[54] 路琳, 陈晓荣. 人际和谐取向对知识共享行为的影响研究 [J]. 管理评论, 2011（1）.

[55] 韦慧民, 龙立荣. 认知与情感信任、权力距离感和制度控制对领导授权行为的影响研究 [J]. 管理工程学报, 2011（1）.

[56] 郭晓薇. 儒家价值观与生产偏差: 工作满意度的中介效应 [J]. 经济管理, 2011（5）.

[57] 刘子君, 赵志强, 廖建桥. 上市公司高管团队薪酬差距影响因素与影响效应: 基于本土特色的实证研究 [J]. 管理评论, 2011（9）.

[58] 王学东, 赵文军, 刘成竹, 黄平阳. 社会网络嵌入视角下的虚拟团队知识共享影响模型及实证研究 [J]. 情报科学, 2011（9）.

[59] 任利成, 鲁锦涛. 社会网络与职业获得研究现状探析及未来展望 [J]. 学术论坛, 2011（11）.

[60] 李山根, 凌文辁. 团队—成员交换研究现状探析与未来展望 [J]. 外国经济与管理, 2011（7）.

[61] 潘晓云. 团队冲突对团队成员情绪影响的研究——国外理论综述及我国的实证研究 [J]. 河南社会科学, 2011（1）.

[62] 金南顺, 潘礼尧. 团队多元化对团队绩效影响的研究综述基于美国学者的研究 [J]. 学术交流, 2011（4）.

[63] 刘冰, 谢凤涛, 孟庆春. 团队氛围对团队绩效影响机制的实证分析 [J]. 中国软科学, 2011（11）.

[64] 赵国权, 赵慧群. 团队互动双 F 导向理论、量表开发及互动风格 [J]. 经济管理, 2011（3）.

[65] 陈悦明, 葛玉辉, 赵士军. 团队决策中不良冲突的化解策略 [J]. 经济管理, 2011（3）.

[66] 刘宁. 团队人格特质组合对团队结果的影响研究 [J]. 经济管理, 2011（12）.

[67] 马硕, 杨东涛, 陈礼林. 团队任务冲突与关系冲突转化机制——团队氛围的调节作用 [J]. 中国流通经济, 2011（10）.

[68] 彭灿. 团队社会资本对团队创造力的影响 [J]. 情报杂志, 2011（5）.

[69] 曲刚, 李柏森. 团队社会资本与知识转移关系的实证研究: 交互记忆系统的中介作用 [J]. 管理评论, 2011（9）.

[70] 彭灿, 李金蹊. 团队外部社会资本对团队学习能力的影响——以企业研发团队为样本的实证研究 [J]. 科学学研究, 2011（9）.

[71] 于兆良, 孙武斌. 团队心理资本的开发与管理 [J]. 科技管理研究, 2011（2）.

[72] 赵修文，袁梦莎. 团队信任与团队任务绩效和周边绩效关系的实证研究 [J]. 中国人力资源开发，2011（11）.

[73] 常涛，廖建桥. 团队性绩效考核对知识共享的影响模型研究 [J]. 科研管理，2011（1）.

[74] 王莉红，顾琴轩，郝凤霞. 团队学习行为、个体社会资源与学习倾向个体创新行为的多层次模型 [J]. 研究与发展管理，2011（4）.

[75] 王文祥. 团队学习目标对团队学习有效性的影响研究 [J]. 山东社会科学，2011（9）.

[76] 商漱莹. 团队知识共享障碍及管理对策 [J]. 领导科学，2011.

[77] 邹文篪，刘佳. 团队中的"我为人人，人人为我"——团队—成员交换研究述评 [J]. 心理科学进展，2011（8）.

[78] 张文勤，王瑛. 团队中的目标取向对创新气氛与创新绩效影响的实证研究 [J]. 科研管理，2011（3）.

[79] 刘超. 团队主管领导风格对团队创新绩效影响机制研究 [J]. 人力资源管理开发，2011（2）.

[80] 肖余春，王晓辰，郑喜燕. 网络协作过程中团队成员信任机制的实验研究 [J]. 心理科学，2011（3）.

[81] 李伟. 西方领导理论研究新视角 [J]. 商业时代，2011（13）.

[82] 朱学红，谭清华. 心理契约测量的研究进展 [J]. 预测，2011（6）.

[83] 侯晶亮. 心理契约对目标绩效的影响研究：以工作满意和努力为中介变量 [J]. 管理评论，2011（8）.

[84] 周生春，杨缨. 信任方式的起源和中国人信任的特征 [J]. 浙江大学学报（人文社会科学版），2011（1）.

[85] 李从容，张生太. 信息寻找行为对组织社会化影响研究——基于知识型新员工观点[J]. 科研管理，2011（4）.

[86] 宝贡敏，钱源源. 研发团队成员多维忠诚对帮助行为的影响研究 [J]. 科研管理，2011（3）.

[87] 黄海艳. 研发团队成员人格异质性与创新绩效以交互记忆系统为中介变量 [J]. 情报杂志，2011（4）.

[88] 黄海艳，李乾文. 研发团队的人际信任对创新绩效的影响以交互记忆系统为中介变量[J]. 科学学与科学技术管理，2011（10）.

[89] 张文勤，刘云. 研发团队反思的结构检验及其对团队效能与效率的影响 [J]. 南开管理评论，2011（3）.

[90] 彭正龙，赵红丹. 研发团队领导成员交换——心理感知与员工创新 [J]. 科学学研究，2011（2）.

[91] 石书德. 影响新创企业绩效的创业团队因素研究 [J]. 管理工程学报，2011（4）.

[92] 彭正龙，王红丽，谷峰. 涌现型领导对团队情绪——员工创新行为的影响研究 [J]. 科学学研究，2011（3）.

[93] 韩姣杰，周国华，李延来，陆绍凯. 有限理性条件下项目团队合作中多代理人行为演化 [J]. 系统管理学报，2011（1）.

[94] 王辉，张文慧，忻榕，徐淑英. 战略型领导行为与组织经营效果——组织文化的中介作用 [J]. 管理世界，2011（9）.

[95] 韩翼，杨百寅. 真实型领导心理资本与员工创新行为——领导成员交换的调节作用[J]. 管理世界，2011（12）.

[96] 李雅鸿，李健. 知识型团队激励机制研究与实例分析 [J]. 技术经济与管理研究，2011（10）.

[97] 倪渊，林健. 知识型团队内部知识转移与团队绩效的关系 [J]. 工业工程，2011（3）.

[98] 高婧. 职场友谊研究的学术回顾 [J]. 思维战线，2011（2）.

[99] 刘力，吴慧，徐珊昱. 组织公正对餐饮业员工工作态度和行为的影响研究 [J]. 旅游学刊，2011（1）.

[100] 郭晓薇. 中国情境中的上下级关系构念研究述省略论领导成员交换理论的本土贴切性 [J]. 南开管理评论，2011（2）.

[101] 张小林. 中国组织情境下企业管理者责任领导力维度结构 [J]. 应用心理学，2011（2）：136–144.

[102] 谢俊，储小平，黄嘉欣. 主管忠诚——上下级冲突与员工工作态度基于本土家族企业的实证研究 [J]. 经济管理，2011（1）.

[103] 李晋. 转型背景中员工的组织认知及其对行为有效性的影响路径研究 [J]. 经济管理，2011（1）.

[104] 吴喜雁. 组织成员公平感与组织效果变量的实证分析 [J]. 开发研究.

[105] 姚琦. 组织行为学中的信任违背和修复研究 [J]. 南开学报（哲学社会科学版），2011（5）.

[106] 马华维，杨柳，姚琦. 组织间信任研究述评 [J]. 心理学探新，2011（2）.

[107] 田晓明，王先辉，段锦云. 组织建言氛围的概念——形成机理及未来展望 [J]. 苏州大学学报，2011（6）.

[108] 陈建勋，凌媛媛，王涛. 组织结构对技术创新影响作用的实证研究 [J]. 管理评论，2011（7）.

[109] 朱颖俊，黄瑶佳. 组织伦理气氛与成员信息伦理行为关系的实证研究 [J]. 情报杂志，2011（3）.

[110] 段锦云，田晓明. 组织内信任对员工建言行为的影响研究 [J]. 心理科学，2011（6）.

[111] 姚琦，马华维. 组织内信任研究的核心问题及其发展趋势 [J]. 心理科学，

2011（6）.

[112] 徐细雄、淦未宇.组织支持契合心理授权与雇员组织省略的理论框架基于海底捞的案例研究 [J].管理世界，2011（12）.

[113] 张志学，魏昕.组织中的冲突回避弊端缘由与解决方案 [J].南京大学学报（人文科学，社会科学），2011（6）.

[114] 毛畅果，孙健敏.组织中的求助行为 [J].心理科学进展，2011（5）.

[115] 刘双双，王鹏，刘乐功，高峰强.组织中人际信任研究的新进展 [J].科技管理研究，2011（14）.

[116] 严进，付琛，郑玫.组织中上下级值得信任的行为研究 [J].管理评论，2011（2）.

[117] 王忠军，龙立荣，刘丽丹.组织中主管下属关系的运作机制与效果 [J].心理学报，2011（7）.

[118] 朱其权，龙立荣.变革公平研究评述 [J].心理科学进展，2011（6）.

[119] 苏勇，顾倩妮.国际顶级管理学期刊对中国管理学关注热点分析——基于 6 种国际顶级管理学期刊 2000~2009 年所刊论文的研读与统计 [J].管理学动态，2011（3）.

[120] 熊昱.国企绩效管理中员工公平感知现状及应对策略 [J].统计与决策，2011（21）.

[121] 齐卫平，李春来.国外关于学习型组织研究综述 [J].长白学刊，2011（6）.

[122] 谢小云，张倩.国外团队断裂带研究现状评介与未来展望 [J].外国经济与管理，2011（1）.

[123] 徐伟青，檀小兵，奉小斌，陈丽琼.国外团队社会网络研究回顾与展望基于知识转移视角 [J].外国经济与管理，2011（11）.

[124] 金辉.基于模糊识别的团队生命周期判定研究 [J].江苏科技大学学报（自然科学版），2011（4）.

[125] 樊耘，邵芳，张翼.基于文化差异观的组织文化友好性和一致性对组织变革的影响 [J].管理评论，2011（8）.

[126] 白艳.基于系统观的西方企业组织变革模型研究 [J].商业时代，2011（4）.

[127] 盛振江.基于协同效应的组织团队建设 [J].科学管理研究，2011（2）.

[128] 胡硕兵.基于组织生命周期的催化型领导方式探讨 [J].领导科学，2011（9）.

[129] 张鹏程，彭菡.科研合作网络特征与团队知识创造关系研究 [J].科研管理，2011（7）.

[130] 王婷，徐培，朱海英.科研人员工作家庭平衡与组织绩效关系研究 [J].科学学研究，2011（1）.

[131] 井润田，王蕊，周家贵.科研团队生命周期阶段特点研究多案例比较研究 [J].科学学与科学技术管理，2011（4）.

[132] 程利娜.论组织管理中的组织承诺 [J].商业时代，2011（24）.

[133] 黄旭，李卫民，王之莉.企业高层管理团队与企业战略关系研究述评 [J].河北

经贸大学学报，2011（2）.

[134] 郭忠金，姚振华. 企业高管团队组织与领导行为关系研究 [J]. 学术研究，2011
（7）.

[135] 张德茗. 企业隐性知识沟通的动力机制研究 [J]. 中国软科学，2011（10）.

[136] 曾贱吉，胡培，蒋玉石. 企业员工组织信任影响因素的实证研究 [J]. 技术经济
与管理研究，2011（8）.

[137] 王重鸣，李凯. 企业组织变革特征人力资源策略与省略对行为的实验研究组织
学习的视角 [J]. 应用心理学，2011（2）.

[138] 张亚强. 企业组织创新的进化趋势研究 [J]. 企业管理，2011（4）.

[139] 黄桂，关新华. 企业组织与员工间的交换：均衡与非均衡——基于我国企业组
织员工认知差异的角度分析 [J]. 学术研究，2011（9）.

[140] 邬智，赵蒙成. 社会科学研究构建科研共同体的策略——学习型组织的视角
[J]. 重庆大学学报（社会科学版），2011（4）.

[141] 王明辉，张芳. 文化智力及其对组织管理的启示 [J]. 商业时代，2011（26）.

[142] 吕部. 心理契约对组织绩效影响的实证研究 [J]. 山西财经大学学报，2011（3）.

[143] 赵磊. 心理契约破坏对组织公民行为的影响同事支持感的调节作用 [J]. 心理学
探新，2011（6）.

[144] 初浩楠. 正式控制和组织支持感对知识共享影响的实证研究 [J]. 科技管理研究，
2011（7）.

[145] 何会涛. 知识共享有效性研究——个体与组织导向的视角 [J]. 科学学研究，
2011（3）.

[146] 张晓东，何攀，朱敏. 知识管理模型研究述评 [J]. 科技进步与对策，2011（7）.

[147] 赵卓嘉，宝贡敏. 知识团队内部任务冲突的处理：感知面子威胁的中介作用研
究 [J]. 浙江大学学报（人文社会科学版），2011（1）.

[148] 王涛，顾新. 知识网络组织之间相互信任的建立过程分析 [J]. 情报杂志，2011
（4）.

[149] 张丽华，于慧萍. 中国组织情境下变革型领导与创新关系的研究 [J]. 生产力研
究，2011（10）.

[150] 陈麒. 组织变革困境成因与对策文化刚性的观点 [J]. 中国文化论坛，2011（3）.

[151] 赵娅. 组织变革中的人力资源管理——国内理论综述与研究展望 [J]. 商业时代，
2011（31）.

[152] 陈景秋. 组织变革中员工态度和行为的管理研究 [J]. 中国人力资源开发，2011（2）.

[153] 吴文华. 组织承诺与创新行为的关系基于高科技企业知识型员工的实证研究
[J]. 管理现代化，2011（6）.

[154] 何玲玲. 组织程序公正对员工影响的实证研究 [J]. 技术经济与管理研究，2011
（10）.

[155] 张滨滨，张同建. 组织公平、知识资本开发与技术创新能力的相关性研究 [J]. 科技进步与对策，2011 (15).

[156] 夏绪梅. 组织非伦理行为原因研究综述 [J]. 未来与发展，2011 (10).

[157] 严垚垚. 组织分配中的员工公平感差异研究以 H 公司为例 [J]. 中国人力资源开发，2011 (9).

[158] 涂红伟. 组织公民行为动机研究的整合暗示理论视角 [J]. 生产力研究，2011 (4).

[159] 张睿. 组织公民行为对技术联盟知识转移效果的影响研究 [J]. 情报杂志，2011 (1).

[160] 彭正龙，赵红丹. 组织公民行为真的对组织有利吗？中国情境下的强制性公民行为研究 [J]. 南开管理评论，2011 (1).

[161] 刘玉新，张建卫，黄国华. 组织公正对反生产行为的影响机制自我决定理论视角 [J]. 科学学与科学技术管理，2011 (8).

[162] 尹波，许茂增，敖治平，林锋. 组织文化创新动力模型研究 [J]. 科技进步与对策，2011 (22).

[163] 樊耘，阎亮，余宝琦. 组织文化激励性与公平性对组织承诺的影响 [J]. 软科学，2011 (9).

[164] 纪晓鹏，樊耘，刘人境. 组织文化演变驱动力的实证研究 [J]. 南开管理评论，2011 (4).

[165] 陈江，曾楚宏，刘志成. 组织学习量表的开发与构建——基于组织行为视角 [J]. 软科学，2011 (3).

[166] 张睿，于渤. 组织支持和信任对组织公民行为的影响研究 [J]. 情报杂志，2011 (7).

[167] 杜鹃. HR 经理胜任特征与个人绩效的关系研究基于心理契约的调节作用分析 [J]. 南京社会科学，2011 (9).

[168] 颜士梅. 并购中员工离职原因的理论解读：一个文献综述 [J]. 浙江大学学报 (人文社会科学版)，2011 (3).

[169] 朱仁崎，陈晓春. 大五人格、满意度与绩效关系实证研究 [J]. 求索，2011 (6).

[170] 陈坚，连榕. 代际工作价值观发展的研究述评 [J]. 心理科学进展，2011 (11).

[171] 程德俊，赵勇. 高绩效工作系统对企业绩效的作用机制研究：组织信任的中介作用 [J]. 软科学，2011 (4).

[172] 周沈刚，卫圈虎. 高科技组织知识型员工满意度与工作绩效关系的实证研究 [J]. 科技管理研究，2011 (18).

[173] 侯莉颖，陈彪云. 个体差异、组织支持感与工作绩效 [J]. 深圳大学学报 (人文社会科学版)，2011 (2).

[174] 温志毅，金冬梅，郭德. 个体工作绩效研究进展 [J]. 技术经济与管理研究，2011 (3).

［175］朱琪，范意婷.工资决定的行为特质和心理契约［J］.经济学家，2011（10）.

［176］周浩，龙立荣.工作不安全感、创造力自我效能对员工创造力的影响［J］.心理学报，2011（8）.

［177］刘小禹，孙健敏，苏琴.工作感受和组织公平对员工组织承诺与职业承诺影响的跨层次研究［J］.经济科学，2011（1）.

［178］王永丽，叶敏.工作—家庭平衡的结构验证及其因果分析［J］.管理评论，2011（11）.

［179］周浩，龙立荣.工作疏离感研究述评［J］.心理科学进展，2011（1）.

［180］胡青，王胜男，张兴伟，程斌，孙宏伟.工作中的主动性行为的回顾与展望［J］.心理科学进展，2011（10）.

［181］陈蓉泉.工作中心度与组织承诺的关系研究［J］.企业经济，2011（5）.

［182］易志高.工作自主权对组织公民行为的影响机制［J］.预测，2011（3）.

［183］汤超颖，艾树，龚增良.积极情绪的社会功能及其对团队创造力的影响：隐性知识共享的中介作用［J］.南开管理评论，2011（4）.

［184］田喜洲，谢晋宇.积极心理学运动对组织行为学及人力资源管理的影响［J］.管理评论，2011（7）.

［185］赵富强，张红，向青青.基于利益相关者满意度的员工培训开发［J］.中国人力资源开发，2011（4）.

［186］徐碧琳，李涛.基于网络联盟环境的工作满意度、组织承诺与网络组织效率的关系研究［J］.南开管理评论，2011（1）.

［187］闵锐，和金生，戴万亮.基于组织公民行为的知识共享分析［J］.信息管理与信息学，2011（10）.

［188］舒晓兵，孙健敏.家族企业雇员工作满意度对离职意愿和工作绩效的影响：关系身份的调节［J］.学海，2011（2）.

［189］刘颖，郑瑜.科研人员组织支持感与工作行为的关系研究［J］.中国科技论坛，2011（8）.

［190］吴维库，关鑫，胡伟科.领导情绪智力水平与领导绩效关系的实证研究［J］.科学学与科学技术管理，2011（8）.

［191］冉宁，汪建文.罗宾斯动机理论模型在雇员主动离职管理中的运用［J］.开发研究，2011（5）.

［192］王锐.满意度与倦怠相关性实证研究［J］.求索，2011（10）.

［193］耿喆，颜毓洁.企业"80后"员工团队薪酬分配影响因素的调查研究［J］.领导科学，2011（5）.

［194］成瑾，王海青.企业可控性的员工工作态度影响因素实证研究——以珠三角地区民营企业为例［J］.山西财经大学学报，2011（1）.

［195］葛青华，林盛.企业员工工作压力感知及缓解策略研究［J］.山东社会科学，

2011 (12).

[196] 李耕耘. 企业员工胜任力——人力成本匹配度模型构建及应用 [J]. 企业经济, 2011 (3).

[197] 张秋惠, 王淼. 人格特质对心理契约的影响研究 [J]. 中国人力资源开发, 2011 (2).

[198] 孙卫, 尚磊, 程根莲, 刘民婷. 研发团队领导、团队反思与研发团队绩效关系研究 [J]. 管理工程学报, 2011 (3).

[199] 张生太, 杨蕊. 心理契约破裂、组织承诺与员工绩效 [J]. 科研管理, 2011 (12).

[200] 杨凤岐. 心理所有权对雇员组织公民行为的中介作用 [J]. 未来与发展, 2011 (4).

[201] 陈浩. 心理所有权如何影响员工组织公民行为——组织认同与组织承诺作用的比较 [J]. 商业经济与管理, 2011 (7).

[202] 李颖玲, 朱锦鸿. 心理资本理论研究评述 [J]. 科技管理研究, 2011 (8).

[203] 陈海卿, 赵士军, 刘哲. 心理资本理论研究展望 [J]. 企业经济, 2011 (1).

[204] 李林英, 李健. 心理资本研究的氢气及其内容、视角 [J]. 科技管理研究, 2011 (1).

[205] 王炳成. 薪酬公平、人格特质与工作满意度关系研究 [J]. 科研管理, 2011 (3).

[206] 任润, 张一驰, 刘超飞, 曹振雷. 薪酬公平及外在工作机会对员工态度的影响 [J]. 南京大学学报, 哲学, 人文科学, 社会科学, 2011 (2).

[207] 马新建, 朱力, 张雯, 徐敏. 薪酬管理环节要素对员工组织公平感的影响研究基于商业模式价值分享视角的诠释 [J]. 东南大学学报 (哲学社会科学版), 2011 (2).

[208] 张伶, 聂婷. 员工积极组织行为影响因素的实证研究：工作—家庭冲突的中介作用 [J]. 管理评论, 2011 (12).

[209] 方来坛, 时勘, 张风华, 高鹏. 员工敬业度、工作绩效与工作满意度的关系研究 [J]. 管理评论, 2011 (12).

[210] 诸彦含, 卿涛. 员工社会交换关系感知对个体行为的作用机理——基于工作满意度的路径分析 [J]. 经济管理, 2011 (10).

[211] 孔芳, 赵西萍. 员工心理资本与对组织承诺传导机制的实证研究 [J]. 软科学, 2011 (8).

[212] 刘小平. 员工组织承诺的形成过程：内部机制和外部影响 [J]. 管理世界, 2011 (11).

[213] 倪慧君, 于伟. 员工组织政治知觉与知识分享意愿关系研究 [J]. 图书情报工作, 2011 (8).

[214] 李从容, 宋晓明, 段兴民. 知识型新员工组织社会化对组织承诺影响的追踪研究 [J]. 经济管理, 2011 (7).

[215] 李若水, 王思瑶. 知识型员工背景因素对敬业度的影响 [J]. 企业管理, 2011 (7).

[216] 瞿群臻，皇甫呈明. 知识型员工胜任力水平评价研究 [J]. 商业研究，2011 (11).

[217] 王颖，彭灿. 知识异质性与研发团队知识创新绩效以共享心智模型为中介变量 [J]. 情报杂志，2011 (1).

[218] 白艳莉. 知识员工职业生涯发展对雇佣关系感知影响的实证 [J]. 统计与决策，2011 (24).

[219] 白光林，凌文辁，李国昊. 职业高原与工作满意度、组织承诺、离职倾向关系研究 [J]. 软科学，2011 (2).

[220] 李云，李锡元. 职业经理人可信行为与员工组织认同：信任与心理安全感的作用 [J]. 商业经济与管理，2011 (7).

[221] 林朝阳. 中层管理人员素质测评的 AHP 模型构建 [J]. 企业经济，2011 (6).

[222] 孙健敏，焦海涛，赵简. 组织支持感对工作投入与工作家庭冲突关系的调节作用 [J]. 应用心理学，2011 (1).

[223] 王娟. 新产品研发项目团队绩效测评研究 [J]. 科技管理研究，2011 (5).

[224] 汤超颖，朱月利，商继美. 变革型领导、团队文化与科研团队创造力的关系 [J]. 科学学研究，2011 (2).

[225] 姜秀珍，顾琴轩，王莉红，金思宇. 错误中学习与研发团队创新：基于人力资本与社会资本视角 [J]. 管理世界，2011 (12).

[226] 鲁海帆. 高管团队内薪酬差距、风险与公司业绩——基于锦标赛理论的实证研究 [J]. 经济管理，2011 (12).

[227] 葛玉辉. 高管团队人力资本与权力配置差异化程度的关系研究 [J]. 企业经济，2011 (10).

[228] 张燕，陈维政. 工作场所偏离行为的研究发展回顾及展望 [J]. 管理评论，2011 (6).

[229] 杨德玲，王文新. 工作倦怠研究对敬业度特征模型的发展与促进——关于敬业度特征模型的理论综述 [J]. 商业时代，2011 (13).

[230] 齐善鸿，邢宝学，周桂荣. 管理科学发展的内在逻辑与未来趋势 [J]. 科学学与科学技术管理，2011 (3).

[231] 杨付，张丽华，霍明. 互动公平真的能唤醒我国女性管理者责任心吗？——组织支持感的中介作用 [J]. 经济科学，2011 (6).

[232] 李力，廖晓明. 积极心理资本：测量及其与工作投入的关系——基于高校积极组织管理的视角 [J]. 江西社会科学，2011 (12).

[233] 马红玉. 基于冲突与组织绩效倒 "U" 形关系的冲突管理策略 [J]. 中国人力资源开发，2011 (3).

[234] 冷元元. 基于工作分析视角下的情绪劳动研究 [J]. 中州学刊，2011 (4).

[235] 李文杰，赵闻. 基于模糊评判法的我国企业管理人员自我效能感评价研究 [J]. 中国农机化，2011 (6).

［236］和政，陈菊红. 企业创新团队理论研究综述 ［J］. 科技管理研究，2011（24）.

［237］刘得格，时勘，王永丽，龚会. 挑战——阻碍型压力源与工作投入与满意度的关系 ［J］. 管理科学，2011（2）.

［238］彭正龙，赵红丹. 团队差序氛围对团队创新绩效的影响机制研究——知识转移的视角 ［J］. 科学学研究，2011（8）.

［239］谢晔，霍国庆，刘丽红，张晓东，牛玉颖. 团队领导研究的回顾及展望 ［J］. 科学学与科学技术管理，2011（7）.

［240］常涛，廖建桥. 团队特征变量对知识共享影响的实证研究 ［J］. 情报理论与实践，2011（1）.

［241］张淑敏. 心理契约理论及其在行政组织中的应用探究 ［J］. 管理世界，2011（1）.

［242］赵文红，周密. 组织学习与企业绩效：创新导向的调节作用 ［J］. 第六届中国管理学年会论文，2011（9）.

［243］谢小云，栾琨，王唯梁. 当"就事论事"变成"对人不对事"：任务冲突，关系冲突与团队绩效关系的探索性研究 ［C］. 第六届中国管理学年会论文，2011.

［244］贾建锋，赵希男，柳森，朱珠. 高管团队胜任特征的横向匹配研究 ［C］. 第六届中国管理学年会论文，2011（9）.

［245］汪伟，姜和忠，徐卫星. 工作满意度与敬业度对员工工作绩效影响的实证研究——基于 SG 集团的研究 ［C］. 第六届中国管理学年会论文，2011.

［246］李贵卿，井润田. 工作与非工作情景中的社会支持对管理者的工作——生活效应研究 ［C］. 第六届中国管理学年会论文，2011.

［247］卢军静. 工作与家庭相互促进：角色资源对跨角色满意度的影响及性别的调节作用 ［C］. 第六届中国管理学年会论文，2011.

［248］程红玲，陈维政. 工作中情绪调节行为的决策机制与关键影响因素：理论分析与实证研究 ［C］. 第六届中国管理学年会论文，2011.

［249］马连福，刘丽颖. 管理者声誉研究述评 ［C］. 第六届中国管理学年会论文，2011.

［250］崔子龙. 规范承诺研究述评 ［C］. 第六届中国管理学年会论文，2011.

［251］胡洪浩，王重鸣. 国外失败学习研究前沿与展望 ［C］. 第六届中国管理学年会论文，2011（9）.

［252］闫燕，孙岩，凌玲. 海归回国调整适应影响因素研究 ［C］. 第六届中国管理学年会论文，2011.

［253］李自伟，张星. 基于 TOPSIS 的商业银行员工满意度评价研究 ［C］. 第六届中国管理学年会论文，2011.

［254］梁雄军，刘平青，林云. 经济转型中的国有、外资与民营企业领导方式调查——基于领导方式对员工绩效影响的实证分析与比较 ［C］. 第六届中国管理学年会论文，2011.

［255］裴宇晶. 九型人格理论在组织管理中的应用述评与展望 ［C］. 第六届中国管理学年会论文，2011.

[256] 周路路，张戌凡，赵曙明.领导—成员交换、组织信任与员工沉默行为的作用机制研究——风险回避的调节效应［C］.第六届中国管理学年会论文，2011.

[257] 唐春勇，潘妍，刘蓉.领导情绪智力对领导组织公民行为的影响研究［C］.第六届中国管理学年会论文，2011.

[258] 鞠冬，秦昕.破镜能否重圆？承诺破坏和承诺恢复之于心理契约和对高管的信任的影响［C］.第六届中国管理学年会论文，2011.

[259] 王海芳.企业组织资本研究综述［C］.第六届中国管理学年会论文，2011.

[260] 李德昌.人力资源建设中的领导力研究——势科学理论视角［C］.第六届中国管理学年会论文，2011（9）.

[261] 吴继红.上下级性别对领导—成员关系与员工结果关系的影响［C］.第六届中国管理学年会论文，2011.

[262] 雍少宏，朱丽娅.社会背景、组织情景、个体特征对中国组织员工角色外行为影响机制分析［C］.第六届中国管理学年会论文，2011.

[263] 李元勋，李瑞.我国中级职业经理人的胜任力模型实证研究［C］.第六届中国管理学年会论文，2011.

[264] 黄海艳，李乾文.研发团队的人际信任、交互记忆系统与创新绩效［C］.第六届中国管理学年会论文，2011（9）.

[265] 王利敏，袁庆宏.员工参与的组织难题研究［C］.第六届中国管理学年会论文，2011.

[266] 黄鸣鹏，尹俊.员工情感状态和工作满意度对工作绩效的影响［C］.第六届中国管理学年会论文，2011.

[267] 卿涛，诸彦含.员工社会交换关系感知对个体行为的作用机理研究——基于工作满意度的路径分析［C］.第六届中国管理学年会论文，2011.

[268] 张宁俊，朱伏平.中国高校教师职业认同与组织认同关系实证研究［C］.第六届中国管理学年会论文，2011.

[269] 李东红，李蕾.中国情境下魅力型企业领导人特质分析——以中国化工总经理任建新为案例的研究［C］.第六届中国管理学年会论文，2011.

[270] 黄丽，陈维政.组织氛围对工作疏离感和组织认同感影响研究［C］.第六届中国管理学年会论文，2011.

[271] 马跃如，程伟波，段斌.组织公平感对员工绩效影响的实证研究——基于非典型雇佣关系的视角［C］.第六届中国管理学年会论文，2011.

[272] 王拓，赵曙明.组织公平与离职倾向的关系研究：积极情绪的调节作用［C］.第六届中国管理学年会论文，2011.

[273] 张光磊，刘善仕，彭娟.组织结构、知识吸收能力与研发团队创新效：一个跨层次的检验［C］.第六届中国管理学年会论文，2011.

[274] 胡冬梅，陈维政.组织社会化策略与自我效能感匹配的实证研究——以领导支

持风格为调节变量［C］. 第六届中国管理学年会论文，2011.

［275］尹波，刘明理. 组织文化定量分析范式研究［C］. 第六届中国管理学年会论文，2011.

［276］谢礼珊，方俊，林勋亮. 组织学习氛围、市场导向对员工创新行为的跨层级研究［C］. 第六届中国管理学年会论文，2011.

第二节　英文期刊索引

［1］Francis J. Flynn, Deborah Gruenfeld, Linda D. Molm, Jeffrey T. Polzer. Social Psychological Perspectives on Power in Organizations ［J］. Administrative Science Quarterly, 2011, 56(4): 495-500.

［2］Deepak Malhotra, Fabrice Lumineau. Trust and Collaboration in the Aftermath of Conflict: the Effects of Contract Structure ［J］. Academy of Management Journal, 2011, 54 (5): 981-998.

［3］Ian J. Walsh, Jean M. Bartunek.Cheating the Fates: Organizational Foundings in the Wake of Demise ［J］. Academy of Management Journal, 2011, 54 (5): 1017-1044.

［4］Marion B. Eberly, Erica C. Holley, Michael D. Johnson, Terencey R. Mitchell. Beyond Internal and External: a Dyadic Theory of Relational Attributions ［J］. Academy of Management Review, 2011, 36 (4): 731-753.

［5］Brian J. Hoffman, Bethany H. Bynum, Ronald F. Piccolo, Ashley W. Sutton. Person-Organization Value Congruence: How Transformational Leaders Influence Work Group Effectiveness ［J］. Academy of Management Journal, 2011, 54 (4): 779-796.

［6］Ella Miron-Spektor, Miriam Erez, Eitan Naveh. The Effect of Conformist and Attentive-to-detail Members on Team Innovation: Reconciling the Innovation Paradox ［J］. Academy of Management Journal, 2011, 54 (4): 779-796.

［7］Rosemary Batt, Alexander J. S. Colvin. An Employment Systems spproach to Turnover: Human Resources Practices, Quits, Dismissals, and Performance ［J］. Academy of Management Journal, 2011, 54 (4): 695-719.

［8］Sim B. Sitkin, Kelly E. See, C. Chet Miller, Michael W. Lawless, Andrew M. Carton.The Paradox of Stretch Goals: Organizations in Pursuit of the Seemingly Impossible ［J］. Academy of Management Review, 2011, 36 (3): 544-566.

［9］Jane O'Reilly, Karl Aquino. A Model of Third Parties Morally Motivated Responses to Mistreatment in Organizations ［J］. Academy of Management Review, 2011, 36 (3): 526-543.

［10］Michael Boyer O'Leary, Mark Mortensen Insead. Multiple Team Membership: a

Theoretical Model of its Effects on Productivity and Learning for individual Sand Teams [J]. Academy of Management Review, 2011, 36 (3): 461–478.

[11] Mary M. Crossan, Cara C. Maurer, Roderick E. White. Reflections on the 2009 AMR Decade Award: Do We Have a Theory of Organizational Learning? [J]. Academy of Management Review, 2011, 36 (3): 446–460.

[12] Anneloes M. L. Raes, Mariëlle G. Heijltjes. The Interface of the Top Management Team and Middle Managers: A Process Model [J]. Academy of Management Review, 2011, 36 (1): 102–126.

[13] Kevin G. Corley, Dennis A. Gioia. Building Theory about Theory Building: What Constitutes a Theoretical Contribution [J]. Academy of Management Review, 2011, 36 (1): 12–32.

[14] Fred O. Walumbwa, David M. Mayer, Peng Wang, Hui Wang, Kristina Workman, Amanda L. Christensen. Linking Ethical Leadership to Employee Performance: The Roles of Leader–member Exchange, Self–efficacy, and Organizational Identification [J]. Organizational Behavior and Human Decision Processes, 2011 (115): 204–213.

[15] Hui Wang, Anne S. Tsui, C, Katherine R. Xin. CEO Leadership Behaviors, Organizational Performance, and Employees' Attitudes [J]. The Leadership Quarterly, 2011 (22): 92–105.

[16] Nezar Faris, Ken Parry. Islamic Organizational Leadership within a Western Society: The Problematic Role of External Context [J]. The Leadership Quarterly, 2011 (22): 132–151.

[17] Edgar E. Kausel, Jerel E. Slaughter.Narrow Personality Traits and Organizational At traction: Evidence for the Complementary Hypothesis [J]. Organizational Behavior and Human Decision Processes, 2011 (114): 3–14.

[18] Irina Cojuharenco, David Patient, Michael R. Bashshur. Seeing the "forest" or the "Trees" of Organizational Justice: Effects of Temporal Perspective on Employee Concerns about Unfair Treatment at Work [J]. Organizational Behavior and Human Decision Processes, 2011 (116): 17–31.

[19] Rebecca J. Reichard, Stefanie K. Johnson. Leaderself–development as organizational strategy [J]. The Leadership Quarterly, 2011 (22): 33–43.

[20] Kenneth J. Harris, Anthony R. Wheeler, K. Michele Kacmar. The mediating role of organizational job embeddedness in the LMX –outcomes Relationships [J]. The Leadership Quarterly, 2011 (2): 271–281.

[21] Jochen I. Menges, Frank Walter, Bernd Vogel, Heike Bruch. Transformational; Leadership Climate: Performance Linkages, Mechanisms, and Boundary Conditions at the Organizational Level [J]. The Leadership Quarterly, 2011 (22): 893–909.

[22] Roert E. Ployhart, Thomas P. Moliterno. Emergence Of The Human Capital Resource:

A Multilevel Model [J]. Academy of Management Review, 2011, 36 (1): 127-150.

[23] Alex Bitektine, Hec Montreal. Toward A Theory Of Social Judgments Of Organizations: The Case Of Legitimacy, Reputation, And Status [J]. Academy of Management Review, 2011, 36 (1): 151-179.

[24] Brent A. Scott, Christopher M. Barnes. A Multilevel Field Investigation Of Emotional Labor, Affect, Work Withdrawal, And Gender [J]. Academy of Management Journal, 2011, 54 (1): 116-136.

[25] Gilad Chen, Robert E. Ployhart, Helena Cooper Thomas, Neil Anderson, Paul D. Bliese. The Power of Momentum: A New Model Of Dynamic Relationships Between Job Satisfaction Change And Turnover Intentions [J]. Academy of Management Journal, 2011, 54 (1): 159-181.

[26] Bennett J. Tepper, Sherry E. Moss, Michelle K. Duffy. Predictors of Abusive Supervision: Supervisor Perceptions of Deep-level Dissimilarity, Relationship Conflict, And Subordinate Performance [J]. Academy of Management Journal, 2011, 54 (2): 279-294.

[27] Siegwart Lindenberg, Nicolai J. Foss. Managing Joint Production Motivation: The Role of Goal Framing And Governance Mechanisms [J]. Academy of Management Review, 2011, 36 (3): 500-525.

[28] James R. Detert, Amy C. Edmondson. Implicit Voice Theories: Taken-for-Granted Rules Of Self-censorship At Work [J]. Academy of Management Journal, 2011, 54 (3): 461-488.

[29] Susan Mohammed, Sucheta Nadkarn. Temporal Diversity and Team Performance: The Moderating Role Of Team Temporal Leadership [J]. Academy of Management Journal, 2011, 54 (3): 489-508.

[30] Adam M. Grant, Francesca Gino, David A. Hofmann. Reversing the Extraverted Leadership Advantage: The Role Of Employee Proactivity [J]. Academy of Management Journal, 2011, 54 (3): 528-550.

[31] Claus Rerup, Martha S. Feldman. Routines As A Source Of Change In Organizational Schemata: The Role Of Trial-and-Error Learning [J]. Academy of Management Journal, 2011, 54 (3): 577-610.

[32] Giles Hirst, Daan Van Knippenberg, Chin-Hui Chen, Claudia A. Sacramento. How Does Bureaucracy Impact Individual Creativity? A Cross-level Investigation of Team Contextual Influences on Goal Orientation-creativity Relationships [J]. Academy of Management Journal, 2011, 54 (3): 624-641.

[33] Michael L. Mc Donald, James D. Westphal. My Brother's Keeper? CEO Identification with the Corporate Elite, Social Support Among CEOs, and Leader Effectiveness [J]. Academy of Management Journal, 2011, 54 (4): 661-693.

［34］ Katleen E. M. De Stobbeleir, Susan J. Ashford, Dirk Buyens. Self-regulation of Creativity at Work: The Role of Feedback-seeking Behavior In Creative Performance ［J］. Academy of Management Journal, 2011, 54 (4): 811-831.

［35］ Jennifer Louise Petriglieri. Under Threat: Responses to and the Consequences of Threats To Individuals' Identities ［J］. Academy of Management Review, 2011, 36 (4): 641-662.

［36］ Chris P. Long, Corinne Bendersky, Calvin Morrill. Fairness Monitoring: Linking Managerial Controls and Fairness Judgments In Organizations ［J］. Academy of Management Journal, 2011, 54 (5): 1045-1068.

［37］ Nancy P. Rothbard, Steffanie L. Wilk. Waking up on The Right or Wrong Side of the Bed: Start-of-Workday Mood, Work Events, Employee Affect, and Performance ［J］. Academy of Management Journal, 2011, 54 (5): 959-980.

［38］ Jason A. Colquitt, Jessica B. Rodell. Justice, Trust, and Trustworthiness: A Longitudinal Analysis Integrating Three Theoretical Perspectives［J］. Academy of Management Journal, 2011, 54 (6): 1183-1206.

［39］ Elaine M. Wong, Margaret E. Ormiston, Philip E. Tetlock. The Effects of Top Management Team Integrative Complexity and Decentralized Decision Making on Corporate Social Performance ［J］. Academy of Management Journal, 2011, 54 (6): 1207-1228.

［40］ Dean A. Shepherd, Holger Patzelt, Marcus Wolfe. Moving Forward From Project Failure: Negative Emotions, Affective Commitment, and Learning from the Experience ［J］. Academy of Management Journal, 2011, 54 (6): 1229-1259.

［41］ Mia Reinholt, Torben Pedersen, Nicolai J. Foss. Why a Central Network Position isn't Enough: The Role of Motivation and Ability for Knowledge Sharing in Employee Networks ［J］. Academy of Management Journal, 2011, 54 (6): 1277-1297.

［42］ Victoria L. Brescoll. Who Takes the Floor and Why: Gender, Power, and Volubility in Organizations ［J］. Administrative Science Quarterly, 2011, 56 (4): 622-641.

［43］ Noah E. Friedkin. A Formal Theory of Reflected Appraisals in the Evolution of Power ［J］. Administrative Science Quarterly, 2011, 56 (4): 501-529.

［44］ Jason P. Davis, Kathleen M. Eisenhardt. Rotating Leadership and Collaborative Innovation: Recombination Processes in Symbiotic Relationships ［J］. Administrative Science Quarterly, 2011, 56 (2): 159-201.

［45］ José Pedro Zúquete. The Flight of the Eagle: The Charismatic Leadership of Sá Carneiro in Portugal's Transition to Democracy ［J］. The Leadership Quarterly, 2011 (22): 295-306.

［46］ Jörg Sydow, Frank Lerch, Chris Huxham, Paul Hibbert. A Silent Cry for Leadership: Organizing for Leading (in) Clusters ［J］. The Leadership Quarterly, 2011 (22): 328-343.

［47］ Adele Eskeles Gottfried, Allen W. Gottfried, Rebecca J. Reichard, Diana Wright

Guerin, Pamella H. Oliver, Ronald E. Riggio. Motivational Roots of Leadership: A Longitudinal Study from Childhood Through Adulthood [J]. The Leadership Quarterly, 2011 (22): 510–519.

[48] David V. Day, Hock-peng Sin. Longitudinal Tests of an Integrative Model of Leader Development: Charting and Understanding Developmental Trajectories [J]. The Leadership Quarterly, 2011 (22): 545–560.

[49] Jamie D. Barrett, William B. Vessey, Michael D. Mumford. Getting Leaders to Think: Effects of Training, Threat, and Pressure on Performance [J]. The Leadership Quarterly, 2011 (22): 729–750.

[50] Golnaz Sadri, Todd J. Weber, William A. Gentry. Empathic Emotion and Leadership Performance: An Empirical Analysis Across 38 Countries [J]. The Leadership Quarterly, 2011 (22): 818–830.

[51] Roy Y. J. Chua, Sheena S. Iyengar. Perceiving freedom givers: Effects of Granting Decision Latitude on Personality and Leadership Perceptions [J]. The Leadership Quarterly, 2011 (22): 863–880.

[52] Linda L. Neider, Chester A. Schriesheim. The Authentic Leadership Inventory (ALI): Development and Empirical Tests [J]. The Leadership Quarterly, 2011 (22): 1146–1164.

[53] Michael D. Mumford. A Hale farewell: The State of Leadership Research [J]. The Leadership Quarterly, 2011 (22): 1–7.

[54] Claartje J. Vinkenburg, Marloes L. van Engen, Alice H. Eagly, Mary C. Johannesen-Schmidt. An Exploration of Stereotypical Beliefs about Leadership Styles: Is Transformational Leadership a Route to Women's Promotion? [J]. The Leadership Quarterly, 2011 (22): 10–21.

[55] Timothy Clark, David Greatbatch. Audience Perceptions of Charismatic and Non-charismatic Oratory: The Case of Management Gurus [J]. The Leadership Quarterly, 2011 (22): 22–32.

[56] Rebecca J. Reichard, Stefanie K. Johnson. Leader Self-development as Organizational strategy [J]. The Leadership Quarterly, 2011 (22): 33–42.

[57] Hannes Zacher, Kathrin Rosing, Michael Frese. Age and Leadership: The Moderating Role of Legacy Beliefs [J]. The Leadership Quarterly, 2011 (22): 43–50.

[58] Karianne Kalshoven, Deanne N. Den Hartog, Annebel H. B. De Hoogh. Ethical Leadership at Work Questionnaire (ELW): Development and Validation of a Multidimensional Measure [J]. The Leadership Quarterly, 2011 (22): 51–69.

[59] Samuel T. Hunter, Liliya Cushenbery, Christian Thoroughgood, Johanna E. Johnson, Gina Scott Ligon. First and ten Leadership: A Historiometric Investigation of the CIP Leadership model [J]. The Leadership Quarterly, 2011 (22): 70–91.

[60] Stephen Kempster, Ken W. Parry. Grounded Theory and Leadership Research: A

Critical Realist Perspective [J]. The Leadership Quarterly, 2011 (22): 106–120.

[61] Maria Tims, Arnold B. Bakker, Despoina Xanthopoulou. Do Transformational Leaders enhance their Followers' Daily Work Engagement? [J]. The Leadership Quarterly, 2011 (22): 121–131.

[62] Leslie A. De Church, C. Shawn Burke, Marissa L. Shuffler, Rebecca Lyons, Daniel Doty, Eduardo Salas. A Historiometric Analysis of Leadership in Mission Critical Multiteam Environments [J]. The Leadership Quarterly, 2011 (22): 152–169.

[63] Emina Subašić, Katherine J. Reynolds, John C. Turner, Kristine E. Veenstra, S. Alexander Haslam. Leadership, Power and the Use of Surveillance: Implications of Shared Social Identity for Leaders' Capacity to Influence [J]. The Leadership Quarterly, 2011 (22): 170–181.

[64] Nancy C. Wallis, Francis J. Yammarino, Ann Feyerherm. Individualized Leadership: A Qualitative Study of Senior Executive Leaders [J]. The Leadership Quarterly, 2011 (22): 182–206.

[65] Robert G. Lord, Sara J. Shondrick. Leadership and Knowledge: Symbolic, Connectionist, and Embodied Perspectives [J]. The Leadership Quarterly, 2011 (22): 207–222.

[66] Kyoung Won Park, Richard D. Arvey, Yew Kwan Tong. The Generalizability of Leadership Across Activity Domains and Time Periods [J]. The Leadership Quarterly, 2011 (22): 223–237.

[67] Barnes Christopher, Hollenbeck John, Jundt Dustin, De Rue D. Scott, Harmon Stephen. Mixing Individual Incentives and Group Incentives: Best of Both Worlds or Social Dilemma? [J]. Journal of Management, 2011, 37 (6): 1611–1635.

[68] Kim Tai Gyu, Hornung Severin, Rousseau Denise. Change-supportive Employee Behavior: Antecedents and the Moderating Role of Time [J]. Journal of Management, 2011, 37 (6): 1664–1693.

[69] Heslin Peter, Vande Walle Don. Performance Appraisal Procedural Justice: The Role of a Manager's Implicit Person Theory. Journal of Management [J]. 2011, 37 (6): 1694–1718.

[70] Meurs James, Perrewé Pamela. Cognitive Activation Theory of Stress: An Integrative Theoretical Approach to Work Stress [J]. Journal of Management, 2011, 37 (4): 1043–1068.

[71] Hiller Nathan, De Church Leslie, Murase Toshio, Doty Daniel. Searching for Outcomes of Leadership: A 25-Year Review. Journal of Management [J]. 2011, 37 (4): 1137–1177.

[72] Van Dierendonck Dirk. Servant Leadership: A Review and Synthesis [J]. Journal of Management, 2011, 37 (4): 1228–1261.

[73] Shore Lynn, Randel Amy, Chung Beth, Dean Michelle, Holcombe Ehrhart Karen, Singh Gangaram. Inclusion and Diversity in Work Groups: A Review and Model for Future Re-

search [J]. Journal of Management, 2011, 37 (4): 1262-1289.

[74] Bell Suzanne, Villado Anton, Lukasik Marc, Belau Larisa, Briggs Andrea. Getting Specific about Demographic Diversity Variable and Team Performance Relationships: A Meta-Analysis [J]. Journal of Management, 2011, 37 (3): 709-743.

[75] Green Stephen, Bull Schaefer Rebecca, Mac Dermid Shelley, Weiss Howard. Partner Reactions to Work-to-Family Conflict: Cognitive Appraisal and Indirect Crossover in Couples [J]. Journal of Management, 2011, 37 (3): 744-769.

[76] Carlson Dawn, Ferguson Merideth, Kacmar K. Michele, Grzywacz Joseph, Whitten Dwayne. Pay It Forward: The Positive Crossover Effects of Supervisor Work-family Enrichment [J]. Journal of Management, 2011, 37 (3): 770-789.

[77] Harris Kenneth, Kacmar K. Michele, Rosen Christopher. LMX, Context Perceptions, and Performance: An Uncertainty Management Perspective [J]. Journal of Management, 2011, 37 (3): 819-838.

[78] Colman Helene Loe, Lunnan Randi. Organizational Identification and Serendipitous Value Creation in Post-acquisition Integration [J]. Journal of Management, 2011, 37 (3): 839-860.

[79] Shockley Kristen, Singla Neha. Reconsidering Work-family Interactions and Satisfaction: A Meta-analysis [J]. Journal of Management, 2011, 37 (3): 861-886.

[80] Maertz Carl, Boyar Scott. Work-family Conflict, Enrichment, and Balance under "Levels" and "Episodes" Approaches. Journal of Management [J]. 2011, 37 (1): 68-98.

[81] Fang Ruolian, Duffy Michelle, Shaw Jason. The Organizational Socialization Process: Review and Development of a Social Capital Model [J]. Journal of Management, 2011, 37 (1): 127-152.

[82] Stewart Greg, Courtright Stephen, Manz Charles. Self-leadership: A Multilevel Review [J]. Journal of Management, 2011, 37 (1): 185-222.

[83] Barsky Adam, Kaplan Seth, Beal Daniel. Just Feelings? The Role of Affect in the Formation of Organizational Fairness Judgments [J]. Journal of Management, 2011, 37 (1): 248-279.

[84] Santora Joseph, Esposito Mark. Do Happy Leaders Make for Better Team Performance? [J]. Academy of Management Perspectives, 2011, 25 (4): 88-90.

[85] Fritz Charlotte, Lam Chak Fu, Spreitzer Gretchen. It's the Little Things That Matter: An Examination of Knowledge Workers' Energy Management [J]. Academy of Management Perspectives, 2011, 25 (3): 28-39.

[86] Van de Ven Andrew, Sun Kangyong. Breakdowns in Implementing Models of Organization Change [J]. Academy of Management Perspectives, 2011, 25 (3): 58-74.

[87] Sidle Stuart. Personality Disorders and Dysfunctional Employee Behavior: How Can

Managers Cope？［J］. Academy of Management Perspectives，2011，25（2）：76-77.

［88］ Blanchflower David，Oswald Andrew. International Happiness：A New View on the Measure of Performance［J］. Academy of Management Perspectives，2011，25（1）：6-22.

［89］ Ashkanasy Neal. International Happiness：A Multilevel Perspective［J］. Academy of Management Perspectives，2011，25（1）：23-29.

［90］ Walter Frank，Cole Michael，Humphrey Ronald. Emotional Intelligence：Sine Qua Non of Leadership or Folderol？［J］. Academy of Management Perspectives，2011，25（1）：45-59.

［91］ Waldman David，Balthazard Pierre，Peterson Suzanne. Leadership and Neuroscience：can we Revolutionize the Way that Inspirational Leaders are Identified and Developed？［J］. Academy of Management Perspectives，2011，25（1）：60-74.

［92］ Wyld David. Does more Money Buy more Happiness on the Job？［J］. Academy of Management Perspectives，2011，25（1）：101-103.

［93］ Lee Mary Dean，Kossek Ellen Ernst，Hall Douglas，Litrico Jean-Baptiste. Entangled Strands：A Process Perspective on the Evolution of Careers in the Context of Personal，Family，Work，and Community Life［J］. Human Relations，2011，64（12）：1531-1553.

［94］ Elsesser Kim，Lever Janet. Does Gender Bias Against Female Leaders Persist？Quantitative and Qualitative Data from a Large-scale Survey［J］. Human Relations，2011，64（12）：1555-1578.

［95］ Bencherki Nicolas，Cooren François. Having to be：The Possessive Constitution of Organization［J］. Human Relations，2011，64（12）：1579-1607.

［96］ Lapointe Émilie，Vandenberghe Christian，Panaccio Alexandra. Organizational Commitment，Organization-based Self-esteem，Emotional Exhaustion and Turnover：A Conservation of Resources Perspective［J］. Human Relations，2011，64（12）：1609-1631.

［97］ Wei Jun，Zheng Wei，Zhang Mian. Social Capital and Knowledge Transfer：A Multi-level Analysis［J］. Human Relations，2011，64（11）：1401-1423.

［98］ Cunliffe Ann，Eriksen Matthew. Relational leadership［J］. Human Relations，2011，64（11）：1425-1449.

［99］ Golden Timothy，Fromen Allan. Does it Matter Where Your Manager Works？Comparing Managerial Work Mode（Traditional，Telework，Virtual）across Subordinate Work Experiences and Outcomes［J］. Human Relations，2011，64（11）：1451-1475.

［100］ Tyler Melissa. Tainted love：From Dirty Work to Abject Labour in Soho's Sex Shops［J］. Human Relations，2011，64（11）：1477-1500.

［101］ Hayward Renae Maree，Tuckey Michelle Rae. Emotions in Uniform：How Nurses Regulate Emotion at Work via Emotional Boundaries［J］. Human Relations，2011，64（11）：1501-1523.

［102］ Cruz Kevin, Pil Frits. Team Design and Stress： A Multilevel Analysis ［J］. Human Relations, 2011, 64 (10)： 1265-1289.

［103］ Scholarios Dora, Taylor Phil. Beneath the Glass Ceiling： Explaining Gendered Role Segmentation in Call Centres ［J］. Human Relations, 2011, 64 (10)： 1291-1319.

［104］ Mitchell Rebecca, Parker Vicki, Giles Michelle. When do Interprofessional Teams Succeed? Investigating the Moderating Roles of Team and Professional Identity in Interprofessional Effectiveness ［J］. Human Relations, 2011, 64 (10)： 1321-1343.

［105］ Bryant Lia, Jaworski Katrina. Gender, Embodiment and Place： The Gendering of Skills Shortages in the Australian Mining and Food and Beverage Processing Industries ［J］. Human Relations, 2011, 64 (10)： 1345-1367.

［106］ Vincent Steve. The Emotional Labour Process： An Essay on the Economy of Feelings ［J］. Human Relations, 2011, 64 (10)： 1369-1392.

［107］ Alvesson Mats, Kärreman Dan. Decolonializing discourse： Critical Reflections on Organizational Discourse analysis ［J］. Human Relations, 2011, 64 (9)： 1121-1146.

［108］ Mumby Dennis. What's Cooking in Organizational Discourse Studies? A Response to Alvesson and Kärreman ［J］. Human Relations, 2011, 64 (9)： 1147-1161.

［109］ Ledema Rick. Discourse Studies in the 21st Century： A Response to Mats Alvesson and Dan Kärreman's 'Decolonializing discourse' ［J］. Human Relations, 2011, 64 (9)： 1163-1176.

［110］ Bargiela-chiappini Francesca. Discourse (s), Social Construction and Language Practices： In Conversation with Alvesson and Kärreman ［J］. Human Relations, 2011, 64 (9)： 1177-1191.

［111］ Alvesson Mats, Kärreman Dan. Organizational Discourse Analysis-well done or too rare? A Reply to our Critics ［J］. Human Relations, 2011, 64 (9)： 1193-1202.

［112］ Özbilgin Mustafa, Tatli Ahu. Mapping out the Field of Equality and Diversity： Rise of Individualism and Voluntarism ［J］. Human Relations, 2011, 64 (9)： 1229-1253.

［113］ Chunyan Peng Ann, Tjosvold Dean. Social Face Concerns and Conflict Avoidance of Chinese Employees with their Western or Chinese Managers［J］. Human Relations, 2011, 64 (8)： 1031-1050.

［114］ Ping Shao, Resick Christian, Hargis Michael. Helping and Harming Others in the Workplace： The Roles of Personal Values and Abusive Supervision ［J］. Human Relations, 2011, 64 (8)： 1051-1078.

［115］ Lilius Jacoba, Worline Monica, Dutton Jane, Kanov Jason, Maitlis Sally. Understanding Compassion Capability ［J］. Human Relations, 2011, 64 (7)： 873-899.

［116］ Harding Nancy, Lee Hugh, Ford Jackie, Learmonth Mark. Leadership and Charisma： A Desire that cannot Speak its Name? ［J］. Human Relations, 2011, 64 (7)： 927-949.

[117] Lawrence Barbara. The Hughes Award: Who is they? Inquiries into how Individuals Construe Social Context [J]. Human Relations, 2011, 64 (6): 749-773.

[118] Kaptein Muel. Understanding Unethical Behavior by Unraveling Ethical Culture [J]. Human Relations, 2011, 64 (6): 843-869.

[119] Taylor Scott, Hood Jacqueline. It may not be what you Think: Gender differences in Predicting Emotional and Social Competence [J]. Human Relations, 2011, 64 (5): 627-652.

[120] Andiappan Meena, Treviño Linda. Beyond Righting the Wrong: Supervisor-subordinate Reconciliation after an Injustice [J]. Human Relations, 2011, 64 (3): 359-386.

[121] Chiaburu Dan, Oh In-sue, Berry Christopher, Li Ning, Gardner Richard. The Five-factor Model of Personality Traits and Organizational Citizenship Behaviors: A Meta-analysis [J]. Journal of Applied Psychology, 2011, 96 (6): 1140-1166.

[122] Balkundi Prasad, Kilduff Martin, Hanison David. Centrality and Charisma: Comparing How Leader Networks and Attributions Affect Team Performance [J]. Journal of Applied Psychology, 2011, 96 (6): 1209-1222.

[123] Bledow Ronald, Schmitt Antje, Frese Michael, Kühnel Jana. The Affective Shift Model of Work Engagement [J]. Journal of Applied Psychology, 2011, 96 (6): 1246-1257.

[124] Leiter Michael, Laschinger Heather K. Spence, Day Arla, Oore Debra Gum. The Impact of Civility Interventions on Employee Social Behavior, Distress, and Attitudes [J]. Journal of Applied Psychology. , 2011, 96 (6): 1258-1274.

[125] Nirig Li, Harris T. Brad, Boswell Wendy, Zhitao Xie. The Role of Organizational Insiders' Developmental Feedback and Proactive Personality on Newcomers' Performance: An Interactionist Perspective [J]. Journal of Applied Psychology, 2011, 96 (6): 1317-1327.

[126] Ozer Muammer. A Moderated Mediation Model of the Relationship Between Organizational Citizenship Behaviors and Job Performance[J]. Journal of Applied Psychology, 2011, 96 (6): 1328-1336.

[127] Seibert Scott, Wang Gang, Courtright Stephen. Antecedents and Consequences of Psychological and Team Empowerment in Organizations: A Meta-analytic Review [J]. Journal of Applied Psychology, 2011, 96 (5): 981-1003.

[128] Zhen Zhang, Peterson Suzanne. Advice Networks in Teams: The Role of Transformational Leadership and Members' Core Self-Evaluations [J]. Journal of Applied Psychology, 2011, 96 (5): 1004-1017.

[129] Miron-Spektor Ella, Efrat-Treister Dorit, Rafaeli Anat, Schwarz-Cohen Orit. Others' Anger Makes People Work Harder Not Smarter: The Effect of Observing Anger and Sarcasm on Creative and Analytic Thinking [J]. Journal of Applied Psychology, 2011, 96 (5): 1065-1075.

[130] Bechtoldt Myriam, Rohrmann Sonja, De Pater Irene, Beersma Bianca. The Primacy of Perceiving: Emotion Recognition Buffers Negative Effects of Emotional Labor [J]. Journal

of Applied Psychology, 2011, 96 (5): 1087-1094.

[131] Hartnell Chad, Ou Amy Yi, Kinicki Angelo. Organizational Culture and Organiza-tional Effectiveness: A Meta-analytic Investigation of the Competing Values Framework's The-oretical Suppositions [J]. Journal of Applied Psychology, 2011, 96 (4): 677-694.

[132] Lambert Lisa Schurer. Promised and Delivered Inducements and Contributions: An Integrated View of Psychological Contract Appraisal [J]. Journal of Applied Psychology, 2011, 96(4): 695-712.

[133] Oh In-sue, Wang Gang, Mount Michael. Validity of Observer Ratings of the Five-Factor Model of Personality Traits: A Meta-analysis [J]. Journal of Applied Psychology, 2011, 96 (4): 762-773.

[134] Brian C. Gunia, Jeanne M. Brett, Amit K. Nandkeolyar, Dishan Karndar. Paying a Price: Culture, Trust, and Negotiation Consequences [J]. Journal of Applied Psychology, 2011, 96 (4): 774-789.

[135] Kotsou Ilios, Nelis Deiphine, Grégoire Jacques, Mikolajczak Moïra. Emotional Plasticity: Conditions and Effects of Improving Emotional Competence in Adulthood [J]. Journal of Applied Psychology, 2011, 96 (4): 827-839.

[136] Hu Jia, Liden Robert. Antecedents of Team Potency and Team Effectiveness: An Examination of Goal and Process Clarity and Servant Leadership [J]. Journal of Applied Psy-chology, 2011, 96 (4): 851-862.

[137] John Schaubroeck, Simon S. K. Lam, Ann Chunyan Peng. Cognition-based and Affect-based Trust as Mediators of Leader Behavior Influences on Team Performance [J]. Journal of Applied Psychology, 2011, 96 (4): 863-871.

[138] Hausknecht John, Sturman Michael, Roberson Quinetta. Justice as a Dynamic Construct: Effects of Individual Trajectories on Distal Work Outcomes [J]. Journal of Applied Psychology, 2011, 96 (4): 872-880.

[139] Chen Gilad, Sharma Payal, Edinger Suzanne, Shapiro Debra, Jiing-Lih Farh. Motivating and Demotivating Forces in Teams: Cross-level Influences of Empowering Leader-ship and Relationship Conflict [J]. Journal of Applied Psychology, 2011, 96 (3): 541-557.

[140] Sauer Stephen. Taking the Reins: The Effects of New Leader Status and Leadership Style on Team Performance [J]. Journal of Applied Psychology, 2011, 96 (3): 574-587.

[141] Lang Jessica, Bliese Paul, Lang Jonas, Adler Amy. Work Gets Unfair for the Depressed: Cross-lagged Relations Between Organizational Justice Perceptions and Depressive Symptoms [J]. Journal of Applied Psychology, 2011, 96 (3): 602-618.

[142] Eatough Erin, Chu-hsiang Chang, Miloslavic Stephanie, Johnson Russell. Rela-tionships of Role Stressors with Organizational Citizenship Behavior: A Meta-analysis [J]. Jour-nal of Applied Psychology, 2011, 96 (3): 619-632.

［143］Kacmar K. Michele, Bachrach Daniel, Harris Kenneth, Zivnuska Suzanne. Fostering Good Citizenship through Ethical Leadership: Exploring the Moderating Role of Gender and Organizational Politics［J］. Journal of Applied Psychology, 2011, 96（3）: 633-642.

［144］Dierdorf Erich, Bell Suzanne, Belohlav James. The Power of "We": Effects of Psychological Collectivism on Team Performance over Time［J］. Journal of Applied Psychology, 2011, 96（2）: 247-262.

［145］Mueller Jennifer, Kamdar Dishan. Why Seeking Help from Teammates is a Blessing and a Curse: A Theory of Help Seeking and Individual Creativity in Team Contexts［J］. Journal of Applied Psychology, 2011, 96（2）: 263-276.

［146］Podsakoff Nathan, Podsakoff Philip, Whiting Steven, Mishra Paresh. Effects of Organizational Citizenship Behaviors on Selection Decisions in Employment Interviews［J］. Journal of Applied Psychology, 2011, 96（2）: 310-326.

［147］Hideg Ivona, Michela John, Ferris D. Lance. Overcoming Negative Reactions of Nonbeneficiaries to Employment Equity: The Effect of Participation in Policy Formulation［J］. Journal of Applied Psychology, 2011, 96（2）: 363-376.

［148］Pugh S. Douglas, Groth Markus, Hennig-thurau Thorsten. Willing and Able to Fake Emotions: A Closer Examination of the Link Between Emotional Dissonance and Employee Well-being［J］. Journal of Applied Psychology, 2011, 96（2）: 377-390.

［149］Shaw Jason, Jing Zhu, Duffy Michelle, Scott Kristin, Hsi-an Shih, Susanto Ely. A Contingency Model of Conflict and Team Effectiveness［J］. Journal of Applied Psychology, 2011, 96（2）: 391-400.

［150］Shapiro Debra, Salas Silvia, Boss Alan, Tangirala Subrahmaniam, Von Glinow Mary Ann. When are Transgressing Leaders Punitively Judged? An Empirical Test［J］. Journal of Applied Psychology, 2011, 96（2）: 412-422.

［151］Huy Le, In-sue Oh, Robbins Steven, Ilies Remus, Holland Ed, Westrick Paul. Too Much of a Good Thing: Curvilinear Relationships Between Personality Traits and Job Performance［J］. Journal of Applied Psychology, 2011, 96（1）: 113-133.

［152］Hammer Leslie, Kossek Ellen Ernst, Anger W. Kent, Bodner Todd, Zimmerman Kristi. Clarifying Work-family Intervention Processes: The Roles of Work-family Conflict and Family-supportive Supervisor Behaviors［J］. Journal of Applied Psychology, 2011, 96（1）: 134-150.

［153］Morrison Elizabeth Wolfe, Wheeler-smith Sara, Kamdar Dishan. Speaking Up in Groups: A Cross-level Study of Group Voice Climate and Voice［J］. Journal of Applied Psychology, 2011, 96（1）: 183-191.

［154］Yang Yang, Konrad Alison. Diversity and Organizational Innovation: The role of Employee Involvement［J］. Journal of Organizational Behavior, 2011, 32（8）: 1062-1083.

［155］Van Dijk Dina, Kluger Avraham. Task Type as a Moderator of Positive/negative Feedback Effects on Motivation and Performance: A Regulatory Focus Perspective ［J］. Journal of Organizational Behavior, 2011, 32 (8): 1084–1105.

［156］Greenberg Dann, Landry Elaine. Negotiating a Flexible Work Arrangement: How Women Navigate the Influence of Power and Organizational Context ［J］. Journal of Organizational Behavior, 2011, 32 (8): 1163–1188.

［157］Cronin Matthew, Bezrukova Katerina, Weingart Laurie, Tinsley Catherine. Subgroups within a Team: The Role of Cognitive and Affective Integration ［J］. Journal of Organizational Behavior, 2011, 32 (6): 831–849.

［158］Brouer Robyn, Harris Kenneth, Kacmar K. Michele. The Moderating Effects of Political Skill on the Perceived Politics–outcome Relationships ［J］. Journal of Organizational Behavior, 2011, 32 (6): 869–885.

［159］Van Vianen Annelies, Shen Chi–Tai, Chuang Aichia. Person–organization and Person–supervisor Fits: Employee Commitments in a Chinese Context ［J］. Journal of Organizational Behavior, 2011, 32 (6): 906–926.

［160］Michel Jesse, Kotrba Lindsey, Mitchelson Jacqueline, Clark Malissa, Baltes Boris. Antecedents of Work–family Conflict: A Meta–analytic Review ［J］. Journal of Organizational Behavior, 2011, 32 (5): 689–725.

［161］Janssen Jana, Müller Patrick, Greifeneder Rainer. Cognitive Processes in Procedural Justice Judgments: The Role of Ease–of–retrieval, Uncertainty, and Experience ［J］. Journal of Organizational Behavior, 2011, 32 (5): 726–750.

［162］Wittmer Jenell, Martin James. Work and Personal Role Involvement of Part–time employees: Implications for Attitudes and Turnover Intentions ［J］. Journal of Organizational Behavior, 2011, 32 (5): 767–787.

［163］O'Boyle Ernest, Humphrey Ronald, Pollack Jeffrey, Hawver Thomas, Story Paul. The Relation Between Emotional Intelligence and Job Performance: A Meta–analysis ［J］. Journal of Organizational Behavior, 2011, 32 (5): 788–818.

［164］Spence Jeffrey, Ferris D. Lance, Brown Douglas, Heller Daniel. Understanding Daily Citizenship Behaviors: A Social Comparison Perspective［J］. Journal of Organizational Behavior, 2011, 32 (4): 547–571.

［165］Dimotakis Nikolaos, Scott Brent, Koopman Joel. An Experience Sampling Investigation of Workplace Interactions, Affective States, and Employee Well–being ［J］. Journal of Organizational Behavior, 2011, 32 (4): 572–588.

［166］Binnewies Carmen, Wörnlein Sarah. What Makes a Creative day? A Diary Study on the Interplay between Affect, Job Stressors, and Job Control ［J］. Journal of Organizational Behavior, 2011, 32 (4): 589–607.

[167] Halbesleben Jonathon, Wheeler Anthony. I Owe you one: Coworker Reciprocity as a Moderator of the Day-level Exhaustion-performance Relationship[J]. Journal of Organizational Behavior, 2011, 32 (4): 608-626.

[168] Vandenberghe Christian, Panaccio Alexandra, Bentein Kathleen, Mignonac Karim, Roussel Patrice. Assessing Longitudinal Change of and Dynamic Relationships among Role Stressors, Job Attitudes, Turnover Intention, and Well-being in Neophyte Newcomers[J]. Journal of Organizational Behavior, 2011, 32 (4): 652-671.

[169] Leavitt Keith, Fong Christina, Greenwald Anthony. Asking about Well-being Gets you Half an Answer: Intra-individual Processes of Implicit and Explicit Job Attitudes [J]. Journal of Organizational Behavior, 2011, 32 (4): 672-687.

[170] Jones Candace, Volpe Elizabeth Hamilton. Organizational Identification: Extending our Understanding of Social Identities through Social Networks [J]. Journal of Organizational Behavior, 2011, 32 (3): 413-434.

[171] Zhao Bin. Learning from errors: The Role of Context, Emotion, and Personality [J]. Journal of Organizational Behavior, 2011, 32 (3): 435-463.

[172] Kooij Dorien, De Lange Annet, Jansen Paul, Kanfer Ruth, Dikkers, Josje. Age and Work-related Motives: Results of a Meta-analysis [J]. Journal of Organizational Behavior, 2011, 32 (2): 197-225.

[173] Kunze Florian, Boehm Stephan, Bruch Heike. Age Diversity, Age Discrimination Climate and Performance Consequences-across Organizational Study [J]. Journal of Organizational Behavior, 2011, 32 (2): 264-290.

[174] Walumbwa Fred, Luthans Fred, Avey James, Oke Adegoke. Authentically Leading Groups: The Mediating Role of Collective Psychological Capital and Trust [J]. Journal of Organizational Behavior, 2011, 32 (1): 4-24.

[175] Renn Robert, Allen David, Huning Tobias. Empirical Examination of the Individual-level Personality-based Theory of Self-management Failure [J]. Journal of Organizational Behavior, 2011, 32 (1): 25-43.

[176] Ilies Remus, Johnson Michael, Judge Timothy, Keeney Jessica. A Within-individual Study of Interpersonal Conflict as a Work Stressor: Dispositional and Situational Moderators [J]. Journal of Organizational Behavior, 2011, 32 (1): 44-64.

[177] Tasa Kevin, Sears Greg, Schat Aaron. Personality and Teamwork Behavior in Context: The Cross-level Moderating Role of Collective Efficacy [J]. Journal of Organizational Behavior, 2011, 32 (1): 65-85.

[178] Khazanchi Shalini, Masterson Suzanne. Who and what is Fair Matters: A Multi-foci Social Exchange Model of Creativity [J]. Journal of Organizational Behavior, 2011, 32 (1): 86-106.

后 记

　　一部著作的完成需要许多人的默默贡献，闪耀着的是集体的智慧，其中铭刻着许多艰辛的付出，凝结着许多辛勤的劳动和汗水。

　　本书在编写过程中，借鉴和参考了大量的文献和作品，从中得到了不少启悟，也汲取了其中的智慧菁华，谨向各位专家、学者表示崇高的敬意——因为有了大家的努力，才有了本书的诞生。凡被本书选用的材料，我们都将按相关规定向原作者支付稿费，但因为有的作者通信地址不详或者变更，尚未取得联系。敬请您见到本书后及时函告您的详细信息，我们会尽快办理相关事宜。

　　由于编写时间仓促以及编者水平有限，书中不足之处在所难免，诚请广大读者指正，特驰惠意。